제2판

처음 만나는 사회학

SOCIOLOGY

민경배

박영사

제2판

처음 만나는 사회학
SOCIOLOGY

민경배

제2판 머리말

　대학에 입학해 처음 만났던 사회학 개론 교재는 정말 재미없었다. 난해한 개념과 딱딱한 이론만 장황하게 나열해 놓은 지루한 책이었다. 개념은 명료한 실체를 드러내지 않은 채 신기루처럼 아른거렸고, 이론은 손에 잡히지 않은 채 뜬구름처럼 추상의 하늘 위를 둥둥 떠 다녔다. 내가 발 딛고 살아가는 현실 사회에서 지금 벌어지고 있는 여러 일들과 책 속에서 설명하고 있는 많은 개념과 이론들은 도무지 연결되지 않는 각자 다른 세계였다.

　물론 공부를 단지 재미 때문에 하는 것은 아니다. 그래도 사회학 공부를 시작하는 입문자라면 첫 인상부터 흥미를 잃어서는 곤란하다. 사실 사회학은 무척 재미있는 학문이다. 삶에서 접하는 다양한 사회 현상들을 체계적으로 해석하고 분석해 나간다는 것은 매우 즐거운 지적 모험이다. 게다가 사회학의 범위는 대단히 광활하다. 우리가 일상생활에서 겪는 수많은 일들이 거의 대부분 사회학의 대상이다.

　이 책은 제목 그대로 사회학을 처음 만나는 사람들을 위해 썼다. 동시에 사회학의 여러 개념과 이론들이 생생한 일상의 세계를 만나 활력을 얻게 해주고 싶었던 것이 이 책을 쓴 또 다른 이유이다. 한 마디로 입문자들에게 사회학이 딱딱한 전문 서적 속에 갇혀 있는 고루한 학문이 아니라 생활 속에 살아 펄떡이는 매력적인 학문임을 알려주려는 목적이다. 그래서 다양한 사례들을 통해 스토리텔링 방식으로 최대한 쉽게 사회학을 소개하려 했다.

결코 간단치 않은 작업이었다. 흥미로우면서도 의미 있는 사례들을 풍부하게 수집해야 했다. 그리고 이 사례들을 다시 적합한 사회학 개념과 이론을 찾아 배치하고 설명 속에 녹여내야 했다. 이런 과정을 통해 어린 시절 읽었던 동화와 고전 문학 작품에서부터 아이돌, 오디션 프로그램, 힙합과 재즈, 프로야구, 월드컵, 햄버거와 돈가스를 비롯한 다양한 대중문화 그리고 인터넷과 스마트폰 등 최신 기술에 이르기까지 생활 속 여러 친숙한 사례들을 사회학적으로 풀어 나갔다.

독자 여러분은 이 책을 읽다보면 평소에 무심코 지나쳤던 주변의 사소한 경험들이 사회학적으로 어떤 함의를 갖고 있는지 스스로 깨닫게 될 것이다. 또 세상을 떠들썩하게 만든 사건이나 새롭게 등장한 낯선 현상들을 사회학의 시선을 통해 파악하여 이해할 수 있는 능력을 갖춘 자신을 발견하게 될 것이다. 그래서 이 매력적인 사회학이란 학문을 더 깊이 알아보고 싶은 욕심이 생길 것이다.

물론 이 한권의 책만으로 사회학이라는 광활한 바다를 모두 다 알게 될 수는 없다. 수평선 저 너머는 저자도 아직 감히 가보지 못한 더 큰 세계이다. 그만큼 사회학의 영역은 방대하고 심오하다. 다만 이 책이 사회학에 대한 흥미와 관심을 느끼는 촉매제가 되고, 사회학이란 바다를 항해하기 위한 대강의 항로를 설계하는 나침반의 역할을 해준다면 그것만으로도 충분한 가치와 보람을 얻을 수 있을 것이다.

첫 만남은 늘 설레는 법이다. 「처음 만나는 사회학」이 독자 여러분에게 사회학이란 학문과의 설레는 첫 만남이 되기를 바라며 들어가는 글을 접는다.

2023년 6월
저자

차 례

사회 현상의 특성과
연구 방법

1. 자연 현상과 사회 현상: 종교 재판에 간 갈릴레오

"그래도 지구는 돈다." 힘없이 교황청 문을 빠져 나오는 갈릴레오는 머리를 긁적이면서 이렇게 중얼거렸다. 명백한 진리를 외면하려는 고리타분한 추기경들의 꽉 막힌 사고방식을 도무지 이해할 수 없었다. 하지만 무엇보다도 갈릴레오를 괴롭혔던 것은 강요와 협박에 굴복할 수밖에 없었던 자신의 나약한 마음이었다.

지구가 우주의 중심이라는 천동설적 세계관을 갖고 있던 중세 교회는 지동설을 주장한 갈릴레오를 종교 재판에 불러들여 그로 하여금 스스로 지동설을 부인하도록 강요하였다. 갈릴레오는 어쩔 수 없이 공식적으로는 천동설을 인정했지만, 재판이 끝나자 혼자말로 이처럼 중얼거렸다고 한다. 학자적 양심에 의한 최소한의 저항이라고나 할까? 이 일화와 관련하여 자연 현상과 사회 현상은 어떻게 다

▲ 갈릴레오의 종교재판

른가 한번 생각해 보자.

　해마다 봄이 오면 얼었던 땅이 녹고 나무에는 새싹과 꽃이 핀다. 높은 곳에서 물건을 떨어뜨리면 반드시 밑으로 떨어지고, 시간은 항상 과거에서 미래로 향해 흘러간다. 우리가 늘 경험하고 당연하게 여기는 이런 것들은 모두 자연 현상이다. 즉 인간이 인위적으로 만든 것이 아니라 그냥 저절로 그렇게 되는 것이다. 갈릴레오가 "그래도 지구는 돈다."라고 중얼거린 말 속에는 지구가 태양 주변을 도는 자연 현상이 중세 교황청의 압력에 의해 바뀌는 것은 아니라는 냉소적인 의미가 숨어있다.

　인간도 자연의 일부이다. 하지만 인간은 다른 동물과는 달리 사회를 이루고 살아간다. 인간이 살아가는 사회 속에는 부유한 사람도 있고 가난한 사람도 있다. 우리는 일정 나이가 되면 학교에 가서 교육을 받게 되며, 법을 어긴 사람은 처벌을 당한다. 또 친구와의 사소한 말다툼에서 다른 나라와의 전쟁에 이르기까지 끊임없는 갈등과 마찰이 벌어지고 있다. 이와 같이 인간이 다른 인간들과 관계를 맺고 살아가는 사회에서 나타나는 일들은 사회 현상이다. 교황청의 압력이 지구가 태양 주위를 도는 엄연한 자연 현상을 바꾸어 놓지는 못한다. 하지만 갈릴레오를 종교 재판에 불러들여 그로 하여금 지동설을 부인하고 천동설을 인정하게 만든 것은 중세의 기독교적 질서라는 사회 현상에서 비롯된 일이다.

　그러면 이제 자연 현상과 사회 현상의 특징들을 살펴보도록 하자. 먼저 자연 현상은 '확실성과 필연성의 원리'를 따른다. 이는 특정한 원인이 작용하면 항상 특정한 결과가 나타나게 된다는 의미이다. 즉 엄격한 인과 관계가 성립된다는 것이다. 인과 관계란 어떤 현상의 원인과 결과 간의 필연적인 관계를 말한다. 어떤 요인으로 인해 특정한 현상이 일어날 때 이 요인과 현상 사이에는 인과 관계가 있다고 할 수 있다. 우리가 쉽게 관찰할 수 있는 자연 현상들은 모두 특정 원인에 의해 발생한 결과들이다. 봄이 오는 것은 지구와 태양 사이의 운동 법칙에 의해 겨울이 갔기 때문이고 나무에 새싹과 꽃이 피는 것은 봄이 왔기 때문이다. 물건이 늘 위에서 아래로 떨어지는 것은 지구의 중력 때문이고, 시간이 항상 과거에서 미래로 흘러가는 것은 빛의 흐름 방향 때문이라고 과학적으로 증명되었다. 이렇듯 특정 자연 현상이 나타나는 것은 그 현상이 일어나도록 만드는 특정 원인이 작용하고 있기 때문이다.

둘째, 자연 현상은 '보편성'을 갖는다. 즉 시간·공간 등에 관계없이 동일한 조건이 성립되면 항상 변함없이 동일한 현상이 나타난다는 것이다. 조선 시대에는 봄에 피던 꽃이 현대에 와서 갑자기 가을에 피는 일은 없으며, 중력의 법칙은 아프리카 밀림 속이나 중동의 사막에서나 똑같이 적용된다. 마찬가지로 다른 지역, 다른 시대에서는 지구가 태양 주변을 도는데, 천동설적 세계관이 지배적이었던 중세 유럽에서만 태양이 지구 주변을 돈다는 것은 있을 수 없는 일이다.

셋째, 자연 현상은 '가치중립성'을 갖는다. 자연 현상에는 좋고 나쁨, 옳고 그름 등과 같은 인간의 가치가 개입될 수 없다는 뜻이다. 물론 우리는 일상생활 속에서 종종 자연 현상에 대해 가치를 부여하기도 한다. 똑같은 비를 두고도 오랜 가뭄 끝에 내리는 비에 대해서는 반갑고 고맙다는 긍정적 가치를 부여하며, 거꾸로 긴 장마나 홍수를 일으키는 비에 대해서는 지겹고 무섭다는 부정적 가치를 부여한다. 하지만 이러한 가치 부여는 인간이 각자 처한 상황에 따라 나타나는 인위적 행위일 뿐 자연 현상 그 자체가 갖고 있는 속성은 아니다. 비는 그냥 비일 뿐이다. 인간은 자연 현상에 가치를 부여할 수 있지만 그렇다고 해서 자연 현상이 특정한 가치를 지니는 것은 아니다.

넷째, 자연 현상은 '존재 법칙'을 따른다. 이 말은 자연 현상이란 인간의 의지나 인식 여부와는 관계없이 자연의 원리에 의해 있는 그대로 존재한다는 의미이다. 인간이 신이나 요술사가 아닌 이상 어떠한 자연 현상도 그것을 마음대로 없애거나 바꿀 수 없다. 물론 요즈음은 과학과 기술의 발달로 인해 자연 현상을 어느 정도 통제할 수는 있다. 예를 들면, 댐을 만들어 홍수를 방지하고 인공위성을 이용해 특정 지역의 기후를 바꾸기도 한다. 하지만 이런 일들은 단지 자연 현상을 조절하고 자연 법칙을 이용하는 것일 뿐 자연 현상 그 자체를 지배하는 것은 아니다. 갈릴레오가 로마 교황청에서 마지못해 천동설을 인정했다고 해서 갑자기 지구가 멈추어 서고 태양이 지구 주변을 도는 것은 아니다. 중세 교회가 세상을 어떻게 인식하고 있느냐와 무관하게 지구가 태양 주변을 도는 자연 현상은 변함없이 있는 그대로 존재한다.

그렇다면 사회 현상은 자연 현상과 어떤 점에서 다를까? 첫째, 사회 현상은 '확률성과 개연성'의 원리가 작용한다. 자연 현상과 달리 사회 현상은 인위적인 질서에 의해서 움직인다. 즉 모든 사회 현상은 인간에 의해 창조되고 변화되며 사라지기도 하는 것이다. '신분제'를 예로 들어보자. 과거 우리나라에도 양반이니 상놈이니 하는 차별이 있었고 서양에도 노예부터 시작하여 귀족과 왕족에 이르는 신분제가 지배적이었다. 이러한 신분제는 인간의 자연적인 특성과는 상관없이 태어나면서부터 그 개인의 신분을 규정하여 사회적 제약을 주는 것으로, 당시의 지배 세력들이 자신의 지배력을 공고히 하고 이를 세습하기 위하여 인위적으로 만들어낸 제도였다.

그러나 오늘날 신분제는 거의 대부분의 나라에서 사라져 버렸다. 신분제라는 사회 현상이 사라진 원인으로 사회 구조의 변화, 경제 제도의 변천, 자유·평등 이념의 확산 등 여러 가지를 들 수 있겠지만 어느 요인이 얼마만큼 영향을 미쳤는가는 자연 현상처럼 분명한 인과 관계를 찾기가 힘들다. 어떤 나라는 경제 구조의 변화가 더 큰 요인으로 작용했을 것이고, 또 다른 나라에서는 정치적, 이념적 요인이 더 크게 작용했을 수도 있다. 즉 동일한 결과라 해도 그 원인은 서로 다를 수 있기 때문에 확실성이 아닌 확률성이 작용한다. 또 경제 구조의 변화와 정치적, 이념적 변화가 있었음에도 여전히 신분제를 유지하고 있는 소수의 일부 나라들이 존재하듯이, 동일한 원인이 작용했다 해도 그 결과는 달리 나타날 수 있기 때문에 필연성이 아닌 개연성이 작용한다.

둘째, 사회 현상은 시간과 공간에 따라서 서로 다르게 나타나는 '특수성과 다양성'을 지닌다. 같은 신분제라 하더라도 우리나라와 유럽의 신분제는 성격이 달랐고, 고려 시대의 신분제와 조선 시대의 신분제 역시 그 내용은 같지 않다. 또 인도에는 아직까지도 카스트라는 신분 제도가 존재하고 있다. 모든 나라가 저마다 고유한 음식 문화를 가지고 있지만 어떤 나라에서는 많은 사람들이 즐겨 먹는 음식이 다른 나라 사람들에게는 혐오 식품으로 간주되기도 한다. 어떤 나라에서는 음식을 먹으며 주변 사람들과 웃고 떠들며 이야기 나누는 것을 즐기지만 또 다른 나라에서는 말없이 조용히 먹는 것이 예의 바른 행위로 간주된다. 우리나라는 숟가락과 젓가락을 사용해 음식을 먹지만, 서양에서는 칼과 포크를 사용한다. 이처럼 사회 현상은 자연 현상과는 달리 시간이나 공간에 따라서 다른 양상을 띤다. 지구가 태양 주변을 도는 것은 자연 현상이지만 이를 지동설로 이론화시켜 주장하는 것은 사회 현상이다. 따라서 똑같은 지동설을 주장하는 행위라 해도 시대와 지역에 따라 이를 받아들이는 태도는 달라진다. 만약 갈릴레오가 기독교적 세계관이 존재하지 않았던 동양에서 지동설을 주장했거나 근대 이후에 태어났더라면 종교재판에 끌려나가는 수모는 당하지 않았을 것이다.

셋째, 사회 현상은 '가치 함축성'을 갖는다. 사회 현상에는 인간이 창조해 낸 신념을 기준으로 가치 판단이 따르기 마련이다. 신분제가 그 당시의 지배 세력에게는 자신들의 기득권을 대대손손 유지할 수 있는 더할 나위 없이 좋은 제도였지만 하층 사람들은 자신을 옭아매는 족쇄처럼 느꼈을 것이다. 이렇듯 동일한 사회 현상이라 해도 사람들 각자가 처한 위치나 상황에 따라 다른 의미가 부여된다. 뿐만 아니라 과거에는 당연시되던 신분제가 오늘날의 관점에서 보면 평등이라는 보편적인 가치에 위배되는 사회 현상으로 평가된다. 즉 동일한 사회 현상이라 해도 시대의 변화에 따라 다르게 해석된다. 이처럼 사회 현상에 대해서는 좋고 나쁨, 옳고 그름과 같은 인간의 가치 판단이 가능하다. 따라서 지구가 돈다는 사실은 가치중립적인 자연 현상이지만 갈릴레오를 재판한 중세 교회의 행위는 기독교적 세계관이라는 가치 판단이 개입된 사회 현상이라 하겠다.

넷째, 사회 현상은 '당위 법칙'에 의해 움직인다. 당위 법칙이란 목적과 규범에 의해 작동되는 원리를 말한다. 모든 사회 현상은 자연이나 신의 힘으로 생겨난 것이 아니라 인간의 의지와 판단에 의해 만들어진 것이다. 따라서 어떤 사회 현상이건 그것이 만들어진 데는 인간의 목적한 바가 있으며, 그것이 유지되는 과정 속에는 인간의 규범이 작용한다. 중세 교회가 갈릴레오를 법정에서 심판한 것은 당시 유럽을 지배하던 기독교적 질서를 유지해야 한다는 교황청의 목적이 작동한 결과였다. 그리고 법정을 나서는 갈릴레오가 "그래도 지구는 돈다."고 중얼거린 것 역시 과학적 세계관에 입각한 학자로서의 규범이 작동한 결과라 할 수 있다. 이렇듯 모든 사회 현상 속에는 인간의 고유한 의지와 판단이 배후에 깔려 있다.

2. 사회 현상의 인식 태도: 전래동화 다르게 읽어 보기

검은 색안경을 끼고 바라보는 세상은 온통 시꺼멓기만 하다. 또 누군가 장난삼아 안경에 붉은 칠을 해두었다면, 그 안경을 집어 쓴 사람은 사방에 불이 난줄 알고 깜짝 놀랄지도 모른다. 멀리 있는 사물은 망원경으로 보면 잘 보이고, 작은 물건은 돋보기를 사용하면 크게 확대되어 나타난다. 뿐만 아니라 눈으로는 잘 식별되지 않는 우리 몸의 미세한 세포도 현미경을 사용한다면 놀라울 정도로 자세히 관찰할 수 있다. 이처럼 세상은 무엇을 통해 어떠한 방법으로 보는가에 따라 매우 다른 모습을 띠게 된다. 특히 사회 현상은 구체적인 형태를 갖추고 있는 것이 아니기 때문에 어떠한 관점을 가지고 인식하느냐가 매우 중요하다.

어린 시절 누구나 한 번쯤은 읽어봤을 전래 동화 「심청전」도 관점을 달리하면 얼마든지 전혀 다른 의미로 해석될 수 있다. 우리가 익숙한 「심청전」은 눈 먼 아버지의 눈을 뜨게 하기 위해 공양미 삼백 석을 받고 인당수 바다에 몸을 던진 감동스러운 효녀의 이야기이다. 하지만 이는 어디까지나 효를 강조하는 유교적 관점에서 「심청전」을 읽는 방식일 뿐이다. 아동·청소년 인권의 관점에서 보면 「심청전」은 어린 소녀를 인신공양의 제물로 바친 비정한 잔혹 동화다. 사회 복지의 관점에서 보면 「심청전」은 국가와 지역 사회가 가난한 장애인 가족의 삶을 돌보지 않아 극단의 상황으로 몰고 간 비극적 서사이다.

또 다른 전래 동화 「선녀와 나무꾼」도 마찬가지이다. 우리는 이 동화를 아름다운 선녀와의 결혼 생활을 끝내 이어가지 못하고 떠나보낸 나무꾼의 안타까운 사랑 이야기로 알고 있다. 그러나 이는 어디까지나 남성 관점에서의 해석일 뿐이다. 입장을 달리 하여 여성인 선녀의 관점으로 이 이야기를 다시 들여다보면 「선녀와 나무꾼」은 아주 끔찍한 범죄 이야기로 읽혀진다. 나무꾼은 연못에서 목욕하는 여성을 몰래 훔쳐본 관음증이 있는 인물이다. 현대적으로 해석하면 일종의 몰래 카메라 범죄자인 셈이다. 게다가 이 여성의 옷을 훔쳐 숨긴 것은 명백한 절도 범죄에 해당한다. 나무꾼은 여기서 범죄 행각을 멈추지 않고 이를 빌미로 선녀를 자신의 집으로 유인·납치하여 강제 결혼까지 자행하였다. 관점을 달리 하면 「선녀와 나무꾼」은 흉악한 남성 범죄자에게 큰 피해를 당한 여성의 탈출기이다.

이렇듯 동일한 사회 현상이라도 어떠한 관점을 가지고 인식하느냐에 따라 다양한 해석이 가능하고 각기 다른 의미를 찾아낼 수 있다. 그래서 우리가 사회 현상들을 과학적으로 탐구하고 인식하기 위해서는 다음의 관점들을 가지고 바라볼 필요가 있다.

(1) 총체적·개방적 관점

'장님 코끼리 만지는 식이다.'라는 속담이 있다. 장님들이 각기 코끼리의 다른 부위를 만지면서 코를 만진 사람은 코끼리가 길고 홀쭉하게 생겼다고 주장하고, 귀를 만진 사람은 넓고 평평하다고, 또 다리를 만진 사람은 굵고 둥글게 생겼다고 주장한다는 것이다. 하지만 이 장님들은 코끼리의 일부분만을 알아냈을 뿐 어느 누구도 코끼리의 전체적인 모습을 제대로 묘사하지는 못한다. 마치 나무만 보고 숲은 보지 못하는 식이다. 우리가 어떤 사물이나 사실을 관찰할 때도 전체를 보지 않고 특정 부분만을 보고 그것이 전체인 듯 생각한다면 큰 오류를 범하기 쉽다.

사회 현상도 마찬가지다. 우리가 사회 현상을 인식할 때도 그 부분이나 요소들을 하나씩 따로 떼어 내어 이해하려 하기 보다는 그 대상 전체를 총체적으로 이해할 필요가 있다. 사회 현상을 탐구하는 학문으로는 사회학 이외에도 정치학, 경제학, 인류학, 역사학 등 다양한 분과들이 있는데, 이런 학문들은 사회의 특정 부분에 관심을 두고 각각의 고유한 연구 영역을 갖고 있다. 그렇지만 사회라는 전체는 여러 구성 요소들과 그것들의 결합으로 구성되어 있기 때문에 어느 한 요소만을 지나치게 강조한다면 사회를 총체적으로 이해하는 데 한계가 따른다. 따라서 다양한 학문 분과들 상호 간의 개방적인 태도가 요구된다. 보는 각도에 따라서 여러 가지 견해가 있을 수 있기 때문에 편견을 버리고 다양한 가능성이 동시에 공존할 수 있다는 사실을 인정해야 한다.

(2) 통찰적 관점

마술사의 손놀림은 늘 현란하고 신기하다. 마술이 속임수라는 사실은 누구나 다 안다. 하지만 마술사가 어느 부분에서 어떤 속임수를 쓰는지는 두 눈을 부릅뜨고 지켜봐도 여간해서는 알아채기 힘들다. 겉으로 보이는 손놀림만 봐서는 그 이면에 숨어있는 속임수의 비밀을 찾아내기 어렵기 때문이다. 어쩌면 마술사가 손에 쥐고 있는 물건에 속임수의 비밀이 감추어져 있을지도 모른다. 아니면 마술사 앞에 놓여있는 탁자나 마술사 뒤에 걸려있는 커튼에 특별한 장치가 숨겨져 있을지도 모른다.

사회 현상도 마찬가지이다. 겉으로 드러나는 모습만 봐서는 결코 그 원인이나 의미를 제대로 알아낼 수 없다. 마치 X−ray 촬영을 통해 우리 몸 속 구조를 살펴보듯이 사회 현상을 탐구할 때도 그 현상이나 사물의 배후에 숨어있는 구조나 원리까지도 파악할 수 있는 통찰적 관점을 가져야 한다.

예를 들면, 서양인들은 향수를 몸에 뿌리는 것이 생활화되어 있는데 이것만 보고 단지 서양인들이 멋쟁이어서 그런 것이라고 생각한다면 착각이다. 옛날 유럽에 대도시가 처음 생겼을 때는 하수도 시설이 되어 있지 않아서 오물이나 대소변을 길거리에 그냥 버렸다. 유럽에서 가장 화려한 프랑스 파리의 베르사유 궁전조차도 중세 시대 당시에는 화장실이 단 한 개도 없었으며, 그 대신 300개 정도의 요강이 배치되어 있었다고 한다. 이런 환경에서 사람들은 자신의 몸에 지저분한 냄새가 배는 것을 막기 위해 향수 문화를 갖게 되었다는 일설이 있다.

▲ 향수와 하이힐은 중세 도시의 열악한 하수도 시설의 산물이다.

여성들이 즐겨 신는 하이힐 구두도 마찬가지이다. 오늘날에는 여성 패션의 아이콘처럼 간주되는 하이힐 구두도 오물과 대소변으로 늘 질퍽한 상태였던 과거의 유럽 대도시에서 여성들이 긴 치마를 더럽히지 않기 위해 불편함을 무릅쓰고 높은 굽의 구두를 신었던 데에서 비롯된 것이라고 한다. 멋쟁이들의 대명사인 향수와 하이힐 구두가 비위생적인 중세 유럽 도시 환경의 산물이라는 역설은 통찰적 관점을 통해서만 파악할 수 있는 사회적 사실이다.

통찰적 관점을 띠게 되면 사회 현상에 대한 풍부한 이해력을 얻을 수 있으며 나아가 사회에 대한 정확한 진단이 가능해지는데, 미국의 사회학자 밀즈(C. W Mills)는 이것을 '사회학적 상상력'이라고 표현했다.

(3) 가치중립적(객관적) 관점

사회 현상은 자연 현상과는 달리 인간의 가치가 개입되어 있는 문제이기 때문에 사회 현상을 인식할 때는 객관적이고 가치중립적인 자세가 중요하다. 만약 특정 종교의 신자가 자신의 종교관을 그대로 갖고 종교 제도를 연구한다면 다른 종교의 문제점만 찾게 되고 자신이 믿는 종교의 단점은 간과할 가능성이 크다. 따라서 사회 현상을 연구하는 데는 자신의 주관, 가치관, 선입견, 이해관계로부터 완전히 떠나 사실 그대로를 관찰하고 조사하는 자세가 필요하다.

그렇지만 어떤 현상에 대하여 특별한 대책을 세워야 하는 단계에 이르게 되면 자신의 가치관에 따른 최종적인 판단이 불가피하다. 도시 계획을 연구하면서 특정 지역의 효율성과 도시 미관을 위해 판자촌을 철거해야 하느냐 아니면 판자촌에 살고 있는 도시 빈민들의 형편을 고려해서 그대로 유지시켜야 하느냐에 대한 선택이 그 한 예이다. 사회 현상에 대한 판단은 사람들의 삶에 직접 연관된 것이기에 이러한 태도는 더욱 중요한 의미를 가지고 있다.

(4) 상대주의적 관점

사회 현상을 바라볼 때 또 한 가지 중요한 자세는 사회와 문화의 특수성을 고려해야 한다는 것이다. 각각의 사회는 독특하고 고유한 나름대로의 역사와 상황을 갖고 있기 마련이다. 그런데 이를 무시하고 한 사회에서 나타나는 현상을 다른 사회에 무조건적으로 적용시켜 해석하려는 태도는 삼가야 한다.

예를 들면, 우리나라에서는 어른 앞에서 술은 마셔도 담배는 피우지 않는 것이 예의이다. 하지만 서양의 여러 나라에서는 부모 앞에서 버젓이 담배를 입에 물어도 흉이 되지 않는다. 또 동남아시아 일부 나라에서는 어른 앞에서 담배는 피워도 술은 절대로 마시지 않는다고 한다. 우리나라의 문화를 절대적 기준으로 내세워서 어른 앞에서 담배를 입에 무는 외국인 청년에게 버르장머리 없는 녀석이라고 한다거나 아니면 그 나라를 예절도 모르는 나라로 평가하는 것은 상대주의적 관점이 결여된 결과이다.

(5) 경험적 관점

신이 존재하는가의 여부나 올바른 삶이란 어떤 것인가 혹은 왜 사는가 등의 형이상학적 문제는 선험적인 직관에 의존하는 것으로, 인문학적 주제는 될 수 있어도 사회 과학의 연구 대상은 아니다. 하지만 신의 존재 여부에 대한 사회 구성원들의 생각이나 특정한 사회적 상황 속에서 사람들이 취하는 삶의 태도 같은 주제는 설문 조사 등을 통해 계량화된 자료로 파악할 수 있기에 사회 과학의 연구 대상으로 분류된다. 이렇듯 자연 과학과 마찬가지로 사회 과학 역시 경험적으로 실제 증명할 수 있는 타당한 정보와 자료를 토대로 연구가 이루어진다.

가령 '게으르기 때문에 가난하다.'는 사회적 통념을 사회 과학적으로 분석하려면 게으름이 정확히 무엇을 기준으로 한 평가인지 정의가 규정되어야 한다. 뿐만 아니라 과연 가난한 사람들이 이 기준에 의해 게으르다고 판정된 사람들인가 아니면 다른 요인들로 인해 가난해진 것인지가 타당한 정보와 자료에 근거하여 경험적으로 증명되어야 한다. 경험적인 관점을 갖지 않고 사회 현상을 평가하는 것은 마치 법정에서 판사가 아무런 증거 없이 단지 피고의 인상이 나쁘다는 이유만으로 중형을 선고하는 것과 같은 어리석고 위험한 일이다.

3. 사회 현상 연구의 기초: 젊은 세대를 연구하는 몇 가지 방법

자연 과학이 자연 현상을 연구하는 학문이듯 사회 현상을 연구하는 학문을 사회 과학이라고 한다. 사회 과학도 분명히 '과학'인 만큼 일정한 논리적 체계에 근거하여 경험적으로 증명될 수 있어야 한다. 그러기 위해서는 먼저 사회 과학에서 자주 사용되는 용어와 기본적인 연구 기법들을 알아둘 필요가 있다. 지금부터는 '젊은 세대'라는 주제를 가지고 사회 현상을 연구하는데 필요한 기초적 지식과 과정들을 살펴보자.

(1) 가설

'가설'이란 어떤 가정을 명제화한 것이다. 이것은 대체로 특정 현상에 대해 일정한 요인 또는 변수 간에 관계가 있음을 기대하고 있는 가정이다. 특정 현상에 대한 관계를 말한 것을 설명이라고 하며, 이 설명이 경험적으로 확인된 것을 '이론'이라고 한다. 그리고 가설은 아직 경험적으로 확인되지 않은 명제이다.

보통 젊은 세대는 기성세대에 비해 자기주장이 더 강하다고들 이야기한다. 좋고 싫음이 분명하고 자기표현 욕구가 왕성한 것이 오늘날 젊은 세대의 특성이라고 한다. 하지만 이런 이야기들은 젊은 세대들의 일반적인 경향을 말

▲ 자기 주장이 강한 젊은 세대

한 것일 뿐 경험적으로 확인되어 이론화된 것이라고는 할 수 없다. 그럼 이제부터 젊은 세대의 특성을 과학적으로 탐구하기 위한 여행을 떠나보자. 여행을 떠나려면 우선 어디로 가서 무엇을 볼 것인가를 계획해야 한다. 마찬가지로 우리의 여행에서도 무엇을 알아볼지를 명확히 정해야겠다. 젊은 세대는 과연 자기주장이 강한가를 알아보기로 한다. 자! 이제 우리의 가정을 명제로 만들자. "젊은 세대는 기성세대에 비해 자기주장이 더 강할 것이다." 이것이 우리의 가설이다.

(2) 개념과 조작적 정의

우리는 주변에 있는 여러 가지 사물이나 현상들을 관찰하고 탐색하며 살아간다. 하지만 우리의 경험적인 관찰과 탐색만으로는 그 사물이나 현상 자체를 있는 그대로 온전히 표현해 낼 수는 없다. 따라서 우리는 보통 그것들을 추상적인 단어로 묘사하고 있다. 예를 들면, 서로 호감을 갖는 남녀 간에 느껴지는 설레고 짜릿한 감정은 '사랑'이라고 표현하고, 대뇌에 자극된 즐거운 기분으로 인해 안면 근육이 이완되고 입이 벌어지는 현상은 '웃음'이라고 묘사한다. 이처럼 관찰된 현상이나 그 특성을 표현하는 추상적인 관념을 특정한 단어로 표현한 것을 '개념'이라고 한다.

이제 다시 우리의 연구 주제인 '젊은 세대'로 돌아가 보자. 앞에서 우리는 "젊은 세대가 기성세대에 비해 자기주장이 더 강할 것이다"는 가설을 세웠다. 이 가설은 다음 세 가지 개념으로 구성되어 있다. 즉 '젊은 세대', '자기주장', '강함'이 그것이다. 그런데 이러한 개념들은 추상성이 높은 개념이기 때문에 그대로는 측정할 수 없으며 과학적으로 다루기가 힘들다. 더구나 사회 과학에서 적용되는 개념들은 대부분 가치 판단이나 개인적 감정이 개입하기 쉽고, 일상생활에서 다양하게 적용되는 애매한 개념들이 많기 때문에 그 의미를 엄밀하게 규정하기가 곤란한 경우가 많다. 가령 '젊은 세대'라는 말만 하더라도 10대와 20대만을 가리키는 말인지, 혹은 더 구체적으로 10대 후반에서 20대 중반까지를 의미하는지, 아니면 보다 포괄적으로 30대까지를 포함하는지가 무척 애매하다. 따라서 우리는 이런 개념들이 구체적으로 무엇을 뜻하는지 좀 더 명백하고 정확하게 규정할 필요가 있다.

여기서 등장하는 것이 '조작적 정의'이다. 조작적 정의란 추상적인 개념들을 구체적으로 조작하여 개념 본래의 의미를 살리면서도 측정할 수 있는 변수로 객관화시킨 개념이다. 추상적인 개념들은 조작적 정의를 통해 경험적으로 관찰할 수 있는 사물의 속성으로 표현된다. 예를 들면, '경제 성장의 정도'는 GNP의 증가율을 통해서, '학습의 성취도'는 시험 성적을 통해서, '인간의 지적 능력'은 지능검사(I.Q) 점수를 통해서 나타내는 것이다.

우리의 여행에서 측정이 필요한 조작적 정의의 대상은 '젊은 세대'와 '자기주장이 강함'이다. '자기주장'과 '강함'이라는 두 개의 개념은 가설 속에서 독립적인 개념이 아니라 하나의 변수로 다뤄지기 때문에 통합되었다. 그러면 먼저 '젊은 세대'라는 개념은 어떻게 조작적 정의될까? 그 방법은 정의 내리는 사람에 따라서 다양할 수 있다. 15세에서 25세까지의 사람으로 규정하거나 혹은 보다 폭넓게 10세 이상 30세 미만의 사람 등으로 연구 목적에 맞춰 조작적 정의를 할 수 있다.

좀 더 어려운 문제는 '자기주장이 강함'에 대한 조작적 정의이다. 도대체 무엇을 기준으로 자기주장이 강한지 약한지 평가할 것이며, 자기주장이 강하다는 것을 어떻게 측정 가능하게 조작할 수 있을까? 젊은 세대로 분류된 연령대의 사람들에게 "당신은 자기주장이 강합니까?"라고 직접적으로 물어보는 것은 객관적이고 경험적인 연구 자료를 얻는 데 별 도움이 되지 않는다. 질문이 구체적이지 못하고 추상도가 높게 구성되어 있기 때문이다. 그것보다는 차라리 "당신은 다른 사람이 모두 짜장면을 먹어도 혼자 짬뽕을 먹겠습니까?"라고 물어보는 것이 훨씬 구체적이고 객관적인 응답을 받아낼 수 있는 방법일 것이다.

다른 예를 찾아보자. 가령 어떤 사람의 신앙심을 객관적으로 측정하려 할 때, "당신은 신앙심이 높습니까?"라는 질문으로는 객관화된 답변을 이끌어낼 수 없을 것이다. 하지만 교회나 절에는 얼마나 규칙적으로 나가는가? 기도나 염불은 얼마나 자주하는가? 성경이나 불경은 하루에 몇 시간씩 읽는가? 헌금이나 시주는 어느 정도 금액으로 하는가? 등과 같이 신앙심을 조작적 정의를 통해 측정할 수 있는 개념으로 구체화시킨 질문을 통해 답변을 얻는 것이 보다 더 과학적인 방법이다.

이제 우리는 '젊은 세대'와 '자기주장이 강함'이라는 말의 조작적 정의를 내렸다. 이제 이렇게 만들어진 조작적 정의를 이용하여 실제로 젊은 세대는 자기주장이 강한지 조사해 보자.

(3) 조사 방법

조작적 정의된 가설을 조사하는 방법은 여러 가지가 있다. 연구자는 다양한 방법들 중에서 조사하려는 내용의 성격에 가장 잘 맞는 방법을 한 가지 혹은 몇 가지 선택할 수 있는데, 여기서는 가장 널리 사용되는 방법들을 간략히 소개하겠다.

① 질문지법

가끔 신문에 「××일보 창간 ○○주년 기념 국민의식 조사」와 같은 기사가 실리는 것을 볼 수 있다. 또 요즘은 TV 예능 프로그램에 '연예인 ◇◇◇와 가장 잘 어울리는 연예인은 누구?' 혹은 '여름휴가를 같이 가고 싶은 연예인은 누구?' 등과 같은 설문 조사 결과가 자주 등장한다. 이것은 조사하고자 하는 내용에 관한 질문지를 작성하여 이를 조사 대상자가 직접 답하게 하는 것으로, 가장 흔히 쓰이는 조사 방법이다. 젊은 세대의 자기주장에 관한 조사를 하려면 자기주장에 관해 조작적으로 정의된 질문들을 모아 질문지를 만들어서 젊은 세대로 규정된 사람들로부터 응답을 받아내면 된다.

질문지법을 통해 가장 정확한 응답을 얻을 수 있는 방법은 당연히 조사 대상자 전원에게 질문지를 돌리는 것이다. 우리나라 젊은 세대의 자기주장에 관한 정확한 조사를 위해서라면 대한민국의 모든 젊은 세대들을 일일이 찾아가서 응답을 받으면 된다. 이렇게 조사 대상에 해당하는 모든 사람들을 '모집단'이라 하며, 모집단 전체를 대상으로 질문지법 조사를 하는 방식을 '전수 조사'라고 한다.

그런데 여기에는 한 가지 어려운 문제가 따른다. 대한민국의 모든 젊은 세대들을 일일이 찾아가서 질문지를 돌린다면 엄청난 시간과 인력이 소요될 것이며 비용도 감당할 수 없는 수준으로 커지기 때문이다. 그래서 현실적으로 대부분의 질문지법에서는 모집단의 특성을 대표할 수 있는 일정한 인원을 별도로 선정하여 이들을 대상으로 조사를 한다. 그리고 분석한 결과를 모집단 전체에 일반화한다. 여기서 모집단을 대표할 수 있도록 추출된 별도의 집단을 '표본'이라 하며, 모집단으로부터 표본을 추출하는 과정을 '표집'이라고 부른다. 그리고 전수 조사와 달리 표본을 대상으로 한 조사를 '표본 조사'라고 한다. 여론조사 전문가들은 표집이 객관적이고 체계적으로 잘 이루어지면 몇 백 명의 표본을 조사해도 몇 백만 명에 해당하는 모집단의 특성을 충분히 파악해낼 수 있다고 말한다.

이 방법은 사람들의 태도나 의식을 대량으로 조사할 수 있기 때문에 시간과 비용을 절약할 수 있다. 또 비교적 쉽게 자료를 수집할 수 있으며, 동일한 항목에 대해 여러 사람들이 응답하기 때문에 자료를 분석할 때 비교가 용이하다. 그렇지만 응답을 거부하는 사람도 있을 수 있고, 응답자가 질문의 내용을 잘못 이해하여 엉뚱한 답변을 할 수도 있다. 또 질문에 표시된 내용에만 국한해서 응답하므로 조사 대상자의 온전한 의견이 제대로 전달되기 어려운 단점이 있다. 따라서 질문은 최대한 알아보기 쉽도록 정확히 서술해야 하며, 미리 예비 조사를 하여 질문에 대한 응답자의 반응을 살펴보고 그 결점을 보완하는 것이 좋다.

② 면접법

질문지법이 글자를 통해서 정보를 수집하는 방법이라면 면접법은 조사자가 직접 조사 대상자를 만나 필요한 것들을 묻고 답변을 들으며 필요한 정보를 수집하는 방법이다. 즉 질문하고자 하는 내용을 조사자가 말로 물어보고 그 응답을 직접 듣는 식으로 자료를 수집한다. 이 방법은 질문지 회수의 어려움도 없고 설령 글을 모르는 사람이 있다 하더라도 조사가 가능하며, 질문 내용을 잘못 이해할 염려도 줄어든다. 또 중요한 항목은 더 자세하게 추가 질문을 할 수 있기 때문에 보다 깊이 있는 정보를 얻어낼 수 있다.

그러나 일일이 면접을 해야 하기 때문에 면접 비용과 시간이 많이 들고, 많은 응답자를 구하기도 힘들다. 그래서 면접법은 많은 사람들로부터 비슷한 정보를 얻으려고 할 때보다는 소수의 사람으로부터 깊이 있는 정보를 얻고자 할 때 더 유용하다. 한편 면접법에서 조심해야 할 것은 면접자나 응답자의 편견이 조사 내용에 개입될 우려가 크다는 점이다. 가령 젊은 세대들을 직접 만나서 자기주장이 얼마나 강한지 알아보려고 면접을 할 때, 조사자가 비슷한 또래의 젊은이라면 보다 자유로운 분위기에서 솔직한 응답을 받아낼 수 있지만, 만약 나이든 어른이 질문을 던진다면 젊은 세대들의 응답은 상대방을 의식해서 다소 보수적으로 나올 가능성도 있다.

③ 참여 관찰법

참여 관찰법은 연구자가 조사하고자 하는 집단에 직접 참여하여 사회의 현상을 보고, 듣고, 느끼면서 자료를 수집하는 방법이다. 참여 관찰법은 주로 언어 소통이 어려운 집단 혹은 질문지법이나 면접법을 사용하기 어려운 어린 이들에 대한 조사에 유용하게 사용된다. 참여 관찰법을 통해 젊은 세대의 특징을 연구하고자 한다면 연구자가 직접 대학가를 찾아다니거나 아니면 젊은 이들이 많이 모이는 공간을 방문해 직접 그들의 일상적 삶과 문화를 체험하고 그곳에서 경험한 현상들을 토대로 분석을 시도한다.

이 방법은 조사 대상의 행동을 바로바로 기록함으로써 보다 생생한 자료를 얻을 수 있으며 언어나 문자로는 표현할 수 없는 현상까지도 조사가 가능하다. 하지만 참여 관찰에는 조사자의 특별한 훈련이 필요하다. 왜냐하면 관찰자가 마음대로 해석하여 편견이 개입될 수 있고, 연구자가 예상하지 못했던 뜻밖의 일들이 발생할 수도 있기 때문이다. 뿐만 아니라 마치 형사가 범인을 기다리며 잠복근무하듯이 자료로 수집하고자 하는 현상이 나타날 때까지 장시간 기다려야 하는 경우도 있으며, 조사자의 의도가 노출되면 연구 대상자가 조사자를 경계하여 평소와 다른 태도를 보이는 경우도 있다.

④ 문헌 연구법

문헌 연구법은 해당 주제와 관련하여 과거에 기록된 문헌을 수집하거나 이미 발표된 통계 자료를 수집하여 분석하는 조사 방법이다. 이때 사용되는 문헌들은 자신이 직접 수집한 자료인 '1차 자료'와 구분하여 '2차 자료'라고 부른다.

만약 과거의 젊은 세대 문화와 비교하여 오늘날의 젊은 세대가 얼마나 더 자기주장이 강한지를 알아내려 한다고 가정해 보자. 이 경우 이미 세월이 흘러 기성세대가 되어버린 과거의 젊은 세대에 대해서는 질문지법이나 면접법, 참여 관찰법과 같은 방법들은 사용할 수 없다. 따라서 과거의 기록이나 문헌, 신문 등의 2차 자료를 살펴보면서 당시의 젊은 세대에 대한 문헌 연구를 해야 한다.

그렇다고 해서 문헌 연구법이 과거의 사실에 대한 연구에만 사용되는 것은 아니다. 오늘날 젊은 세대를 문헌 연구법으로 조사한다면 젊은 세대들을 대상으로 조사한 각종 통계 자료를 분석하고, 신문이나 잡지에 실린 젊은 세대들의 풍속도, 인터넷에 올라온 젊은 세대들의 게시물과 댓글 등을 근거로 그들의 특성을 연구할 수 있을 것이다.

⑤ 실험법

자연 과학만큼 완벽하지는 못하지만 사회 현상도 실험을 통해서 연구가 가능하다. 실험이란 가상적인 상황을 만들어 놓고, 어떤 변수를 조작하거나 개입시킴으로써 다른 변수에 대한 그 조작 또는 개입의 효과를 관찰하고 측정하는 방법이다. 실험법은 관심의 초점이 되는 변수 이외의 요인들이 작용하지 않도록 통제함으로써 원인과 결과가 되는 변수 간의 관계를 보다 명백히 확인하려 할 때 많이 사용한다. 이와 같은 실험적 방법은 인과 관계의 확실성을 높여주고 보다 효과적인 가설 검증을 가능하게 한다는 장점이 있다.

사례를 들어보자. 많은 고등학생들은 음악을 들으면서 시험공부를 하는 습관이 있다고 한다. 부모님들은 음악을 들으면 정신이 산만해진다고 걱정이 태산이다. 그러나 학생들은 오히려 공부에 집중이 더 잘 된다고 주장한다. 과연 음악 청취가 시험공부에 어떤 영향을 줄까? 실험을 해보자.

먼저 학생들을 두 개의 집단으로 나눈다. 이때 양 집단 학생들의 평소 평균 성적은 같아지게 만들어야 한다. 그래야 실험 이후에 나타난 평균 성적의 변화를 제대로 비교할 수 있기 때문이다. 다음 한 집단에는 음악을 틀어주지 않은 상태에서 시험공부를 시키고, 다른 한 집단에는 음악을 들으면서 공부를 하게 한다. 일정한 공부 시간이 지나면 두 집단에게 같은 문제를 주어 시험을 치르게 한다. 만약 두 집단의 평균 점수가 별 차이가 없다면 음악은 공부에 아무런 영향을 미치지 못하는 것이며, 음악을 들은 집단의 성적이 더 좋다면 음악은 공부에 긍정적 효과를, 더 나쁘다면 부정적 효과를 끼친다고 결론내릴 수 있다.

이때 조작되었거나 개입된 변수를 '독립 변수'라고 하고, 독립 변수의 영향을 받은 변수를 '종속 변수'라고 한다. 이 실험 사례에서 음악은 독립 변수, 시험 점수는 종속 변수가 된다. 그런데 독립 변수와 종속 변수는 반드시 실험법에만 적용되는 개념은 아니다. 질문지법을 비롯하여 다른 연구 방법에도 마찬가지로 가설 설정 단계에서 각 변수들을 설정할 수 있다.

그리고 이 실험에서 처음 양 집단의 평소 평균 성적은 같아지게 만들었는데 이것을 '통제'라고 한다. 통제를 하는 이유는 독립 변수 이외에는 양 집단의 모든 조건을 동일하게 만들어서 다른 변수가 실험에 작용하지 않도록 해야 하기 때문이다. 또 독립 변수를 개입시킴으로써 실험적 처리를 한 집단을 '실험 집단', 독립 변수를 개입시키지 않은 집단을 '통제 집단'이라고 한다. 따라서 음악을 들은 집단은 실험 집단이 되고, 듣지 않은 집단은 통제 집단이 되는 것이다.

그런데 실험법은 인간을 인위적인 실험 상황 속으로 집어넣고 연구를 하는 방법이라 자칫 피실험자를 위험에 빠뜨리거나 윤리적으로 어긋나는 행동을 강제하게 되는 문제가 종종 나타난다. 이와 관련하여 스탠퍼드 대학의

▲ 짐바르도의 교도소 실험

짐바르도(Zimbardo) 교수가 진행했던 '교도소 실험'은 두고두고 많은 교훈을 주는 사례이다. 이 실험은 정상적인 인간이 악해지는 과정을 알아보기 위하여 기획되었는데, 별도로 모집한 실험 참가자들을 실제 교도소처럼 꾸며진 공간에 넣고 절반은 교도관 역할을 나머지 절반은 죄수 역할을 하도록 시켰다. 실험이 시작되고 불과 이틀 만에 교도관 역할을 맡은 피실험자들은 자신이 진짜 교도관인 양 죄수들에게 무자비한 폭력을 가했고, 죄수 역할을 맡은 피실험자들 역시 폭동을 일으키는 등 극한 사태가 벌어지면서 결국 실험은 중단됐다. 이 사례는 실험법을 사용할 때, 정교한 연구 설계 못지않게 연구 윤리가 얼마나 중요한가를 잘 말해 주고 있다.

4. 사회 현상의 연구 방법: 월드컵을 보는 도박사들의 꿍꿍이

4년마다 한 번씩 열리는 월드컵 축구 대회에는 늘 전 세계의 이목이 집중되고 있다. 그런데 그라운드를 누비는 선수들이나 자기 국가를 응원하는 축

▲ 축구 경기의 승패는 양적 접근과 질적 접근으로 모두 예측해 볼 수 있다.

구팬들 못지않게 뜨거운 열기로 달아오르는 사람들이 있다. 바로 전문 도박사들이다. 월드컵이 열릴 때마다 매 경기의 승패, 그리고 우승팀을 놓고 엄청난 금액의 돈이 도박사들의 손에서 움직여진다.

물론 도박사들이 자신의 돈을 아무 팀에게나 기분 내키는 대로 거는 것은 아니다. 그들은 나름대로 치밀한 계산과 두뇌 싸움을 벌인다. 어떤 도박사들은 국제축구연맹이 발표한 국가별 최근 순위, 각국 대표 팀이 예선전에서 거둔 승률이나 골득실, 역대 월드컵에서의 순위, 최근 연습 경기의 성적 등과 같은 객관적으로 수량화된 자료들을 근거로 도박을 건다. 또 다른 도박사들은 특정 팀의 현재 컨디션, 팀의 사기, 팀 내 선수들 간의 불화 여부 등과 같이 수량화될 수 없는 주관적 요인들을 중시한다. 전자와 같은 방법이 실증적 방법(양적 접근)이라면 후자의 방법은 해석적 방법(질적 접근)이라고 할 수 있는데, 이것은 사회 현상을 연구할 때도 그대로 적용된다.

(1) 실증적 연구(양적 접근)

실증적 연구란 경험적인 자료를 수량화, 수치화하여 분석하는 연구 방법으로, 사회 현상에 관한 일반적인 법칙을 발견하여 설명하려는 데 그 목적이 있다. 실증적 연구를 선호하는 사람들은 개인의 행위나 사회 현상도 자연 과학과 마찬가지로 수량화시켜서 통계적으로 측정할 수 있다고 본다. 그리고 사회 현상도 자연 현상처럼 객관적 관찰이 가능해야만 하며, 사회 현상에도 엄밀한 인과론적 법칙이 존재하기 때문에 그 법칙을 밝혀내야 한다고 생각한다. 이들은 사실이나 실재에 대한 의미 부여는 검증될 수 있는 경험에 의해서만 가능하며, 직관적인 통찰이나 도덕률 등 비논리적이고 비경험적인 지식은 과학이 될 수 없다고 주장한다.

실증적 연구에서 주로 사용하는 수량화된 자료는 변수들 간에 영향력이 있고 없음뿐만 아니라 영향력의 정도가 얼마나 있는지 까지도 나타낼 수 있기 때문에 정확하고 정밀한 연구가 가능하다. 또한 객관화된 자료를 중심으로 연구가 진행되기 때문에 연구자의 가치가 개입될 여지가 줄어들며, 개념의 조작적 정의를 통해 수량화가 가능한 경험적인 자료를 수집하여 고도로 발달한 통계적인 분석 기술을 이용하기 때문에 자연 과학처럼 가설을 검증하거나 법칙을 발견하기에 용이하다.

반면 실증적 연구는 수량화가 곤란한 인간의 주관적·정신적 영역 등에 관한 현상의 탐구에는 제약이 따른다. 인간의 행위는 자연 현상과는 달리 예측 불가능한 경우가 많다. 월드컵에서 객관적 전력이 열세라고 평가받던 팀이 전통적인 축구 강국을 이기는 예상 밖의 결과가 종종 나타나는 것도 이 때문이다. 인간의 모든 행위를 수량화를 통해 측정할 수 있는 것은 아니다. 또 인간의 행위가 항상 법칙에 따라서만 움직인다고도 볼 수 없다. 특히 대다수 사람들의 일반적인 행위는 법칙으로 나타낼 수는 있지만 개인의 예외적인 행위까지 제대로 설명하는 데는 어려움이 따른다. 뿐만 아니라 사회 현상은 기본적으로 인간의 내면적 동기나 가치로부터 분리될 수 없음에도 불구하고 실증적 연구는 이 점을 무시하고 겉으로 드러난 현상에만 집중한다는 한계가 있다.

(2) 해석적 연구(질적 접근)

해석적 연구는 인간의 직관적인 통찰에 의하여 사회 현상이 지니는 의미를 해석하고 이해하려는 것을 주요 목적으로 한다. 해석적 연구를 선호하는 사람들은 사회 현상은 자연 현상과 달리 완벽하게 통제할 수 있는 실험은 불가능하다고 생각한다. 또한 사회 현상은 자연 현상과 달리 역사적·문화적 조건에 지배를 받으며, 동기나 가치 등과 같은 사람들의 주관적 요인이 많이 작용하기 때문에 인과 법칙을 발견하기가 곤란하다고 본다. 따라서 사회는 자연 과학적 법칙 모델로서는 설명될 수 없으며, 역사적 특수성과 개인 각각의 개별성을 인정하여 인간의 내적인 과정을 살펴봄으로써 이해되는 것이라고 주장한다.

해석적 연구를 하면 사람들의 주관적인 의식의 심층을 바르게 이해하고, 인간의 행동과 관련된 동기나 의도와 같은 개인적·사회적 의미를 파악할 수 있다. 이를 위해 인간의 행위를 깊이 관찰하거나 이와 관련된 비공식적인 문서, 일기, 역사적 기록, 공식적 문서 등에 기록된 이면의 의미를 중요시하게 된다.

그러나 이 방법은 연구 과정에서 연구자들의 가치가 개입될 여지가 많다는 단점이 있다. 또한 행위자들의 주관적 관점을 주요 연구 대상으로 삼기 때문에 법칙의 발견이 어려워 연구 결과를 다른 사례에까지 일반적으로 적용할 수 없다는 한계도 있다. 월드컵 예선 A조 경기에서 약체 국가가 정신력으로

똘똘 뭉쳐 전통적 축구 강국을 이기는 이변을 창출했다고 해서, 이어지는 B조 경기에서도 비록 실력은 떨어져도 정신력만큼은 강한 팀이 체력과 축구 기술이 좋은 팀을 똑같은 이기리라는 보장은 어디에도 없는 것과 같은 이치이다.

따라서 실증적 연구와 해석적 연구는 상호 배타적이라기보다는 오히려 보완적인 관계로 보아야 한다. 특히 현대 사회는 양적으로 비대해질 뿐만 아니라 질적으로도 다양해져 가고 있다. 그러므로 한편으로는 거시적인 차원에서 사회 현상에 대한 객관적인 관찰과 법칙을 파악하기 위한 실증적 연구가, 다른 한편으로는 미시적인 차원에서 인간의 의식과 가치 등을 이해하기 위한 해석적 연구가 동시에 요구된다.

생각해 봅시다

01 사회 현상을 연구하는 사회 과학을 '과학'이라고 부를 수 있는 근거는 무엇일까요?

02 사회 현상은 인간의 가치가 개입되는 문제이지만, 사회 과학을 연구할 때는 가치중립적(객관적) 관점이 요구됩니다. 이와 같이 가치와 관련된 상반된 문제를 어떻게 이해해야 할까요?

인간과
사회 구조

1. 사회 명목론과 사회 실재론: 정당이냐 후보냐, 유권자의 고민

　　국회의원 선거철이 되면 유권자들은 자기 지역구의 국회의원으로 누구를 뽑을까 고민한다. 유권자들이 자신의 표를 던질 후보를 결정하는 기준은 여러 가지가 있다. 우선 특정 정당의 이미지가 좋거나 이념과 정책이 마음에 들어서 혹은 자신의 이해관계를 가장 잘 대변해 줄 것 같아서 그 정당에 소속되어 있는 후보에게 투표를 하게 된다. 또 유권자 본인이 그 정당의 당원이기 때문에 당연히 자신의 정당 소속 후보를 찍는 사람도 있을 것이다. 이것들은 모두 후보 개인보다는 그가 속해 있는 정당을 보고 투표하는 경우이다.

　　반면 소속 정당과는 상관없이 특정 후보 개인만을 보고 투표를 하는 경우도 많다. 가령 그 후보가 경력과 능력이 가장 뛰어난 것 같아서, 혹은 자신과 고향이 같다거나 학교 선후배 사이여서, 아니면 자기와 개인적으로 잘 아는 사이거나 심지어는 제일 잘 생겼다는 이유만으로 그 후보를 찍는 사람도 있다.

　　이처럼 유권자들이 투표할 후보를 결정하는 기준은 다양하지만 결국 정당을 보고 결정하는 경우와 후보 개인을 보고 결정하는 경우의 두 가지로 크게 나누어 볼 수 있다. 사회 현상을 보는 관점도 이같이 두 가지로 나누어진다. 하나는 정당을 보고 투표하는 것처럼, 개인보다는 사회를 중시하는 관점이다. 이러한 관점에 따르면 사회란 개인과 별개로 독자성을 지닌 실체이다. 그리고 다른 하나는 후보 개인을 보고 투표하는 것처럼, 사회보다는 개인을 중시하는 관점이다. 이러한 관점에 따르면 사회란 개념적으로만 존재할 뿐 실제로 존재하는 실체가 아니며 단지 개인들의 모임에 불과하다. 일반적으로 전자를 사회 실재론, 후자를 사회 명목론이라고 부른다.

(1) 사회 실재론

사회 실재론을 주장하는 사람들은 사회의 구성원으로서의 개인은 인정하지만, 사회란 개개인의 합을 뛰어 넘는 그 이상의 독립적인 실체라고 주장한다. 사회는 개인의 외부에 실제로 존재하면서 개개인의 성질과는 전혀 다른 나름의 고유한 특성을 지닐 뿐 아니라, 오히려 개인들의 삶을 규제하고 좌우하는 구속력마저 갖고 있다는 것이다. 개인은 사회라는 보이지 않는 거대한 구조 속에 갇혀있는 하나의 요소에 불과하다. 그러므로 사회 실재론적 입장에서 사회 현상을 탐구하려면 사회 조직이나 사회 집단 등과 같은 집합적 단위로서의 구조를 살펴보아야 한다.

이제 정당을 보고 투표하는 사람들의 입장을 사회 실재론의 시각에서 알아보자. 이 사람들은 마치 손오공이 제아무리 힘껏 날아봤자 부처님 손바닥을 못 벗어나듯이, 한 개인의 자질이 아무리 뛰어나다 해도 특정 정당의 구성원인 이상 그 정당의 성격이나 가치, 정책을 따를 수밖에 없다고 생각한다. 과거 진보적 사회 운동과 시민운동에 참여했던 사람이라도 보수 정당에 들어가게 되면 정당이라는 독자적인 사회적 실체의 벽에 부딪쳐 예전의 진보적 성향을 잃고 보수 정치인으로 변모하게 되는 경우가 많다. 이처럼 개인은 결국 구조에 종속되는 존재에 불과하다. 따라서 사회 실재론의 시각에서 본다면 어떤 후보를 뽑느냐보다는 어떤 정당에 투표하느냐가 더 중요한 일이다.

(2) 사회 명목론

사회 명목론을 주장하는 사람들은 사회란 그저 개인들의 모임에 지나지 않는다고 이야기한다. 사회는 개인의 목표를 증진시켜주는 도구에 불과하고 단순히 개인들의 집합체이므로, 독자적인 자유 의지를 갖고 있는 개인은 존재하지만 사회란 실제로 존재하지 않는 명목에 불과하다는 것이다. 사회라는 구조는 무의미하며 중요한 것은 개개인의 특성과 행위 양식이다. 사회적 집합체는 전적으로 개인에 의해 수행되는 조직적인 행위 양식과 그 결과로서 다루어져야 하며, 따라서 사회의 기본 단위는 개인이 된다. 그러므로 사회 명목론의 입장에서 사회 현상을 탐구하려면 개인의 행위나 심리를 중심으로 살펴야 한다.

후보 개인을 보고 투표하는 사람들의 입장을 사회 명목론의 시각에서 살펴보자. 이 사람들은 정당이란 그저 그 정당의 구성원 개개인이 모인 합에 불과하다고 생각한다. 그렇기 때문에 자신이 지지하는 정당에서 나온 후보라고 해서 무조건 그 후보가 마음에 들 수는 없는 노릇이다. 오히려 그 정당에 어떤 정치 성향을 가진 사람들이 모여서 어떤 행동을 하는가에 따라 그 정당의 성격이 결정된다는 입장이다. 특정 정당이 보수적 혹은 진보적이라는 것은 정당이라는 구조 스스로가 본래부터 그러한 성향을 띠고 있어서가 아니라 그 정당에 모인 구성원들이 그러한 정치 성향을 가지고 있기 때문이다. 따라서 사회 명목론의 시각에서 본다면 선거에서 정당이라는 사회적 실체는 무의미하며, 중요한 것은 후보 개개인이 어떤 사람인가 하는 점이다.

그렇지만 사회실재론이나 사회명목론과 같이 사회의 본질을 구조 혹은 개인이라는 한 극단적인 측면에서만 인식하려는 태도는 사회를 올바로 이해하는 데 도움이 되지 못한다. 인간은 고립된 개인이 아니라 사회 속에서 태어나고 생활한다. 따라서 인간과 사회는 상호작용의 관점에서 이해되어야 한다. 개인과 사회는 동전의 앞 뒤 양면처럼 본질적으로 분리될 수 없는 존재이다.

2. 사회 구조: 안식처이거나 혹은 감옥이거나

구조란 단순하게 정의한다면 구성 요소와 그들 간의 관계라고 할 수 있다. 건축물이 만들어지려면 먼저 벽돌과 철골 같은 구성 요소들이 있어야 한다. 그리고 벽돌들이 모여 쌓여지고, 벽돌과 철골이 서로 연결되면서 건축물이라는 구조가 만들어진다. 즉 건축물은 벽돌과 철골의 관계로 구성된 집합체이다.

비록 건축물처럼 직접 눈으로 확인할 수는 없지만, 인간들도 서로 간에 관계를 맺으면서 살아간다. 부부 관계, 친구 관계, 직장의 상하 관계, 스승과 제자 사이의 관계들과 같이 사람들의 사회적 상호작용이 반복되고 지속되면서 유형화되고 안정된 틀을 갖춘 상태를 사회관계라고 한다. 그리고 사람들의 사회관계가 통일적이고 조직적인 총체를 이루고 있는 상태를 사회 구조라고 한다. 사회 구조는 우리의 사회생활에 짜임새 있는 조직성을 부여함으로써, 구성원 개개인을 고립된 존재가 아니라 전체 구조의 일부로서 존재하게 해준다.

그런데 사회 구조는 양면성을 지니고 있다. 즉 개인이 행동할 수 있는 범위나 행동 양식을 정해주는 사회적 틀로서의 사회 구조는 개인의 자유를 구속한다는 부정적인 면을 내포하고 있지만, 다른 한편으로는 바로 이 구속성이 인간 상호간의 행동 양식과 범위를 예측할 수 있게 하고 나아가 안정되고 규칙적인 인간관계의 존속을 가능하게 하는 긍정적인 면도 지닌다.

정해진 시간에 잠자리에서 일어나 정해진 시간까지 등교나 출근을 하고, 정해진 시간까지 수업을 받거나 업무를 처리하는 일상의 모든 행위들은 바로 이 사회 구조가 틀지어진 대로 사람들을 구속하고 강제하는 방식이다. 그리고 이런 사회 구조의 구속성과 강제성이 있기 때문에 사람들은 내일도 특별한 일이 벌어지지 않는 한 오늘과 동일한 하루가 규칙적으로 반복되리라는 것을 미리 예측할 수 있는 것이다.

사회 구조의 특성을 살펴보면 먼저 지속적이고 안정적이라는 점을 들 수 있다. 지속적이라 함은 구성원들이 바뀌어도 사회 구조는 상당히 오랫동안 유지된다는 뜻이다. 부모와 자녀 간의 관계를 예로 들어보자. 부모와 자녀 사이에도 일정한 틀을 갖춘 사회적 관계가 존재한다. 이 관계는 과거 부모와 조부모의 관계, 그리고 미래의 나와 내 자녀의 관계와도 본질적으로 크게 다르지 않은 구조를 형성하고 있다. 또 나와 부모와의 관계가 내 형제와 부모 사이의 관계와도 질적으로 다른 것은 아니다.

한편 안정적이라 함은 개인들이 사회적으로 구조화된 행동을 함으로써 사회관계가 큰 변화 없이 유지된다는 것이다. 대부분의 부모가 자녀를 부양하고 보호하는 것이나 대다수의 자녀가 부모에게 존경이나 순종의 태도를 보이는 것은 모두 그와 같은 행동이 이미 사회적으로 구조화되어 있기 때문이다. 부모와 자녀가 이렇게 서로 간에 구조화된 행동을 상호 암묵적으로 인정하고 기대하기 때문에 그들의 관계가 안정적으로 유지되는 것이다.

하지만 사회 구조가 항상 지속성과 안정성만을 띠는 것은 아니다. 사회 구조의 또 다른 특성으로는 변화 가능성을 들 수 있다. 자녀가 아직 어린이였을 때의 부모−자녀 관계와 성인이 되었을 때의 부모−자녀 관계가 내용적으로 똑같을 수는 없다. 뿐만 아니라 보다 극단적으로 사회 구조가 붕괴되었다고 가정해 보자. 자녀가 부모에게 반말을 하고 심지어는 욕설과 폭행까지 한다면 부모−자녀 간의 사회관계는 깨지게 된다. 우리는 흔히 이런 집안을 일컬어 '콩가루 집안'이라고 한다. 콩가루 집안이 되었다는 것은 가족 내 구성원 간에 구조화된 행동이 나타나지 않아 사회 구조의 지속성과 안정성이 와해되었다는 뜻이다.

3. 기능론적 관점과 갈등론적 관점: 같은 세상도 다르게 보인다

금강산에는 만물상이란 봉우리가 있다. 보는 사람의 위치에 따라서 여러 가지 다른 모습으로 보인다고 해서 붙여진 이름이다. 이쪽에서 바라보면 마치 아기를 업은 아주머니의 형상을 하고 있고, 또 다른 쪽에서 바라보면 날개를 접은 새처럼 보이기도 한다. 이런 식으로 조금씩만 보는 위치를 바꾸어도 만물상은 사람의 눈에 전혀 다른 모습으로 들어온다.

사회 현상도 마찬가지이다. 동일한 사회 현상이라도 그것을 어떤 관점으로 보는가에 따라 사뭇 다른 해석이 나오게 된다. 가령 고급 레스토랑에서 남성이 여성의 외투를 받아 옷걸이에 걸어 주거나 앉기 편하도록 식탁 의자를 뒤로 살짝 빼주는 행동을 생각해보자. 일반적으로 남성의 이런 행동은 여성을 존중하는 신사적인 태도이며 레스토랑에서 지켜야 할 에티켓이라고 평가된다. 따라서 이러한 행동은 레스토랑에 함께 온 남녀 간의 원만한 관계 유지에 도움이 된다고 볼 것이다.

하지만 다른 각도에서 본다면 남성의 이런 행동은 여성이란 자신의 외투를 스스로 옷걸이에 걸거나 식탁 의자를 뒤로 뺄 힘조차 없는 아주 유약한 존재라는 인식으로부터 비롯된 것이라고 해석할 수도 있다. 즉 이러한 에티켓이 여성은 늘 남성에게 의존해야 하는 보호의 대상이라는 성차별적 인식을 강화

▲ 같은 그림도 관점에 따라 천사가 보이기도,
악마가 보이기도 한다.

시키는 장치라고 비판적으로 평가하는 것이다.

사회 구조도 이와 같이 어느 쪽에서 바라보며, 무엇을 중심으로 보는가에 따라 전혀 다른 방식으로 설명된다. 레스토랑에서 남성의 행동이 남녀 간의 원만한 관계 유지에 도움이 된다고 보듯이 그 기능을 강조하는 시각이 있는 반면 거꾸로 성차별 인식을 강화시킨다고 보듯이 갈등을 강조하는 시각도 있다. 전자를 기능주의 이론, 후자를 갈등주의 이론이라고 한다.

(1) 기능주의 이론

자동차 한 대가 움직이려면 어떤 것들이 필요할까? 타이어와 핸들에서부터 엔진과 브레이크를 포함하여 나사 하나에 이르기까지 어느 하나라도 완벽하게 갖추어지지 않으면 자동차는 움직이지 못한다. 뿐만 아니라 이들 부품 중 단 한 가지라도 제대로 작동하지 못한다면 설령 자동차가 달린다고 해도 아주 위험하다. 각각의 구성 요소들이 빠짐없이 제 기능을 발휘하고 있어야만 자동차는 정상적으로 달릴 수 있다.

사회 구조를 기능주의 관점에서 보는 시각도 이와 비슷하다. 기계나 생물 유기체가 각기 고유한 기능을 수행하는 여러 기관들로 구성되어 그 생명을 유지하고 있듯이 사회 구조도 가족, 종교, 군대, 학교 등 상호 관련된 여러 부분으로 이루어져 있으며 이들은 각기 사회의 존속과 유지에 필요한 기능을 수행하고 있다는 것이 기능주의의 시각이다. 그러므로 기능주의 이론에 따르면 사회란 각 부분들이 질서를 유지하면서 조화롭게 연결되어 있는 구조이며, 인간은 이 사회의 영향력 안에서 살아가는 부분적 존재로 파악된다. 또한 사회는 통합과 안정의 방향으로 움직이며, 개인을 비롯한 사회의 구성 요소들은 이 통합과 안정에 필요한 기능을 수행하고 있다.

우리는 자신이 타야 할 버스를 정류장에서 아슬아슬하게 놓쳤다고 해서 엄청난 좌절감을 느끼지는 않는다. 잠시만 기다리면 같은 노선의 버스가 다시 올 것이라는 것을 이미 잘 알고 있기 때문이다. 이처럼 사회의 모든 구성 요소들이 항상 자신의 기능을 충실하게 수행하고 있기 때문에 우리는 사회 구조 안에서 예측 가능한 안정된 삶을 살아갈 수 있는 것이다.

물론 가끔은 사회의 특정 부분이 그 기능을 수행하지 못해 안정이 깨어지는 상황도 발생한다. 평소에 손가락 하나라도 다치고 나면 정상적인 활동을 하는데 얼마나 불편한지 느낄 수 있을 것이다. 마찬가지로 사회에서도 가끔 운전기사들의 파업으로 타고 가야 할 버스가 운행을 하지 않을 때, 혹은 정전이 되어 밤에 전기를 사용할 수 없을 때 느꼈던 불편을 누구나 경험했을 것이다. 이처럼 사회의 어느 구성 요소 하나라도 그 기능을 제대로 수행하지 못한다면 사회 구조가 정상적으로 유지될 수 없다.

▲ 기능주의는 사회를 다양한 하위 요소들의 통합된 구조로 본다.

하지만 다친 손가락에서 피가 흘러도 몸의 여러 기관들이 작동해서 피를 멈추게 하고, 노사 협상을 통해 버스도 곧 다시 운행을 시작한다. 이와 마찬가지로 비록 일시적으로 일부 구성 요소가 제 기능을 수행하지 않는다고 해서 그 상태가 계속 이어지는 것은 아니며 머지않아 다시 정상적인 상태로 돌아온다. 이렇듯 사회 구조는 항상 통합과 안정을 향하여 작동하고 있다.

이제 기능주의 이론을 명제로 정리하여 보도록 하자.

첫째, 모든 사회 제도나 사회 현상은 사회 체계의 유지 및 존속에 긍정적인 기능을 수행한다.

둘째, 사회를 구성하는 하위 요소들은 잘 통합된 구조를 형성한다. 따라서 모든 사회는 비교적 지속적이고 안정된 구조를 이루고 있다.

셋째, 사회 변동과 갈등은 일시적이거나 비정상적인 현상일 뿐, 사회는 다시금 통합과 안정을 유지하게 된다.

넷째, 사회 구성원들은 사회 속에서 공유된 가치나 규범에 대하여 폭넓게 합의를 하고 있다.

그러나 사회가 통합적이고 안정적이며 사회를 이루는 모든 구성 요소들이 사회 체계의 유지와 존속이 기능적이라고 보는 기능주의의 정태적인 입장은 현재의 사회 질서를 무조건적으로 옹호하기 때문에 자칫 이데올로기적으로 보수주의에 빠지기 쉽다. 예를 들면, 최소한의 생존을 위한 노동자들이나 도시 빈민들의 저항까지도 무조건 사회 질서를 깨뜨리는 바람직하지 못한 행위로 간주하는 것이다. 뿐만 아니라 전쟁과 같은 극단적인 행위조차도 사회 구조의 유지와 존속에 기여하는 기능적인 것으로 평가되는 논리적 비약이 발생할 수 있으며, 사회 내에 존재하는 다양한 갈등과 변동의 중요성이 간과되고 있다. 이런 점들을 비판하면서 등장한 것이 갈등주의 이론이다.

(2) 갈등주의 이론

워낙 큰 사건들을 많이 겪은 탓에 사람들도 면역이 돼서 그런지 이제는 어지간한 사건에는 그리 놀라지 않는 것 같다. 하지만 오늘 아침에도 신문을 펼쳐보면 살인, 강도, 전쟁, 시위 같은 언짢은 소식만 가득하다. 하기야 사랑하는 연인이나 친한 친구들 사이에도 다툼이 있는 법인데 다양한 사람들이 복잡하게 얽혀 살아가는 사회에서 이런 갈등들이 끊이지 않는 것이 어쩌면 당연한 것인지도 모르겠다. 갈등주의 이론은 바로 이러한 갈등과 변동을 가지고 사회 구조를 설명하고 있다.

갈등주의 이론도 기능주의 이론과 마찬가지로 사회 구성원 개인 간의 미시적인 상호작용보다는 거시적인 사회 구조에 분석의 초점을 맞춘다. 그러나 정태적인 기능주의 이론과는 대조적으로 갈등주의 이론은 사회의 동태적 측면을 중요시하면서 사회 내에 존재하는 다양한 갈등에 주목한다. 또 기능주의 이론이 사회 안정과 질서를 강조하는 데 비하여 갈등주의 이론은 변동과 불안정의 근본 원인을 찾으려고 한다. 갈등주의의 시각에서 볼 때 사회 질서는 각 구성 요소들이 자신의 기능을 수행하는 가운데 조화롭게 통합되면서 유지되는 것이 아니라 서로 다른 이해관계를 지닌 집단 간의 갈등 상황 속에

▲ 갈등주의는 사회 구성원들 간 갈등을 중시한다.

서 한 집단이 다른 집단을 강제로 복종시키고 있기 때문에 유지되는 것이다. 그리고 지배—복종 관계에 있는 두 집단 간의 갈등이 첨예화되면 결과적으로 사회 변동이 일어나게 된다.

갈등주의 이론은 다음과 같이 정리된다.

첫째, 모든 사회에는 항상 갈등이 존재한다. 즉 모든 사회는 구성원들 간에 경제적 부, 정치적 권력, 사회적 명성과 같은 사회적 희소가치를 보다 많이 획득하려는 경쟁의 장이다.

둘째, 사회는 그 구성원의 동의에 의해서가 아니라 강제에 의해 통합된다.

셋째, 갈등이 변동의 요인이며 변동은 언제나 일어날 수 있다.

기능주의와의 차이점을 보다 분명히 알아보기 위해 경찰을 예로 들어보자. 기능주의 입장에서 경찰이란 사회 구성원들의 생명과 재산을 보호해 주고 사회악을 제거함으로써 사회 질서를 유지시키는 기능을 수행하는 없어서는 안 될 중요한 존재이다. 그렇지만 갈등주의의 입장에서 바라보는 경찰은 이와 정반대이다. 경찰은 지배 집단의 권력 유지를 위해 다수의 사회 구성원들을 감시하고 억압하는 강제적인 장치이다. 또 일부 부패한 경찰은 공권력을 이용해서 힘없는 약한 사람들을 괴롭히기도 한다. 앞에서 이야기한 금강산 만물상과 마찬가지로 같은 경찰이라는 사회적 요소를 놓고도 기능주의와 갈등주의의 시각은 이렇게 많이 다르다.

4. 기능: 크리스마스는 백화점을 춤추게 한다

우리는 앞서 기능주의 이론을 살펴보면서 가장 중요한 개념이 '기능'임을 알았다. 머튼(Merton)은 기능이란 사회 구조의 과정에서 일어나는 객관적인 결과라고 정의한 후 이것을 몇 가지로 구분해 놓았다. 이제 머튼이 기능을 어떻게 구분했는지 간략하게 알아보자.

▲ 머튼(Merton)

(1) 순기능과 역기능

'기능'이라는 개념은 먼저 '순기능'과 '역기능'으로 구분해 볼 수 있다. 순기능이란 어느 한 사회의 구성 요소들이 그 체계의 적응 또는 유지에 긍정적인 결과를 가져오는 경우를 말한다. 반면 역기능이란 그 반대로 부정적인 결과를 가져오는 경우이다.

자동차는 먼 거리를 빠르고 편안하게 이동할 수 있게 해주는 유용한 교통수단이다. 이런 점에서 자동차는 순기능을 하고 있다. 하지만 자동차는 매우 위험한 도구이기도 하다. 해마다 많은 사람들이 자동차 교통사고로 소중한 생명을 잃거나 크게 몸을 다치기도 한다. 또 자동차에서 뿜어져 나오는 배기가스는 공기를 오염시켜 심각한 환경 문제를 일으키는 주범이기도 하다. 이런 경우 자동차는 역기능적이다.

이와 같은 예는 우리 주위에서 얼마든지 찾아볼 수 있다. 산업화는 경제 성장에 큰 기여를 했다는 점에서 순기능적이지만 심각한 환경오염을 유발시켰다는 점에서는 역기능적이라고 볼 수 있다. 스마트폰은 사람들에게 편리한 소통 수단으로 사용된다는 점에서는 순기능적이지만 과도한 몰입으로 인한 중독 현상과 면대면 접촉을 줄인다는 점에서는 역기능적이다. 또 대학 교육의 확대가 고급 인력의 양성이라는 면에서는 순기능이지만 취업난으로 인해 고학력 청년 실업자를 양산했다는 점에서는 역기능을 갖기도 한다. 이렇듯 하나의 사회 요소 속에는 순기능과 역기능이 동시에 담겨 있는 경우가 많다.

(2) 현재적 기능과 잠재적 기능

'기능'을 구분하는 또 다른 개념은 '현재적 기능'과 '잠재적 기능'이다. 현재적 기능이란 사회 구성원들에 의해 의도되고 인식된 기능을 말하며, 잠재적 기능이란 원래 의도하지 않았는데 의외의 결과를 낳은 기능을 의미한다.

해마다 크리스마스 시즌이 되면 종교적인 행사와 함께 백화점의 선물 코너와 유흥가도 북적거리기 시작한다. 크리스마스의 현재적 기능이 예수의 탄생을 기념하는 경건한 종교적 기념일이라면, 잠재적 기능은 소비 시장의 활성화라고 볼 수 있다. 힙합 음악도 마찬가지다. 힙합의 현재적 기능은 원래 흑인들이 중얼거림을 통해 인종 차별에서 오는 사회적 불만을 토로하는 것이었다. 그러나 오늘날 힙합 음악은 한국을 포함하여 전 세계적으로 인종을 불문하고 모두가 열광하는 대중음악의 한 장르로 자리를 잡고 거대한 음악 시장을 형성하였는데, 이것은 힙합의 잠재적 기능이다. 또 대학의 현재적 기능이 교육을 통한 전문 인력의 양성이

▲ 힙합에도 현재적 기능과 잠재적 기능이 있다.

라면, 대학생들이 학교에서 이성 간 교제의 기회를 갖거나 사회에 대한 저항운동을 전개하는 것은 대학의 잠재적 기능에 해당한다.

5. 사회적 상호작용론: 적벽대전에서 무슨 일이 있었나?

우리는 지금까지 사회 실재론과 사회 명목론을 살펴보고, 이 중 사회 실재론적 입장에서 사회 구조를 설명하는 기능주의 이론과 갈등주의 이론에 대해 알아보았다. 이미 서술했다시피 사회 실재론에서는 개인보다는 사회라는 독립된 구조를 중요시하고 있으며, 반대로 사회 명목론에서는 사회라는 독자적인 실체를 거부하고 개인의 행위와 심리만을 강조한다. 그런데 사회와 개인을 대치된 개념으로 보는 이원론적 접근에 반대하여, 이 둘을 서로 떨어질 수 없는 현상으로 파악하려는 제3의 접근이 있다. 이러한 입장을 사회적 상호작용론이라고 한다.

사회적 상호작용이란 인간이 사회생활을 하면서 다른 사람들과 서로 영향을 주고받는 행동을 교류하는 것을 말한다. 인간은 기본적으로 사회 속에서 서로 관계를 맺고 살아간다. 사회관계는 두 사람 이상의 당사자들이 상대방과 상호작용하는 행위를 통해 형성된다. 사회적 상호작용론은 바로 이 점에 주목한다. 사회적 상호작용론에서 사회 현상을 보는 주된 관심은 사회 현상의 궁극적 단위가 사회냐 개인이냐 하는 데 있는 것이 아니라, 사회적 관계를 맺고 있는 사람들 사이에서 이루어지는 의미 있는 상호작용이다.

우리는 앞에서 경찰을 중심으로 사회 구조를 보는 두 가지의 상반된 입장을 살펴보았다. 기능주의 이론이나 갈등주의 이론은 왜 경찰이라는 사회 요소가 존재하며, 경찰은 사회적으로 어떤 일을 수행하고 있는가에 관심의 초점을 두고 있었다. 그러나 사회적 상호작용론에서 경찰을 볼 때는 경찰과 범죄자는 어떤 관계를 맺고 어떤 행위를 상호작용하는가, 또는 경찰과 일반 시민은 서로 상대방에게 어떤 기대를 하는가에 초점을 맞추게 된다.

다음의 이야기를 듣고 생각해보자. 옛날 어느 마을에 덕망 높고 슬기로운 학자가 살고 있었다. 어느 날 마을 청년이 이 학자를 찾아와서 물었다. "저희 집에 강아지가 죽었는데 오늘 조상님 제사를 지내면 안 되겠지요?", "당연히 안 되지." 학자는 이렇게 대답했다. 며칠 후 다른 청년이 또 이 학자를 찾아왔다. "저희 집 강아지가 죽었는데 그래도 조상님 제사는 지내야겠지요?", "당연히 지내야지." 이번에는 다른 대답이 나왔다. 이상하게 생각한 학자의 제자가 "아니, 지난번에는 제사를 지내면 안 된다고 해놓고 이번에는 왜 제사를 지내야 한다고 대답하십니까?"라고 물었다. 학자는 혀를 끌끌 차며 다음과 같이 답했다. "먼저 온 청년은 제사를 지내기 싫으니까 '제사를 지내면 안 되겠지요?'라고 물었고, 나중에 온 청년은 제사를 지내고 싶으니까 '제사는 지내야겠지요?'라고 물은 것이 아니겠는가. 제사란 정성이 달린 문제이니 마음이 내키면 하는 것이고 내키지 않으면 말아야지. 그러니 이렇게 대답할 수밖에."

이와 같이 상호작용은 그때그때의 행위자가 누구인가에 따라 달라지기도 하며, 또한 그 행위자가 행위를 일으키는 동기나 목적에 의해서도 다르게 나타난다. 따라서 상호작용은 매우 혼돈되고 복잡하며 정형화되지 못한 것처럼 보일 수도 있다. 하지만 이러한 상호작용이 되풀이되는 동안 점차 어떤 형태로든지 질서가 잡혀지며 그것이 고정되어 사회적으로 관습화된다. 따라서 개개인은 다른 사람과 상호작용을 할 때, 주어진 상황과 조건을 분별하여 그에 적합한 행위의 방식과 절차를 적절하게 선택하여 반응하는 것이다.

우는 아기를 생각해보자. 울음은 아기의 유일한 의사표현 방식이라서 이 아기가 갑자기 울음을 터뜨리는 이유는 상황에 따라 다양하다. 하지만 경험

많은 어머니는 이 아이가 배가 고파서 젖을 달라고 우는지, 오줌을 싸서 기저귀를 갈아 달라고 우는지, 아니면 몸이 아파서 우는지 기가 막히게도 잘 알아내고 아이의 울음을 그치기 위한 적절한 조치를 한다. 남이 듣기에는 똑같은 울음소리지만 아기와 어머니 사이에는 상황과 조건에 맞는 적절한 상호작용이 이루어지고 있는 셈이다. 이처럼 사회적 상호작용론은 인간 사이에서 행해지는 유형화된 행위에 주목한다.

그러면 지금부터 가장 보편적으로 유형화된 사회적 상호작용의 몇 가지 형태들을 찾아보기 위해 적벽대전이 벌어지고 있는 소설 삼국지 속으로 들어가 보자.

(1) 협동

촉나라의 제갈공명은 오나라의 손권과 손잡고 위나라의 조조의 대군을 맞이해서 그 유명한 적벽대전을 승리로 이끌었다. 여기서 촉나라와 오나라 간에 형성된 상호작용은 협동적 상호작용이다. '협동'이란 개인들 또는 집단들이 특정한 이익이나 목적을 함께 성취하기 위해 공동 행위를 하는 상호작용이다. 사람들은 협동을 통해서 혼자서는 성취하기 어렵거나 불가능한 목표를 달성한다.

▲ 적벽대전

원양 어선에서 어부들이 많은 물고기를 한꺼번에 잡기 위해 큰 그물을 가지고 힘을 합쳐 작업을 한다거나, 축구, 야구, 농구 등의 단체 경기에서 같은 팀의 선수들이 승리를 위해 함께 뛰는 행동들이 모두 협동이라는 상호작용의 유형에 해당한다.

협동은 누구나 참여할 수 있고, 달성된 결과가 고루 분배된다는 조건이 보장될 때 잘 이루어진다. 그런데 전통 사회에서는 공동체 의식에 기반을 둔 자발적인 협동이 많았던 반면, 현대 사회에서는 이보다는 계약적 관계에 의한 협동의 비중이 더 크게 나타나고 있다.

(2) 경쟁

적벽대전 당시 촉나라에 제갈공명이라는 천재적인 전략가가 있었다면 촉의 동맹군인 오나라에도 주유라는 탁월한 전략가가 있었다. 제갈공명과 주유는 조조의 군대를 격파한다는 공통된 목표를 가지고 있었지만, 적벽대전이 벌어지는 과정에서 자신의 지략과 재주가 더 뛰어나다는 것을 과시하기 위한 경쟁적 상호작용에 돌입했다. '경쟁'이란 개인들 또는 집단들이 똑같이 달성할 수 없는 동일한 목표를 두고, 서로 그것을 성취하려고 노력하는 행위를 말한다.

경쟁이 나타나는 이유는 사람들이 추구하는 목표는 희소한 것인 반면, 이에 대한 사람들의 욕구는 거의 무한대로 크기 때문이다. 입사 시험에 합격하기 위해 면접을 보는 사람들이나 마라톤에서 1등을 목표로 사력을 다해 달리는 선수들의 행위는 모두 경쟁적 상호작용의 유형이다. 그런데 경쟁이 반드시 직접적인 상호작용으로 나타나지 않는 경우도 있다. 세계화 시대에 한국의 농민은 미국의 농업 자본가와 국경을 초월해 간접적으로 경쟁한다. 다만 그들은 서로를 알지 못할 뿐이다.

경쟁은 동일한 희소가치를 두고 각자가 그것을 얻기 위해 노력한다는 점에서, 공동의 목표를 서로 힘을 합쳐 달성하려는 협동과는 다르다. 단체 경기에서 같은 팀 선수들끼리는 협동 관계에 있지만 상대방 선수들과는 경쟁 관계가 형성된다. 하지만 경쟁은 상대방과 일정한 규칙을 함께 지킨다는 것에 합의하고 또 그렇게 합의된 규칙을 따라야 한다는 점에서는 어느 정도 협동을 전제로 해서 성립된다. 경쟁적인 양 팀 선수들도 경기의 규칙을 준수하기 때문에 정상적인 시합이 가능해지는 것이다.

(3) 갈등

촉나라와 오나라가 협동적 상호작용으로 맺어졌고, 제갈공명과 주유가 경쟁적 상호작용을 하였다면 촉－오 연합군과 위나라 조조의 군대 사이에는 갈등적 상호작용이 있었다. '갈등'이란 동일한 목표를 추구하는 상대방을 의도적으로 해치거나 제거하려는 형태의 상호작용이다. 갈등은 한편이 목표를 달성하면 상대방은 패배한다는 점에서 경쟁과 비슷한 성격을 띠고 있다. 그러나 경쟁이 합의된 규칙을 상호 준수한다는 전제 하에 형성되는 것이라면, 갈등은 목표의 달성을 위해서라면 수단과 방법을 가리지 않는다는 점에서 차이가 있다. 또한 경쟁의 주목표가 상대방을 패배시키는 데 있는 것이 아니라 희소가치를 달성하는 데 있는 반면, 갈등의 목표는 상대방을 적대시하고 심지어는 파괴하는 것이라는 점도 다르다.

갈등의 대표적인 예로는 국가 간의 전쟁이나 조직 폭력배들 사이의 주도권 다툼, 또는 정치적 음모에서 비롯된 테러나 암살, 반란 등을 들 수 있다. 그런데 갈등의 결과가 보는 관점에 따라서 반드시 부정적인 것만은 아니다. 예컨대 집단 간에 갈등이 생기면 집단 내부의 갈등은 줄어들고 오히려 집단 결속이 더 강화되기도 한다. 과거 일본에서 전국을 통일한 도요토미 히데요시가

임진왜란을 일으켜 조선과의 갈등 상황을 통해 일본 내 자신의 반대파들까지 자신의 휘하에 거느려 내부 통합을 도모한 것이 바로 이러한 경우이다. 또 중국에서 오랜 내전으로 갈등 상황을 지속하던 장개석의 국민당과 모택동의 공산당이 일본 제국주의의 침략에 맞서 국공합작을 통해 내부 결속을 다진 것도 비슷한 예라 할 수 있다.

(4) 강제

촉나라와 오나라의 연합군은 적벽대전에서 때마침 불어오는 동남풍을 이용하여 화공으로 조조의 대군을 무참하게 격파시켜 버렸다. 이때 촉－오 연합군과 위나라와의 상호작용 형태는 '강제'로 특징 지워진다. 강제란 갈등이 폭력적인 방법에 의해서만 해소될 수 있는 상황에서 한쪽이 상대방을 힘으로 굴복시키는 형태이다. 여기서의 힘이란 반드시 폭력이나 무력과 같은 물리적인 것만을 의미하는 것은 아니며, 경제적 압력이나 제도적 권위에 의한 강제도 포함한다.

싸움이나 전쟁을 통한 강제가 힘에 의한 것이라면, 특정 국가에 대한 무역 봉쇄나 개인 간 민사 분쟁으로 인한 재산의 압류 등은 경제적 압력, 그리고 판사가 죄인에게 실형을 선고하는 것이나 교사가 잘못을 저지른 학생을 교칙에 의거해 처벌하는 일은 제도적 권위에 의한 강제에 해당한다.

(5) 화해와 동화

적벽대전에서 간신히 목숨을 건진 조조는 비참한 몰골로 도망치지만 위나라로 돌아가는 길목은 이미 관우가 장악하고 있었다. 하지만 관우는 과거에 자신이 조조의 포로가 되었을 때 조조가 베푼 호의에 보답하기 위해 조조를 그냥 놓아주었다. 여기서 관우와 조조는 '화해'라는 형태로 상호작용을 한 셈이다.

갈등은 폭력적인 방법을 사용하는 강제로서만 해소되는 것은 아니다. 때로는 평화적인 방법으로도 해소가 가능한데, 이때 갈등을 감소시키거나 평화스러운 상호작용으로 회복시키는 과정을 화해라고 한다. 노사 간의 타협이나 전쟁 중인 국가 간의 휴전, 계약이나 상호 조약 등을 통해 쌍방이 조건부로 갈등 관계를 일시적으로나마 해소시키려는 행위가 화해에 해당한다.

한편 서로 갈등하는 집단들이 동질성을 갖도록 만들어 갈등 상황을 해소하는 방법도 있는데, 이런 과정을 '동화'라고 한다. 인디언들이 백인들 사회에 흡수되는 것이나, 이민을 간 사람이 새로운 환경에서 자신의 문화나 습관을 버리고 새로 정착한 사회에 적응해 살아가는 경우가 동화의 예이다.

(6) 교환

촉나라의 도움으로 적벽대전을 승리로 이끈 오나라는 강동 6주의 거대한 영토를 위나라의 침략으로부터 지켜낼 수 있었다. 한편 촉나라는 오나라로부터 서촉의 중요한 길목인 형주 땅을 얻어 국가의 기반을 다지게 된다. 즉 촉나라와 오나라는 적벽대전을 통해서 각자가 만족할 만한 공평한 교환 관계를 형성했던 것이다.

'교환'이란 사람들 사이에 무엇인가 대가를 지불하고 보상을 받는, 즉 서로 주고받는 관계이다. 한마디로 '오는 정이 있어야 가는 정도 있다.'는 관계이다. 따라서 교환은 상호작용의 본질과 가장 일맥상통하는 행동 유형인데, 이때 주고받는 것은 선물이나 돈과 같은 물질적인 것뿐만 아니라 사랑이나 권력, 칭찬과 처벌 등과 같은 비물질적이고 심리적인 것까지도 포함된다. 예를 들면, 내가 상인에게 비용을 지불하고 원하는 물건을 구매하는 것은 물질적 교환에 해당하며, 구매한 그 물건을 사랑하는 연인에게 선물을 주면 상대방이 나에게 기쁨을 표현하는 것은 물질과 비물질 간의 교환이다. 한편 사랑하는 연인이 정신적으로 힘들어할 때 위안과 용기를 제공하니 상대방이 나에게 감사를 표현한다면 이는 비물질적 교환이 이루어진 상황이라 할 수 있다.

교환 관계를 중시하는 호만스(Homans)나 블라우(Blau) 같은 학자들은 이것을 교환 이론으로까지 발전시켰다. 교환 이론은 인간의 행위를 비용과 보상을 교환하는 관계로 규정한다. 즉 개인이 주어진 상

▲ 호만스(Homans) ▲ 블라우(Blau)

황에서 지출하는 비용에 비하여 얼마만큼의 보상이 돌아오는지를 따져 이익이 있을 때만 행동을 취한다는 것이다. 앞의 예에서도 내가 이 물건은 이 정도의 값어치가 충분히 있다는 판단이 들었을 때 상인에게 비용을 지불할 것이며, 이 물건을 받은 연인이 틀림없이 기뻐할 것이라는 확신이 들었을 때 선물로 줄 것이며, 이런 말을 위로로 전하면 분명 상대방이 나에게 감사를 표시할 것이라고 판단이 될 때 그 행동을 하게 된다는 것이다. 반면 이와 같은 확신이나 기대가 없다면 교환적 상호작용은 일어나지 않는다.

호만스에 따르면 인간은 과거에 보상을 받았던 행동을 우선적으로 하게 되며, 그 행동으로 주어지는 보상이 클수록 그 행동을 반복할 가능성이 크다. 반면, 동일한 보상을 자주 받게 되면 점차 그 보상의 가치는 떨어진다. 낚시꾼이 어떤 지점에서 월척을 낚았다면 그 낚시꾼은 다음에도 그 장소에서 낚시질을 하려고 할 것이다. 하지만 월척을 낚는 횟수가 늘어날수록 점차 월척을 낚았을 때 느끼는 짜릿한 감정은 점점 감소할 수밖에 없다.

또한 인간은 자신의 행동에 따른 보상을 기대했는데, 보상이 주어지지 않거나 기대와는 달리 처벌이 주어질 경우 화를 내게 된다. "물에 빠진 사람 건져 주었더니 보따리 내놓으라고 한다."는 속담은 바로 이런 경우를 두고 하는 말이다. 물에 빠져 허우적거리는 것을 기껏 힘들여 건져 주었더니 자기 보따리 없어졌다고 도둑놈 취급을 한다면 화나지 않을 사람은 없을 것이다. 마찬가지로 비용을 지불하고 구매한 물건이 막상 사용해보니 기대에 못 미쳤을 때, 그 물건을 선물로 받은 연인이 그다지 기뻐하지 않는 눈치였을 때, 상대가 힘들어해서 기껏 위로의 말을 건넸더니 오히려 짜증스러운 반응을 보였을 때 그 사람은 이후에는 더 이상 동일한 행동을 하지 않게 된다. 즉 이런 경우 기대와 보상 간의 교환 관계가 깨어지게 되며 이는 곧 기존에 형성되어 있던 개인 간의 사회관계에 변화가 일어나게 된다는 것을 의미한다.

한편 블라우는 개인 간의 교환 관계를 사회적 차원으로까지 확대시켰다. 블라우에 따르면 집단과 집단 사이에도 교환 관계가 성립하는데, 이때 한쪽이 일방적으로 도움을 받기만 하고 그에 걸맞은 보상을 제공하지 못하거나 계속적으로 도움을 받아야 한다면 지배-피지배라는 권력 관계가 발생한다. 그리고 이러한 권력 관계가 일정 기간 지속되면 그것은 정통성을 획득한 권위 관계로 바뀌면서 사회 구조로 정착하게 된다. 강대국으로부터 경제적 원조를 받아야만 하는 개발도상국이 점차 경제적으로 뿐만 아니라 정치적으로도 강대국에 예속되어 가는 경우가 대표적인 예이다.

6. 상징: 불끈 쥔 주먹의 의미

　　상호작용을 하는 것은 인간만이 아니다. 하다못해 개도 화가 나면 서로 으르렁거리면서 싸우거나, 주인을 보면 꼬리를 흔들면서 반가움을 표현한다. 하지만 동물들의 상호작용은 단지 본능에 의한 것인 반면, 인간은 서로 간에 공유하고 있는 상징을 통해서 상호작용한다는 점에서 큰 차이가 있다.

　　상징이란 어떤 사물이나 일의 성질, 또는 사람들의 생각을 나타내는 구체적인 표시를 말한다. 인간은 상호작용을 통해 상징을 만들어 내고, 이미 존재하는 상징을 매개로 서로의 생각과 행동을 지각하고 해석하는 사고 능력을 지닌 유일한 생명체이다. 인간은 일상생활에서 상징을 통해 사물들에 계속해서 의미를 부여하고, 그 의미를 자신에게 지시하며, 그 지시된 내용을 판단해서 행동한다. 이렇듯 상징이 차지하는 중심적인 위치 때문에 사회적 상호작용론을 상징적 상호작용론이라 일컫기도 한다.

　　상징적 상호작용론의 기본 원리는 다음과 같다.

　　첫째, 인간은 사고 능력을 가지고 있다.

　　둘째, 인간의 사고 능력을 가능하게 해주는 상징과 그 의미는 사회적 상호작용을 통해 형성된다.

　　셋째, 인간은 상징을 매개로 자신만의 행위와 상호작용을 수행한다.

　　넷째, 의미와 상징은 인간이 상황을 어떻게 해석하는가에 따라서 상호작용 속에서 수정, 변경될 수 있다.

　　다섯째, 사회는 상징을 통한 인간의 행위와 상호작용이 복잡하게 얽혀있는 다양하게 유형화된 형태로 이루어져 있다.

　　가장 대표적인 상징으로는 언어와 문자를 들 수 있다. 하지만 이밖에도 각종 기호나 그림, 소리, 표정과 몸짓, 문자 메시지의 이모티콘 등도 모두 상징에 포함된다. 십자가는 두 개의 나무 막대기를 서로 교차시켜 놓은 것에 불과하다. 그러나 기독교에서 십자가란 교차된 두 개의 나무 막대기 이상의 의미를 가지고 있다. 이것은 예수를 상징하기도 하며 교회를 상징하기도 한다. 또 인간의 속죄와 구원을 나타내기도 한다.

거리의 교통 신호도 모두 상징으로 표시되고 있다. 신호등은 세 가지 색깔이라는 상징으로 구성된 사회적 약속이다. 만일 붉은 신호등이 멈춤을 나타내는 상징이라는 것이 사회 구성원들에게 공통적으로 합의되지 않았다면 교통질서는 엉망진창이 될 것이다. 하지만 붉은 신호등의 의미는 사회적으로 널리 인정되는 것이기에 교통질서는 정상적으로 유지될 수 있다. 이렇듯 사회 구성원들은 일정한 상징에 담겨있는 의미를 제대로 이해하고 또 그에 맞게 행동하기 때문에 안정적인 사회 질서가 가능한 것이다.

그런데 하나의 상징이 반드시 하나의 의미만을 표현하는 것은 아니다. 인간은 상징을 매개로 상호작용을 할 때 그 상징의 의미뿐 아니라 그 상징이 나타나는 사회적 상황과 맥락까지도 동시에 해석해야 한다. 불끈 쥔 주먹만 하나 덩그러니 찍힌 사진이 있다고 생각해 보자. 앞뒤 맥락을 전혀 모르고 이 사진을 본다면 사람마다 각기 서로 다른 해석을 할 수 있다. 어떤 사람은 누군가를 때리려고 주먹을 뻗는 것이라고 생각할 것이고, 다른 사람은 가위 바위 보를 하는 장면이라고 생각할 수도 있다. 또 시위에서 구호를 외치는 모습, 무엇인가 작은 물건을 쥐고 있는 모습, 심지어는 손으로 욕을 하는 모습이라고 해석하는 사람도 있을 것이다. 하지만 주먹을 쥔 사람의 전체 모습이 다 찍힌 사진을 보거나 아니면 구체적인 주변 상황을 목격한다면 이 주먹이 어떤 의미를 지니고 있는지 누구나 금방 알아챌 수 있게 된다.

'언어'라는 상징을 통한 상호작용도 마찬가지다. 우리가 일상적으로 사용하는 언어 속에는 겉으로 드러난 본래의 의미 이외에 다른 의미가 숨어있는

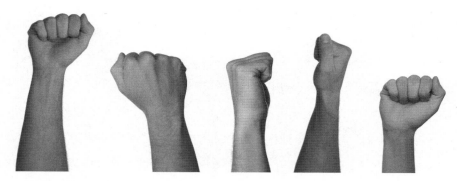

▲ 주먹이 상징하는 여러 의미

경우가 많다. 예를 들어, 가까운 사람끼리 만나면 "커피 한잔 하자"는 말을 한다. 이 말을 있는 그대로 해석하면 중남미나 아프리카 지역에서 재배한 커피 열매에서 추출한 카페인이 함유된 검은 색의 음료를 한잔 마시자는 뜻이다. 그러나 커피 한잔 하자고 카페에 들어가서는 엉뚱하게 녹차나 탄산음료와 같은 다른 메뉴를 주문하기도 한다.

하지만 "커피 한잔 하자"는 애초의 약속이 틀리다고 상대방에게 따져 묻는 일은 일어나지 않는다. "커피 한잔 하자"고 만난 두 사람은 사실 무엇을 마시느냐에 관심이 있는 것이 아니라, 서로 마주 앉아 대화를 나누는 데 더 관심을 두고 있었기 때문이다. 즉 "커피 한잔 하자"는 언어 속에는 "대화를 나누자"는 의미가 담겨 있는 것이다. 그리고 사람들은 상황적 맥락 속에서 이 의미를 정확히 해석하고 그에 따라 상호작용한다. 이렇듯 상징적 상호작용론은 사람들이 상징의 의미를 주어진 상황 속에서 파악하고 공유하며 그에 걸맞은 행동을 하기 때문에 원만한 상호작용이 이루어질 수 있으며, 이러한 과정을 통해 사회관계가 안정적이고 지속적으로 유지된다고 설명한다.

생각해 봅시다

01 기능주의 이론, 갈등주의 이론, 사회적 상호작용론, 교환이론, 각각은 사회질
   서가 어떻게 유지된다고 설명하는지 비교해봅시다.

02 기능주의 이론과 갈등주의 이론처럼 사회 구조에 주목하는 거시적 관점과 사
   회적 상호작용론이나 교환 이론처럼 개인 간의 상호작용에 주목하는 미시적
   관점의 장 · 단점은 무엇일까요?

03 '상품 광고'라는 사회적 요소의 의미가 기능주의 이론과 갈등주의 이론 그리
   고 상호작용론과 교환 이론에서 각각 어떻게 달리 해석될지 생각해봅시다.

1. 문화의 의미: 원시 부족도 알고 보면 문화인

'문화인'의 반대말이 무엇이냐고 물어보면 우리는 보통 '야만인'이나 '미개인'을 떠올린다. 또 '문화생활'이라는 말을 들으면 음악회나 미술관을 찾는다거나, 여행과 레저 활동을 즐기는 모습을 연상하게 된다. 이처럼 '문화'라고 하면 일반적으로 세련되고 고급스러운 것들을 생각하게 되지만, 이런 것들은 엄밀히 말하면 좁은 의미에서의 문화에 지나지 않는다. 사회 과학에서 지칭하는 문화는 보다 넓은 의미로 사용되는 개념이다. 즉 문화란 한 사회의 구성원들이 후천적인 학습을 통하여 공통적으로 가지게 되는 행동 양식과 사고방식의 종합체로서 인간의 모든 생활양식을 의미한다. 그리고 여기에는 다음의 두 가지 특징이 숨어있다.

첫째, 문화는 인간 행동의 생물학적 측면을 제외한다. 졸리면 자야 하고, 배가 고프면 음식을 먹어야 하는 생리적 현상은 문화의 범주에 들어가지 않는다. 하지만 침대에서 잠을 자는가 아니면 방바닥에 침구를 깔아놓고 잠을 자는가 그리고 음식을 먹을 때 수저를 이용하는가 포크와 나이프를 이용하는가 등의 선택은 문화의 범주에 해당한다. 둘째, 문화는 개인이 아닌 집단의 행위 양식이다. 청소년들이 그들만의 은어로 대화를 주고받는 것은 집단적 행위 양식이기 때문에 문화이다. 그런데 만약 한 청소년이 유독 말할 때마다 침이 많이 튄다면 그것은 단지 그의 개인적 습관일 뿐 문화로 간주되지는 않는다.

어떠한 사회든지 그 나름대로의 문화를 가지고 있으며 모든 사람들은 나름의 문화를 향유하면서 삶을 영위해 가고 있다. 좁은 의미의 문화 개념을 적용하면 아직 문명화되지 못한 아프리카의 원시 부족에게는 문화가 없다고 말할 수 있겠지만 사회 과학에서 일반적으로 사용하는 넓은 의미의 문화 개념을 적용하면 이들 역시 엄연히 자신의 문화를 가지고 있는 것이다.

　　우리가 매 순간 공기를 호흡하면서도 이것의 존재 여부나 소중함을 느끼지 못하듯이 문화는 우리도 모르는 사이에 개개인의 생각과 느낌, 일상적인 생활양식과 행동 등 모든 영역에 걸쳐 영향을 미치고 있다. 그리고 우리가 물 속 깊이 들어가서야 비로소 공기의 가치를 알듯이, 우리가 익숙하지 않은 낯선 문화와 접한다면 개인의 삶에 문화의 영향력이 얼마나 큰가를 실감할 수 있을 것이다.

　　우리의 행동이나 생활양식을 이해하고, 왜 다른 사회에 사는 사람들은 우리와 다르게 살고 있는가를 알기 위해서는 문화에 대한 이해가 반드시 필요하다. 제2차 세계 대전 당시 미국은 일본 문화를 이해하지 않고는 일본을 완전히 항복시키기가 힘들다고 판단하여 세계적인 문화인류학자인 루스 베네딕트(Ruth Benedict)에게 일본 문화에 대한 문화인류학적인 연구를 의뢰하였다. 그 결과 일본 문화에 대한 유명한 책인 「국화와 칼」이 나오게 되었다. 여

▲ 루스 베네딕트(Ruth Benedict)

기서 국화는 섬세하고 예의바른 성향을 그리고 칼은 호전적이며 군국주의적인 성향을 상징한다. 즉 일본인들이 갖고 있는 이중적인 문화를 표현한 제목이다.

　　이렇듯 문화는 그것을 향유하는 집단의 정체성과 직접적인 관련이 있다. 일제 강점 시대에 일본이 소위 '문화 정책'을 실시하여 우리말과 우리글을 사용하지 못하게 하고 전통 문화를 없애려 한 것도 우리의 정체성을 말살해 완전한 식민지적 통합을 이루려는 시도였다. 이것만 보아도 문화가 갖는 사회적 의미가 얼마나 큰지 짐작할 수 있다.

2. 문화의 속성: 고속도로가 햄버거 산업을 키웠다

문화의 본질을 이해하기 위해서는 먼저 문화가 갖고 있는 다음의 몇 가지 속성들을 알아야 한다.

(1) 공유성

한국, 중국, 일본 세 나라 사람들은 모두 쌀밥과 국을 주로 먹으며 수저를 사용한다. 그런데 중국과 일본 사람들은 밥그릇과 국그릇을 손으로 들고 먹는데 반해, 한국인들은 밥그릇과 국그릇을 식탁에 가만히 올려놓고 숟가락으로 음식을 떠먹는 것이 올바른 식사 예절이라 여긴다. 한국인들은 이웃 나라 사람들과 구분되는 자신만의 고유한 식사 문화를 공유하고 있는 것이다. 이처럼 문화에는 한 사회의 구성원들에게 공통적으로 나타나는 행동 및 사고 방식이 담겨있다. 특정 사회의 구성원들은 언어, 예술, 식생활 등 여러 면에서 문화적 특성들을 공유하고 있다.

물론 어떤 규범이나 가치관에 대하여 사회 구성원 모두가 완전히 합의할 수는 없다. 한국 사람들은 대부분 김치를 즐겨 먹지만 간혹 매운 음식을 잘 먹지 못해 김치를 싫어하는 사람도 있다. 하지만 어느 식당을 가건 밑반찬으로 김치는 반드시 나온다. 김치는 한국인들 사이에 공유된 문화이기 때문이다. 요컨대 문화를 공유한다는 것은 사회 구성원 대다수가 그 사회의 핵심적인 규범과 가치를 받아들이고 그 사회의 고유한 생활양식을 따르는 것을 말한다.

공유된 문화는 구성원들에게 공통의 장(場)을 제공해 줌으로써, 특정한 상황에서 상대방이 어떻게 행동할 것인지 또 서로에게 무엇을 기대할 수 있는지를 예측할 수 있게 해준다. 가령 서양식 인사 문화인 악수는 중세 시대에 허리춤에 칼을 차고 다니던 기사들이 상대방을 만났을 때 칼을 뽑지 않겠다는 의미로 손을 내밀던 것에서 비롯되었다고 한다. 만약 악수에 담긴 이러한 의미가 상호 간에 공유되지 않았다면 빈번하게 칼부림이 났을지도 모를 일이다. 이렇듯 문화의 공유성은 구성원들 사이의 원활한 사회생활을 가능하게 해준다.

하지만 이것은 다른 한편으로 우리의 사고와 행동에 상당한 구속력을 행사하기도 한다. 세계화 시대라 해서 아무리 외국어 교육이 열풍이 불어도 외국에서 살다 와서 어눌한 우리말을 구사하는 한국 사람을 보면 영어를 잘한다고 부러워하기 보다는 못마땅하게 생각되듯이 그 사회에 공유된 문화에서 벗어나는 행동은 다른 구성원에게 쉽게 용납되지 못한다.

(2) 학습성

문화가 공유되는 것이라 하여 유전적으로 물려받은 생물학적인 특징까지 문화라고 하지는 않는다. 눈을 깜박이는 것, 졸리면 자는 것, 아이가 배가 고프면 우는 것 등은 모든 구성원들에게 공통된 현상이지만 이것들은 단지 선천적으로 타고나는 특징이기 때문에 문화라고 할 수 없다. 사람은 세상에 처음 출생할 때는 자연 그대로의 동물 상태에 있다. 따라서 문화를 태어날 때부터 갖고 나오는 것은 아니다. 사람은 태어날 때 단지 문화를 배울 능력만을 갖고 나올 뿐이다. 문화는 사람이 만드는 것이며 성장 과정에서 다른 사람들과의 상호작용을 통해 학습되는 것이다. 이러한 문화의 학습 수단으로는 가정교육이나 친구들과의 놀이나 담소와 같은 비공식적 수단과, 학교 교육이나 직업훈련을 통한 공식적 수단이 있다.

이제 막 말을 배우기 시작하는 아기를 생각해 보자. 이 아기는 단지 말을 배울 수 있는 능력만을 갖고 태어났지 선천적으로 말을 할 수 있었던 것은 아니다. 그리고 이제 이 아이는 사회적 학습과정을 통해서 언어라는 문화를 배우는 것이다. 그런데 이 아이가 한국인이라고 해서 선천적으로 우리말을 잘

할 수 있는 체질을 타고 난 것은 아니다. 이 아이가 미국에서 태어나 미국에서 자란다면 어떻게 될까? 비록 이 아이의 겉모습이 한국 사람을 닮았다 하더라도, 말하는 법이나 생각하고 행동하는 법은 미국 사람과 같아질 것이다. 어려서 해외로 입양되어 서양인 부모 밑에서 자란 한국 아이가 성인이 되어 고국을 방문하면 오히려 한국에서의 생활에 불편을 느끼고 또 모든 것을 어색하게 느끼는 경우가 많다. 이것은 바로 이 아이가 태어난 후 미국 문화를 학습하였기 때문이다. 이렇듯 문화란 선천적으로 타고나는 것이 아니라 후천적으로 학습된 산물이다.

(3) 축적성

문화란 비눗방울처럼 일시적으로 나타났다가 곧 소멸해 버리는 것이 아니라 끊임없이 유유하게 흐르는 강물과 같은 것이다. 한 인간에게 학습된 문화는 그 세대에서만 그치는 것이 아니라 다음 세대로 전승되고 축적된다. 인간에게는 언어와 문자의 사용 능력이 있기 때문에 경험과 지식을 다음 세대로 전승함으로써 문화의 축적이 가능하다.

우리의 현재 생활양식 대부분은 당대에 직접 창안한 것이 아니라 조상들의 축적된 지혜의 결실이다. 쌀과 김치를 먹는 식생활, 명절이면 조상의 무덤을 찾아가는 풍습, 춘향전이나 심청전과 같은 고전 문학들이 오늘날의 우리에게까지 전승된 것은 바로 문화가 갖고 있는 축적성이라는 속성 때문이다.

물론 문화의 내용이 고스란히 그대로 전승되는 것은 아니다. 기존의 문화에 새로운 지식과 생활양식이 더해지면서 문화는 보다 풍부해진 상태로 이어져 간다. 현재 우리의 문화는 과거의 문화와 다르며, 또 미래의 문화도 현재의 문화와는 달라질 것이다. 옛날에는 추운 겨울이 와서 동네 개천이 꽁꽁 얼어야만 스케이트를 타고 놀 수 있었지만, 요즘은 한여름에도 실내 스케이트

장에 가서 마음껏 놀 수가 있다. 이것은 옛 것과의 단절이 아니라 기존의 문화에 기초하여 그 위에 새로운 문화가 추가되는 것이다. 인간의 문화가 한 사람에게서 다른 사람에게, 한 세대에서 다음 세대로 전해지는 과정에서 인간의 지식은 계속 축적되어 왔으며, 이것이 바로 인류 문명의 발달사이다.

(4) 전체성

햄버거는 현재 미국인들이 가장 일상적으로 즐겨 먹는 대표 음식 중 하나이다. 맥도날드를 비롯한 미국의 유명 햄버거 제품들은 이제 어느 나라에서나 쉽게 접할 수 있는 세계적인 브랜드로 성장했다. 하지만 미국인들이 처음부터 햄버거를 즐겨 먹었던 것은 아니었다. 미국의 햄버거 산업이 처음 크게 성장하게 된 것은 놀랍게도 고속도로와 매우 밀접한 관련이 있다.

미국에서는 자동차의 급격한 보급과 함께 1940년대 중반부터 본격적으로 고속도로망이 갖추어지기 시작했다. 그러자 집값이 싼 외곽 지역에 주거 공간을 마련하고 고속도로를 이용해 도심으로 출퇴근을 하는 사람들이 점점 늘어났다. 또 대륙 횡단 고속도로를 타고 며칠씩 걸리는 장거리 이동을 하는 사

▲ 자동차와 햄버거는 밀접한 관련이 있다.

람들도 생겨났다. 이렇게 고속도로 위에서 보내는 시간이 길어지자 사람들은 차 안에서 간편하게 식사하기 가장 적당한 음식으로 햄버거를 찾게 되었다. 그 결과 고속도로 주변을 따라 햄버거 매장들이 계속 들어서게 되었으며, 고속도로가 추가로 건설되면 햄버거 매장도 함께 늘어났다. 그리고 햄버거에 입맛이 길들여진 미국인들은 이제 자동차를 타지 않을 때도 햄버거를 즐겨 찾게 되었다. 고속도로가 햄버거 산업을 키웠고 미국인들의 입맛까지 바꿔놓은 것이다.

오늘날 세계에서 가장 권위 있는 식당 정보 안내서인 미슐랭 가이드도 자동차의 보급과 깊은 관련이 있다. 미슐랭 가이드는 자동차 타이어를 제작하던 프랑스의 미쉐린사가 고객들에게 유익한 운전 정보를 알려주자는 취지에서 무료로 배포한 자동차 여행안내 책자에서 출발하였다. 이 책자가 발간되던 초기만 해도 타이어 정보, 도로 법규, 자동차 정비 요령, 주유소 위치 등이 주된 정보였고, 식당 소개는 장시간 운전으로 배가 고파진 운전자의 허기를 달래 주기 위한 부록 정도의 역할에 지나지 않았다. 그러나 점차 신뢰할 수 있는 식당 정보 안내서로 인정받으면서 이제 미슐랭 가이드의 별점은 식당의 명성과 요리사의 실력을 판별하는 중요한 기준으로 자리 잡았다.

이렇듯 문화는 그 내용 각각이 별개로 떨어져서 있는 것이 아니라 모두가 유기적인 연관을 맺으면서 하나의 전체를 이루고 있다. 다른 영역의 문화와 아무런 관계없이 독자적으로 고유하게 존재하는 문화는 하나도 없다. 사회의 각 요소는 개별적인 것으로 보이지만, 사실은 다른 요소들과 밀접한 관련을 맺고 상호 영향을 끼치게 된다. 그러므로 문화의 한 부분이나 단편적인 몇 개의 부분만을 가지고는 전체 사회를 온전히 이해할 수 없다. 문화의 각 영역은 상호 밀접한 관련을 맺으며 전체를 이루고 있기 때문에, 한 사회를 이해하기 위해서는 그 사회의 문화를 전체적으로 파악하여야 한다.

문화의 전체성을 보여주는 사례는 얼마든지 쉽게 찾아볼 수 있다. 구텐베르크의 금속 활자 기술은 단지 책의 보급을 넓힌 데 그치지 않고 새로운 사상의 확장에까지 영향을 끼쳐 근대 시민 혁명에 크게 기여했다. 한류 현상도 마찬가지다. K-POP에 대한 외국인들의 인기가 높아지면서 K-드라마에 대한 세계적 관심도 동시에 커졌다. 그 여파로 한국 음식을 즐기고, 한국어를 배우려는 외국인들도 늘어났으며, 한국을 여행하려는 외국인들의 발길이 이어지고 있다. 대중가요에서 시작된 한류 열풍이 다른 영역으로까지 계속 확장되는 현상이다. 컴퓨터와 인터넷 기술의 발달도 단순히 정보 처리 능력의 향상에만 영향을 미친 것이 아니라 새로운 IT 산업을 창출해 냈으며, 온라인을 통한 새로운 인간관계의 형성을 가져왔다. 또한 각종 사이버 범죄와 개인정보 침해 등 새로운 사회 문제를 초래하기도 했다. 뿐만 아니라 컴퓨터 그래픽을 통해 SF 영화의 놀라운 신기원을 이룩해 내기도 했다. 과학기술 분야에서의 새로운 변화가 경제, 사회, 문화 예술에 이르기까지 폭넓은 영향력을 행사하는 것이다.

(5) 변동성

과거 유선 전화만 있던 시절에는 집에 전화가 오면 수화기를 들고 맨 처음 하는 말이 "여보세요"였다. 전화를 건 사람이 누군지 알 수가 없었기에 의례적으로 나오는 첫 말이다. 그러나 요즘 휴대전화에는 지인들의 전화번호가 입력이 되어 있기 때문에 전화벨이 울릴 때 화면에 아는 사람의 이름이 뜨면 내뱉는 첫 마디가 "응"이다. 사소한 전화 문화조차 기술이 달라지면 함께 변화한다.

이와 같이 문화는 세대에서 세대로 이어지는 사이에 단지 과거의 것을 계승하는 데만 그치지 않고 거기에다 새롭고 창의적인 변용을 가미하게 된다. 따라서 문화적 특성들은 어느 정도의 규칙성이 있으나, 고정 불변의 것이 아니라 시간이 지나면서 점차 변동을 겪는다.

70년대의 대학 문화는 통기타와 청바지, 그리고 생맥주로 상징되는 청년 문화로 불렸다. 또 80년대의 대학 문화는 의식화 교육, 집회와 시위, 화염병으로 대표되는 저항 문화로 특징된다. 90년대의 대학 문화는 발랄한 자기 개성과 풍요로운 소비를 앞세운 신세대 문화로 기억된다. 그리고 2000년 이후의 대학 문화는 한편으로는 첨단 스마트 기기로 무장한 '디지털 세대'와 다른 한편으로는 극심한 취업 대란 속에서 스펙 경쟁에 내몰린 '88만원 세대' 혹은 장래에 연애, 결혼, 출산을 포기한 '삼포 세대' 등으로 대변된다. 이렇듯 대학 문화라는 동일한 문화 요소도 시대의 흐름에 따라 끊임없는 변화의 과정을 겪게 된다.

문화의 변동성을 보여주는 또 다른 예로 우리나라 출산 정책의 변화상을 살펴보자. "덮어놓고 낳다보면 거지꼴 못 면한다." 지나치게 직설적이라는 인상을 주는 이 문장은 1960년대 우리나라 정부가 채택한 산아 제한 캠페인 표어이다. 베이비 붐 시대를 거치면서 인구가 급증하자 정부가 직접 나서서 인구 억제 정책을 펼치기 시작하던 무렵의 풍경이다. 산아 제한 정책은 20세기 말까지 계속되었다. 1970년대에는 "딸 아들 구별 말고 둘만 낳아 잘

▲ 1970년대의 산아 제한 정책

기르자."며 가구당 출산을 두 자녀로 제한하려는 정책 목표가 수립되었고, 1980년대에 이르러서는 전통적인 남아 선호 사상이 높은 출산율의 원인이라고 판단하여 "잘 키운 딸 하나 열 아들 못지않다."는 슬로건이 등장하기도 했다.

그러나 2000년대 이후로 한국 사회는 과거와는 정반대로 저 출생이라는 또 다른 문제에 직면해 있다. 혼인 연령이 높아지고 결혼한 부부도 취업의 불안정, 과중한 육아 비용 및 교육비용, 고액의 주택 장만 비용 등 경제적 이유로 출산을 미루거나 포기하면서 인구가 급속히 감소하고 있다. 이에 따라 정부도 출산 장려 정책으로 방향을 급전환하여 여성의 입장에서 일과 가정의 양립을 가능하게 해주는 사회적 인프라와 모성 친화적 정책을 수립하는 등 변화된 태도를 취하고 있다.

이렇듯 사람들은 일상생활에서 직면하는 새로운 문제에 대해 새로운 방식으로 해결을 시도한다. 그리고 그 과정에서 보다 더 효과적인 방식이 등장하고 이것이 사회 구성원들에게 널리 확산되면 낡은 방식이 대체되면서 문화의 변동이 일어나게 된다.

3. 문화의 형태: 문화는 맛있다

사회가 사람들이 오랜 기간을 함께 삶으로써 조직을 이루고 다른 집단의 사람들과 구별되는 단위라면, 문화란 이러한 사회의 구성원들이 만들어내고 공유하며 함께 따르는 생활양식이다. 한마디로 사회가 그릇이라면 문화는 그 그릇에 담긴 맛있는 음식물이라고 할 수 있다.

문화의 가장 기본이 되는 최소 단위를 '문화 요소'라고 한다. 수저, 가방, 자동차, 컴퓨터 등과 같은 물건이나 악수, 예절, 전설 등과 같은 무형의 것들이 모두 문화 요소에 해당한다. 그리고 서로 관련되어 있는 문화 요소들이 몇 개 결합하여 상위의 문화 체계를 이루는 것을 '문화 복합'이라고 한다. 야구 경기라는 문화 복합은 경기장, 야구 글러브, 야구공, 야구 규칙 등의 몇 가지 문화 요소들이 결합해서 형성된다. 또한 몇 가지의 서로 관련된 문화 복합이 다시 결합되었을 때 '문화 유형' 또는 '제도'가 형성된다. 문화 유형으로서의 가족 제도는 혼인, 출산, 육아, 의식주 생활 등의 여러 가지 문화 복합들이 결합되어 이루어진 것이다.

한편 문화는 크게 물질 문화와 비물질 문화로 나누어진다. 물질 문화가 사람들이 만들어 내고 사용하는 물질적인 것과 이런 것들을 만드는 기술을 의미한다면, 비물질 문화란 상징이나 규범, 가치 등과 같이 물질적으로 보이지는 않지만 인간의 생각과 행동을 이끄는 문화 형태이다. 물론 이것은 문화의 형태에 초점을 둔 분류이다. 인간에 초점을 맞추어 다시 문화를 살펴보면 물질 문화는 기술적·경험적 문화로, 그리고 비물질 문화는 관념적·표출적 문화와 제도적·평가적 문화로 세분된다.

(1) 기술적·경험적 문화

기술적·경험적 문화는 인간의 기본적인 욕구를 충족시키기 위하여 인간이 만들고 사용하는 물질적인 모든 것을 의미한다. 여기에는 여러 가지 도구, 의복, 음식, 주택, 그 밖의 생활에 필요한 재화 및 이것을 만들고 사용하는 기술까지 포함된다.

(2) 관념적·표출적 문화

관념적·표출적 문화는 인간이 자기 자신이나 사회, 자연, 초자연 등에 대해 가지는 지식이나 신념, 가치, 태도 등을 의미한다. 신화, 전설, 철학, 종교, 언어, 문학, 예술 등이 여기에 속한다. 관념적 · 표출적 문화는 인간이 환경적인 제약을 극복해 나가는 데에 용기와 의욕을 불어 넣어 주고, 생활의 지혜를 제공해 줌으로써 인간의 삶을 풍요롭게 해 준다.

(3) 제도적 · 평가적 문화

제도적 · 평가적 문화란 사회의 구성 요소들이 그 구성원들을 조직하고, 사회 질서를 유지하며, 전체로서의 사회 운영을 가능하게 해 주는 장치들을 의미한다. 가족, 친족, 혼인, 정치, 경제, 법률, 교육 등의 여러 가지 사회 제도와 관습이 그 예이다. 제도적 · 평가적 문화는 특정한 사회 속에서 살아가는 구성원들 간의 상호 관계와 관련된 것이므로 시대와 장소에 따라 다양한 형태로 나타난다.

4. 문화의 내용: 너의 행동을 지배하는 것

문화를 이루는 내용은 무수히 많다. 여기서는 특히 가장 기본적이면서 중요한 문화의 내용이라 할 수 있는 가치와 규범, 그리고 상징과 언어에 대해서 알아보자.

(1) 가치

사회 구성원들은 무엇이 바람직하고, 삶의 목표로서 무엇을 추구할 것인가에 대해 어느 정도 공통된 관념을 가지고 살아간다. 그리고 각각의 개인이 하는 생각이나 행동은 그들의 가치에 의해 영향을 받는다. 가치란 사람들이 가지고 있는 옳고 그름에 대한 평가 기준이나 신념, 그리고 행동을 지배하는 중요한 감정의 체계를 말한다. 하나의 사회에는 그 구성원들 사이에 공유된 가치가 있기 마련이다. 바로 이러한 문화적 가치에 의해 한 사회의 구성원들은 비슷한 행위 양식을 보이게 된다.

우리는 살아가면서 선택의 상황에서 고민에 빠지는 경우를 종종 겪게 된다. 예를 들면, 중요한 시험을 앞두고 TV에서 재미있는 프로그램이 방송될 때 이것을 시청할지 그냥 공부에 전념할지 고민에 빠진다. 이때 어느 한쪽 길을 선택하기로 결심하는 것은 결국 개인의 가치에 따른 판단에 의해서이다. 우리의 모든 생활은 이와 같은 선택의 연속이며 거의 모든 선택은 가치에 따른 평가에 의해 좌우된다.

그런데 어떤 선택의 상황에 직면하던 거기에는 그 사회의 구성원 대다수가 공유하고 합의한 지배적인 가치가 존재하기 마련이다. 만약 다가올 시험이 자신의 인생에 매우 중요한 것이라면 당연히 TV 프로그램 시청을 포기하는 것이 현명한 선택이라는 점을 우리는 학습을 통해 잘 알고 있다. 이렇듯 사회의 지배적인 가치는 모든 생활 영역에 존재하며 우리의 선택과 행위에 영향력을 행사한다. 예를 들면, 정치적 영역에서의 지배적인 가치는 민주주의이며, 경제적 영역에서의 지배적인 가치는 효율성과 더 많은 부의 축적이 될 것이다.

(2) 규범

사회 속에서 살아가는 인간은 가치에 입각하여 주어진 상황에서 옳고 그른 것의 행위 규칙을 만들고 그것을 체계화시켰다. 이런 행위 규칙을 통틀어 규범이라고 부른다. 규범이란 다시 말하면 이상적인 행동에 대하여 사회 구성원들에 의해 공유되고 있는 기대이다. 사회 구성원들은 공동생활에 필요한 규범을 만들어놓고 대체로 규범에 따라 상호작용을 하면서 살아간다. 규범은 우리에게 해야 할 것과, 하지 말아야 할 행동을 알려준다. 가치가 추상적인 수준에서 행동의 방향을 설정해 준다면, 규범은 행동의 구체적인 지침을 제공해 준다. 또한 가치에는 벌칙이 따르지 않는 반면, 규범을 위반할 때에는 일정한 사회적 벌칙이 따르게 된다. 그렇다면 규범에는 어떤 것들이 있을까?

첫째, 민습(Folkway)이 있다. 민습이란 가장 흔히 일상적으로 사람들이 준수하는 규범으로 특정한 상황에서 바람직하고 올바르다고 간주하는 행위의 지침을 말한다. 식사 관행, 의복 관행, 예절이나 의식 등 한 사회가 전통적으로 지키는 관습이나 관행에 속하는 것들이 민습이다. 밥을 먹을 때 수저를 사용하고, 옷을 입을 때는 속옷을 갖춰 입는다거나, 어른에게는 고개를 숙여 인사하며 존댓말을 사용하고, 거짓말을 하지 않으며, 친구와의 약속 시간을 잘 지킨다는 것 등 일상의 사소한 규범이 바로 민습에 해당하는 것들이다. 민습은 사회 구성원들이 그다지 중요한 규범으로 여기지 않기 때문에, 설령 이를 위반하더라도 사회적인 처벌은 극히 경미하다. 밥을 손으로 집어 먹거나 어른에게 인사를 제대로 하지 않더라도 그저 눈살을 찌푸리거나 흉을 보는 정도로 그칠 뿐이며 친구와의 약속 시간에 조금 늦으면 친구로부터 핀잔을 들을 수는 있어도 경찰에 신고까지 당하는 사람은 없다.

둘째, 원규(Mores)이다. 민습이 별로 대수롭지 않은 규범이라면 원규는 사회의 유지와 존속이라는 근본적인 가치를 위해 불가피하다고 인정되고, 따라서 반드시 지켜야 할 규범이다. 사람들은 원규를 위반하면 사회 질서 자체가 붕괴될 위험까지 있다고 믿기 때문에 원규의 위반자에게는 가혹한 처벌이 뒤따른다. 특히 "절대로 해서는 안 되는 것"과 같이 부정적으로 말해지는 원규는 '금기'(Taboo)로서 간주되는데, '근친상간의 금기'는 세계적으로 보편적인 원규의 단적인 예라고 할 수 있다. 사실 민습과 원규는 명확하게 구분하기는 어려운데, 그 차이는 종류의 차이라기보다는 정도의 차이로 보아야 한다.

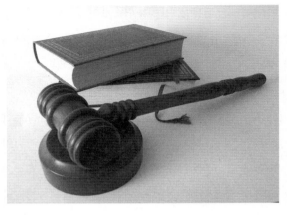
▲ 법

즉 중요성의 정도나 처벌의 가혹성 정도에 대한 차이인 것이다.

셋째, 법(Law)이다. 법은 의식적으로 제정하고 공식적으로 선포된 정당성에 입각하여 집행하는 규범이다. 사회가 복잡해지면서 규범의 위반 행위에 대해 개인적 혹은 집단적 보복이 자의적으로 이루어질 경우 혼란과 부작용이 따를 수밖에 없다. 이런 문제를 해결하기 위해 정부나 국가 기관이 물리적 제재를 합법적으로 담당한다는 것이 법의 독특한 특성이다. 법이 원규나 민습과 다른 점은 제재를 행사하는 사람이 누구이며 어떻게 행사되는가에 달려있다. 원규나 민습에 대한 사회적 제재가 사회 구성원들에 의해 수시로 그리고 비공식적으로 행사되는 데 비해, 법은 경찰이나 사법기관처럼 제재의 권한을 가진 개인이나 조직에 의해 공식적으로 행사된다. 따라서 원규나 민습이 비제도화된 규범이라면 법은 제도화된 규범이라 할 수 있다.

원규나 민습이 법으로 공식화된 경우도 있는데, 노상 방뇨나 고성방가와 같이 경범죄에 해당하는 것들이 그 예이다. 또한 법규범이 원규나 민습과 일치하지 않고 서로 갈등하는 경우가 있는데, 이런 경우 법규범의 침해 사례가 종종 일어나곤 한다. 구한말의 단발령이나 일제 강점 시대의 창씨개명처럼 대다수 사회적 구성원들로부터 동의를 받지 못한 강제적 법규범은 거센 사회적 저항을 받았으며, 미국 정부가 1930년대 대공황기에 공포한 음주금지법은 실제로는 사람들 사이에서 거의 지켜지지 않았다고 한다.

그밖에도 유행(流行)이나 도락(道樂), 기습(技習)과 같은 규범들이 있다. 유행(fashions)이란 일시적이고, 널리 퍼지고, 의식적이고 자발적으로 동조하는 민습의 일종이다. 특히 의복 관행이나 언어에서 민감하게 작용하는 행위 규범이다. 미니스커트의 유행, 개그맨들의 유행어나 청소년들의 인터넷 은어 등이 대표적인 사례이다. 미니스커트를 안 입으면 촌스럽다고 생각되고, 유행어나 인터넷 은어를 모르면 대화가 잘 통하지 않는다고 여기는 등 사회적 압력이 존재하기 때문에 사람들은 의식적으로 유행을 따르게 된다.

도락(fads)이란 특수한 집단이나 계층의 사람들에게 주로 성행하는 오락이나 취미와 관련된 규범인데, 유행보다도 변화의 속도가 더 빠르고 생명이 아주 짧다. 농구 드라마가 인기를 끌자 청소년들 사이에 급격히 농구 붐이 퍼지고, 요리사들이 출연하는 예능 프로그램들이 많아지자 요리 학원에 등록하는 수강생 수가 급격히 증가하는 현상 등이 그 전형적인 예이다.

끝으로 기습(techniway)이란 기술 발달과 밀접한 관계가 있는 규범이다. 자동차를 운전하는 방법, 컴퓨터를 사용하는 방법, 스마트폰으로 사진을 전송하는 방법 등과 같이 기능과 관련된 규범을 의미한다.

(3) 상징과 언어

상징이란 어떤 물체나 행동에 대하여 특별한 의미를 부여하는 것이다. 인간은 상징을 통해 간접적으로 지식과 의미를 전달할 수 있을 뿐 아니라 사회 구성원들이 공유하는 정보나 느낌을 나타내고 집단의 결속을 다지기 때문에 문화 연구에서 상징의 분석은 아주 중요하다. 상징에 대해서는 이미 제2장에서 자세히 설명했기 때문에 여기서는 가장 중요한 상징 수단이자 문화의 기초라고 할 수 있는 언어에 대해서만 살펴보기로 한다.

언어는 집단의 산물이며 표준화된 의미를 가진 발음 형식으로서 사회적으로 구조화된 체계이다. 상징으로서의 언어는 단순한 의사소통 이상의 기능을 수행한다. 비록 언어가 인간사회의 산물이기는 하지만 일단 하나의 언어 체계로 정형화되면 이는 우리의 생각과 행동에 영향을 미치는 관념화 기능을 수행한다. 즉 우리는 언어를 통하여 개인의 욕구에 필요한 다양한 환경 요소들을 서로 결합시킬 수 있다. 위장이 비면 "배가 고프다."는 말로 자신의 상태를 표현할 수 있고, "밥을 먹자."는 말로 자신의 욕구를 충족시킬 수 있는 것이다.

우리가 어떤 언어를 사용하느냐에 따라서 대상 세계를 인식하는 방법과 이를 해석하는 관점도 달라진다. 언어는 특정 집단의 관심에 의해서 발전되고 또 그 집단의 관심의 영역과 종류를 한정시키는 경향이 있기 때문이다. 예를 들면, 아프리카의 많은 부족들에서는 '눈'(雪)에 해당하는 단어를 별로 찾을 수가 없는 반면, 에스키모의 언어 속에는 눈을 설명하는 단어가 수십 개가 넘는다고 한다. 이것은 아프리카 사람들에게 눈이란 자신들의 생활 세계와 별 상관이 없는 대상인 반면, 에스키모의 생활 속에서는 눈이 매우 커다란 중요성을 가지고 있음을 나타낸다.

하지만 무엇보다도 언어가 갖는 가장 큰 의미는 인간 지식의 축적을 가능하게 해 주었다는 점이다. 만약 언어가 없었다면 인간의 가치와 규범은 묘사될 수 없으며, 과학이나 종교와 같은 사회의 구성 요소뿐 아니라 나아가 사회라는 조직 자체가 생겨나지 못했을 것이다. 언어에 의해 문화가 창조되고 유지되는 것이기에 "언어는 문화 그 자체이다."라고 해도 무리는 아니다.

5. 문화의 기능: 문화야 고맙다

문화는 인간 생활의 문제를 해결해 줌으로써 인간의 신체적, 물질적, 정신적 욕구를 충족시켜 준다. 그렇지만 문화는 다른 한편으로는 인간을 괴롭히고 심지어는 인류의 생존에 위협을 주기도 한다. 산업화에 따른 자원 고갈과 환경오염, 자동차의 발달에 따른 도시의 교통 체증뿐 아니라 과학 기술의 발달로 인한 강대국 간의 무기 경쟁은 문화의 부정적 기능을 잘 보여주고 있다.

이와 같은 역기능에 대해서는 뒤에 사회 문제를 설명하면서 상세히 언급될 것이다. 또한 개별 문화 요소 각각의 기능들은 그에 해당하는 각 장에서 따로 설명하고 있다. 따라서 여기에서는 보다 포괄적인 의미에서 문화의 긍정적 기능만을 살펴보기로 한다.

(1) 사회와 집단의 유지

인간은 다른 어떤 생명체보다도 성인으로 성장하여 부모로부터 독립하기까지 준비 기간이 오래 걸리는 동물이다. 그 오랜 기간 동안 인간은 문화의 자양분을 통해 안전한 생존 방안을 향유하며 살아간다. 모든 문화는 의식주와 같은 기본적이고 생활에 필수적인 욕구들을 해결하고 자녀의 생산과 보호, 양육, 교육시키는 방안을 가지고 있다.

뿐만 아니라 문화는 사회의 구성원 간이나 집단 간의 부당한 마찰을 제거하고 질서를 가져다주기도 한다. 사람들은 문화 요소인 가치와 규범을 함께 공유하고, 상징을 통해 소통을 나누며, 공동체의 다른 구성원들과 긴밀한 관계를 형성한다. 이렇게 인간은 문화를 통해 사회와 집단을 존속하고 유지시킨다.

(2) 환경에의 적응

문화는 인간이 환경에 적응하며 환경의 역경에 대처하기 위해 만들어낸 하나의 생존 수단이라고 할 수 있다. 문화를 가지지 못한 동물들은 자연 환경의 직접적인 압력을 받아 왔으며, 자연 환경의 변화에 대한 생물학적인 적응을 하지 못한 생물체는 먼 옛날 한때 지구를 지배했던 공룡처럼 결국 멸종하게 된다. 거대한 공룡에 비해 훨씬 유약한 생물체에 불과한 인간이 자연 환경의 역경에도 불구하고 소멸하지 않고 번성한 것은 바로 문화를 가지고 있기 때문이다.

인간은 문화를 매개로 환경에 적응해 왔으며, 자연에의 단순한 적응에 그치지 않고 오히려 자연을 변경시키고 개조하여 그 제약을 극복할 수 있었다. 거센 강물이 길을 막으면 인간은 거기서 주저앉지 않았다. 배를 만들거나 다리를 놓아 강물 너머 더 넓은 곳으로 삶의 터전을 확장했다. 벼락 맞은 나무에 불길이 타올라도 인간은 도망치지 않았다. 불씨를 살려 음식을 익혀먹고 집안을 따뜻하게 덥혔다.

이렇게 인간은 자연 환경에 알맞은 문화를 만들어 그에 적응할 수 있는 문화적 적응 능력을 가지고 있다. 문화는 인간과 자연 사이에 존재하면서 환경의 압력을 완화시켜주는 역할을 하기 때문에 문화는 환경의 영향을 받으면서도 동시에 환경을 변화시키는 힘을 가지고 있다.

(3) 지식의 제공과 축적

문화는 인간이 어떻게 생각하고 행동해야 하는지의 기준을 제공할 뿐 아니라, 일상생활에서 활용할 수 있는 구체적이고 사실적인 지식을 언어나 문자, 경험을 통하여 축적시켜 준다. 살아가는 방식으로서의 사실적 지식은 인간만이 아니라 다른 동물들도 터득할 수 있다. 그러나 동물들은 직접 현장을 보거나 시행착오의 과정을 몸소 반복하여 경험을 쌓음으로써만 사실적 지식을 획득할 수 있다.

반면 인간은 문화가 있어 자신이 직접 경험하지 못한 사실적 지식들도 터득하고 이를 다음 세대에 전승할 수 있다. 문화를 통해 제공되고 축적된 지식을 통해서 우리는 힘들게 직접 가보지 않고도 남극에는 춥고 빙산이 많다는 것을 알 수 있다. 또 펭귄을 보고 싶으면 굳이 남극까지 갈 필요가 없이 가까운 동물원을 찾아가면 그만이다. 이렇게 문화는 인간에게 직접적인 경험 없이도 방대한 지식을 쌓을 수 있게 해준다.

(4) 구성원의 욕구 충족

인간도 동물이기에 당연히 생리적이고 본능적인 욕구가 있다. 하지만 인간이 동물과 다른 점은 이러한 욕구들을 문화적으로 해소하고 충족시킨다는 것이다. 배가 고프다고 아무렇게나 음식을 먹는 것이 아니라 요리된 음식을 그릇에 담아 식탁에 앉아서 수저 등 도구를 사용하여 먹는다. 배설의 욕구도 타인의 시선이 닿지 않는 정해진 장소에서 은밀히 해결한다. 인간에게 욕구는 생물학적이지만 이를 해결하는 방식은 문화적이다.

인간은 다양한 차원의 사회적 욕구들도 가지고 있다. 예를 들면, 새로운 경험을 추구하고 싶은 욕구, 타인들로부터 인정이나 존경을 받고 싶은 욕구, 여러 위험들로부터 안전과 보호를 받고 싶은 욕구 등이 그것이다. 문화는 이런 다양한 인간의 사회적 욕구들을 충족시킬 수 있는 적절한 수단도 제공해준다. 새로운 경험을 얻기 위해 여행을 가거나, 타인들로부터 존경받기 위해 선행을 베풀거나, 안전하게 자신을 보호하기 위해 호신술을 배우거나 하는 해결 방안도 모두 문화로부터 찾을 수 있다.

6. 문화의 다양성과 상대성: 인도에서 소가 숭배 받는 진짜 이유

여행이 주는 커다란 매력 중 하나는 그 지역의 색다른 먹거리를 맛볼 수 있다는 점이다. 해외여행을 가서 그 나라의 독특한 음식 문화를 경험해 보는 것은 놓칠 수 없는 즐거움이다. 국내 여행을 계획할 때도 그 지역 고유의 음식을 먹을 수 있는 대표적인 맛집을 인터넷에서 검색하는 것은 이제 당연한 준비 과정으로 자리 잡았다.

음식 문화는 세계 어느 나라나 지역을 막론하고 공통적이고 보편적으로 갖고 있는 문화 요소이다. 어느 사회나 그 사회가 하나의 공동체로서 유지, 존속하기 위해서는 그 구성원들의 욕구를 충족시키기 위한 최소한의 요건들이 필요하다. 따라서 모든 사회의 문화는 음식뿐 아니라 언어, 예술, 종교, 기술 등의 공통적인 요소를 가지게 되는데 이를 '문화의 보편성'이라고 한다.

그런데 개개의 음식들은 나라나 지역에 따라 각기 독특한 특성을 지니고 있으며 매우 다양하다. 이는 음식에만 국한되는 이야기가 아니다. 각 나라나 지역의 언어, 관습, 생활양식들은 이루 헤아릴 수 없을 정도로 무척 다양한 형태를 띠고 있다. 이처럼 각 사회의 문화는 그 문화 고유의 특성과 가치를 가지고 있는데 이것을 '문화의 다양성'이라고 한다.

어느 나라에나 죽은 사람과 이별을 고하는 장례 문화는 보편적으로 존재하지만 그 구체적인 방식은 매장(埋葬), 화장(火葬), 수목장(樹木葬), 조장(鳥葬), 풍장(風葬) 등 각기 다양한 모습을 띠고 있다. 또 우리나라에서는 장례식장에서 가족과 친지들이 큰 소리로 통곡을 하지만, 서양의 장례 문화는 이와 달리 고요하고 엄숙하다.

이처럼 음식 문화나 장례 문화는 세계 어디에서나 보편적으로 가지고 있는 문화이지만 나라마다 사회마다 구체적인 내용은 달라서 다양한 형태로 나타나는 것이다. 한편 문화의 다양성은 국가 간에만 존재하는 것은 아니라 지역 간 혹은 계층 간에도 존재한다. 동일한 언어를 사용하는 같은 나라 안에서도 지역에 따라 고유한 사투리가 있으며, 상류층의 여가 문화와 하층 사람들의 여가 문화에도 차이가 나타난다.

그렇다면 왜 이렇게 다양한 문화가 존재할까? 문화의 다양성이 생기는 원인을 추적해 보면 첫째, 환경의 차이를 들 수 있다. 각 사회가 서로 다른 환경과 상황에 적응해 가면서 나름대로의 생활양식을 개발해 왔기 때문에 각기 다른 형태의 문화가 형성되는 것이다. 예를 들면 인도의 힌두교에서는 쇠고기 먹는 것을 금하는 반면, 유태교나 이슬람교에서는 돼지고기

▲ 마빈 해리스(Marvin Harris)

를 먹는 것을 금기시하고 있다. 미국의 문화인류학자 마빈 해리스(Marvin Harris)는 그의 저서 「문화의 수수께끼」에서 이것을 환경과 관련지어 다음과 같이 설명하고 있다.

인도 농민들이 굶주리면서도 소를 잡아먹지 않는 이유는 단순한 종교적 교리 때문이 아니라 소가 인도 농민들의 생활에서 담당하는 놀라울 정도의 효율적인 역할 때문이다. 인도에서 소는 논밭을 경작하는데 중요한 농업 수단임과 동시에 유용한 운송 수단이다. 또한 소는 거리의 쓰레기를 먹어 치움으로써 청소부 역할을 하며, 소의 분뇨는 비료와 연료로 사용되고 있다. 따라서 당장의 굶주림 때문에 소를 잡아먹는 것은 나중에 토지를 경작할 수단을 없애버리는 것과 같고 나아가 인도 전체의 생태계를 파괴하는 행위가 된다. 해리스 박사는 이렇게 인도에서 소가 갖는 효율성을 보여주면서 만약 여러분이 진짜 숭배 받는 암소를 보고 싶다면 차라리 밖에 나가 여러분의 승용차를 바라보라고 지적한다.

▲ 인도 소숭배

한편 유태교와 이슬람교의 돼지고기 금기도 같은 맥락에서 설명된다. 사막 지대가 많아 먹거리가 풍부하지 않은 중동 지역에서 잡식성인 돼지는 식량을 두고 인간과 직접 경쟁하는 경쟁자이다. 또한 유목과 유랑생활을 하던 이들에게 돼지는 식용으로 사용할 수 있는 젖을 생산하지 못하며, 먼 거리를 몰고 다니기가 무척 어렵다. 그리고 돼지의 신체적 특징은 무더운 사막 지방에 적응하기 힘들기 때문에 돼지를 사육하려면 많은 비용을 들여 시원한 우리를 만들어야 한다. 중동 지역에서 돼지는 여러 측면에서 비효율적인 가축이다. 그래서 돼지 사육을 가급적 억제하려 했고 이것이 종교적 교리로까지 이어지게 되었다는 것이다. 이렇듯 유태교와 이슬람교의 돼지고기 금기 문화는 해당 지역의 돼지 사육을 둘러싼 환경과 경제적 효율성 여부와의 밀접한 관련 속에서 형성된 것이다.

문화의 다양성을 가져온 두 번째 원인으로는 문제 해결 방식의 차이를 들 수 있다. 환경과 상황이 서로 유사하더라도 사회 구성원들의 가치관, 사고 방식 등에 따라 각 사회마다 생활상의 문제 해결 방식이 서로 달라진다. '결혼'이라는 제도에 대한 사회적 해결 방식을 생각해보자. 과거 유교적 가치관이 지배적이었던 조선 시대에는 남녀 간의 자유로운 연애라는 것은 꿈도 꾸지 못할 일로 여겨졌고, 결혼도 부모가 정해주는 상대와 해야 하는 것이 당연한 것으로 받아들여졌다. 따라서 이 당시의 결혼은 대부분 '중매결혼'이라는 방식으로 이루어졌다. 그러나 자유주의적 가치관이 지배적인 오늘날에는 자유로운 이성 교제가 아무런 사회적 저항을 받지 않기 때문에 '연애결혼'이라는 또 다른 해결 방식이 보편화되었다.

(1) 하위문화(부분 문화)

우리는 사회마다 각기 다른 규범과 가치 및 독특한 생활양식을 공유하는 다양한 문화 집단이 있다는 것을 알게 되었다. 그런데 사회가 복잡해지고 다원화 되면서 한 사회 내에서도 완전히 동질적인 문화가 사회의 모든 영역에 자리 잡고 있기는 힘들어진다. 문화는 사회마다 차이가 있을 뿐 아니라 같은 사회 속에서도 이러한 차이가 존재한다. 어느 한 집단이 전체 사회의 지배적인 문화 유형과는 다른 독특한 문화를 지니는 경우가 있는데, 이를 '하위문화'라고 한다. 종교 집단, 직업 집단, 세대 집단, 취미 집단, 인종 집단과 같은 특정 집단의 구성원들은 그들만의 독특한 생활양식과 규범 체계, 가치 지향을 공유함으로써 하위문화를 형성하게 된다. 즉 하위문화란 사회의 지배 문화와 관련되면서도 그것과 뚜렷이 구별되는 하위 집단들의 문화를 지칭하는 개념이다.

지리산 청학동에 살고 있는 사람들은 아직까지도 머리를 길게 땋고 유교

경전을 공부하면서 외부 세계와 단절해서 살고 있는데, 이들이 형성하고 있는 문화야말로 현대 사회에서 지배적인 문화와 구별되는 하위문화의 대표적인 예라고 할 수 있다. 윗사람에게 고개를 숙여 인사하는 목례 대신 거수경례를 하고, 말끝에 절대 "~요"자를 붙이지 못하게 하는 군대 문화도 하위문화의 일종이다. 이름 대신 ID나 닉네임을 사용하고 이모티콘으로 감정을 표현하는 온라인 문화 역시 하위문화의 하나이다. 이밖에도 대학 문화, 청소년 문화, 지역 문화 같은 것들이 모두 하위문화로 분류될 수 있다.

그런데 하위문화는 언제 어디에서나 늘 하위문화로 규정되는 고정적이고 절대적인 개념이 아니라 사회의 변화에 따라 지배문화로 달리 규정될 수도 있는 유동적이고 상대적인 개념이다. 구한말 서구의 선교사들을 통해 우리나라에 소개된 야구나 농구 같은 근대 스포츠가 당시에는 근대 교육을 받고 있는 소수 젊은이들의 하위문화였지만 지금은 온 국민이 즐기는 지배문화로 자리 잡은 것은 하위문화 규정의 유동성과 상대성을 잘 말해주는 사례이다.

(2) 반문화(대항문화)

하위문화는 그 사회의 지배적인 전체 문화와 다소간의 갈등 양상을 보이는 경우가 많다. 군대에서 통용되던 문화를 전역한 후 사회에 나와서까지 고집하려 한다면 그 사람은 따돌림의 대상이 되고 말 것이다. 또 젊은이들이 인터넷에서 즐겨 쓰던 언어 습관을 부모나 직장 상사에게도 사용하려 한다면 원활한 의사소통이 힘들거나 심지어 무례하다는 반응을 듣게 될지도 모른다. 하지만 그렇다고 해서 이러한 하위문화가 반드시 지배 문화에 상반되거나 그에 대한 도전을 목적으로 하는 것은 아니다.

그러나 경우에 따라서는 지배적인 문화에 정면으로 반대하고 적극적으로 이에 도전하는 하위 집단들의 문화가 있는데, 이들의 문화는 하위문화와

▲ 히피

구별하기 위하여 별도로 '반문화'라고 부른다. 반문화는 한 사회 내의 작은 집단구성원들이 독특한 가치와 규범, 생활양식을 갖고 있다는 점에서 하위문화와 유사하지만, 전체 사회에 반대되거나 충돌할 만한 독특한 생활양식을 공유하고 있다는 점에서 차이가 있다.

반문화의 대표적인 예로는 범죄 문화를 들 수 있다. 범죄 집단에 속한 사람들은 지배 문화에 대항하고 이를 파괴하려는 부정적인 역할을 수행하고 있다. 또 1960년대 미국을 휩쓸었던 저항적 젊은이들의 히피 문화도 반문화의 일종이다. 히피족들은 당시의 미국 사회에 만연해 있던 물질 만능주의 그리고 베트남 전쟁으로 대변되는 미국의 군사적 패권주의 등과 같은 지배적인 가치에 대항해서 자신들만의 공동체를 형성하고 반문화를 이끌었다. 마약과 섹스 그리고 긴 머리와 로큰롤이 이들 히피 문화를 대변하는 아이콘이었다. 이밖에도 1980년대 우리나라 대학가를 휩쓸었던 운동권 문화, 기존의 성윤리에 도전하는 성적소수자 집단의 문화, 폭주족 등 비행 청소년 집단의 문화,

종교적인 급진적 종파운동 등이 지배 문화를 향유하는 사람들의 입장에서는 반문화로 간주된다.

하위문화와 마찬가지로 대부분의 반문화 역시 절대적 개념이 아니라 상대적 개념이다. 예를 들면, 기독교의 경우 초창기에는 예수라는 젊은 청년을 따르는 일부 신도들만의 하위문화였다. 그리고 예수가 십자에게 못 박혀 처형을 당할 무렵에는 로마 제국에 의해 반문화로 규정되어 극심한 박해를 받았다. 하지만 지금은 세계적으로 많은 신도들을 확보한 지배문화가 되어 있다. 비슷한 예로 중세 말기 유럽에서 상공업으로 부를 축적해 전통적인 귀족 문화와는 다른 성격의 문화를 향유했던 부르주아지의 문화는 처음에는 하위문화였으나 프랑스 혁명 등을 통해 구체제를 전복시키려 나선 시기에는 반문화로서의 성격을 보였다. 그리고 마침내 중세 질서가 무너지고 새로운 근대 사회가 도래하자 이들의 문화는 지배문화로 자리 잡았다.

(3) 문화 상대주의

한국을 처음 방문한 외국인들이 무척 당혹스럽게 여기는 일 중의 하나가 술자리에서 자신이 마시던 술잔을 상대방에게 돌리는 음주 문화라고 한다. 다른 사람의 입이 닿은 술잔으로 술을 마셔야 한다는 것을 비위생적이라고 생각하기 때문이다. 마찬가지로 찌개 냄비를 중심으로 여러 사람이 둘러 앉아 각자 자기 입에 넣었던 숟가락으로 찌개를 함께 퍼먹는 모습도 외국인들 눈에는 기겁할 만한 모습이다. 하지만 한국인들에게 술잔을 서로 돌리는 것을 우애와 단합의 표현이며, 찌개를 함께 퍼먹는 것 역시 친밀한 공동체의 일원임을 느끼게 해주는 자연스러운 행동으로 간주된다.

이렇듯 특정 집단의 문화는 내부 구성원과 외부인들의 시선에 따라 각기 다르게 해석되는 경우가 많다. 하지만 어떤 시선으로 그 문화를 평가하는 것이 더 옳으냐에 대한 판단은 무의미하다. 각 사회의 문화들은 저마다 고유한 특성과 유형 그리고 존재의 이유를 지니고 있기 때문이다. 이에 대해 사회학자 섬너(Sumner)는 다음과 같이 말했다.

> "어떤 시대와 장소의 원칙들에 포함되어 있는 모든 사실은 그 시대와 장소에 관련되어서 정당한 것으로 간주되어야 한다. 좋은 원칙이란 그 상황에 잘 적응된 것이며, 나쁜 원칙이란 잘 적응되지 못한 것이다."

즉 개별 사회마다 다양하거나 독특하게 나타나고 있는 문화 특성은 오랜 세월에 걸쳐 축적되어온 생활의 결과이며, 이것은 그 사회의 구성원들에게는 가치 있고 의미 있다는 것이다. 따라서 어느 사회의 문화가 더 우수하고 어느 사회의 문화가 더 열등한가는 비교의 대상이 될 수 없으며, 특정 사회의 문화를 다른 사회의 기준을 가지고 평가해서는 곤란하다. 이처럼 한 사회의 문화를 이해하기 위해서는 문화의 상대성을 인정하고 그 사회의 맥락에서 그 문화를 평가하고 이해하려는 태도를 가져야 하는데 이것을 '문화 상대주의'라고 한다.

외부의 문화를 문화 상대주의적 관점에서 보게 되면 우리가 가장 극단적인 야만 행위라고 생각하는 '식인 풍습'조차도 나름의 타당성이 있음을 발견하게 된다. 프랑스의 문화인류학자 레비스트로스(Levi Straus)의 대표작 「슬픈 열대」에 따르면 식인 풍습을 가지고 있는 부족에게 이 행위는 야만적인 문화가 아니라 죽은 사람의 영혼을 살아있는 이웃들의 육체 속으로 받아들이

▲ 레비스트로스(Levi Straus)

는 성스러운 종교적 의미를 지닌다. 이렇듯 타인의 문화를 자기 문화의 기준에서 함부로 평가하는 것은 매우 위험한 일이다.

문화 상대주의적 관점의 결여가 얼마나 위험할 수 있는지를 보여주는 한 가지 재미있는 사례를 소개하겠다. 오래 전 미국으로 이민을 간 30대 후반의 한 한국 교포가 6~7세 된 어느 백인 어린이가 귀여운 나머지 "어디 고추 한 번 보자"라고 말하면서 만지려다가 경찰에게 체포된 사건이 있었다. 이 교포의 죄목은 '미성년자 성추행'이었다. 이 사실이 교포 사회에 알려지고 결국 교포 변호사들로 변호인단이 구성되어 법정 싸움으로까지 사태가 커졌다. 변호인단은 그 교포의 행동이 한국인의 풍습과 문화에서 볼 때는 극히 자연스러운 것이며, 한국 사회에서는 아이가 귀엽고 사랑스러울 때는 그러한 말과 행동을 한다는 것을 판사에게 이해시켜야만 했다. 물론 미국인 판사에게는 도저히 이해할 수 없는 일이었지만 변호인단의 끈질긴 노력으로 이 교포의 행동은 문화의 차이에서 오는 악의 없는 행동으로 받아들여져 무죄로 석방될 수 있었다.

만약 그 교포가 한국에서 이 같은 행동을 했다면 그 행동은 심각한 문제로 간주되지 않았겠지만, 미국이라는 다른 문화권에서 일어난 일이기 때문에 문제가 된 것이다. 이 교포의 경우 다행히도 판사가 문화 상대주의의 자세를 갖고 그 행동을 한국 문화의 입장에서 평가했기 때문에 무죄 판결을 받을 수 있었지만, 만약 미국 문화의 시각을 고집했다면 꼼짝없이 처벌을 면치 못했을 것이다.

물론 문화란 사회적 소산이며 시대에 따라 변할 수 있기 때문에 절대적인 문화 유형은 존재할 수 없다. 따라서 문화 상대주의라고 해서 인간 공유의 보편적 문화유산을 완전히 무시하는 것도 아니고, 또한 자기 문화를 버리면서까지 남의 문화만 인정하라는 주장도 아니다. 다만 문화 상대주의적 태도를 가짐으로써 다양한 문화를 이해하는 기준이 될 수 있다는 것이다.

예전에 프랑스의 유명 영화 배우였으며 현재는 반려동물 보호 운동에 열심인 브리지트 바르도가 보신탕을 먹는 야만적 행위를 금지하도록 촉구하는 편지를 우리나라 대통령 앞으로 보낸 일이 있었다. 유난히 애견 문화가 발달한 프랑스인의 입장에서 보면 반려 동물인 개를 식용으로 삼는다는 것은 쉽게 납득하기 어려운 일이었을 것이다. 하지만 오직 자신이 익숙해져 있는 문화만을 가치 판단의 절대 기준으로 삼아 다른 방식의 문화를 잘못된 것이라거나 이해할 수 없는 일로 받아들이는 것은 문화를 이해하는 올바른 태도가 아니다. 그녀의 이 같은 행동은 한마디로 문화 상대주의적 관점의 결여에서 비롯되었다고 평가할 수 있다.

(4) 자문화 중심주의(민족 중심주의)

서양인들에게는 '키스(kiss) 문화'가 보편적이다. 유럽이나 미국을 가보면 길거리에서도 사랑하는 연인끼리 남의 눈을 의식하지 않고 거리낌 없이 키스를 한다. 거리를 지나는 행인들도 이들의 행동에 좀처럼 무관심하다. 뿐만 아니라 서양인들은 가족이나 친구 사이, 심지어 동성끼리도 볼에 가벼운 키스로 인사를 나누기도 한다. 특히 남성이 자기 친구의 애인이나 아내의 손에 존중의 표시도 키스를 하는 것은 하나의 예절이다. 우리나라도 요즘은 연인 사이에 길거리에 키스하는 젊은이들이 늘어나고 있지만 기성세대들은 여전히 눈살을 찌푸리며 못마땅해 한다. 더군다나 자기의 애인이나 아내의 손에 키스하는 남자를 가만 놓아둘 한국 남성은 아마 거의 없을 것이다. 우리의 관점에서는 도저히 용납될 수 없는 별난 문화이다.

우리가 서양인의 키스 문화를 거북해 하는 것은 문화의 상대성을 부정하는 태도로부터 비롯된 현상이다. 한 집단이나 사회의 구성원들이 자기의 문화만을 가장 우수한 것으로 믿는 나머지, 자기 문화의 관점에서 다른 문화를 부정적으로 평가하는 태도를 '자문화 중심주의'라고 한다. 이와 같은 현상은 자기가 속해 있는 사회의 문화는 스스로가 객관적으로 보기 힘들다는 점과, 다른 한편 자문화 중심주의가 그 사회의 유지 발전에 기능적인 측면이 있다는 점으로부터 나타난다.

자문화 중심주의는 한편에서 보면 집단에 대한 구성원의 충성심을 조장함으로써 결속력을 강화시키고 사기를 고양하여 집단 통합에 긍정적인 기능을 한다고 볼 수 있다. 그러나 다른 한편으로 자문화 중심주의는 국수주의로 발전하기 쉬우며, 국제 간 상호 이해와 협조의 장애물로 작용함으로써 국제적인 고립을 자초할 수 있다. 또한 소수 집단이 사회의 지배 문화에 동화하는 것을 저해하고 집단 간의 갈등을 심화시키기도 한다.

예로부터 중국 사람들은 자기들만이 문화 민족이고 그 주변의 다른 민족들은 모두 오랑캐 또는 야만인이라고 멸시하는 중화사상을 가지고 있었다. 또 독일의 히틀러는 제2차 세계 대전 당시 게르만 민족의 우월성을 과시하기 위해 수많은 유태인들을 아우슈비츠 수용소에서 집단 학살하는 만행을 저질렀다. 이 모든 것이 자문화 중심주의가 가져온 부정적 결과들이다. 한편 자문화 중심주의가 반드시 국가나 민족 간에만 나타나는 것은 아니다. 한국 사회의 고질적인 병폐 중 하나인 지역감정도 자문화 중심주의에서 비롯된 현상이라고 볼 수 있다.

(5) 문화 사대주의

해마다 한글날이 되면 언론에서는 우리말이 외국어에 잠식되고 있다는 기사를 내보내고는 한다. 실제로 우리의 일상에서 외국어가 차지하는 비중은 눈에 띄게 늘어나고 있다. 특히 신기술의 발전으로 등장한 새로운 제품들은 대부분 외국어가 그대로 일반 명사로 통용되고 있다. 과거에 폰(phone)은 전화라는 우리말로 정착되었지만 그 다음에 등장한 휴대 전화는 휴대폰이라는 한국어와 외국어가 합쳐진 국적 불명의 언어로 사용되더니 마침내 스마트폰에 이르러서는 외국어가 그대로 우리말처럼 사용되고 있다.

회사에서도 업무나 사업이란 말 대신 프로젝트(project)라는 말이 일상적으로 사용되며, 발표회나 보고회는 프레젠테이션(presentation)이란 외국어도 모자라 이를 다시 축약해 원어민도 안 쓰는 피티(PT)라는 신종 외국어로 변용해 사용한다. 물론 세계화 시대가 본격화된 영향도 있겠지만 보다 궁극적으로는 외국어를 사용하는 것이 보다 멋지고 세련되어 보인다는 생각이 이면에 작용하고 있다.

이보다 더 심한 경우도 있다. 어느 대학교 역사학과에서 한국사 전공 교수 채용 공고를 냈는데, 지원 자격 중 하나가 '영어 강의 가능한 자'였다. 아무리 외국어 능력이 중요하다 해도 한국의 대학에서 한국인 학생들에게 한국의 역사를 굳이 영어로 가르쳐야 하는 이유는 아무리 생각해도 도저히 모를 일이다.

이처럼 다른 사회의 문화를 가장 좋은 것으로 믿고 그것을 동경하거나 숭상하는 나머지, 오히려 자기의 문화를 업신여기거나 낮게 평가하는 태도를 '문화 사대주의'라고 한다. 문화 사대주의 역시 문화의 상대성을 부정하고 다른 문화에 대해서 편견을 가지고 있다는 점에서 자문화 중심주의와 일치하지만, 자신의 문화를 부정하고 다른 문화를 좋게 평가한다는 점에서는 자문화 중심주의와 반대되는 태도이다. 문화 사대주의는 자기 문화의 가치를 과소 평가하여 문화적인 주체성을 상실하게 만들 우려가 있는 아주 위험한 태도이다.

문화 사대주의가 우리 사회에 미친 영향을 보여주는 단적인 예가 바로 미인의 기준이다. 오늘날 한국 사회에서 미인이라고 생각되는 얼굴은 과연 어

▲ 미인도

떤 얼굴인가? 일단 눈은 쌍꺼풀이 있고 커야 한다. 또 콧날은 뾰족하고, 아래턱은 갸름해야 한다. 물론 몸매는 날씬하고 하체도 길어야 한다. 그래서 너도나도 미인이 되고 싶어서 성형외과로 달려가 이러한 얼굴 모습을 주문한다. 흡사 백화점 진열대에 나와 있는 마네킹을 닮은 모습들이다. 그런데 문제는 마네킹의 얼굴들이 하나같이 서양인의 모습을 하고 있다는 점이다. 오늘날 우리의 미인 기준은 서양인의 얼굴이 되어버린 것이다.

그렇다면 황진이나 춘향이와 같은 한국의 전통적 미인의 얼굴이 과연 서양 마네킹의 얼굴과 같았을까? 문헌이나 옛날 초상화에 묘사되어 있는 우리의 전통적 미인은 둥글고 통통한 얼굴에 아담한 이목구비를 갖추고 있는 모습이다. 탈북자들이 방송에 나와 하는 말에 따르면 아직까지도 북한에서는 전통적인 얼굴을 가진 여자가 미인으로 취급받고 있다고 한다. 뿐만 아니라 우리 사회에서 미인이라고 생각되는 서구형 얼굴은 오히려 북한에서는 박복하게 생겼다고 꺼려한다니 재미있는 일이다.

물론 사람의 미적 감각은 언제나 변할 수 있는 것이고 전통적인 얼굴만이 반드시 더 아름다운 얼굴이라고 주장할 근거는 없다. 그러나 서구적인 미인의 기준을 일방적으로 추종하면서 멀쩡한 한국인의 얼굴을 서양인의 얼굴과 흡사하게 뜯어 고치는 것은 바로 문화 사대주의의 풍조에서 비롯된 발상이라 하겠다.

7. 문화의 변동: 기막힌 사연으로 금지곡이 되어 버린 노래들

흔히들 대중가요는 그 시대상의 반영이라고 한다. 그런데 지금의 대학생들에게 1970년대에 자행되었던 정부의 금지곡 발표와 관련한 이야기를 들려주면 도무지 이해가 가지 않는다는 듯 어이없어 하는 표정을 짓는다. "술 마시고 노래하고 춤을 춰 봐도~" 하는 송창식의 노래 <고래사냥>이 '퇴폐풍조 조장'이란 명목으로, 다른 이의 애인을 "한 번 보고 두 번 보고 자꾸만 보고 싶네~" 하고 외쳤던 신중현의 <미인>이 '풍기 문란 조장'이란 명목으로, 그리고 "거짓말이야~ 거짓말이야~"를 수차례 반복했던 국내 최초의 댄스 가수 김추자의 <거짓말이야>가 '불신 풍조 조장'이란 명목으로 각각 금지곡 판정을 받았다는 이야기는 지금의 대학생들에게는 웃음거리로 간주된다. 유신 독재 시절의 무시무시했던 통제의 칼날이 21세기의 젊은이들에겐 고작 한 편의 코미디처럼 받아들여지고 있다는 이야기다. 시대가 바뀌고 문화가 변화함에 따라 똑같은 대중가요 속 가사라도 그 의미를 받아들이는 사회 구성원들의 태도는 이렇게 크게 달라진다.

문화의 변동은 대중가요 가사를 통해서만 느낄 수 있는 것은 아니다. 1970년대 금지곡의 양산과 함께 지금 생각하면 도저히 이해가 되지 않는 또 다른 황당한 일을 꼽으라면 미니스커트와 장발 단속을 들 수 있다. 당시 젊은이들에게 유행했던 여성들의 미니스커트와 남성들의 긴 머리가 풍기 문란을 일으킨다는 명목으로 단속 대상이 되었다. 경찰관들이 줄자와 가위를 들고 다니면서 지나가던 여성들의 치마가 얼마나 짧은지 측정하고, 남성들의 머리카락이 귀를 덮었을 경우에는 가차 없이 경찰서로 연행해서 잘라버리기도 했다. 그래서 당시의 젊은이들은 경찰관들의 검문에 걸리지 않기 위해서 시내 곳곳에서 게릴라처럼 숨어 다녀야만 했다.

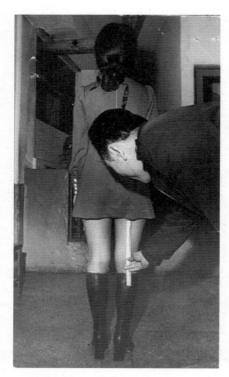

▲ 미니스커트 단속

그러나 오늘날의 여성들은 아무런 제약 없이 미니스커트를 입고 거리를 활보하고 다닌다. 남성들도 긴 머리는 물론이요 귀를 뚫고 귀걸이까지 착용하고 개성 시대를 만끽한다. 미니스커트와 장발이 일종의 범죄 행위로까지 취급받던 당시의 상황을 오늘날의 분위기와 비교해보면 문화가 얼마나 큰 폭으로 변하는 것인지 피부로 느낄 수 있을 것이다.

우주 만물이 쉴 새 없이 변하는 것과 마찬가지로 인간 사회와 문화 역시 변하기 마련이다. 문화는 학습되어 전승되는 것이지만 결코 항상 일정한 상태로 고정되어 있는 것은 아니다. 문화는 축적과 계승의 끊임없는 반복을 거치며 변화되어 간다. 문화가 가지고 있는 변동성이라는 속성에 대해서는 이미 앞에서 설명한 바 있다. 그렇다면 문화 변동의 계기들은 과연 어떠한 과정을 통하여 발생되는가? 문화의 변동은 여러 가지 방식으로 일어난다. 그것은 발명이나 발견에 의해서 일어나기도 하며, 다른 문화의 전파나 접촉을 통해서 발생하기도 한다. 이제 문화 변동의 원인과 변동 과정을 자세히 알아보자.

(1) 문화 과정

문화는 끊임없는 변동의 과정을 겪지만 그렇다고 문화가 하루아침에 순식간에 변화하는 것은 아니다. 문화의 변동은 변동을 일으키게 만드는 다양한 계기들에 의해 일정한 과정을 거치면서 이루어진다. 하나의 문화 체계를 이루는 수많은 문화 요소들이 사회 구성원들의 일상생활을 통하여 끊임없이 상호작용을 계속하는 것을 '문화 과정'이라고 한다. 그리고 이러한 계속적인 문화 과정의 결과 문화 변동이 발생하게 된다.

한 사회의 문화가 변동을 경험하는 형태를 살펴보면 내적인 계기에 의한 내재적 변동과 외적인 자극에 의한 외재적 변동으로 구분할 수 있다. 전자는 주로 발명과 발견을 통하여 새로이 문화 과정에 등장한 문화 요소가 그 문화 체계 안에서 널리 확산되어 기존의 문화 요소들과 상호작용하는 과정에서 일어나는 변동을 말한다. 그리고 후자는 주로 외부 문화가 전파되거나 외부 문화와 접촉함으로써 기존의 문화 과정에 유입된 새로운 외적 문화 요소의 영향으로 변동이 일어나는 형태이다.

(2) 발명과 발견

발명이란 한 문화가 고안해 낸 물질적·비물질적 요소들을 새로이 조합함으로써 그때까지 없었던 문화 요소를 새로 만들어 내는 것을 뜻한다. 바퀴, 쟁기, 전화, 비행기, 컴퓨터와 같은 물질적인 것은 물론이요 종교, 신화, 사상 등과 같은 관념적인 것들도 모두 발명의 결과물이다. 반면 발견이란 이미 존재하고 있지만 아직 세상에 알려지지 않은 어떤 것을 찾아내거나 알아냄으로써 전적으로 새로운 것이 문화 요소로 추가되는 것이다. 불, 비타민, 유전자, 태양의 흑점 그리고 신대륙 등이 발견에 해당하는 결과물이다.

발명과 발견이 왜 일어나는가는 '필요는 발명의 어머니'라는 격언이 잘 말해 주고 있다. 인간은 어떤 문제를 해결할 필요를 느끼면 그 해결 방법을 모색하는데, 그 결과 새로운 발명과 발견이 이루어지는 것이다. 의학 기술은 질병과 싸우고 건강을 지키기 위해 발달되었으며, 교통·통신 수단의 발명은 멀리 떨어진 곳에 사는 사람들과의 상호작용을 위해 개발된 것이다. 인터넷도 원래는 과거 미국과 소련의 냉전 시대에 미국 본토가 소련군의 핵무기 공격을 당할 경우를 대비하여 발명된 것이었다. 중앙집중식으로 운영되던 군사 통신망을 여러 곳으로 분산시켜 연결함으로써, 설령 특정 지역이 파괴되더라도 미군 전체의 군사 통신망 운영에는 큰 차질을 빚지 않도록 고안된 것이 인터넷의 시작이었다. 발견 역시 우연히 이루어진 것보다는 필요에 의해 찾아진 것들이 많다. 예를 들면, 콜럼버스의 신대륙 발견은 인도까지 갈 수 있는 가장 가까운 무역항로를 찾으려는 노력의 과정에서 이루어진 일이다.

한편 사회가 발명이나 발견으로 새로이 등장한 문화 요소를 받아들이고 그것을 널리 활용하게 되면, 이 문화 요소로 인해 다른 영역에도 연쇄적으로 문화 변동이 일어난다. 자동차의 발명으로 고속도로, 주유소, 자동차 정비 센터 등의 새로운 시설과 관련 산업이 만들어졌으며 운전면허 제도, 도로교통법, 자동차 보험 등의 제도들이 추가로 등장하게 되었다. 또한 드론의 발명은 운송, 측량, 촬영, 농사, 전투, 긴급 구조, 시설 관리, 산불 감시, 레저 및 스포츠 등 다양한 영역에 걸쳐 많은 변화를 이끌어 내고 있다. 만약 전기의 발견과 전구의 발명이 없었다면 직장인들의 회식 문화나 도시인들의 유흥 문화는 지금과 많이 달랐을 것이며, 오늘날 야식 배달이나 새벽 배송 같은 업종은 등장조차 하지 못했을 것이다.

반면 발명과 발견이 사회적으로 널리 활용되지 않아 기존 문화에 아무런 영향도 끼치지 못하는 경우도 있다. 증기 기관의 사회적 수용은 이를 말해주는 대표적인 예이다. 흔히 증기 기관은 산업혁명 당시에 영국의 제임스 와트가 만든 것으로 알려져 있다. 그러나 사실 증기 기관의 원리는 산업혁명보다 훨씬 이전인 고대 그리스 시대에 이미 알려져 있었다. 엄밀히 말하자면 제임스 와트는 이러한 증기 기관을 기계제 공업에 활용할 수 있도록 응용 개발한 인물이다.

그렇다면 고대 그리스에서는 왜 증기 기관을 활용해 좀 더 일찍 기계제 대공업을 일으키지 않았을까? 이는 당시의 사회적 배경과 관련이 있다. 고대 그리스는 노예 제도를 통해 충분한 생산 활동이 이루어졌고 인구수도 그리 많지 않았기 때문에 굳이 증기 기관을 이용하여 대량 생산을 할 필요를 느끼지 않았다. 그래서 증기 기관은 고작 귀족들이 자신의 장난감이나 장식품을 움직이는 동력으로나 사용되었다. 즉 사회적으로 수용되지 못한 발명과 발견은 문화 변동을 일으키지 못한다. 증기 기관이 비로소 빛을 발한 것은 신분 제도가 사라져 더 이상 강제 노동의 동원이 불가능하고 인구가 늘어나 대량 생산이 필요했던 18세기에 들어선 이후였다. 그리고 마침내 증기 기관은 산업혁명이라는 거대한 문화 변동의 촉진제로 사용되었다. 역시 '필요는 발명의 어머니'이다.

(3) 문화 전파

1970년대 초 오랜만에 고국을 찾은 가수 윤복희를 취재하기 위해 많은 기자들이 김포공항에 나와 있었다. 그런데 기자들 앞에 모습을 나타낸 윤복희의 옷차림은 난생 처음 보는 파격적인 것이었다. 이때 윤복희가 입고 있던 옷은 미니스커트였다. 무릎 위까지 껑충 올라가 있는 짧은 치마는 당시 보수적인 한국 사회에서 많은 사람들에게 충격으로 다가왔지만, 곧 미니스커트는 젊은 여성들 사이에 폭발적인 유행을 불러일으키면서 새로운 문화 현상으로 자리 잡기 시작했다.

윤복희가 국내에 처음으로 미니스커트를 소개한 것처럼 한 사회의 문화 요소들이 다른 사회로 전해져서 그 사회에 새로운 문화 요소로 정착되는 현상을 '문화 전파'라고 한다. 오늘날 완전히 폐쇄적인 사회는 거의 찾아보기 힘들며, 정도의 차이는 있을지언정 어느 사회든 문화의 많은 부분은 다른 사회로부터 전파된 것이다.

문화의 전파에는 직접 전파와 간접 전파가 있다. '직접 전파'란 이웃하고 있는 두 문화 간의 직접적인 접촉에 의해 문화 전파가 이루어지는 경우를 말한다. 고려 시대 문익점이 중국에서 목화씨를 숨겨 와서 우리나라에 퍼뜨린 것, 중국으로부터 한자와 유교가 인적 교류 과정에서 전파된 것, 오랜 십자군 전쟁 과정에서 아라비아 숫자와 천문학 등을 비롯한 이슬람 문화권의 다양한 과학 기술들이 유럽으로 흘러 들어온 것 등이 직접 전파의 예이다.

한편 '간접 전파'란 인쇄물, TV, 인터넷 등을 통한 정보나 사상의 침투처럼 문화의 전파가 매개체를 통하여 이루어지는 경우를 말한다. 어제 프랑스 파리에서 소개된 최신 패션이 오늘 서울 거리에 곧바로 등장하고, 할리우드에서 지금 막 개봉된 신작 영화가 한국의 극장가에 거의 동시에 상영되고, 방금 출시된 K−POP 신작 뮤직 비디오가 인터넷을 통해 전 세계에 퍼져 나가는 현상들은 모두 정보 매체를 통한 간접 전파의 위력을 잘 보여주는 예이다.

이밖에 '자극 전파'란 것이 있다. 자극 전파란 다른 사회의 문화 요소로부터 아이디어를 얻어서 새로운 발명이 일어나는 것으로, 두 문화 체계 간에 직접적인 접촉이 일어났을 때, 어떤 문화 요소가 전해지면서 새로운 발명이 일어나도록 자극하는 경우를 말한다. 즉 전파와 발명이 복합된 것이다. 신라 시대에 한자의 음을 빌려와서 우리말을 표현했던 '이두'와 같은 문자 체계가 바로 자극 전파의 전형적인 예이다.

그런데 문화 전파가 반드시 사회와 사회 사이에서만 일어나는 것은 아니다. 한 나라 안의 도시 지역에서 발명 또는 발견된 문화 요소가 농촌 지역으로 확산되면서 널리 받아들여지는 것과 같이, 문화의 전파는 하나의 문화 체계 안에서도 일어난다. 또한 문화 체계 간의 전파 및 문화 체계 내의 전파로 서로 다른 문화권이 긴밀한 접촉 관계를 유지하고 있는 경우, 이웃하고 있는 지역과 하나의 문화권이 형성된다.

문화의 전파는 기존의 문화 요소와 상호작용하는 과정에서 추가적인 문화 변동을 촉진시키기도 한다. 가령 조선 중기에 고추가 전파되면서 한국인들이 즐겨 먹던 김치가 예전에 소금에 절인 백김치에서 고춧가루를 입힌 빨간 김치로 변화하였다. 또 서구로부터 햄버거와 피자가 전파되면서 아이들이 어머니가 차려주신 음식을 먹으며 친구들과 함께 집에서 즐기던 생일 파티의 풍경이 햄버거 가게와 피자 가게를 찾는 외식 문화 형태로 바뀐 것도 그 예이다.

(4) 문화 접변

기원전 334년, 알렉산더 대왕의 동방 정벌은 고대 그리스 문화가 오리엔트 문화와 접촉할 수 있는 기회를 제공했다. 그리고 이 두 문화의 결합은 헬레니즘 문화의 창조로 이어졌다. 이처럼 성격이 다른 두 문화 체계가 장기간에 걸쳐서 전면적인 접촉을 함으로써 새로운 문화 요소가 전파되어 일어나는 변동을 '문화 접변'이라고 한다. 문화와 문화 사이의 전면적인 접촉 계기는 여러 가지로 생각해 볼 수 있겠으나 전쟁을 통한 정복이나 식민지화, 교역, 그리고 종교적 포교가 인류 역사에서 가장 보편적으로 나타나는 계기들이라고 할 수 있다.

두 문화가 접촉함으로써 나타나는 문화 변동의 유형은 다양한데, 가장 흔하게 나타나는 유형은 자신의 문화는 그대로 유지하면서 다른 문화의 특성을 일부 받아들이게 되는 경우이다. 다양한 외국의 음식 문화가 들어왔으나 여전히 한식 중심의 전통적인 음식 문화는 유지한 채 새로운 외국 음식 문화들이 함께 공존하고 있는 것이 그 예이다. 또 설날이나 추석 같은 고유의 명절을 여전히 유지하면서 동시에 크리스마스, 밸런타인데이, 할로윈데이 같은 외국에서 유입된 기념일도 같이 즐기는 것도 이러한 사례에 해당한다. 이렇듯 두 개의 문화가 접촉할 때, 각각의 문화는 그 고유의 정체성과 가치 체계를 그대로 지키면서 공존하게 되는 경우가 있는데 이를 '문화 공존'이라고 한다.

문화 공존은 자국의 문화를 타국의 문화 속으로 가지고 들어가는 경우에도 나타난다. 중국 연변에 살고 있는 조선족들의 모습이 그 전형적인 예이다. 이들은 비록 거대한 중국 문화 속에 쌓여 있는 소수 민족이지만 우리의 고유한 풍습과 언어, 가치관을 그대로 간직하고 있다. 또 화교들이 세계 각지에서 차이나타운을 형성하여 자신들의 문화를 온전히 보존하면서 생활하는 것이나, 세계 곳곳에 흩어져 있는 유태인들이 그들 고유의 민족성과 종교를 지키면서 살고 있는 것들도 문화 공존의 좋은 보기이다.

문화 공존과는 반대로 접촉한 두 개의 문화 중 하나가 다른 문화로 흡수되어 사라지는 경우도 있는데 이를 '문화 동화'라고 한다. 미국의 인디언들이 자신들의 고유한 문화를 상실하고 백인 문화에 완전히 흡수된 것이 대표적인 문화 동화의 사례이다. 우리나라에서도 과거에 거리나 무게를 측정할 때 사용하던 '리'나 '근' 같은 단위가 오늘날에는 거의 사라지고 '미터'와 '그램' 같은 서구의 단위가 지배적으로 사용되고 있는데, 이것도 일종의 문화 동화 현상이다.

문화 접변의 결과로 나타나는 또 하나의 양상은 '문화 융합'이다. 이것은 두 개의 이질적인 문화가 접촉할 때, 접촉한 두 문화가 서로 결합되어 기존의 문화 요소와는 전혀 다른 성격을 지닌 새로운 문화 요소를 만들어 내는 것을 의미한다. 서양의 햄과 우리 고유의 찌개 문화를 결합시켜 완전히 새로운 음식을 만들어낸 부대찌개는 문화 융합의 성공적인 사례이다. 이밖에도 김치와 햄버거를 결합시킨 김치 버거, 불고기와 피자를 결합시킨 불고기 피자 같은 음식도 문화 융합의 산물이다. 또 아파트라는 서구식 주거 문화에 전통적인 온돌 문화를 결합시켜 바닥 난방이 되도록 지어진 한국의 아파트도 문화 융합의 사례라 할 수 있다. 음악 장르에도 문화 융합의 결과로 탄생한 것들이 많다. 가령 재즈는 유럽 음악의 화성구조와 아프리카 음악의 복잡한 리듬이 융합되어 만들어진 장르이다.

한편 문화 접변은 강제적으로 이루어지기도 하고 자발적으로 일어나기도 한다. 정복이나 식민지 통치의 경우에는 일종의 강제성을 띤 외부적 압력에 의해 문화 접변이 일어난다. 일제 강점 시대에 우리 민족에게 강요되었던 일본어 교육이나 신사 참배, 창씨개명 등은 강제적 문화 접변의 경우이다. 이때 피지배 사회에서는 이미 잃어버렸거나 사라져 가는 그들의 전통 문화 요소를 되찾으려는 복고 운동이나 지배 사회의 문화를 전면적으로 거부하는 운동이 일어나기도 한다. 일제 강점 시대에 우리말과 글을 지키려는 지식인들의 노력으로 벌어진 조선어학회 사건 같은 것이 좋은 예이다. 한편 이민 사회는 새로운 문화에 적응하려는 스스로의 필요에 따라 자발적 문화 접변이 이루어지기도 한다.

그런데 두 개의 서로 다른 문화가 전면적으로 접촉한다고 해서 반드시 그 영향의 정도가 양 쪽 모두에게 동일한 것은 아니다. 어떤 경우에는 그 영향이 거의 일방적일 수도 있다. 해방 직후 한국의 전통 문화와 서구 문화 간의 접촉이 이루어지는 과정에서 한국의 전통 문화가 거의 일방적으로 서구 문화의 영향을 받았던 것이 그 예이다.

(5) 문화 지체

"로마는 하루아침에 이루어지지 않았다"는 말처럼 문화의 변동도 대부분 장기간에 걸쳐 완만하게 이루어지는데 이것을 '문화의 진화'라고 한다. 그러나 구한말의 갑오경장이나 해방 직후의 시기처럼 단기간에 급속한 문화의 변동이 일어나기도 한다. 이처럼 급격한 문화 변동은 '문화의 개혁'이라고 한다. 즉 문화가 변화하는 속도는 일정하지 않으며 각 문화 요소의 특성이나 주변 상황에 따라 많이 달라진다.

특히 기술과 같은 물질 문화는 과거에는 존재하지 않던 것이 새롭게 출현하거나 변동하는 속도가 빨라 문화의 개혁이 자주 일어난다. 반면에 이를 받아들이는 사람들의 태도나 문화는 아직 그 속도를 따라가지 못하는 경우가 많다. 가령 사진 기술이 처음 등장했을 때, 사람들은 카메라에 자기 모습이 찍히는 것을 극도로 기피했다고 한다. 사진 속으로 자신의 영혼이 빠져 나간다고 생각했기 때문이다. 또 영화가 처음 출현했을 때는 극장에 모인 관객들이 화면 속에서 기차가 굉음을 내며 달려오자 비명을 지르며 극장 밖으로 도망친 일도 있었다고 한다. 화면 속 기차가 실제로 자신들을 덮칠 것 같다는 공포감 때문이었다.

▲ 오그번(Ogburn)

이러한 현상을 두고 사회학자인 오그번(Ogburn)은 특히 종교, 가치관 및 사회 제도와 같은 비물질 문화는 도구나 기술 등 물질 문화보다 전파와 변동의 속도가 일반적으로 느리다는 점을 지적하고 있다. 기술의 발달은 물질생활의 급격한 변화를 야기했지만, 물질적인 측면과 관련 있는 제도나 가치의 변화가 물질 문화의 변화 속도를 따르지 못하고, 기술 발달이 계속되면 그 간격이 점점 커지게 된다는 것이다. 오그번은 이러한 현상을 가리켜 '문화 지체'라고 개념화했다.

문화 지체의 사례는 생활 속에서 얼마든지 쉽게 찾아볼 수 있다. 자동차의 수는 계속 늘어나는 데 반해 교통 법규 준수나 운전 예절과 같은 질서 의식이 확립되지 못한 경우, 공장에서 산업 재해가 계속 늘어가지만 산업 재해 피해자를 구제하기 위한 사회보장 제도가 충분히 확립되지 못한 경우, 의학 기술의 발달로 노인 인구는 증가하지만 경제력이 떨어진 노인들을 위한 부양 대책이 부족한 경우, 인터넷과 스마트폰이 일상에서 차지하는 비중은 급격히 늘어나지만 건강한 온라인 문화의 형성이나 개인 정보 보호를 위한 제도적 장치의 마련이 미흡한 경우 등이 모두 문화 지체로 인해 야기되는 현상들이다. 이와 같이 물질 문화와 비물질 문화의 변동 속도 사이에 간격이 커지면 그 사회에는 변화에 대한 적응과 관련하여 여러 가지 혼란이 발생하게 되며 이는 동시에 새로운 사회 문제의 원인이 되기도 한다.

생각해 봅시다

01 우리나라에서 대표적인 하위문화를 한 가지 예로 들고 그것의 사회적 기능과 역기능이 무엇인지 생각해봅시다.

02 문화 상대주의와 자문화 중심주의 각각의 장·단점에 주목하면서, 오늘날 '대중문화'의 성격을 이 두 가지 입장에서 생각해봅시다.

03 문화 변동은 어떻게 일어나며, 이때 어떤 사회 문제가 발생할 수 있을까요?

1. 사회화: 늑대 소녀 길들이기

「타잔」이나 「정글 북」같은 소설의 주인공은 어릴 때 밀림에 버려져서 짐승들과 함께 생활한다. 그들은 짐승들과 의사소통을 할 수 있고 본능이나 생활 방식도 짐승과 거의 비슷하다. 물론 이것은 소설 속의 이야기지만 현실 세계에서도 이와 유사한 사례들이 종종 발견되고 있다.

1920년 인도에서는 한 선교사에 의해 늑대 굴에서 두 소녀가 발견되었다. 8살 정도로 추정되는 소녀에게는 '카말라', 그리고 2살 정도로 추정되는 소녀에게는 '아말라'라는 이름이 붙여졌다. 처음 이들은 늑대처럼 행동하였다. 네 발로 걷고 뛰었으며, 우유와 날고기만 먹었고 음식을 먹기 전에 먼저 냄새부터 맡았다. 또한 감각 기관이 잘 발달되어 있어서 어두운 곳에서도 잘 볼 수 있었고 멀리 떨어진 곳의 냄새도 잘 맡았다. 물론 사람들과의 의사소통은 불가능했고 이들이 할 수 있었던 유일한 소리는 울부짖음뿐이었다. 아말라는 1년 후 바로 죽었지만 카말라는 9년을 더 살았는데, 그동안의 교육 결과 약 30개 단어의 어휘를 갖추었고 다른 아이들과도 어울리는 등 초보적이나마 인간의 생활에 적응해가는 모습을 보여주었다.

1947년에 미국에서 발견된 '이사벨'의 경우도 이와 비슷하다. 6살 때 발견된 이 어린이는 태어나면서부터 벙어리이자 귀머거리인 어머니와 한 방에서 고립된 상태로 키워졌다. 처음 발견되었을 때 이 소녀의 행동은 공포와 적대감에 가득 찬 야생 동물과 흡사했다. 말은 전혀 할 줄 몰랐고 단지 으르렁거리는 소리만을 낼 뿐이었다. 또 몸을 씻을 줄도 몰랐고 혼자 음식을 먹지도 못했다. 전문 의사와 심리학자들에 의해 체계적인 훈련을 받은 결과, 이사벨은 불과 1주일 만

▲ 늑대소녀

에 발성을 할 수 있었고 두 달이 채 안되어 짧은 문장을 만들어 낼 수 있었다. 그리고 14세가 되어서는 같은 또래의 소녀들과도 함께 어울렸으며, 이후 정상적인 생활을 할 수 있게 되었다.

이 두 사례는 인간 특성의 상당 부분이 선천적이라기보다는 타인과의 상호작용을 통해 후천적으로 형성되는 것이며, 따라서 사람이 '사람답게' 되어가는 과정이 얼마나 중요한 것인가를 잘 보여주고 있다. 갓 태어났을 때 여타의 동물과 다름없는 무기력한 생명체에 불과한 인간이 스스로의 독특한 개성과 정체감을 갖고 다른 사람과의 사회생활을 통하여 동물적 존재에서 사회적 존재로 전환되기 위해서는 일련의 복잡한 과정을 거쳐야만 한다. 이처럼 사람이 '사람답게' 되어가는 과정, 즉 사람이 사회적 상호작용을 통해 사고, 감정 및 행동의 방식을 학습해가는 과정을 '사회화'라고 한다.

　　사회화는 우리가 출생 후 자신이 속한 사회의 문화를 내면화함으로써 인성을 발전시키는 끊임없는 과정이다. 아기 때 언어를 배우고 걸음마를 익히며 대소변을 가리는 일부터 시작해서, 학생이나 직장인이 되고, 결혼을 해서는 남편과 아내 그리고 아버지와 어머니가 되어가는 새로운 상황에 따라 우리는 끊임없이 새로운 역할과 새로운 생활 방식을 배우고 내면화시킨다. 따라서 어느 특정 개인의 사회화 과정은 그가 구체적으로 어떤 사회적 상황을 겪어왔는가를 살펴보지 않고서는 알 수가 없다.

　　그러면 좀 더 구체적으로 사회화의 의미와 내용을 살펴보자. 우선 개인의 입장에서 보면 사회화는 각자에게만 특유한 자아 또는 인성(사람됨 혹은 퍼스널리티)을 형성하는 과정이다. 우리는 남자는 어떠해야 하고 여자는 또 어떠해야 한다는 식으로 성 역할을 구분하는 말을 자주 들으면서 자라왔고, 그러한 기대에 최대한 부응하려고 노력한다. 남자 아이가 장난감 총을 들고 전쟁놀이를 즐기는 반면 여자 아이는 인형을 가지고 소꿉놀이를 즐기는 이유는 '남자다움' 혹은 '여자다움'에 대해 사회화되었기 때문이다. 그런데 문화인류학자인 마가렛 미드(Margaret Mead)가 수행한 연구 「세 부족사회에서의 성과 기질」은 여성다움과 남성다움에 관해 흥미로운 결과를 보여준다.

　　그녀가 연구한 뉴기니의 서로 다른 세 부족 중 먼저 아라페쉬(Arapesh) 부족의 남성과 여성 모두가 일반적으로 여성적이라고 여겨지는 협동적, 비공격적, 타인의 욕구에 반응적인 특성을 가지고 있었다. 한편 문두구머(Mundugumor) 부족의 여성과 남성은 공격적이고, 반응적이며, 개인적인 특성

▲마가렛 미드
(Margaret Mead)

을 지니고 있어 성별에 관계없이 모두 남성적이라 여겨지는 특징을 보였다. 그리고 챔블리(Chambuli) 부족은 대부분의 다른 사회에서 보이는 성역할과 반대되는 성향을 보였다. 즉 챔블리 여성은 지배적, 관리적, 비인간적이고, 남성은 정서적이고 의존적이었다고 한다. 이는 여성과 남성의 기질이나 특징이 타고난 생물학적 성별 구분과는 무관하게 사회화를 통해 후천적으로 만들어진 것임을 보여주는 명확한 증거이다. 이와 관련하여 프랑스의 여류 작가 시몬 드 보봐르(Simone de Beauvoir)는 자신의 저서 「제2의 성」에서 "남성과 여성은 태어나는 것이 아니라 만들어지는 것이다"라는 유명한 말을 남기기도 했다. 이밖에도 옳고 그름의 구별, 자신의 목표나 자기 위치에 대한 판단 등이 모두 사회화 과정을 통해서 형성된다.

다음 사회적인 측면에서 볼 때, 첫째로 각 사회의 사회 규범, 문화적 유산과 가치 등을 학습하고 이를 세대에서 세대로 이어가는 과정이 바로 사회화이다. 우리의 말과 글이 오늘날까지 계승되고 있는 것, 현대의 한국인들이 과거 먼 조상들이 했던 방식대로 밥과 김치를 만들어 먹는 것, 기본적인 규범과 예절을 준수하며 생활하는 것 등은 모두 사회화 과정을 통해 세대에서 세대로 전승되어 왔기 때문에 가능한 일이다.

둘째, 인간은 사회화를 통해 상호작용의 기술을 배운다. 일상생활에서 느끼는 욕구 충족의 방법과 절차, 나아가 과학적 사고방식 등이 사회화 과정을 통해 학습된다. 우리는 배가 고프면 밥을 달라고 하거나 아니면 식당에서 밥을 사먹거나 자기 손으로 직접 음식을 만들어 먹는다. 배가 고파서 음식을 먹고 싶은 욕구가 생기는 것은 비록 본능일지라도 그 욕구를 충족시키기 위한 방법과 절차를 사용하는 것은 본능이 아닌 사회화의 결과인 것이다.

끝으로 우리는 사회화를 통해 지위에 따른 역할, 집단의 규범과 책임 의식, 그리고 합리적 의사 결정에 필요한 능력과 태도 등을 익힌다. 누구나 처음 초등학교에 입학하던 날 혹은 첫 직장에 출근하는 날이면 설렘과 약간의 두려움을 느끼게 된다. 하지만 점차 학교생활이나 직장 생활에 익숙해지면서 그러한 두려움은 사라지고 마는데, 이것은 자기도 모르는 사이에 학교나 직장이라는 집단의 규범과 학생 혹은 직장인이라는 지위에 주어진 역할과 태도 등이 서서히 그 집단 안에서 사회화 과정을 통해 내면화되었기 때문이다.

2. 사회화 기관: 요람에서 무덤까지의 긴 여행

사회화란 개인이 일생을 살아가면서 새로운 상황을 맞을 때마다 겪게 되는 계속적인 평생의 과정이다. 각각의 개인은 한편으로 자신이 소속하게 되는 특정한 사회의 상황에 따라 독특한 사회화를 경험하기도 하지만, 다른 한편으로는 사회 구성원 대부분이 경험하는 보편적인 사회적 상황에 영향을 받고 있다. 사회화는 대체로 사회적 상호작용이 구조화되어 있는 집단이나 제도에 의해 이루어지는데, 이와 같은 보편적인 집단이나 제도들을 '사회화 기관'이라고 한다.

사회화 기관은 가족, 친족, 또래 집단, 이웃 집단 등과 같이 유아기와 유년기를 통해 가장 기본적인 사회적 행동을 학습하는 '일차적 사회화 기관'과 학교, 동료 집단, 직장, 대중 매체 등과 같이 그 사회의 특성이나 요구에 따른 사회적 행동을 학습하는 '이차적 사회화 기관'으로 나누어진다. 또 사회화 기관은 애초부터 사회화를 목적으로 만들어져서 체계적으로 사회화를 수행하는 '공식적 사회화 기관'과 다른 목적을 위해 만들어졌으나 잠재적으로 사회화를 수행하는 '비공식적 사회화 기관'으로 분류되기도 한다. 전자에는 학교나 학원, 직업 훈련소 등이 해당하며, 후자의 경우에는 가족, 또래 집단, 회사, 대중 매체 등이 있다. 그러면 지금부터 주요한 사회화 기관들에 대해 알아보자.

(1) 가족

인간의 사회화를 시작해주고 또 가장 중요한 시기에 원초적인 사회화를 담당하게 되는 기관은 두말할 필요 없이 가족이다. 물론 가족이 없다든가 혹은 버림을 받아서 고아원이나 탁아소와 같은 보호 시설에서 성장하는 아이들도 있지만, 이들 보호 시설까지 포함해서 가족은 다음의 두 가지 이유 때문에 개인에게 있어 가장 중요한 사회화 기관임에는 틀림없다.

첫째, 어린 아이들은 가족과 처음으로 정서적 유대와 사회적 관계를 맺게 되고, 가족으로부터 말을 배우며, 또한 문화적 가치와 규범들을 내면화하

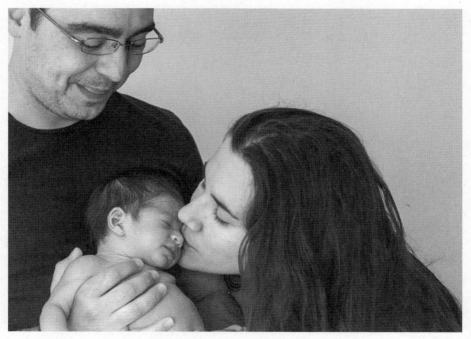

▲ 가족

기 때문이다. 뿐만 아니라 가족은 어린 아이들에게 자신의 생존 그 자체를 보장해준다. 갓 태어난 아기는 가족의 보살핌 없이 스스로 살아갈 수 없다. 따라서 어린 아이들에게 있어서 가족은 거의 모든 것을 의미한다. 부모의 애정과 행동 방식 그리고 가족의 분위기는 어린 아이들의 정서적 발달과 행동 방식뿐 아니라 이후의 성장 과정에서도 절대적인 영향을 미친다. 우리는 종종 가정교육 혹은 이른바 '밥상머리 교육'의 중요성을 말하는데 여기에는 사회화 기관으로서의 가족의 역할이 강조되고 있는 것이다.

둘째, 그 가족의 성격이나 가족이 사회에서 차지하고 있는 구조적 위치에 따라서 사회화 내용이 달라질 수 있다는 점이다. 한 개인의 가정이 정상 가정인지 한 부모 가정인지, 또는 대가족인지 핵가족인지 등에 따라서 그 가족 내에서 행해지는 사회화의 내용이 달라질 수 있다. 그뿐만 아니라 부모가 어느 사회적 지위, 종교, 계층에 속하느냐에 따라 사회화의 내용은 크게 달라진다. 오래된 동화 「왕자와 거지」는 정반대의 가정에서 사회화된 두 소년의 인성이나 행동 방식이 얼마나 달라지는가를 잘 보여준다. 똑같은 외모를 갖고 있지만 왕실에서 왕자로 사회화된 소년과 거지들 틈에서 거지로 사회화된 소년이 우연한 기회에 서로의 위치를 바꾸고 나서 겪는 경험들은 단순한 해프닝을 넘어서 가족이 개인에게 미치는 사회화 효과가 얼마나 큰가를 잘 말해준다.

(2) 또래 집단

또래 집단이란 비슷한 배경과 관심을 가지고 모인 같은 나이 또래의 어린 아이들이나 청소년들의 집단을 말한다. 어린 아이가 걸어 다니며 집 밖에 나가 혼자 놀기 시작할 무렵부터는 자기 또래의 친구들이 사회화에 중요한 영향을 미친다. 또래 집단은 어린 아이가 가족 이외에 최초로 지속적인 상호작용을 경험하는 대상이다. 즉 서로 다른 사회적 상황에 처해 있는 가족들로부터 제각각 상이한 사회화를 경험한 아이들이 함께 만나 자신과는 다른 가치와 규범을 내면화 한 타인들과 사회적 관계를 맺고 상호작용을 하게 되는 것이다. 때문에 가족 내에서만 머물렀을 때보다 훨씬 넓은 범위의 사회화를 경험하게 된다.

특히 아이들은 일정 연령대에 접어들면 부모보다는 또래 집단과 함께 지내는 것을 더 좋아하기 때문에 또래 집단이 개인의 사회화에 미치는 영향력은 크다고 볼 수 있다. 또래 집단에서의 아이들은 자기 스스로 선택한 친구들과 어울리면서 부모와 선생과 같은 사람들의 지도 없이 주변의 일들을 이야기하고 새로운 지식들을 교환한다. 때문에 어른들과 다른 그들만의 생각과 행동 방식을 가지게 되며 자신들만의 문화를 만들어 공유한다. 아이들은 때로는 또래 집단을 통해 가족과 학교에서 금지되어 있는 일들도 배우게 된다. 은어와 욕설, 심지어는 경미한 범죄까지도 또래 집단의 구성원들과 함께 경험한다.

(3) 학교

학교는 사회화를 위해 의도적으로 만들어진 가장 대표적인 공식적 사회화 기관이다. 학교를 통해 이루어지는 사회화는 크게 두 가지가 있다. 하나는 일반적으로 알고 있듯이 특수한 지식과 기술을 가르치는 것이다. 개인이 독립적인 사회인으로 생활하기 위해 필요한 기본적인 지식과 기술들이 학교 교육을 통해서 학습된다. 또한 이러한 교과 과정을 통해서 사회의 존속과 유지에 불가결한 규범과 문화 가치가 전수된다.

다른 하나는 학교에서 이루어지는 '보이지 않는 사회화'이다. 어린 아이는 학교에 입학함으로써 처음으로 가족이나 또래 집단이라는 소규모 사회 집단이 아닌 대규모의 공식적인 사회 집단의 구성원으로 들어가게 된다. 아이들은 학교라는 사회화 기관을 통해 공식적으로 부여되는 여러 가지 규칙을 준수할 것을 요구받는다. 또한 스승에 대한 복종과 존경, 또래 집단 외부의 동료들과의 관계 등을 학습하고 내면화한다. 그뿐만 아니라 자기에게 부여된 공식적인 의무와 역할을 인식하고 객관적인 기준에 의해 자신의 능력을 평가받기도 한다. 이렇듯 개인은 학교라는 사회화 기관을 통해서 더 큰 사회에 소속한 구성원으로 살아가는 것을 배우게 된다.

(4) 직장 및 기타 조직체

학교를 마치면 대부분의 사람들은 일정한 직업을 갖고 직장에서 일하게 된다. 그러나 학교에서 배운 지식만 가지고 그대로 직업과 관련된 활동에 임할 수는 없다. 대기업의 경우 신입 사원들은 일정 기간 연수와 수습 과정을 통해 전문적 업무에 필요한 갖가지 지식과 기능, 해당 기업의 조직 문화 등을 배우고 훈련받는다. 이것은 직장이 아닌 다른 조직에서도 마찬가지다. 예를 들어, 군에 처음 입대하면 일정 기간 신병 교육을 통해 군에서 필요한 지식이나 기능, 생활 태도 등을 익히게 된다.

이처럼 직장이나 기타 조직체들은 사회 구성원으로서의 보편적인 내용이 아니라 그 조직의 고유한 업무에 필요한 좀 더 세부적이고 특수한 내용들을 구성원 개개인에게 학습시키는 또 다른 사회화 기관이다. 개인들은 또한 직장 및 기타 조직체 생활을 통해서 공식적인 인간관계, 위계적 사회 내에서의 규범이나 행위 양식들을 내면화하게 된다.

(5) 대중 매체

현대의 대중 사회에서는 신문, 잡지, 책, 라디오, TV, 영화, 인터넷 등의 대중 매체가 사회화에 큰 역할을 담당하고 있다. 우리는 어릴 때는 물론 성년이 되고 나서도 대중 매체를 통해 쏟아져 나오는 각종 정보, 지식 등을 항상 접하며 살아간다. 특히 대중 매체는 시사와 교양에서부터 오락에 이르기까지 다양한 정보와 변화하는 사회의 모습을 알려주고 우리가 직접 경험해보지 못한 다른 생활양식들까지도 간접적으로 경험할 수 있게 해준다. 또한 영화나 드라마를 보거나 소설을 읽음으로써 자신이 열망하거나 모범이 되는 행동을 본받기도 한다. 따라서 현대 사회에서 대중 매체는 아주 영향력이 크면서도 효과적인 사회화 기관으로 자리하고 있다.

　　그렇지만 대중 매체가 갖는 놀라운 파급력은 때로 바람직하지 못한 결과를 가져오기도 한다. 대중 매체의 가장 커다란 특징이라면 불특정 다수의 사람들에게 동일한 메시지를 전달한다는 것이다. 제각기 다른 생활 조건과 가치관, 사회적 욕구 등을 가지고 있는 사람들의 의식 속에 일제히 똑같은 메시지가 반복적으로 전달됨으로써 개개인의 개성과 다양성이 사라지게 될 수도 있다. 또한 대중 매체가 여과 없이 내놓는 자극적이고 폭력적인 내용들을 무비판적으로 학습한다거나 대중 매체가 만들어 낸 가상의 상황에 지나치게 몰입하고 이를 동경하여 현실과 괴리된 태도를 갖게 되는 사람들도 있다. 특히 인터넷을 통해 편향된 정보나 무분별한 가짜 뉴스만을 탐닉하면서 객관적으로 사회 현상을 인식하지 못하게 되는 위험성도 커지고 있다. 그 결과 대중 매체에 무방비 상태로 노출되어 있는 현대인들은 획일화된 대중으로 전락하게 된다. 이러한 사실은 영향력 있는 사회화 기관으로서 대중 매체의 사회적 역할과 책임에 경종을 울리고 있다.

3. 사회화의 유형: 외국어 학원이 늘 북적거리는 까닭

(1) 재사회화

컴퓨터가 본격적으로 보급되기 시작할 무렵 기업에서 대부분의 업무가 전산화됨에 따라 중년의 나이에 접어든 임원들은 새롭게 컴퓨터 사용법을 배워야 했다. 예전에는 영어만 좀 할 줄 알면 직장 생활에 별 어려움이 없었는데 중국 시장이 급격하게 커지고 중국과의 교역이 늘어나자 이른 새벽이나 퇴근 후 중국어 학원의 문을 두드리는 직장인들이 늘어났다. 퇴직 후에도 배움의 길은 끝이 없다. 의학 기술의 발달로 기대 수명이 늘어나자 은퇴한 노년층들은 의미 있는 노년 생활을 보내기 위해 노인 학교나 평생 학습 기관을 찾아 또 다시 새로운 것들을 학습하며 제2의 인생을 준비하고 있다.

이렇듯 생활환경의 변화가 일어나면 사람들은 새로운 환경에 적응하기 위해, 그에 걸맞은 새로운 규범과 가치를 학습하게 된다. 이와 같이 사람들이 과거에 가지고 있던 것과는 근본적으로 다른 규범과 가치를 새롭게 내면화하는 것을 '재사회화'라고 한다. 사람은 성인이 되어서도 재사회화를 통해 새로운 지식이나 가치, 생활양식 등을 끊임없이 학습해가는 과정을 겪으면서 변화하는 사회에 적응하며 살아간다.

(2) 탈사회화

탈북자들이 대한민국 사회에 적응하기 위해서는 새로운 사회화 과정이 필요하다. 이들은 당과 수령에 대한 충성심을 잊어야 하며 몸에 밴 사회주의적 습성들도 깨끗이 씻어내야 한다. 그 대신 다원주의적 가치와 자본주의적 특성들을 익히는 또 다른 사회화 과정을 경험하게 된다.

재사회화라는 말 자체는 새로운 것을 배운다는 적극적인 뜻을 함축하고 있지만, 위의 예처럼 때에 따라서는 과거에 배운 것을 완전히 지워 버려야 하는 경우도 있다. 재사회화 중에서도 이런 경우는 특히 '탈사회화'라고 부른다. 탈사회화의 극단적인 예로는 포로수용소에서 종종 수행되는 '세뇌'를 들 수 있다. 이밖에도 군대에서 군인으로서 요구되는 규범과 가치를 강제한다거나, 정신 병원에서 이루어지는 치료, 교도소에서 범법자들을 정상인으로 이끌기 위해 행해지는 교육 등이 탈사회화에 해당한다.

(3) 예기 사회화

재사회화나 탈사회화는 현재 자신을 둘러싸고 변화한 환경이나 새롭게 소속하게 된 집단 속에서 사회 구성원으로 살아가기 위해 요구되는 내용들을 학습하는 과정이다. 반면 아직 환경 변화나 소속 집단의 변화가 일어나지는 않았지만 앞으로 그러한 일들이 발생할 것에 대비하여 미리 학습을 시작하는 경우도 많다. 이처럼 현재 필요하기 때문에 학습하는 것이 아니라, 다가올 미래를 예상하고 그에 맞게 학습할 내용을 준비하는 것을 '예기 사회화'라고 한다.

어린 학생들의 외국어 조기 교육은 예기 사회화의 가장 전형적인 사례이다. 당장 외국인들과 대화를 해야 하는 것도 아니고 외국으로 이민을 가서 살 것도 아니지만 가깝게는 학교에서의 좋은 성적을 거두기 위해, 멀게는 세계화 시대에 잘 적응하고 남보다 뒤처지지 말아야 한다는 생각에 가장 교육적 효과가 높은 어린 시절부터 외국어 교육을 시작하여 미래를 준비하려는 것이다. 예기 사회화는 조기 영어교육을 받고 있는 어린이들만의 일은 아니다. 대학에 처음 입학해서 받게 되는 신입생 오리엔테이션, 유학 준비 과정에서 이루어지는 외국어 교육이나 어학연수, 기업에서 신입 사원을 대상으로 실시하는 사원 연수, 군대에서 실시하는 신병 교육 훈련 등이 모두 예기 사회화에 해당한다.

4. 인성(퍼스널리티): 자기소개서로 나를 말한다

처음 만나는 사람들과 인사를 나눌 때 자신을 소개하는 경우가 있다. 취직을 하려고 입사 원서를 작성할 때도 거의 모든 회사에서 빠짐없이 요구하는 서류 중 하나가 자기소개서이다. 보통 자기소개서에는 자신의 가족 상황, 성장 과정, 성격, 가치관 그리고 취미나 특기 사항 등을 적는다. 그리고 회사 측에서는 이 자기소개서를 통해 그 사람의 능력이나 특징, 성향 등을 파악한다. 또 정부 부처의 개각이 있을 때마다 언론을 장식하는 신임 장관들의 프로필이나 연예 잡지에 나오는 인기 연예인들의 신상명세서 등을 통해 우리는 나름대로 이들이 어떤 사람인가를 추정해보곤 한다.

자기소개서나 프로필 또는 신상명세서를 통해 알아내고자 하는 내용, 즉 그 개인의 독특한 사고, 감정, 가치 및 행위의 비교적 안정된 유형을 '인성(퍼스널리티)'이라고 한다. 한 예술가의 작품을 젊은 시절부터 말년에 이르기까지 살펴보면 일관되게 흐르고 있는 예술가의 개성을 발견할 수 있다. 이것은 그 사람만의 독특한 인성이 작품 속에 반영되어 있기 때문이다.

물론 인성은 야누스적인 이중성을 띠기도 한다. 인성은 매우 복잡하며 사람에 따라 그리고 상황에 따라 아주 다양한 모습으로 나타난다. 따라서 어떤 사람의 인성을 완전하게 이해한다는 것은 거의 불가능한 일이다. 하지만 우리는 자기 자신을 평가하거나 다른 사람을 상대할 때 그 개인의 인성을 주관적으로 판단해서 감정적으로 반응한다.

그렇다면 인성은 무엇을 통하여 어떻게 형성되는가? 먼저 인성을 형성시키는 기본적 요인으로는 물질적 환경과 유전을 들 수 있다. 우리가 보통 사회적 통념으로 갖고 있는 열대지방 사람들은 느긋하다거나 해안가 사람들이 성질이 급하다는 식의 생각은 물질적 환경이 인성에 끼치는 영향을 지적하고 있는 것이다. 또 키가 큰 사람은 싱겁다든지, 마른 사람은 신경질적이고 뚱뚱한 사람은 낙천적이라는 식으로 부모로부터 물려받은 지능이나 기질, 신체적 특징 등이 인성에 미치는 영향에 대해 설명하는 이야기도 쉽게 찾을 수 있다. 심지어 혈액형이 개인의 인성을 결정한다는 비과학적인 속설조차 별다른 의심 없이 받아들이는 사람도 많다. 하지만 물질적 환경이나 유전과 같은 선천적인 요인들이 인성 형성에 미치는 영향은 다른 요인과 비교해 볼 때 매우 미약하다.

개인의 인성을 형성시켜주는 보다 큰 요인은 문화나 집단, 혹은 개인의 독특한 경험을 통한 사회화 과정이다. 일반적으로 시골 사람들은 순박하고 정이 많으며, 도시 사람들은 약삭빠르고 타산적이라거나 또는 특정 국가 사람들의 국민성은 어떠하다는 식의 규정은 문화나 집단의 고유한 특성이 개인의 인성에 미치는 영향을 표현한 것이다.

한편 개인의 독특한 경험도 인성 형성에 중요한 요인으로 작용한다. 일란성 쌍둥이라도 서로 다른 상황에서 다른 경험을 통해 다른 사회화 과정을 겪었다면 완전히 다른 인성을 가진 사람으로 성장하기 마련이다. 심지어 공상 과학 영화에 나오는 복제인간이 현실화되어 나와 똑같은 사람이 만들어졌다 해도 마찬가지이다. 나의 복제인간이 경험하는 사회화의 내용이 항상 나와 똑같을 수는 없기 때문에 결국 나중에는 외모만 똑같을 뿐 인성은 전혀 다른 사람이 된다고 해서 결코 이상한 일이 아니다. 즉 사회학적인 관점에서 본다면 나의 복제인간이 나와 똑같은 사람이 될 가능성은 전혀 없다고 단언할 수 있다.

일단 확립된 인성은 여러 가지 특성을 가진다. 첫째, 독자성이다. 똑같은 얼굴을 가진 사람이 없는 것과 마찬가지로 똑같은 인성도 있을 수 없다. 둘째, 지속성이다. 인성은 유형화된 체계로 존속하기 때문에 쉽게 변화하지 않으며 따라서 행위에 대한 어느 정도의 예측을 가능하게 해준다. 셋째, 통합성이다. 인성은 그것을 구성하는 단순한 개개의 합이 아니라 이것들이 통합된 하나의 체계이기 때문에 쉽게 분열되지 않는다. 끝으로 적응성이다. 인성은 부득이한 상황이 발생했을 때 그것에 맞춰 유연하게 적응할 수 있는 능력을 가지고 있다.

5. 자아: 두 얼굴을 가진 헐크

우리는 위에서 인성이란 무엇이며 어떻게 형성되는지 알아보았다. 이 인성의 가장 중요한 측면, 즉 인성의 핵심을 이루고 있는 것은 자아 또는 자아 정체감이다. 자아란 한마디로 "나는 누구인가"에 대한 자신의 규정, 다시 말하면 사람들 각자가 자기 자신에 대해 가지고 있는 정체감이라고 할 수 있다. 그러면 이제 본격적으로 대표적인 자아 이론가 몇 사람을 만나보기로 하자.

(1) 쿨리(Cooley)의 '거울자아'

수선화에 얽힌 전설을 아는가? 그리스 신화에 나오는 나르시스는 연못에 비친 아름다운 얼굴에 그만 매혹당해 버렸다. 하지만 사랑스러운 그 얼굴을 만지려고 손을 뻗으면 연못 속의 상대는 어느덧 사라져버리고, 나르시스의 안타까움은 점점 커져만 갔다. 그러나 어찌하랴! 연못 속의 아름다운 얼굴은 바로 나르시스 자신의 얼굴이었던 것이다. 이것도 모르고, 오로지 그 얼굴만을 그리워하던 나르시스는 결국 상사병으로 죽고 말았다. 그리고 나르시스가 죽은 연못가에는 한 떨기 수선화가 피어서 '나를 잊지 마세요.'라고 속삭일 뿐이었다.

그런데 만약 나르시스가 쿨리의 자아 이론에 등장한다면 상황은 정반대로 전개될 것 같다. 그에게 있어 자기 자신은 연못을 들여다보고 있는 사람이 아니다. 오히려 연못 속에 비친 모습이 나르시스 자신이 되어 버린다. 쿨리의 이론에 있어서 핵심 개념은 이른바 '거울 자아'라는 것이다. 쿨리의 말을 직접 들어보자.

> 우리가 거울 속에 비친 자신의 얼굴·몸매·의복을 보고, 그것 들이 우리의 것이기에 흥미를 가지며, 우리가 기대하는 바에 따라 기분이 좋다든가 나쁘다든가 하는 느낌을 갖는다. 이와 마찬가지로 우리는 상상력을 가지고 다른 사람의 마음속에서 그가 우리의 모습·예절·행동·목적·특성·친구 등에 대하여 어떤 생각을 하는지 의식하여, 그 영향을 여러 가지로 받는다. 자아 개념은 세 가지 중요한 요소를 지닌다. ⓐ 다른 사람에게 우리가 어떻게 보일지 상상하고 ⓑ 그가 그러한 우리의 모습을 어떻게 판단하는지를 상상하며 ⓒ 이에 따른 긍지나 굴욕감 같 은 자아감을 느낀다.

'거울 자아'란 한마디로 다른 사람들이 나를 어떻게 보고 있는가에 대한 스스로의 상상에 의해 얻어진 자신의 느낌이라고 할 수 있다. 얼굴이 잘생긴 사람은 주변의 여러 다른 사람을 통해 지속적으로 잘생겼다는 말을 들음으로 써 자신이 잘생겼다는 것을 인지한다. 그리고 이러한 과정이 반복되면 마침내 그 사람은 자기가 잘생긴 사람이라고 내면화하고 그에 걸맞게 행동하게 된다. 거울 자아는 외모에만 해당하는 것은 아니다. 주변 사람들로부터 성품이 착하 다는 말을 자꾸 듣게 되면 그 사람은 자신을 착한 사람이라고 스스로 내면화 한다. 여간 해서는 화도 잘 내지 않고 늘 착한 행동을 보여주려 노력한다.

▲ 거울자아 〈에코와 나르키소스〉 J.W. 워터하우스 1880

결국 거울 자아 이론에 따르면 자아란 자신의 특성으로부터 타고나는 것이라
기보다는 주변 사람들의 반응과 평가를 통해 형성되는 것이다.

(2) 미드(Mead)의 자아 이론

미드는 쿨리의 이론을 한층 발전시켜 자아 형성에 있어서 역할의 중요성
을 강조하였다. 그는 어린 아이의 자아 발달 과정을 3단계로 나누어 설명하였
다. 첫 단계는 준비 단계이다. 이 시기는 몸짓을 통해 자신의 의사를 표현하
고 다른 사람의 동작을 모방하여 행동하는 단계이다. 이 시기에는 자신이 행
하고 있는 역할의 의미를 이해하지 못한 채 단지 무의미하게 어른들의 행동
을 따라할 뿐이다. 따라서 아이들은 필기하는 어른을 보고 연필을 가지고 벽
에 줄을 긋는가 하면 담배 피는 어른을 모면 연필을 입에 물고 담배 피는 흉

내를 내기도 한다. 그러니 '아이 앞에서는 냉수도 마음대로 못 마신다.'는 말이 나올 만도 하다.

▲ 미드(Mead)

두 번째 단계는 놀이 단계이다. 이때부터 아이는 말을 배우고 놀이를 통해서 다른 사람들의 역할을 담당해 볼 줄도 안다. 아이가 자신이 흉내 내고 있는 역할의 의미를 어느 정도 이해한다는 점에서 준비 단계의 모방과는 차이가 있지만, 그 행동은 일관되지 못하고 어떤 목적 없이 행하고 있는 경우가 많다. 예를 들면, 여자 아이가 인형을 가지고 혼잣말로 엄마 역할과 아가 역할을 동시에 맡기도 하고, 병원 놀이를 하면서 의사와 환자의 흉내를 동시에 내기도 한다.

마지막 단계는 게임 단계이다. 이제부터는 단순한 흉내내기가 아니라 실제로 구체적인 역할을 취득하여 일관되고 적절한 행동을 할 수 있는 능력을 갖게 된다. 아이들은 야구 경기와 같은 게임을 하면서 자신의 역할을 내면화하고 수행할 뿐만 아니라 동시에 다른 사람들의 역할도 인식한다. 즉 자기 팀 안에서 각자가 맡은 고유한 역할을 이해하고 수행하며, 아울러 상대팀 선수들이 어떤 능력을 갖고 있으며 어떻게 행동할 것인가도 염두에 두고 있어야 한다. 이 단계에 이르러서 개인은 비로소 일반적인 사회적 자아의 관념을 갖게 된다.

자아란 원래 사회 없이는 존재하지 않는 사회적 산물이다. 아이들은 주위 사람들과의 상호작용을 겪지 않으면 자신의 존재를 인식하지 못한다. 자기와 동떨어진 다른 사람들이 있다는 것을 의식함으로써 '타인'이라는 개념이 생겨나게 되는데, 이때 부모처럼 자아 개념을 형성하는 데 기여하는 다른 사람들을 '의미 있는 타인'이라 한다. 놀이 단계에서 형성되는 역할은 바로 '의미 있는 타인'들의 역할이다. 그러나 게임 단계로 들어가면서 아이들은 특정 개인의 구체적인 행위 하나하나가 아니라 일반적인 기대와 표준에 맞는 역할을 인식하게 된다. 즉 '일반화된 타인'들이 자기에게 어떤 행위를 기대하는지 스스로 이해하는 것이다. 다시 말해, '일반화된 타인'은 그 사회의 가치와 문화에 따라 행동하는 것으로 개개인의 자아에 반영된 다른 사람의 모습이다.

그런데 이렇게 형성된 자아는 사회의 문화적 가치 태도나 역할을 단순히 수동적으로 받아들여 습득하는 상태에 그치는 것이 아니다. 인간의 자아는 자발적이고 충동적이며 자기중심적이고 조직화되어 있지 않은 능동적인 주체로서의 'I'와, 사회의 제반 규범과 가치 및 기대를 의식하고 있는 객관적인 대상으로서의 'me'라는 두 부분으로 이루어져 있다. 따라서 미드에게 있어 자아란 'I'와 'me'가 상호작용 하면서 발달하는 역동적인 것이다.

(3) 프로이드(Freud)의 정신분석학 이론

마블 스튜디오의 SF 영화에 등장하는 슈퍼 히어로 중 하나인 '헐크(Hulk)'는 두 얼굴을 가진 인물이다. 평소에는 과학자 브루스 배너의 얼굴로 살아가지만 극심한 스트레스나 분노를 느끼게 되면 엄청난 괴력을 과시하는 거대한 초록색 괴물 헐크로 변신한다. 과학자 브루스 배너가 명석한 두뇌와 합리적인 이성을 가진 캐릭터라면, 반대로 헐크는 자기조절 능력이 결여된 채 파괴적 행동을 일삼는 캐릭터이다. 영화 속 주인공은 전혀 다른 성격을 보이는 자신의 두 가지 모습 사이에서 끊임없이 갈등하며 괴로워한다. 그런데 전혀 다른 자신의 모습은 헐크만의 일이 아니다. 사실 모든 인간은 헐크처럼 상반된 인성을 자신의 내면 깊숙이 간직하고 살아간다.

프로이드는 인간의 인성을 이드(id), 자아(ego), 초자아(superego)의 세 부분으로 나누어 설명한다. '이드'는 인간이 태어날 때부터 가지고 있는 욕구의 총체로서 충동적이고 사회화가 안 된 자아이다. 마치 자기조절 능력이 결여된 헐크와 같은 존재이다. 반면 '초자아'는 다른 사람들과의 상호작용을 통해 학습된 사회적 가치나 규범이 내면화한 것이다. 과학자로서 부르스 배너의 모습이 이에 해당한다. 아이들이 길을 가다가 장난감을 보고는 사달라고 막무가내로 조르고 떼를 쓰며 우는 것이 이드가 작용한 것이라면, 복잡한 버스 안에서 노인에게 자리를 양보하는 행위는 초자아에서 비롯된 것이다.

▲ 프로이드(Freud)

이드는 본능적인 충동을 요구하고, 초자아는 사회적으로 용납된 행동만을 할 것을 요구하기 때문에 사람들의 내면에서는 갈등이 빚어지기 마련이다. 영화 속에서는 극심한 스트레스나 분노를 느껴 헐크로 변신하려는 욕구가 분출할 때, 이를 억제하려고 고통스러워하는 브루스 배너의 모습을 떠올리면 된다. 프로이드는 이때 두 요구 간의 갈등을 조절하고 중재하는 합리적 통제 기제로서 '자아'가 형성된다고 말한다. 따라서 자아는 이드와 초자아 사이의 균형을 만들어 낸다. 우주를 위협하는 타노스와의 전쟁이 끝나고 세계가 평화를 되찾은 후, 육체는 여전히 초록색 괴물이지만 성격은 온순하고 이성적인 브루스 배너로서 내면의 평화를 얻었던 헐크의 모습이 바로 그의 자아인 셈이다.

한편 프로이드는 개인의 기본적인 인성 구조를 결정하는 데 있어서 영아기와 유아기의 중요성을 지적하면서, 사람이 질적으로 각각 다른 단계들을 거치며 성장한다고 보았다. 프로이드는 출생 후 처음 5년 동안을 전성기 단계(前性器 段階)라고 정의하고 이것을 다시 구순기(口脣期), 항문기(肛門期), 음경기(陰莖期)로 나누었다. 이 세 단계는 각각 신체의 특정 부분을 통해 만족감을 느끼는 시기이다. 즉 인성의 발달은 이와 같은 입, 항문, 음경이라는 특수한 신체 부위를 통하여 성적 에너지를 발산함으로써 이루어진다는 것이다.

구순기 때는 갓난아기가 입술로 엄마의 젖을 빨고, 이빨이 나면 사물을 물어뜯는 행위를 통해 성적 만족을 느끼면서 인성을 발달시킨다. 또 항문기에는 대소변을 가리기 시작하면서 자신의 본능적인 충동을 외적으로 규제하는 경험을 처음으로 하게 된다. 그리고 음경기로 접어들면서 아이는 성기를 가지고 노는 쾌감을 갖기 시작하는데, 특히 이 시기는 이른바 오이디푸스 콤플렉스(Oedipus complex)와 엘렉트라 콤플렉스(Electra complex)를 경험하는 중요한 시기이다. 오이디푸스 콤플렉스는 아들이 어머니에게 동경과 애정을 갖게 되어 아버지를 적대시하는 성향이고, 엘렉트라 콤플렉스는 반대로 딸이 아버지에게 끌리면서 어머니를 경쟁자로 미워하는 성향을 말한다. 이 같은 세 단계의 전성기 단계를 지나면 한동안 잠재기(潛在期)로 들어가서 성적인 충동이 어떤 형태로든 구체적으로 만족되지 않는 상태가 이어진다. 그리고 마침내 성기 단계(性器 段階), 즉 우리가 일반적으로 사춘기라고 부르는 단계로 전환된다.

프로이드의 정신분석학 이론에서 중요한 또 다른 개념은 '동일화' 혹은 '정체화'(identification)이다. 인간은 사회화되는 과정에서 다른 사람들의 행동 유형을 배우게 되는데, 이때 어린 아이는 자기가 모방하는 어른들과 정서적으로 완전히 동일화된다는 것이다. 그 결과 정상적인 아이라면 소년은 아버지와의 동일화를 통해 어머니에 대한 욕구를 억압하고, 아버지에 대한 적대감을 선망으로 바꾸면서 오이디푸스 콤플렉스를 극복하게 된다. 물론 소녀가 엘렉트라 콤플렉스를 극복하는 과정도 마찬가지다. 이처럼 어린 시절의 발달 과정을 통해 사람들은 본능적인 욕구가 충족되지 못하는 데서 오는 욕구 불만을 극복하고 갈등을 해소하며 불안을 줄이는 방법을 배워나간다. 그리고 이 과정에서 개인의 인성이 형성된다.

프로이드의 이론은 인간의 생물학적 요소, 특히 성적 충동을 지나치게 강조한 결함이 있음에도 불구하고 자아의 발달 과정을 이해하는데 많은 공헌을 했다고 평가할 수 있다. 그는 인성이 인간과 그 환경 사이의 상호작용의 산물이라는 점을 지적했으며, 초기의 사회화가 후기의 의식적, 무의식적 동기와 행동에 결정적인 영향을 준다는 사실을 밝혀낸 것이다.

(4) 에릭슨(Erikson)의 정신분석학적 발달 이론

에릭슨의 발달 이론은 프로이드의 정신분석 이론을 기초로 하면서도 이에 대한 중대한 수정, 보완을 시도하고 있기 때문에 일반적으로 '신 프로이드 주의'라고 한다. 그는 프로이드가 인간의 심리적 발달을 설명함에 있어서 이드(id), 특히 성적 충동의 중요성을 강조했던 것과 대조적으로 보다 합리적인 자아(ego)의 세계에 초점을 맞추어 자아의 발달 과정을 노년기까지 연장시켜 설명했다. 그는 자아의

▲ 에릭슨(Erikson)

발달을 8단계로 나누었는데, 사람은 각 단계마다 새로운 정체성의 위기에 직면하고 이를 해결하는 과정을 통해 한 단계 더 성장한다고 보았다.

제1단계는 영아기(0~1세)로서 신뢰감 대 불신감이라는 위기 국면을 특징으로 한다. 기본적인 욕구를 적절히 충족하면서 성장하는 영아는 신뢰감을 발전시키지만, 보살핌을 잘 받지 못한 영아는 불신감을 갖게 된다. 특히 어머니와의 상호 관계에서 이러한 현상이 두드러지는데, 어머니의 따뜻한 품에서 모유를 먹으면서 자란 아이는 신뢰감을 느낄 수 있지만, 어머니가 아이에게는 우유병을 물리고 침대 위에 방치한 채 인터넷 게임에만 몰두해 앉아있다면

이 아이의 무의식 깊숙한 곳에는 불신감이 싹트기 시작한다.

제2단계는 유아기(1~3세)로서 자율성 대 수치심이라는 위기 국면에 직면한다. 부모가 대소변이나 식사 등을 아이가 혼자서 할 수 있다고 인정하고 혼자 해낼 수 있도록 잘 보살펴주면 그 아이는 스스로를 통제할 수 있는 자율성을 키워나간다. 그러나 부모가 아이들이 혼자 할 수 있는 일을 일일이 대신해 주며 과잉보호하면 이 아이는 수치심만 커질 뿐 이후 성장해서도 자율성을 쉽게 찾지 못한다.

제3단계는 취학 전기(4~5세)로서 자발성 대 죄책감의 발달적 위기에 직면한다. 이제 아이들은 신체적, 심리적으로 급격히 성장해서 언어와 활동을 마음대로 주도할 수 있게 된다. 또한 놀이를 통해서 다른 사람들의 역할을 흉내내기도 하며, 미지의 세계에 대한 막연한 호기심을 갖고 상상의 나래를 펴기도 한다. 이때 부모의 반응에 따라 아이들은 자발성을 키울 수도 있고 반대로 죄책감을 느낄 수도 있다. 아이의 엉뚱한 행동조차도 부모가 지지하고 상상력과 창의력을 북돋아준다면 그 아이의 자발성은 크게 발달하지만, 반대로 아이의 행동과 생각을 잘못된 것이라고 꾸짖고 통제만 하려 들면 그 아이는 강한 죄책감을 느끼게 된다.

제4단계는 취학 연령기(6~12세)로서 근면성 대 열등감의 위기를 맞이한다. 아이들은 교육을 통해 무엇인가 배워서 알고 성취하려는 성향을 지니게 된다. 주변에서 이러한 학습 욕구를 장려해 준다면 아이는 자신이 유용한 존재이고 무엇인가를 해낼 수 있다는 확신을 가질 수 있다. 그러나 주변 사람들이 이 같은 노력을 무시하거나 결과가 잘못되었다고 평가한다면 아이들은 열등감을 가지게 된다.

제5단계는 사춘기로서 정체감 대 역할 혼란의 위기국면이 시작된다. 이 시기는 아동기와 성인기의 분기점을 이루는 가장 중요한 단계이다. 청소년들은 두드러진 신체적 변화와 함께 세상을 바라보는 관점을 형성하게 된다. 뿐만 아니라 사회 속에서 여러 가지 다양한 역할들을 담당하면서 '내가 누구인가'라는 자아 정체감을 느끼게 된다. 사춘기 이전 단계에서 신뢰감, 자율성, 자발성, 근면성 등이 잘 형성되었다면 그와 같은 정체감을 성취하기가 한결 수월할 것이다. 그러나 이러한 발달 과업을 성공적으로 이룩하지 못했을 때는 자신이 누구이며, 어떠한 인물이 될 것인가를 분간하지 못하는 역할 혼란에 빠지게 된다.

제6단계는 청년기로서 친밀감 대 고립감이라는 위기 국면에 직면한다. 사회로의 진출과 결혼 등을 경험하는 이 시기에서 중요한 문제는 자기 정체감을 상실하지 않으면서 다른 사람들과의 친숙한 인간관계를 형성하는 일이다. 친밀감의 발달은 대체로 자기 정체감의 확립 여부에 따라 결정되기 쉽다. 뚜렷한 자기 정체감을 형성하지 못한 사람은 성인이 되어서도 인간관계 형성에 어려움을 겪어 고립된 삶을 택할 가능성이 크다.

제7단계는 중년기로서 생산성 대 침체성의 위기를 특징으로 한다. 생산성이란 개인이 자신과 가족 이외에 국가와 사회 나아가 다음 세대들과 그들의 미래까지도 염두에 두고 자신의 인성을 발달시키는 것을 의미한다. 생산성을 발전시키지 못한 사람은 인생이 공허하고 무의미하다고 생각하거나, 자기 자신의 욕구와 무사안일에만 관심을 기울이면서 침체를 벗어나지 못한다.

제8단계는 노년기로서 자기 완결성 대 절망감의 위기에 부딪힌다. 생의 마지막 단계에서 자신의 일생에 만족을 느끼는 사람은 죽음을 담담하게 받아들이겠지만 그렇지 못한 사람은 절망감에 빠져 인생의 마지막 시기를 불행하게 보내고 만다.

(5) 피아제(Piaget)의 인지 발달 이론

▲ 피아제(Piaget)

피아제는 앞서 소개한 심리학 이론들과는 달리 인간의 고유한 지적 능력을 강조한다. 즉 인간은 환경적인 자극을 있는 그대로 수용하는 것이 아니라 지적 능력을 발휘하여 능동적으로 해석하고 자신에 맞게 변화시키며, 자기 스스로가 환경에 적응하여 변하기도 한다는 것이다. 따라서 인간은 새로운 인지적 기술을 획득하면서 한 단계에서 다음 단계로 이동한다고 보고 있다. 한마디로 그의 인지 발달 이론은 성장 단계에 따르는 지적 구조의 발달 이론이라 할 수 있다. 피아제는 인지 능력의 발달 과정을 다음의 4단계로 나누고 있다.

첫째, 지각 단계이다. 출생에서부터 약 두 살까지에 해당하는 이 단계에서 아이들은 감각과 동작을 하나로 통합하기 시작한다. 방안에 어떤 물건이 있으면 기어가서 잡으려고 손을 뻗기도 하며, 입으로 물어뜯기도 한다. 하지만 이때 아이들은 그 물건이 왜 있는지 어떻게 쓰이는지 전혀 알지 못하며, 자신도 왜 그 같은 행동을 하는지 이해하지 못한다.

둘째, 조작 전 단계이다. 2~7세에 해당하는 이 단계에서도 지적 조작 능력은 아직 충분히 발달하지 않고 있다. 아직까지 아이들은 속도, 무게, 부피, 수 등의 개념에 대한 이해가 부족하다. 그러나 다른 사람들의 행동과 주변의 갖가지 물건들을 모방하면서 상징적 사고가 뚜렷이 발달한다. 손가락 두 개를 펴서 권총이라고 표현하며, 긴 막대기를 들고 칼이라고 생각하며 휘두른다. 특히 이 시기에는 언어 능력이 크게 발달한다. 하지만 아직까지 아이들의 사고는 자기중심적이기 때문에 타인의 입장에서 생각하기 어렵고, 자신이 당면한 문제를 지적 조작을 통해 외부 현실과 합리적으로 연결하지 못한다.

셋째, 구체적 조작 단계이다. 7~12세 정도의 초등학교 학령기에 해당하는 시기로 접어들면서, 아이들은 문제 해결에 필요한 구체적인 자료들이 주어질 경우 이를 개념적으로 상호 관련시켜 조직하고 변형하거나 재구성하는 조작을 할 수 있게 된다. 이제 이들은 속도, 무게, 부피, 수 등의 개념과 관련된 다양한 조작을 할 수 있으며 원인과 결과의 관계도 이해할 수 있다. 뿐만 아니라 다른 사람의 역할을 취득하여 게임과 같은 사회적 관계에도 효과적으로 참여한다. 그러나 구체적 조작 단계에서 지적 조작은 구체적 대상이 제시되어 있을 때에만 가능할 뿐 추상적이고 기호화된 사물에 대해서는 한계가 드러난다.

넷째, 형식적 조작 단계이다. 사춘기 초부터 발달하기 시작하는 형식적 조작 단계에서 가장 핵심적인 특징은 사고력의 발달이다. 방정식을 통해 복잡한 계산 값을 찾아낼 수 있는 것처럼, 이제는 구체적 사물이 제시되지 않아도 수학적 명제와 논리적 기호만으로 지적 조작을 할 수 있는 능력이 생긴다. 또한 이론과 가설에 의한 추론이 가능해지며, 추상적인 자기 인생의 목표나 가치관도 설계할 줄 안다.

생각해 봅시다

01 어린 시절 가족이나 또래 집단을 통한 사회화와 성인이 된 후 사회에서 겪게
   되는 사회화의 내용은 어떻게 다를까요?

02 한 개인의 독특한 인성은 어떻게 형성되며, 인성과 사회생활과는 어떤 관계
   가 있을지 생각해 봅시다.

1. 일탈 행동: 마녀 사냥에 나선 중세 교회

축구 선수가 경기 도중 갑자기 공을 손에 들고 달려가서 골을 넣었다면 어떻게 될까? 아마도 관중들이나 다른 선수들은 예기치 않았던 상황에 어리둥절해 할 것이다. 물론 골은 인정이 되지 않을 뿐더러 그 선수는 심판에 의해 퇴장까지도 당하게 된다. 이유는 간단하다. 축구 경기는 발로 하는 것이 원칙으로 되어 있으며, 선수나 심판은 물론이요 관중들까지도 모두 이 원칙에 합의를 한 상태에서 경기를 진행하고 있기 때문이다. 만약 이러한 원칙이 없다면 경기는 혼란에 빠지고 제대로 진행될 수 없다. 따라서 이 원칙을 어기는, 즉 반칙을 하는 선수의 행동은 용납될 수 없으며 그 행동에 대한 일정한 처벌이 가해지는 것이다.

마찬가지로 사회에서도 사람들은 자신이 소속된 집단이나 조직, 사회가 요구하는 규범의 틀에 맞추어서 행동한다. 제도화된 규칙이나 규범이 없다면 사회는 커다란 혼란과 심각한 문제를 야기할 것이다. 하지만 축구 경기 도중 반칙을 저지르는 선수가 있는 것처럼 사회 구성원 중에는 이 규범을 어기는 사람도 나타난다. 일탈 행동이란 간단히 말해서 사회 또는 집단의 규범을 위반하는 행동을 가리킨다. 그렇지만 일탈 행동을 이렇게 단순하게 규정할 수만은 없다.

거짓말을 해서는 안 된다는 것은 어느 사회에서나 통용되는 하나의 사회 규범이다. 하지만 평생을 거짓말 한 번 안하고 사는 사람은 거의 없다. 경우에 따라서는 선의의 거짓말이 필요할 수도 있다. 또 생명이 위급한 환자를 차에 태우고 병원으로 급히 달려가기 위해 교통 신호를 위반하는 것까지 일탈 행동으로 규정할 수는 없을 것이다. 따라서 우리는 좀 더 면밀하게 일탈 행동의 정의를 내릴 필요가 있다. 일탈 행동이란 그 사회의 구성원들이 정상적인 것으로 인정하는 규범의 허용 한계를 벗어나는 행동이라고 할 수 있다.

이런 정의를 적용한다면 석가모니나 예수와 같은 위대한 성인들도 엄밀한 의미에서는 일탈자들이다. 물론 그들이 무슨 큰 잘못을 저질렀다는 말은 아니다. 다만 당시의 평범한 인간들 사이에 보편적으로 공유되고 합의되어 있던 규범이나 가치와는 다른, 보다 높은 차원의 새로운 규범과 가치를 창조하고 전파했다는 점에서 이들은 긍정적인 일탈자들이다. 인류사에 큰 족적을 남긴 소크라테스, 베이컨, 갈릴레오, 다윈, 프로이드, 모차르트, 피카소 등과 같은 위대한 사상가나 학자, 예술가 등에게도 마찬가지의 논리가 적용된다.

(1) 일탈 행동의 사회적 상대성

사회적 행동을 평가하는 가치관이나 규범은 역사적 조건이나 사회적 상황에 따라서 달라질 수 있다. 그러므로 특정 행위도 역사적 조건이나 사회적 상황에 따라 일탈 행동으로 간주될 수도, 아닐 수도 있다. 예를 들어, 우리나라에서 쇠고기를 먹는 것은 당연한 일이지만 인도에서라면 커다란 일탈 행동을 저지르는 것이 된다. 또 수영복 차림으로 한여름 바닷가를 거니는 것은 극히 자연스럽고 정상적이지만, 동일한 차림으로 도시 한복판을 활보하고 다닌다면 사람들은 정신병자라고 생각할 것이다. 나체 상태로 다른 사람들의 앞에 나타나는 것은 엄청난 일탈이지만, 목욕탕 안에서의 나체는 정상적 행동이다. 오히려 옷을 입고 탕 안으로 들어오는 사람이 일탈자가 된다. 한편 특정한 조건이나 상황 속에서 벌어진 하나의 행동이라도 이것을 보는 입장에 따라 다르게 평가되는 경우도 있다. 일제 침략자들에게 폭탄을 던진 독립운동가가 우리나라에서는 애국자로 추앙받지만 일본에서는 테러리스트라는 일탈자로 취급되는 경우가 그러하다.

(2) 일탈 행동의 유형

일탈 행동의 유형을 분류하는 방식은 다양하다. 그러므로 여기서는 가장 일반적이고 잘 알려진 유형의 분류만을 살펴보기로 하겠다.

먼저 '구체적 일탈', '행동적 일탈', '평가적 일탈'의 구분이다. 구체적 일탈이란 통계적으로 평균 혹은 다수와는 다른 이상한 또는 비전형적인 특성을 말한다. 장애인이나 기형아, 노처녀, 천재 같은 사람들의 경우가 이에 해당한다. 이런 식의 개념 규정은 사회의 대다수 구성원이 지니는 일반적인 특성과 벗어난다는 점에 기준을 둔 것이다. 가령 시력이 안 좋은 사람이나 다리가 불편한 사람이나 신체 기능이 정상적으로 작동하지 않는다는 점에서는 차이가 없다. 그래서 이런 사람들은 부족한 신체 기능을 보완해주기 위해 안경이나 휠체어 같은 인공 장치를 이용한다. 하지만 어느 사회이건 휠체어에 의존해야 하는 사람은 장애인으로 간주하지만 안경을 쓴 사람은 장애인 취급을 하지 않는다. 그 이유는 휠체어에 의존하는 사람의 수는 적은 반면, 안경을 쓰는 사람은 아주 많기 때문이다. 이렇듯 구체적 일탈은 행동 그 자체가 아니라 특정 행동을 하는 사람들의 수가 많은가 적은가에 따라 규정되는 개념이다.

이와 달리 행동적 일탈이란 사회 전체나 특정 개인들에게 위협적이라고 생각하는 행동을 의미한다. 일반적으로 범죄 행위가 여기에 해당되며, 그 외에도 욕설을 내뱉는다거나 거짓말을 한다거나 하는 식의 사회 규범을 어기는 행위들도 포함된다. 마지막으로 평가적 일탈이란 특정 행동이 일탈이니까 금지하는 것이 아니라 그것이 금지된 것이라서 일탈이라고 규정하는 것이다. 예를 들면, 민주주의 국가에서 집회와 시위의 자유는 헌법에 보장되어 있는 지극히 정상적인 행동이지만 과거 독재 정부 시절에는 이를 법으로 금지시켰기 때문에 일탈 행동으로 간주되었던 경우이다.

다른 한편 일탈 행동은 '탈선적 행동'과 '비동조적 행동'으로 구분되기도 한다. 탈선적 행동이란 원칙적으로는 규범과 규칙의 타당성을 인정하지만 개인적 이득을 위해서 고의로 이를 위반하는 행위를 말한다. 절도, 강도, 공금 횡령과 같은 범죄뿐 아니라 커닝이나 신호 위반, 대중교통 무임승차 등의 탈선적 행동을 하는 대부분의 사람들은 자신의 행위가 규칙에 위반된다는 점을 잘 알고 있기 때문에 다른 사람에게 발각되지 않으려고 노력한다. 반면 비동조적 행동이란 기존의 규범과 규칙 자체를 부당한 것으로 생각하고 그 규칙을 고의로 위반함으로써 다른 사람의 관심을 불러일으키고 궁극적으로는 기존 규범과 규칙을 바꾸려고 시도하는 사람들이다. 혁명가나 극단적인 사회 운동가들이 대표적인 비동조적 일탈자들이며, 일제 강점 시대의 독립운동가나 독재 정권 하에 민주화 운동을 하다 투옥된 양심수들도 이에 해당한다.

(3) 일탈 행동의 역기능과 순기능

언뜻 생각해도 일탈 행동이 사회 질서에 부정적인 기능을 하고 있다는 것은 누구나 쉽게 생각할 수 있다. 특히 일탈 행동이 장기간에 걸쳐 광범하게 일어난다면 문제는 심각해진다. 일탈 행동이 만연하게 되면 사회 조직의 해체, 더 나아가서는 사회 질서의 붕괴를 가져올 수 있으며, 안정적인 사회생활을 유지하는데 필요한 신뢰감을 저하시킨다. 또한 사람들은 규범을 준수하고자 하는 동기나 의지를 상실하게 되며, 일탈 행위를 통제하기 위해서 많은 사회적 자원을 낭비하는 결과를 초래할 것이다.

하지만 일탈 행동이 오히려 사회 질서의 유지에 도움을 줄 수도 있다. 그렇다면 일탈 행동은 사회에 어떤 기능을 하고 있는지 자세히 살펴보자.

첫째, 일탈 행동은 집단의 결속력을 강화시켜 준다. 집단 내에 일탈자가

▲ 마녀사냥

있을 경우 구성원들은 일탈 행동에 공동으로 대처하고 그들의 가치와 규범을 재확인함으로써 집단의 결속력을 강화시킨다. 역사적으로 찾아볼 수 있는 대표적인 예가 중세 유럽에서 발생한 '마녀 사냥'이다. 당시 중세 교회와 국가는 실제로 존재하지도 않은 일탈자로서 '마녀'를 만들어내고 수많은 여자들을 마녀로 몰아붙여 처형시켰다. 그들은 프로테스탄티즘의 대두로 인한 중세 후기 사회의 혼란에 대한 책임을 교회나 국가가 아닌 가상의 마녀들에게 전가시킨 것이다. 즉 마녀들을 처벌함으로써 교회 중심으로 그들 집단 내부의 결속력을 다지고 자신들의 사회적 정당성을 강화했다.

둘째, 일탈 행동은 개인에게 축적된 욕구 불만을 해소시켜 줌으로써 더 큰 잠재적 일탈 행동과 무질서를 예방시켜 준다. 예를 들어, 매춘은 분명 사회적으로 일탈 행동이지만 일부 학자들은 이것이 긍정적인 기능도 수행한다고 주장한다. 즉 매춘은 다른 방법으로 성적 욕구를 충족시킬 수 없는 사람들에게 그 기회를 제공해 줌으로써 강간과 같은 더 큰 성범죄를 어느 정도 예방해주고 더 나아가 우리의 가족 제도를 보호하는 기능을 한다는 것이다.

셋째, 일탈 행동은 사회 안에 잠재된 문제 요소들을 미리 알려주어 대비책을 마련할 수 있게 한다. 예를 들어, 특정 구간에 과속으로 운전하는 차가 많다면 그 장소에 교통경찰을 파견하여 단속하거나 과속 감시 카메라를 설치해 규정 속도대로 운전하도록 유도함으로써 교통사고를 사전에 예방할 수 있을 것이다.

넷째, 일탈 행동은 사회 구성원들에게 사회 규범을 보다 분명히 규정해 주고 허용될 수 있는 행동의 범위를 한정시켜 준다. 일례로 저작권 보호법에 의해서 작곡할 때 남의 곡을 표절해서는 안 된다는 규범이 있다. 그러나 어느 정도까지 비슷할 때 표절로 판정되는가는 실제로 표절 시비가 붙은 대중가요가 생겼을 때 좀 더 분명해진다.

마지막으로 일탈 행동은 더 좋은 사회로 향하는 사회 변동의 근원이 되기도 한다. 장시간 노동과 저임금에 시달리는 공장 노동자들이 임금 인상과 노동시간 단축을 요구하면서 파업을 일으킨다면 이들은 일탈자로 규정될 것이다. 그러나 이 같은 노동 운동은 대부분의 사회에서 노동자들의 권리 보호와 생활 보장을 위한 제도적 개선을 가져왔다.

2. 생물학적 이론과 심리학적 이론: 왜 어떤 사람들은 비뚤어지는가?

사람들은 왜 일탈을 저지르는가? 그리고 일탈은 어떻게 일어나는가? 일탈 행동을 연구한 초기 학자들은 사회적인 요인보다는 개인적인 요인에서 그 원인을 발견하려고 시도했다. 일탈 행동을 개인적인 문제로 설명하려는 이론에는 크게 생물학적 이론과 심리학적 이론이 있다.

(1) 생물학적 이론

우리는 흔히 신문이나 방송에 나오는 흉악범들의 얼굴을 보면서 "저 녀석 역시 범죄형으로 생겼어.”라고 말한다. 이 말 속에는 일탈자와 정상인 사이에는 특수한 생물학적 차이가 있기 때문에 일탈자는 선천적으로 일탈을 범하도록 정해져 있다는 선입견이 들어 있다. 구약 성서에 등장하는 동생을 죽인 ‘최초의 살인자’ 카인이 태어날 때부터 표식을 몸에 지니고 있었다는 이야기처럼, 일탈자를 생물학적 요인으로 설명하려는 시도는 고대로부터 끊임없이 이어져 왔다.

　　일탈 행동에 대한 생물학적 이론을 본격적으로 제기한 것은 19세기 말 이탈리아의 범죄학자인 롬브로조(Lombroso)의 연구가 처음이다. 그는 교도소에 수감되어 있는 죄수들의 신체적 특징을 조사한 후, 범죄자들이 원시인의

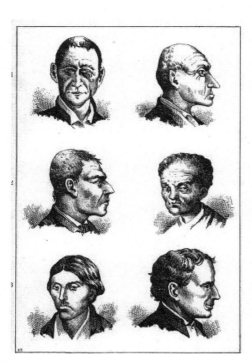

▲ 롬브로조 연구

신체적 특징을 닮았다고 결론 내렸다. 보다 구체적으로 교도소에 수감된 일탈자들은 이마가 좁고 주걱턱이며 광대뼈가 튀어 나왔고 큰 귀와 짙은 눈썹 그리고 몸에 털이 많은 특징을 지니고 있다는 것이다. 롬브로조 이후에도 많은 학자들이 두뇌의 크기, 두개골의 모양, 머리털 색깔, 몸집의 크기 등과 같은 다양한 생물학적 요인을 일탈 행동의 원인으로 지적했다. 특히 최근에 와서는 일탈 행동을 유전자의 구성을 통해 규명하려는 움직임도 나타나고 있다.

그렇지만 이런 가설들이 체계적인 연구를 통해 실증적으로 입증된 경우는 찾아보기 힘들며, 오늘날에는 거의 받아들여지지 않는다. 물론 생물학적 요인의 영향이 아주 없다고는 할 수 없지만, 이것만으로 범죄나 일탈을 설명하는 데에는 많은 무리가 따르기 마련이다. 만약 폭력 조직에 가입한 사람들이 대부분 체격이 크다는 이유만으로 체격이라는 생물학적 요인이 일탈 행동의 원인이라고 가정한다면 이것은 커다란 논리적 오류를 범하는 셈이다. 폭력조직에서 체격이 큰 사람을 필요로 하기 때문에 폭력배 중에 체격이 큰 사람이 많은 것이지, 체격이 크기 때문에 무조건 폭력배가 되는 것은 아니기 때문이다.

(2) 심리학적 이론

중국 전국 시대의 사상가 순자(荀子)는 '성악설'을 주장하면서 본래 인간의 심성은 악한 것이라고 했다. 일탈 행동에 대한 심리학적 이론에서도 인간의 심리 상태를 통해 일탈의 원인을 분석하고 있다. 심리학적 이론은 아주 다양하지만 가장 대표적인 것으로는 프로이드의 이론과 그로부터 발전한 '좌절－공격' 이론을 꼽을 수 있다.

프로이드의 이론은 매우 복잡하지만 그 핵심을 간추리면 결국 일탈 행동이 일어나는 것은 충동적이고 동물적인 이드(id)와 사회적 규범 사이에서 갈등이 벌어지기 때문이다. 자아(ego)나 초자아(superego)가 적절히 발달하지 못하여 이드의 충동을 통제하지 못할 때 일탈이 일어난다는 것이다.

한편 '좌절－공격' 이론에서는 욕구의 좌절로 인해서 어떤 사람이나 사회를 향해 공격적 행위가 나타나는 것이 일탈 행동이라고 본다. 이 이론에 따르면 개인의 욕구가 충족되지 않으면 거의 본능적으로 그것을 방해하는 것에 대한 공격적인 행동으로 반응이 나타난다. 그리고 억압된 욕구의 강도가 크면

클수록 좌절감의 정도도 깊어지며, 좌절감의 정도가 깊을수록 공격의 강도도 증가한다.

물론 대부분의 사람들은 자신의 공격적인 감정을 운동이나 오락과 같은 다른 방법으로 풀거나 상상 속에서 해소해 버린다. 그러나 자신의 충동을 도저히 감당할 수 없는 사람들은 공격적 행동을 통하여 자신의 감정을 표출시킨다. 특히 구체적인 개인이나 집단에 의해 좌절을 경험한 것이 아닌 경우에는 막연히 사회 전체를 겨냥하여 불특정 다수에 대한 공격적 행동도 서슴지 않는다. 종종 언론 지면을 장식하는 이른바 '묻지 마 폭력' 같은 사건들이 바로 불특정 다수를 향한 공격적 행동의 예이다.

3. 아노미: 나침반과 돈가스로 읽는 아노미

(1) 뒤르켐(Durkheim)의 아노미론

깊은 산 속에서 길을 잃었다면 어떻게 해야 할까? 다행히도 나침반이 있다면 여기에 의지해서 방향을 잡아 산을 내려오면 된다. 하지만 나침반마저 가지고 있지 않다면 정말 난감한 일이다. 날은 점점 어두워지는데 아무리 걸어도 같은 자리만 빙빙 도는 것 같고 마을로 내려가는 길은 도무지 나타나지 않는다. 나침반이 없어서 방향 감각을 상실했다면 당신은 일종의 아노미(anomie) 상태에 빠진 셈이다.

아노미라는 말은 19세기 말 프랑스 사회학자인 뒤르켐의 저서 「자살론」에서 처음으로 도입된 개념이다. 뒤르켐은 급격한 사회 변동으로 기존의 사회의 규범이 약화되거나 와해될 때, 또는 두 가지 이상의 상반된 규범이 동시에 존재할 때, 개인의 사고와 행위를 조정해줄 수 있는 사회적 규율이 부재함으로써 개개인이 행동의 방향을 잃게 되는 상
태를 아노미적 상황이라고 정의하였다. 아
노미적 상황이 일어나면 일탈 행동이 일어
날 가능성은 급격히 높아진다. 특히 전통적
인 가치 규범은 빠른 속도로 와해되는데도
불구하고 사회 구성원들의 사고와 행동을
규제할 수 있는 새로운 규범이 미처 확립되

▲ 뒤르켐(Durkheim)

지 못함으로써 규범의 혼란 혹은 무규범적인 상태가 전개되기 쉽다.

　　우리나라가 해방을 맞이하고 경험했던 이데올로기적 혼란의 상황은 대
표적인 아노미의 예이다. 특히 정부 수립 초창기에 자유민주주의란 개념은 무
척 낯선 것이었는데, 이때 있었던 일화를 하나 들어보자. 이발소에서 한 손님
이 이발을 하고 요금을 내려는데 얼마 전보다 값이 두 배나 올라 있었다. 의
아하게 생각한 손님이 이발사에게 물었다. "왜 갑자기 요금이 이렇게 많이 올
랐소?" 이발사가 대답했다. "요금을 올리는 것은 내 자유요." 어이없어 하던
손님이 잠시 생각하더니 갑자기 의자를 집어던져 이발소 거울을 깨뜨려 버렸
다. 황당해진 이발사가 "이게 무슨 짓이요?" 하자 그 손님의 대답이 걸작이다.
"댁의 거울을 깨는 것은 내 자유요."

　　설마 이런 일이 있었을까 싶겠지만 당시의 잡지에 실려 있는 실화이다.
아직 '자유'라는 규범이 올바르게 뿌리내리지 못한 아노미적 상황에서는 충분
히 있을 수 있는 일이다. 아노미가 심화된 사회에서는 사회 내의 집단 결속이
약화되기 쉽고, 심한 경우 사회 조직이 와해될 수 있는 위기까지 도달하게 된
다. 따라서 사회 구성원들은 더 이상 공통된 목표와 가치를 공유하지 않게 됨
으로써 사회적 통합은 지탱하기 힘들어진다.

(2) 머튼(Merton)의 아노미론

일탈 행동을 설명하는 머튼의 아노미론은 뒤르켐의 아노미론과는 약간 다르다. 뒤르켐에게 아노미란 규범들이 약한 상태에 있거나 부재하거나 또는 서로 상충하고 있는 혼란 상태였다. 그러나 머튼은 안정적인 상황이라도 사람들 사이에 널리 공유하는 '문화적 목표'와 이 목표를 달성하기 위하여 사회적으로 인정받은 '제도적 수단' 사이에 괴리가 발생한다면, 그 상태를 아노미라고 보았다. 어느 사회든 그 구성원들이 공통적으로 추구하는 목표들이 있고, 그러한 목표들을 정당하게 성취할 수 있도록 사회적으로 마련된 제도화된 수단들이 있다. 그런데 이 두 요소가 잘 부합하지 않을 경우에 아노미 현상이 일어난다는 것이다.

비유적으로 돈가스를 먹으러 어느 레스토랑에 갔다고 가정해 보자. 여기서 돈가스를 먹는 것은 '문화적 목표'로 설정된다. 돈가스를 먹으려면 우선 나이프와 포크가 필요하다. 따라서 나이프와 포크는 돈가스라는 문화적 목표를 달성하기 위한 '제도적 수단'이다. 그런데 우리는 여기서 몇 가지 유형의 손님을 발견하게 된다. 문화적 목표와 제도적 수단 사이의 괴리는 사람들에게 다음 다섯 가지 유형의 적응양식들 가운데 어느 한 가지 유형으로 반응하도록 압력을 가한다.

첫째, 돈가스가 나오고 나이프와 포크도 마련되어 있다면 아무런 문제도 없다. 즉 돈가스를 먹는다는 문화적 목표를 달성하는데 필요한 나이프와 포크라는 제도적 수단을 가지고 있는 상황이다. 당연히 나이프와 포크를 이용해서 맛있게 돈가스를 먹으면 그만이다. 머튼에 따르면 이 사람의 적응 양식은 동조형으로 분류된다. 동조형은 문화적 목표와 제도화된 수단을 모두 수용하는 경우이다. 예를 들면, 돈을 벌어서 성공하는 것을 목표로 삼는다면 이를 위해

🌑 머튼의 다섯 가지 적응 양식

적응 양식	문화적 목표	제도적 수단
동조형	수용 (+)	수용 (+)
혁신형	수용 (+)	거부 (-)
의례형	거부 (-)	수용 (+)
패배형	거부 (-)	거부 (-)
반역형	(+) / (-)	(+) / (-)

합법적인 직업 활동을 하거나 저축이나 주식 투자와 같은 제도화된 수단을 사용하는 사람이다. 시험에서 좋은 성적을 얻고 싶다면 밤을 새워서라도 열심히 공부를 하는 사람이다. 스포츠 경기에서 우승하고 싶다면 경쟁 선수보다 두 배 세 배 더 열심히 훈련을 하는 사람이다. 따라서 이 경우는 일탈자로 볼 수 없다.

둘째, 돈가스는 나왔는데, 막상 먹으려고 하니까 나이프와 포크가 없다. 웨이터도 바쁜지 거들떠보지 않고, 배에서는 '꼬르륵' 소리가 요란하다. 잘 차려진 돈가스도 단지 그림의 떡이다. 이제 체면 불구하고 손으로 집어 먹든지, 아니면 주위를 살피고 옆 테이블의 나이프와 포크를 살짝 집어오는 수밖에 없다. 이런 유형의 사람은 혁신형 일탈자가 된다. 혁신형은 문화적 목표는 받아들이지만 제도화된 수단은 가지고 있지 않거나 거부하는 경우이다. 이런 유형의 사람은 비록 돈을 벌어서 성공하는 것을 목표로 삼는다 하더라도 그 수단으로는 합법적인 직업 활동이 아니라 사기, 횡령, 절도, 문서위조 등과 같은 제도적으로 정당화되어 있지 않은 방법을 동원한다. 이 경우 일확천금을 꿈꾸는 바람직하지 못한 동기로 일탈을 저지르는 것이지만, 다른 한편으로는 교육수준이 낮거나 인종 차별 등과 같은 이유로 취업의 기회가 제한되다 보니 어쩔 수 없이 일탈을 하게 되는 사람들도 있다. 이밖에도 학교 성적을 올리기 위해 시험에서 커닝을 하는 행위, 경기에서 좋은 성적을 거두고 싶은 욕심에 금지된 약물을 복용하거나 심판을 매수하는 행위, 선거에서 당선하기 위해 경쟁 후보에 대해 흑색선전을 퍼뜨리고 유권자들에게는 물량 공세를 펴는 행위 등이 모두 혁신형 일탈자에 포함된다.

셋째, 이번 경우는 좀 엉뚱하다. 이 사람은 원래의 문화적 목표인 돈가스에는 전혀 관심이 없다. 이 사람에게 중요한 것은 돈가스를 먹기 위해 사용하는 제도화된 수단인 나이프와 포크이다. 그는 화를 내며 웨이터를 부른다. 웨이터는 "돈가스에 무슨 문제가 있나요?" 하고 질문한다. 하지만 그의 반응은 뜻밖이다. "돈가스가 문제가 아니오. 나이프가 너무 무겁지 않소. 그리고 좀 더 세련된 디자인의 포크는 없소?" 이런 사람의 일탈 유형은 의례형으로 분류된다. 의례형 일탈자는 사회에서 중요시하는 문화적 목표를 무시하거나 거부하고 오히려 제도적으로 마련된 수단에 더 집착하는 사람이다. 관료들이 형식적인 절차와 형식에 집착한 나머지 그 절차나 과정이 추구하는 궁극적인 목표를 생각하지 않고 사소한 규칙이나 규정에 얽매이는 것, 공부하는 궁극적 목적이 무엇인지 모르면서 기계적으로 학교의 숙제에만 충실한 학생 등이 그 좋은 예이다. 그렇지만 의례형은 극단적인 경우가 아니면 대부분 일탈 행동으로 간주되지는 않는다.

넷째, 이번 사람은 엉뚱하다 못해 황당하다. 그는 돈가스를 싫어하고 나이프와 포크를 다루는 것도 서투르다. 그는 젓가락을 사용해서 칼국수를 먹고 싶어 한다. 물론 레스토랑에 칼국수가 있을 리 없다. 그러니 어찌하랴! 절이 싫으면 중이 절을 떠나는 법. 그는 왜 이 식당에는 칼국수가 없냐고 화를 내면서 레스토랑을 나온다. 그리고 그가 찾아간 곳은 당연히 칼국수 집이다. 이런 유형의 사람은 패배형 일탈자로 분류된다. 패배형 일탈자는 문화적 목표와 제도적 수단 모두를 거부하고 사회로부터 도피해 버리는 사람이다. 수양대군이 단종을 폐위하고 왕위에 오르자 세상사를 비웃으며 산속으로 들어간 김시습이나 부귀영화가 덧없음을 느끼고 방랑자로 일생을 보낸 천재시인 김삿갓 같은 사람들이 세속적 관점에서 보면 이런 유형에 속한다. 또 알코올 중독자나 마약 중독자, 부랑아, 은둔형 외톨이, 종교적 은둔자 등도 여기에 포함된다.

마지막 손님은 보다 적극적이다. 이 사람도 앞의 손님과 마찬가지로 돈가스와 나이프, 포크를 거부하고 칼국수와 젓가락을 원한다. 그러나 앞의 손님이 레스토랑을 떠나 칼국수 집으로 향한 반면, 이번 손님은 이 레스토랑에서는 돈가스보다 칼국수를 파는 것이 더 낫다고 생각한다. 그래서 이 손님은 주인을 불러 충고한다. "여러 가지로 고려해 보건데 여기서는 레스토랑보다는 칼국수집이 더 어울리는 것 같소. 입지 조건이나 주변 분위기를 봐서도 칼국수를 팔아야 장사가 더 잘 될 거요. 만약 당신이 싫다면 이 가게를 나에게 파시오. 내가 여기서 칼국수 집을 운영해보리다." 이런 유형의 사람은 반역형에 해당한다. 반역형은 패배형과 마찬가지로 현존하는 문화적 목표와 제도적 수단 모두를 거부하지만 사회로부터 도피하는 것이 아니라 오히려 기존 사회에 새로운 목표와 수단을 제시하면서 적극적으로 변화를 추구하려는 부류이다. 김시습이나 김삿갓이 패배형의 유형이라면 자신을 따르는 무리를 이끌고 먼 바다를 건너 율도국을 건설한 홍길동이나 새로운 세상을 건설하겠다며 동학 혁명을 주도했던 녹두장군 전봉준 같은 사람은 반역형에 속한다. 그밖에 혁명가나 여성해방운동가, 히피족 등도 이에 해당한다.

4. 낙인 이론: 어느 전직 소매치기의 기구한 사연

지금은 거의 사라졌지만 예전에는 버스나 지하철 안에서 승객들에게 물건을 강매하는 험악한 인상의 사람들이 종종 있었다. 이들은 물건을 팔기 전에 먼저 자기에 대한 소개를 장황하게 늘어놓는다. 가령 이런 레퍼토리이다. 어려서 일찍이 부모를 여의고 어쩌다 소매치기단에 들어가서 소매치기를 일삼다가 체포되었고, 교도소에서 복역하던 중 종교에 귀의해서 손을 씻고 새 사람이 되기로 결심했지만, 출감 후에도 전과자라는 이유로 일자리를 얻을 수 없어서 부득이 이렇게 먹고 살려고 물건을 팔고 다닌다는 식이다. 그리고는 자리에 앉아 있는 노약자나 여성 승객의 무릎 위에 물건을 올려놓고 그 승객이 지갑을 열지 않으면 험악한 표정을 지으며 공포 분위기를 조성해 물건을 강매한다.

우리는 이 전직 소매치기의 사연에서 낙인 이론의 단초를 발견할 수 있다. 낙인 이론이란 어떤 사람의 행위가 다른 사람들에 의해서 '일탈'이라는 낙인이 찍혀지면 그는 곧 '일탈자'가 된다는 것이다. 낙인 이론에 따르면 모든 사람들은 누구나 때로는 일탈적인 행동을 할 수가 있는데, 대개의 경우 이런

▲ 낙인

행동은 다른 사람들에게 적발되지 않으며 또한 적발되더라도 사소하고 일시적인 것이어서 별다른 문제없이 지나간다. 예를 들면, 집 앞 도로에서 무단횡단을 한다거나 길거리에 무심코 휴지를 버릴 수도 있다. 반려견을 데리

고 산책하다가 보는 사람이 없으면 자기 반려견의 배설물을 치우지 않고 그냥 가버리는 사람도 있다. 낙인 이론에서는 이와 같은 일상의 사소한 일탈을 '1차적 일탈'이라고 정의한다. 어쩌면 앞에서 소개한 소매치기 같은 범죄자도 자신의 행위가 적발되지만 않았다면 사회로부터 일탈자로 간주되어 교도소에 가지 않고 무사히 넘어갈 수도 있었을 것이다.

그렇지만 이러한 행동이 일단 적발되고 세상에 알려지면 상황은 급격히 변화한다. 이제 그 사람은 일탈자로 낙인이 찍혀지게 되고 다른 사람은 그 사람에게 이전과는 다른 반응을 보인다. 물건을 강매하는 전직 소매치기도 결국 체포되어 교도소에 갇히게 된 바람에 일탈자라는 낙인이 찍혔고, 출소 후에도 전과자라는 낙인을 지우지 못해 일자리를 얻을 수 없었다. 결국 이 사람이 일탈자가 된 것은 일탈을 저지른 행위로부터 비롯된 것이 아니라 그 행위가 적발된 바람에 일탈자라는 낙인이 찍힌 데에서 비롯된 결과인 셈이다. 한 마디로 같은 행동이라도 아무 일 없으면 그냥 '일상'이고, 문제가 생기면 '일탈'이 된다는 것이 낙인 이론의 설명이다.

범죄를 소재로 한 영화나 TV 드라마를 보면 금고털이 강도 사건이 벌어지면 형사들이 제일 먼저 비슷한 수법을 사용했던 전과자들부터 수사 대상에 올리는데, 이것도 낙인 이론을 설명할 수 있는 예이다. 앞의 예처럼 전과자라는 낙인 때문에 비슷한 범죄 사건이 일어나면 요주의 인물로 조사를 받는 등 한 번 찍힌 일탈자라는 낙인은 누구에게나 쉽게 지워지지 않는다.

그런데 낙인 이론의 설명은 여기서 끝나지 않는다. 낙인이 찍힌 사람은 이제 자신을 일탈자라고 인식하고 일탈자로서의 행동을 계속하게 된다. 결국 '바늘 도둑이 소 도둑 되는 식'이다. 물건을 강매하기 위해 스스로 자기가 전직 소매치기였다고 굳이 밝히면서 험악한 표정으로 공포 분위기를 조성하는 것은 '내 물건 안사면 해롭다.'라는 식으로 승객들에게 무언의 협박을 하기 위해서이다. 이런 과정에서 그는 손을 씻고 새 사람이 되기는커녕 오히려 또 다른 일탈을 저지르고 있는 것이다. 이처럼 다른 사람이나 사회의 반응에 의해 일탈자로 낙인이 찍힌 사람이 자기 스스로 일탈자라는 자아상을 형성하고 그에 부합하는 행동을 하게 되는 경우를 '2차적 일탈'이라고 한다.

그런데 낙인 이론에서 중요한 점은 어떤 종류의 사람들이 일탈자로 낙인이 찍히는가 하는 점이다. 한때 세상을 떠들썩하게 만든 인질범이 사람들을 향해 소리쳤던 '유전무죄 무전유죄(有錢無罪 無錢有罪)'라는 말이 유행했었다. 돈과 권력을 가진 자는 큰 일탈을 범해도 처벌받지 않지만, 힘없고 가난한 사람들은 작은 일탈에도 처벌을 받게 식으로 모든 일탈자가 다 제재를 받는 것이 아니라 권력 관계에 따른 차별적 제재가 이루어지고 있다는 뜻이다. 낙인 이론은 바로 이 점에 주목하고 있다. 즉 사회적으로 세력이 큰 집단이나 사람들이 그렇지 못한 집단이나 약자들을 일탈자로 낙인찍는 경우가 많다는 것이다. 따라서 낙인 이론에서는 일탈 행동을 판단하는 절대적 기준으로서 사회적 규범의 타당성과 이에 대한 합의를 당연시하는 전제는 그저 순진무구한 발상일 뿐이며 현실적으로 유용성이 없다는 입장을 취하고 있다.

5. 차별 교제 이론: 까마귀 노는 곳에 백로야 가지마라

"까마귀 노는 곳에 백로야 가지마라." 옛 시조의 한 구절이다. 또 "먹을 가까이 하면 검어진다."는 옛 속담도 있다. 이 시조와 속담은 일탈 행동의 발생 원인을 설명하는 차별 교제 이론을 한 마디로 표현하고 있다. 서덜랜드(Sutherland)의 차별 교제 이론에 따르면 일탈 행동을 긍정적으로 평가하는 사람들과 자주 접촉하게 되면 일탈의 기술을 학습하고 일탈 동기를 내면화할 뿐만 아니라 이를 정당화하는 태도를 배움으로써 일탈 행동을 하게 된다. 즉 일탈자들과 가깝게 어울리다 보면 그 사람도 자연스럽게 일탈자가 되기 쉽다는 것이다.

차별 교제 이론의 기본 전제는 일탈 행동은 학습된다는 것이다. 특히 친밀한 집단 내에서의 문화적 접촉을 통한 일탈 행동의 전파 가능성을 강조하고 있다. 그리고 일탈 행동에 영향을 주는 차별 교제의 요소로는 일탈 행동을 긍정적으로 평가하는 사람들과의 접촉 빈도, 접촉 기간, 접촉 강도 등을 제시한다. 따라서 이러한 요소들로부터 많은 영향을 받을수록 일탈 행동을 저지를 가능성이 높아지게 된다.

실제로 범죄 행위는 범죄자들과 우호적인 관계를 맺고 그들로부터 범죄 기술을 배우고 그들의 태도를 받아들임으로써 일어나는 경우가 많다. 교도소에서 죄를 뉘우치기는커녕 오히려 다른 범죄자들로부터 새로운 범죄 기술을 배워가지고 나와 또 다른 범죄를 저지르는 경우나, 불량한 친구와의 사귐이 청소년 비행의 가장 주요한 원인 중의 하나로 손꼽히고 있다는 사실이 이 이론을 뒷받침해 준다. 그러나 차별 교제 이론은 전문적인 조직범죄나 상습적인 범죄의 발생 원인은 잘 설명해 주지만 우연적이고 충동적으로 일어나는 범죄에 대해서는 적절한 설명력을 보여주지 못한다는 단점이 있다.

▲ 교도소가 범죄를 학습하는 공간이 되기도 한다.

6. 사회 통제: 제갈공명의 눈물

읍참마속(泣斬馬謖). 삼국지에서 제갈공명이 눈물을 흘리며 가장 아끼던 부하 마속의 목을 베었다는 데서 유래한 유명한 고사 성어이다. 당시 제갈공명은 위나라와 전쟁을 치루기 위해 마속으로 하여금 가정(街亭)이란 지역을 지키게 하였다. 그리고 마속에게 절대로 산 위에 진지를 치지 말라는 당부를 했다. 그러나 제갈공명의 말을 무시한 마속은 물가를 버리고 자기 멋대로 산 꼭대기에 진지를 만들었다. 위나라의 책사인 사마중달이 이 기회를 놓칠 리가 없었다. 사마중달은 촉나라 군사가 마실 물길을 끊어버림으로써 전투를 완벽한 승리로 이끌었다. 중원으로 진출하려는 제갈공명의 꿈은 마속의 어이없는 실수로 인해 순식간에 산산조각 나버린 것이다.

평소에 제갈공명은 마속이 가지고 있는 능력을 아끼면서 그를 자기 자식처럼 사랑했다. 특히 관우, 장비와 같은 용맹한 장수들이 이미 세상을 떠난 후였기 때문에 촉나라에는 인재가 부족한 상태였다. 따라서 마속을 처형한다는 것은 개인적으로도 가슴 아픈 일이었으며, 동시에 촉나라 전체로서도 커다란 손실이었다. 그렇지만 군령을 어겨서 전투에 패한 책임을 그대로 덮어줄 수는 없었다. 만약 마속을 용서한다면 촉나라 군대 전체의 기강이 흔들릴 것은 불을 보듯 빤한 일이었다. 대(大)를 위해서는 소(小)를 희생할 수밖에 없었기에 제갈공명은 어쩔 수 없이 마속에게 참수형을 명한다. 그리고 몸소 마속의 목을 베어버림으로써 군율을 어긴 자에 대한 본보기를 보여준다. 마속을 처형한 제갈공명의 눈에는 어느덧 굵은 눈물이 흐르고 있었다.

사회학적으로 본다면 마속은 군령 위반이라는 일탈 행동을 저질렀고 이에 참수형이라는 사회 통제로서의 처벌을 받은 셈이다. 일탈이 사회 규범의 위반이라면 사회 통제는 규범을 지키려는 노력이다. 다시 말하면, 사회 통제란 일탈 행동을 억제하고 규범에 동조하도록 만드는 과정 또는 사회적 장치를 말한다. 일탈 행동을 예방하고, 일탈 행동이 일어나면 그것을 제재하고 또 일탈자를 다시 사회 규범의 동조자로 재사회화하는 사회적 노력이 바로 사회 통제인 것이다. 사회 통제는 크게 사회화를 통한 규범의 내면화, 비공식적 사회 통제, 공식적 사회 통제의 세 가지 방법을 통해 이루어진다.

(1) 규범의 내면화

사회 규범을 준수하게끔 만드는 가장 기본적인 방법은 사회화 과정을 통해서 그 규범을 내면화시키는 것, 즉 개인으로 하여금 그 규범을 자기 것으로 느끼고 스스로 준수하게끔 만드는 것이다. 일단 사회 규범들을 자아의 일부로 내면화한 사람은 그 규범에 동조하는 행동을 한다. 따라서 사회화를 통해 규범을 내면화시키는 것은 사회 통제의 가장 효율적인 수단이라고 할 수 있다. 그렇지만 규범의 내면화가 반드시 완전하게 이루어진다는 보장은 없다. 설령 이것이 성공적으로 이루어졌다 해도 어떤 상황에서는 불가피하게 규범을 위반할 수도 있다. 때문에 규범의 내면화만으로는 온전한 사회 통제가 불가능하다. 그래서 공식적, 비공식적 통제가 필요해진다.

(2) 공식적 사회통제

공식적 사회통제란 일탈 행동에 대하여 사회 질서 유지의 책임을 맡고 있는 공식 기관에 의해 이루어지는 제도적인 통제를 말한다. 대규모 사회에서 공식화된 규칙이 없이는 그 사회의 유지가 불가능하기 때문에 반드시 제도적으로 마련된 통제가 필요하다. 따라서 국가의 권위에 의해서 법을 만들고 이 법을 근거로 위반자를 다스리고 처리하는 과정이 요구된다.

공식적 사회 통제의 목적은 두 가지로 나누어 볼 수 있다. 하나는 일탈자를 고립시키거나 처벌함으로써 일탈을 제재하고 일탈자로부터 사회를 보호하는 것이다. 다른 하나는 일탈자를 재사회화시켜서 정상인으로 사회에 복귀시키려는 것이다. 그리고 여기에는 사람들을 사회 규범에 동조하도록 강제하는 모든 공식화된 조직이 동원된다. 사법 기관, 경찰, 교도소, 정신병원, 상담소 등이 현대 사회에서 공식적 사회 통제를 담당하는 주요 조직이다.

그런데 모든 공식적 사회 통제가 처벌적 성격만을 지니는 것은 아니다. 이와 반대로 보상적 성격의 공식적 사회통제도 있다. 올림픽이나 세계 선수권 대회에서 금메달을 딴 선수에게 제공하는 연금 제도나 격려금 지급, 병역 면제 혜택 같은 것들이 바로 보상적 성격을 띤 공식적 사회통제이다. 이밖에 전쟁에서 공훈을 세운 병사에게 주는 훈장, 현상 수배자를 신고했을 때 받는 포상금, 학문적인 성취를 제도적으로 인정해 주기 위한 학위 수여 등도 보상적 성격의 공식적 사회 통제에 해당한다.

(3) 비공식적 사회통제

비공식적 사회통제란 부모, 형제, 친구, 이웃 등과 같이 우리가 일상생활에서 밀접한 관련을 맺고 있는 사람들에 의해서 이루어지는 공식화되지 않은 사회 통제이다. 어떤 행동에 대해서 눈살을 찌푸리든가, 비웃는다든가 혹은 훈계나 야단을 치는 등의 처벌적 성격의 반응이 바로 비공식적 사회통제이다.

공식적 사회통제에서와 마찬가지로 비공식적 사회 통제에도 보상적 성격을 띠는 경우가 있다. 규범에 동조하는 행위에 대해 보이는 미소, 칭찬, 격려, 박수갈채 등과 같은 반응이 이에 해당한다. 어릴 적 학교 성적을 잘 받아오면 기분 좋다고 데리고 나가서 맛있는 음식을 사주거나 용돈을 쥐어주던 부모님의 행동 역시 보상적 성격을 띤 비공식적 사회 통제의 하나라고 보면 된다. 그런데 이 같은 비공식적 사회 통제는 집단의 규모가 작고 친숙한 관계로 형성되어 있는 집단에서는 비교적 효율적으로 작동하지만, 사회의 규모가 커지고 그 구조가 복잡해지면 의미 있는 통제 효과를 기대하기 힘들다는 한계가 있다.

생각해 봅시다

01 일탈 행동이 사회 문제로 간주되는 이유는 무엇일까요?

02 아노미와 소외는 어떤 관계가 있는지 생각해 봅시다.

03 사회 통제는 사회의 질서와 변동에 어떠한 영향을 끼칠까요?

chapter

06

사회 집단과
사회 조직

1. 사회 집단: 아이돌과 팬클럽

무인도에 표류한 로빈슨 크루소는 이제부터 혼자 살아가야 한다. 그에게는 지금 주변에 아무도 없다. 모든 의식주를 오직 혼자 힘으로 해결해야만 한다. 우리가 일상생활에서 벗어나고 싶을 때, 부모님의 잔소리나 학교 선생님의 꾸지람 혹은 직장 상사로부터 질책을 받았을 때 한 번쯤은 '로빈슨 크루소처럼 아무도 없는 외딴 무인도에서 혼자 살았으면' 하고 생각할 때가 있을 것이다. 하지만 불행히도 우리의 현실은 그것을 허락하지 않는다. 설사 여건이 주어진다 해도 혼자 힘으로 모든 의식주를 해결하면서 살아갈 자신감도 없음을 발견하게 된다. 로빈슨 크루소는 단지 소설 속에만 등장하는 가공의 인물일 뿐이다.

인간은 태어나면서부터 가족, 학교, 직장, 지역사회 등과 같은 다양한 집단 속에서 다른 사람들과 관계를 맺으면서 살아간다. 우리는 누구나 가족의 구성원이며, 학교의 학생이거나 직장의 직원 또는 지역의 주민이라는 소속을 갖고 있다. 이렇듯 인간은 사회생활의 과정에서 여러 가지 사회 집단의 구성원으로 소속되어 있다. 그래서 그리스의 철학자 아리스토텔레스는 인간을 '사회적 동물'이라고 불렀다.

사회 집단이 인간의 삶에서 중요한 것임에도 불구하고 그 정의를 내리는 것이 그리 간단한 일은 아니다. 우리는 일반적으로 다음의 기준들을 모두 만족시킬 경우 그 모임을 사회 집단이라고 말한다.

첫째, 한 가지 이상의 공통된 특성을 공유한다.
둘째, 같은 집단의 구성원이라는 소속감이 있다.

셋째, 비교적 지속적인 상호작용 관계를 유지한다.

즉 사회 집단이란 공통된 신념이나 태도 혹은 목표를 가진 두 사람 이상이 어느 정도의 공동체 의식을 갖고 비교적 지속적인 상호작용을 하는 결합체를 의미한다. 사회 집단은 단순히 사람들의 집합체와는 구분된다. 예를 들면, 같은 지하철을 타고 있는 승객들이나 같은 영화를 관람하기 위해 극장에 함께 모여 앉은 관객들, 프로 야구 경기를 보기 위해 경기장에 모여든 사람들의 무리는 사회 집단이라고 볼 수 없다. 이들은 비록 한 가지 이상의 공통된 특성을 공유하고 있다 해도 서로 간에 공유된 소속감을 느끼지 못하거나 지속적이고 의미 있는 상호작용을 하지 않기 때문이다. 지하철에 함께 타고 있는 사람들이 "우리는 지금 같은 목적지를 향해 가는 공동 운명체야."라고 생각하는 일은 결코 없다. 같은 영화를 관람하는 관객들이 영화의 내용에 따라 함께 깔깔 웃거나 깜짝 놀라고, 프로 야구 경기를 보는 사람들이 경기가 진행되는 동안 함께 응원전을 펼칠 수는 있겠지만 그렇다고 서로를 알고 항상 지속적인 상호작용을 하는 관계는 아니기 때문이다.

사회 집단과 사회 집단이 아닌 집합체를 잘 구분하기 위해 한 가지 재미있는 상황을 예로 들어보자. 대형 공연장에서 유명 아이돌 그룹이 라이브 콘서트를 열고 있다. 무대 위에는 아이돌 그룹이 화려한 조명 아래 현란한 춤과 노래를 선보이는 중이며, 객석에는 수천 명의 관중들이 박수와 환호를 보내고 있다. 이때 소수의 인원으로 구성된 아이돌 그룹은 엄연히 하나의 사회 집단이라고 할 수 있다. 이들은 음악이라는 특성을 공유하면서, 한 팀이라는 소속감을 갖고, 함께 지속적인 음악 활동을 하고 있기 때문이다. 반면 객석에 모인 수천 명의 관중들은 비록 그 숫자는 아이돌 그룹보다 훨씬 많지만 엄밀한 의미의 사회 집단이라고는 할 수 없다. 이들은 단지 이 공연을 보기 위해 일시적으로 모여든 사람들이며, 어떠한 소속감도 느끼지 못한 채, 공연이 끝나면 뿔뿔이 흩어지고 마는 사람들의 집합에 불과하기 때문이다. 하지만 이 관중들 속에 아이돌 그룹의 팬클럽 회원들이 단체로 와 있다면 그들은 다시 사회 집단으로 분류할 수 있다. 일반 관중들과 달리 팬클럽 회원들은 특정 아이돌 그룹을 좋아한다는 공통점과 소속감을 갖고 그들끼리 지속적인 상호작용을 하고 있는 사람들이기 때문이다.

사회 집단은 단순한 개인들의 합을 능가하여, 그 구성원 개개인과 무관한 집단 고유의 특성을 갖게 된다. 이것은 컴퓨터의 예를 들면 보다 쉽게 이해될 것이다. 컴퓨터는 CPU, 메인 보드, 하드 디스크, CD 플레이어 등 수십 가지의 다양한 부품들이 모여서 만들어진다. 하지만 이 부품들을 단지 한곳에 모아서 그냥 쌓아만 둔다고 해서 저절로 컴퓨터가 작동되는 것은 아니다. 하나의 완성된 컴퓨터가 되려면 이것들을 각자 정해진 자리에 조립하고 원리와 순서에 맞게 연결시켜야만 한다. 여기서 컴퓨터를 사회 집단으로, 부품 각각을 구성원 개개인으로 바꾸어 생각해보자. 부품들이 조립되어 만들어진 컴퓨터라는 사회 집단은 부품 각각의 단순한 합을 훨씬 능가하여 디지털 정보 통신 기기로 사용될 수 있는 고유한 특성을 갖게 된다.

컴퓨터가 작동하기 위해서는 부품 각각이 그에 필요한 역할을 해야만 하는 것과 마찬가지로, 사회 집단이 유지되려면 소속된 개인들이 그 집단의 규범과 기대에 따라 행동해야 한다. 때문에 각자의 개인도 자신의 사고와 행동이 사회 집단의 다른 구성원들과 일치해야 한다는 심리적 압박감을 받게 된다. 하지만 개인이 일방적으로 사회 집단의 영향을 받기만 하는 것은 아니다. 인간은 자기 성찰과 자유 의지를 통하여 사회 집단을 개조시키거나 사회 집단의 영향을 어느 정도 거부할 수도 있다. 그러므로 사회 집단의 영향과 개인의 자율성이 적절히 조화를 이루어야만 개인과 사회 집단이 함께 발전할 수 있다.

2. 사회 집단의 분류: 인어 공주가 그리워한 인간 세계

우리는 위에서 사회 집단이란 무엇이며, 우리의 일상생활에서 얼마만큼 중요한 것인가에 대해 알아보았다. 그런데 사회 집단은 그 기준에 따라 몇 가지로 분류될 수 있다. 즉 사회 구성원의 소속감, 결합 의지, 접촉 방식 등에 따라 사회 집단은 그 의미나 성격을 달리하게 된다. 지금부터는 사회 집단이 어떠한 기준에 의해 어떻게 나누어지는가에 대하여 알아보기로 하자.

(1) 내집단과 외집단

오늘은 내 고향 지역 연고팀인 ○○프로야구단과 경쟁 팀인 △△프로야구단 간에 한국시리즈 마지막 결승전이 열리는 날이다. 그동안 3승 3패로 치열한 접전을 벌인 양 팀이 드디어 오늘 경기를 통해 최종 우승자를 가리게 된다. 어렵게 입장권을 구해 야구장을 찾았더니 이미 많은 관중들이 ○○프로야구단 응원석에 모여 있었다. 물론 맞은편에도 △△프로야구단을 위한 열띤 응원전이 펼쳐지고 있었다. ○○프로야구단 선수가 안타를 치고 1루에 진출하면 우리 쪽 응원석의 열기는 한층 달아올랐고, 거꾸로 △△프로야구단 선수가 타석에 들어서면 우리 쪽 응원석에서는 타자의 맥을 빠지게 하려는 의도로 일제히 야유를 쏟아냈다. △△프로야구단 선수들의 노련하고 화려한 플레이가 우리 응원단들을 안타깝게 했지만, 역전에 역전을 거듭한 결과 극적으로 ○○프로야구단이 우승컵을 차지하게 되었다. 승리한 것은 ○○프로야구단이지만 그 기쁨은 우리 응원단 모두의 것이었다. 처음 보는 옆자리 사람과 하이파이브를 나누며 ○○프로야구단 우승의 기쁨을 함께 만끽했다. 반면 패배한 △△프로야구단의 응원석에는 탄식과 울분의 소리만 간간히 흘러 나왔다.

'○○프로야구단의 승리를 왜 내가 기뻐하는가? 그리고 △△프로야구단의 패배에는 아무런 슬픔과 아쉬움을 느끼지 못하는가?' 이런 의문을 가질 사람은 아마 하나도 없을 것이다. 이유는 간단하다. ○○프로야구단은 내 고향 연고팀이며, △△프로야구단은 나와 아무런 상관이 없는 팀이기 때문이다. 이처럼 우리는 일상생활에서 거의 무의식적으로 내가 속한 집단과 속하지 않는 집단을 구분하면서 살고 있다.

▲ 섬너(Sumner)

　미국의 사회학자 섬너(Sumner)는 구성원이 갖는 심리적 소속감에 따라 사회 집단을 '내집단'과 '외집단'으로 분류하였다. 이것은 개인이 실제로 그 집단에 소속하고 있다는 자체가 중요한 점이 아니라, 그 집단에 속한다는 느낌, 즉 소속감이 중요하다는 것을 강조하기 위한 분류이다. 사실 엄밀히 따지고 보면 앞의 예에서 나는 ○○프로야구단이란 사회 집단에 소속된 구성원은 아니다. 나는 야구 선수가 아닐뿐더러 ○○프로야구단 선수들과 개인적으로 친분이 있는 것도 아니고 그 팀에서 내 월급이 나오는 것도 아니다. 그럼에도 불구하고 ○○프로야구단이 내 고향 지역 연고 팀이라는 이유에 이렇게 열심히 응원했고 또 승리에 한껏 기뻐하는 것이다.

　이처럼 실제 자신이 소속하고 있는가 여부와 상관없이 자기 스스로가 그 집단의 일부라고 동일시하고 있는 사회 집단을 내집단이라고 말한다. 내집단은 우리 집, 우리 학교, 우리 회사 등과 같이 일반적으로 '우리'라는 말을 사용할 수 있는 범위의 사람들끼리 이루어진 집단이기 때문에 '우리 집단'이라고도 부른다. 사람들은 내집단을 통하여 자신을 인정받고 자아 정체감을 얻으며 판단과 행동의 기준을 배우게 된다. 그리고 집단 내 구성원들의 관계는 유대감, 충성심 그리고 협동 정신으로 대표되는 심리적 애착과 강한 소속감을 중심으로 형성된다.

반면 외집단이란 △△프로야구단처럼 자신이 소속되어 있지 않고 자신을 그 집단의 일부로서 동일시하지 않는 집단을 말한다. 외집단은 나와 구별 짓고 싶은 다른 사람들이 속하는 집단이기 때문에 '그들 집단'이라고도 부르기도 한다. 사람들은 외집단을 통해 우리 집단과 다른 집단의 성격을 비교하여 파악하고 서로 상이한 판단과 행동의 기준이 있다는 것을 알게 되며, 외집단의 구성원들에 대하여 무관심이나 경쟁심, 또는 갈등 관계를 느끼기도 한다.

내집단과 외집단이란 자신이 소속감을 느끼는 심리 상태에 의해 형성되는 사회적 경계이기 때문에 절대불변의 경계가 있는 것은 아니다. 만일 ○○프로야구단과 △△프로야구단 양 팀 선수들을 주축으로 구성된 한국 국가대표 야구팀이 국제 대회에 나가서 외국팀과 경기를 한다면, 이때는 외집단이었던 △△프로야구단 선수들도 모두 나에게는 내집단의 구성원이 될 수 있다.

한편 외집단과 경쟁적 상황이나 적대적 상황에 놓이게 되면 내집단 내에서의 구성원 간 결속력은 더욱 강화된다. 사회적으로 심한 갈등과 분열을 겪고 있던 나라가 큰 재난을 겪거나 외국과 전쟁을 하게 되면, 서로 갈등하던 국민들이 하나로 결속해서 당면한 위기를 극복하기 위해 애쓰는 경우가 많은 역사적 사례로 나타나고 있다.

(2) 준거 집단

디즈니의 애니메이션 영화로도 만들어졌던 「인어 공주」 이야기는 누구나 잘 알고 있는 유명한 동화이다. 인어 공주는 자신이 인간이 아닌 인어임에도 불구하고 인간 세상을 동경하다가 한 왕자에게 사랑을 느끼고 마침내는 인간 세상으로 나가게 된다. 그런데 이 애니메이션 영화를 보면 인어 공주가 아직 인간이 되기 전, 자기만 아는 바다 속 은밀한 장소에 인간 세상의 물건들을 모아놓고 그 속에서 즐겁게 노래하는 장면이 나온다. 이 장면을 통해 관객들은 인어 공주가 자신의 행동이나 가치를 바다 속 세상이 아닌 인간 집단의 그것에 맞추고 있음을 알아차릴 수 있다.

이처럼 한 개인이 자신의 신념, 태도, 가치 등을 규정하고 행동의 지침으로 삼기 위해 사용하는 집단을 '준거 집단'이라고 한다. 다시 말하면, 특정 개인이 행동할 때 비교나 판단의 기준이 되는 집단이 바로 준거집단이다. 따라서 한 개인이 어떠한 집단을 준거 집단으로 삼고 있으며, 그 집단의 특성이 무엇인가를 아는 것은 그 개인을 이해하는 중요한 길잡이가 된다.

일반적으로 우리는 자기가 심리적으로 동질감을 느끼는 집단, 즉 내집단을 자신의 준거 집단으로 삼는 경향이 있다. 그래서 자기 지역 연고 야구팀이 우승하면 마치 그것이 자신의 일인 양 기뻐하고, 관중석에서 옆자리에 앉은 같은 고향 사람들과 구수한 지역 사투리로 대화를 나누기도 한다. 하지만 준거 집단이 반드시 내집단일 필요는 없다. 위의 인어 공주처럼 자신이 인간 집단의 구성원이 아니더라도 인간 집단의 태도와 가치를 중요시 할 수가 있으며, 때로는 현재 자신이 소속한 집단에 계속 머물러 있는 것을 원치 않을 수도 있다. 예를 들면, 대학 입시 재수생의 경우 동료 재수생의 기준보다는 대학생의 기준에 따라 자신을 평가하고 대학생처럼 행동할 수 있으며, 중산층이 상류층의 삶을 동경하며 자신의 경제적 능력으로는 감당하기 버거운 고급 승용차와 명품 의류를 소비할 수도 있는 것이다.

준거 집단은 다시 '긍정적 준거 집단'과 '부정적 준거 집단'으로 나누어진다. 긍정적 준거 집단이란 그 집단에 대해 심리적으로 동일시하면서 그 집단 내의 지배적인 규범에 따라 판단하고 행동하게 되는 집단이다. 한편 부정적 준거 집단이란 자신의 사고와 행동이 어떠한 규범이나 가치를 거부하거나 반대하여, 그것을 따르는 구성원들과 다르게 행동하도록 영향을 주고 기준을 제공해 주는 집단이다.

음악을 하고 싶은 한 학생이 의사인 아버지의 강요로 어쩔 수 없이 적성에도 맞지 않는 의대에 진학하게 된다고 가정해보자. 이 학생은 음악에 대한 미련 때문에 의대에 쉽게 적응을 못해 갈등과 방황을 겪게 되고, 결국 아버지 몰래 그룹을 결성하여 음악 활동을 시작한다. 이 경우 음악 그룹은 이 학생의 긍정적 준거 집단이고 반대로 의대는 부정적 준거 집단이 된다. 반면 이 학생의 아버지에게는 의대가 긍정적 준거 집단이며, 반대로 음악 그룹이 부정적 준거 집단일 것이다.

인어 공주처럼 긍정적 준거 집단이 자신의 소속 집단이 아닐 경우, 즉 내집단이 아니고 외집단일 경우 사람들은 외집단을 준거로 하여 그것을 내집단인 양 생각하면서 행동한다. 그런데 여기서 다음의 두 가지 문제가 발생한다.

첫째, 외집단의 가치관이나 행동을 따르기 때문에 현재의 소속집단 구성원들에게 배척당할 수 있다. 그뿐만 아니라 자신이 소속하고 싶은 외집단의 구성원들마저 자신을 거부하는 이중의 배척을 당할 경우, 이 개인은 어느 집단에도 속하지 못하는 주변인 또는 한계인이 되고 만다. 만약 인어 공주가 아버지의 노여움을 사서 추방당하고, 왕자마저도 인간이 아닌 인어라는 이유로 자신을 피한다면 인어 공주는 어느 집단에도 몸담을 수 없는 처량한 신세가 될 것이다.

둘째, '남의 떡이 더 커 보인다.'는 식으로 객관적인 조건이 비슷한데도 불구하고 자신의 소속 집단이 다른 집단에 비해 열등하다고 느끼는 상대적 박탈감의 문제가 발생할 수 있다. 주변 사람들은 자신을 두고 좋은 직장에 다니고 있다고 말하지만 본인 스스로는 다른 직장에 다니는 친구보다 월급이 적거나 일이 힘들어서 불만을 갖고 이직할 기회만 찾고 있는 경우가 이에 해당한다.

(3) 공동 사회와 이익 사회

누구나 한 번쯤은 자기가 '좀 더 부잣집에서 태어났더라면' 하는 생각을 해 본 적이 있을 것이다. 물론 부질없는 생각이다. 내가 우리 집 가족의 일원으로 태어난 것은 내 스스로의 의지나 선택과는 상관없이 자연적이고 운명적으로 결정된 결과이기 때문이다. 즉 내가 지금 소속하고 있는 가족 집단의 구성원이 된 것은 내 자신이 의도하지 않았던 일이다. 하지만 사회에는 자기 스스로의 의지나 선택 혹은 능력 정도에 의해서 그 집단의 구성원으로 소속할 것인지 말 것인지를 결정할 수 있는 집단도 많다. 어느 취미 동호회에 가입할 것인가, 대학에 진학할 것인가 말 것인가, 또는 어느 직장에 취업할 것인가 등의 문제는 자기 자신의 의지나 선택 혹은 능력 정도에 의해서 정해지는 것이지 가족 집단처럼 자연적이고 운명적으로 결정되는 일은 아니다.

이처럼 사회 집단은 구성원 스스로의 의지나 선택과 무관하게 운명적으로 결정되는 사회 집단과 자신의 자율적인 의지와 선택에 의해 결정되는 사회 집단으로 나누어지기도 한다. 즉 구성원의 결합 의지가 사회 집단을 나누는 또 다른 기준이 되는 것이다. 이와 관련하여 독일의 사회학자 퇴니스(Tönnies)는 집단을 구성하는 결합 의지에는 '본질 의지'와 '선택 의지'가 있다고 보았다.

▲ 퇴니스(Tönnies)

본질 의지란 인간이 태어나면서부터 자신의

의사와는 관계없이 자연적으로 얻어지는 의지를 말한다. 본질 의지가 지배하는 인간관계는 자연적이고 정서적이며 상호 신뢰에 입각한 협동적 관계이다. 반면 선택 의지란 인간이 자신의 이해관계에 따라 어떤 목적을 갖고 인위적으로 선택할 수 있는 의지를 의미한다. 선택 의지가 지배하는 인간관계는 인위적이고 공리적이어서 목적달성의 능률을 추구하는 경쟁적 관계이다. 퇴니스는 본질 의지에 따라 결합된 집단은 '공동 사회(게마인샤프트, Gemeinschaft)', 그리고 선택 의지에 따라 결합된 집단은 '이익 사회(게젤샤프트, Gesellschaft)'라고 분류했다.

공동 사회란 구성원의 무의식적이고 본능적인 의지에 의하여 자연적으로 발생된 집단이다. 공동 사회의 특징으로는 자연적이고 정서적인 결합을 들 수 있다. 구성원들은 상호 이해와 공동의 가치관 및 관습을 가지고 있으며, 서로간의 신뢰를 바탕으로 한 매우 친밀하고 화합적인 인간관계를 형성한다. 이와 같은 공동 사회의 가장 대표적인 예로는 가족, 농촌 사회, 민족을 들 수 있다.

공동 사회가 따뜻하고 포근한 느낌을 준다면, 이익 사회에서는 냉정하고 쌀쌀한 기운이 느껴진다. 이익 사회란 구성원이 자신의 의지를 실현하기 위하여 의도와 목적을 갖고 선택적으로 형성된 집단이기 때문이다. 이익 사회는 인위적 계약에 의해 결합된 집단이기 때문에 인간관계는 개인 중심적 이해관계가 지배적이며, 가치관과 규범에 의한 합의보다는 일정한 절차에 따라 마련된 규칙이 집단 구성의 바탕을 이룬다. 따라서 구성원들은 타산적이고 합리적이며 경쟁적이어서 상호 불신이 나타나기 쉽다. 이익 사회의 대표적인 예로는 회사, 학교, 정당, 대도시, 국가 등이 있다.

퇴니스의 공동 사회와 이익 사회

구분	공동 사회	이익 사회
결합 의지	본질 의지	선택 의지
형성 동기	무의식적, 자연적	의도적, 인위적
구성 요인	가치관과 규범에 의한 합의	계약과 절차에 따른 규칙
인간관계	상호 이해, 친밀함, 화합적	타산적, 합리적, 경쟁적
사례	가족, 농촌 사회, 민족	회사, 학교, 정당, 대도시, 국가

오늘날에는 사회가 갈수록 현대화, 도시화됨에 따라 전통적 의미에서 공동 사회였던 농촌 공동체도 서서히 이익 사회로 변모하고 있다. 특히 도시에서 농촌으로 귀농하는 사람의 경우라면 농촌 사회는 자연적이고 운명적으로 결정된 집단이 아니라 자신의 선택 의지로 결정한 이익 사회가 된다. 이렇듯 점차적으로 사람들 사이의 관계에서 공동 사회가 지닌 비중은 점점 줄어들고 이익 사회에 나타나는 인간관계가 지배적으로 되어 가고 있다.

(4) 일차 집단(원초 집단)과 이차 집단

▲ 쿨리(Cooley)

미국의 사회학자 쿨리(Cooley)가 만든 '일차 집단'과 '이차 집단'이라는 개념의 구분은 자칫 퇴니스의 공동 사회와 이익 사회라는 개념과 혼동되기 쉽다. 하지만 공동 사회와 이익 사회의 분류가 집단 구성원의 결합 의지에 기준한 분류인 반면, 일차 집단과 이차 집단의 분류 기준은 구성원의 접촉 방식이라는 점에서 결정적인 차이가 있다.

일차 집단(또는 원초 집단)은 무엇보다도 적은 수의 사람들로 구성되며 여기에 소속된 사회 구성원들은 서로 직접적이고 빈번한 접촉과 친밀한 상호 작용을 한다. 사회 구성원들 사이의 관계는 친밀감을 갖고 정서적으로 깊이 관련되어 있다. 그리고 이러한 관계는 협동에 기반을 두고 비교적 오랫동안 지속되는 경향이 있다. 또한 일차 집단은 집단 내 구성원들과의 상호작용을 위하여 유지될 뿐 다른 특수한 목적을 갖지 않는다. 그리고 각 개인은 하나의 공통된 전체 속에 융합되어 강한 소속감과 함께 '우리'라는 일체감을 느끼기 때문에 집단을 쉽게 이탈할 수가 없다. 따라서 일차 집단은 구성원에게 심리적, 정서적 안정감을 제공해 주며, 개인의 인성 형성에 근원적인 영향을 준다. 이 같은 일차 집단의 예로는 가족, 또래 집단, 친구 집단 등이 있다.

이차 집단은 구성원들 서로가 상대적으로 적은 정서적 결속과 유대를 가진 사람들로서 구성된다. 그리고 사람들의 이해관계에 의해서 결합되기 때문에 인간관계는 간접적인 접촉과 도구적인 만남을 바탕으로 한 지극히 공식적이고 부분적인 관계만이 형성될 뿐이다. 특정한 목표 달성을 위해 인위적으로 만들어진 집단이므로 지속성은 일시적이고 유동적이며, 구성원의 이탈도 상대적으로 쉽다. 이렇듯 목표 지향적이고 비인격적인 특징 때문에, 이차 집단이 개인에게 미치는 사회화 효과도 일차 집단보다는 미약하다. 이차 집단의 예로는 회사, 학교, 시민 단체, 이익 단체 등이 있다.

● **쿨리의 일차 집단과 이차 집단**

구분	일차 집단	이차 집단
집단 구성	자발적	인위적
목적	집단 유지와 상호작용	특정 목표 달성
규모	소규모	대규모
지속성	장기적 혹은 영구적	일시적 혹은 유동적
인간관계	인격적, 직접적, 대면적 친밀하고 빈번한 접촉	비인격적, 간접적, 부분적 형식적이고 뜸한 접촉
집단 이탈	쉽게 바꾸기 어려움	쉽게 바꿀 수 있음
인성 형성	근원적 영향	2차적 영향
사례	가족, 또래 집단, 친구 집단	회사, 학교, 시민 단체, 이익 단체

일차 집단과 이차 집단은 개념상의 구분일 뿐 우리 주변의 많은 사회 집단들이 일차 집단 혹은 이차 집단으로 엄격하게 구분되는 것은 아니다. 정도의 차이에 따라 두 요소를 모두 가지고 있는 사회 집단도 많다. 특히 이차 집단의 비중이 커진 현대 사회에서는 사람들이 심리적 안정감을 얻기 위해 이차 집단 내에서도 일차 집단의 성격을 갖는 다양한 집단을 만들고 있다.

3. 지위와 역할: 지위는 투수, 역할은 수비

(1) 지위

프로야구 한 팀을 생각해보자. 감독을 위시하여 투수와 포수 등 9개의 수비 위치를 각각의 선수가 담당하여 경기에 참여하고 있다. 자신의 정해진 위치가 없이는 경기에 참여할 수 없듯이, 우리가 사회의 구성원으로 사회생활

▲ 야구팀 선수들에게는 지위와 역할이 부여된다.

을 할 때도 아버지, 아들, 학생, 선생, 사장, 직원 등과 같이 각자가 정해진 위치를 갖게 된다. 이처럼 사회 집단 내에서 개인이 차지하고 있는 위치를 '지위'라고 한다. 그런데 한 개인은 여러 집단에 동시에 소속되어 있기 때문에 살아가면서 오직 하나의 지위가 아니라 둘 또는 그 이상의 지위를 가지게 된다. 예를 들면, 프로야구 팀에서 1루수가 4번 타자인 동시에 팀의 주장을 맡기도 한다. 또 집에 가서는 아들이나 남편 혹은 아버지라는 또 다른 지위를 갖는다.

(2) 귀속 지위와 성취 지위

고려 무인정권 시대 최고 권력자 최충헌의 노비였던 만적은 "왕후장상의 씨가 따로 있더냐!"라고 부르짖으면서 유명한 '만적의 난'을 일으켜 신분 해방을 꾀했다. 당시의 봉건적인 신분제 사회에서는 단지 노비의 자식으로 태어났다는 이유만으로 자신도 노비로서 일생을 보내야만 했었다. 그때 만적이 꿈꾸던 세상은 본인의 능력과 노력에 따라서 그에 합당한 지위를 얻을 수 있는 전혀 다른 세상이었다. 노비라는 만적의 지위가 태어나면서부터 운명적으로 정해진 지위였다면, 만적이 꿈꿨던 세상은 출신과 무관하게 자신의 지위를 스스로의 능력과 노력으로 획득할 수 있는 세상이었다. 이때 전자의 지위는 '귀속 지위', 후자의 지위를 '성취 지위'라고 한다. 오늘날의 사회도 개인들이 차지하고 있는 지위는 그것이 정해지는 방식에 따라 여전히 귀속 지위와 성취 지위로 나누어진다.

귀속 지위란 과거 신분제 시대의 사회적 지위는 물론이고 남자나 여자, 맏아들이나 막내딸, 백인이나 흑인, 청소년이나 노인 등과 같이 개인이 태어나면서부터 또는 성장하는 과정에서 자연적으로 차지하게 되는 지위를 모두 지칭하는 개념이다. 따라서 귀속 지위는 개인의 노력이나 능력과는 무관하며 자기가 마음대로 바꿀 수 없는 운명적인 지위이다.

반면 성취 지위란 변호사, 소설가, 교사, 학생, 예술가, 연예인, 운동선수 등과 같이 개인의 재능이나 노력에 따라 차지하게 되는 지위를 말한다. 과거 신분제가 지배했던 봉건 시대에는 본인의 노력이나 능력과 상관없이 부모로부터 귀속 지위를 세습 받았지만, 오늘날의 분업화되고 전문화된 사회에서 직업과 관련된 지위는 대부분 성취 지위이다. 영국의 국왕이나 황태자라는 지위는 부모로부터 세습된 귀속 지위인 반면, 미국의 대통령이라는 지위는 본인의 재능과 노력을 발휘하여 선거를 통해 획득한 성취 지위라는 점에서 분명한 차이가 있다.

한편 어떤 지위는 귀속 지위와 성취 지위가 복합되어 결정되는 경우도 있다. 남편과 부인, 아버지와 어머니 같은 지위가 대표적인 경우이다. 부인 혹은 어머니라는 지위는 여자라는 귀속 지위를 갖고 태어나서 자신의 의지에 따라 결혼과 출산을 선택해 성취 지위를 추가로 획득한 결과로 부여된 지위이다.

(3) 역할

다시 프로야구 팀으로 돌아가 보자. 각각의 지위를 차지하고 있는 선수들에게는 그 지위에 대하여 기대되는 행동 방식이 부여된다. 투수에게는 공을 잘 던져서 상대팀 타자를 3진 아웃 시켜주기를 기대하고, 유격수에게는 상대 타자의 타구를 잘 막아내기를 기대한다. 이와 같이 일정한 지위에 대하여 사회적으로 기대되는 행동 방식을 '역할'이라고 한다.

그런데 한 사회 집단 내에서 개인이 차지하고 있는 지위는 고정되어 있지만, 하나의 지위에는 하나의 역할만이 기대되는 것이 아니라 여러 개의 역할들이 동시에 기대되는 경우도 많다. 투수의 경우 3진 아웃뿐 아니라 경기 상황에 따라 작전상 고의로 사구를 던질 수도 있으며, 번트에 대비한 야수의 역할이 부여되기도 한다. 타자 역시 무작정 안타나 홈런을 쳐주기만 기대하는 것이 아니라 때로는 희생 번트로 앞서 나가있는 주자를 진루시키는 데 기여하는 역할을 수행하도록 기대되는 경우도 있다. 또 대학 교수라는 지위를 가진 사람은 학생을 가르치는 교육자 역할 이외에도 논문과 책을 쓰는 연구자로서의 역할, 대학 내 행정을 맡은 보직 교수로서의 역할, 정부 자문기관의 자문 위원으로서의 역할들을 동시에 수행하기도 한다.

(4) 역할 행동

세상이란 무대요
모든 선남선녀(善男善女)들은 한낱 배우랍니다.
각자에게는 퇴장과 등장이 정해져 있고
한 사람은 일생 동안 여러 배역을 맡는답니다.

셰익스피어의 희곡 「좋으실 대로」(As You Like It)에 나오는 한 구절이다. 이 관점에 따르면 사회생활이란 마치 무대 위에서 자기가 맡은 배역, 즉 역할을 수행하는 것과도 같다. 연극 대본에 따라 배우 각자가 맡은 배역을 연기하듯이, 사회에서 사람들은 자기가 차지하는 지위에 따라 각자의 역할을 하면서 상호작용에 임한다.

그러나 하나의 배역을 한 배우가 평생 맡을 수는 없듯이 하나의 지위도 영원히 특정 개인의 몫으로 남아있지는 않는다. 같은 제목을 가진 동일한 줄거리의 연극이라고 해도 주인공을 비롯한 각 배역을 연기하는 배우는 달라지기 마련이다. 그리고 어느 배우가 어떤 배역을 맡아 어떤 스타일의 연기를 하는가에 따라서 연극의 구체적인 분위기나 성격이 완전히 달라져 버리기도 한다. 특정 배우가 특정 배역을 맡아 연기하듯이, 특정인이 역할을 수행하는 실제적이고 구체적인 행동 방식을 '역할 행동'이라고 한다.

다시 앞의 프로야구 팀으로 돌아가 보자. 최근 이 팀이 연패의 늪에 빠져 성적이 부진하자 구단은 전격적으로 감독을 교체했다. 새로이 부임한 감독에게 기대되는 역할은 전임 감독과 마찬가지로 선수들을 잘 훈련시키고 경기마다 좋은 전략을 수립하여 팀을 우승으로 이끄는 것이다. 그렇지만 구체적으로 그 팀을 이끌어가는 신임 감독의 역할 행동은 전임 감독의 역할 행동과는 다르게 나타날 것이며, 그에 따라 팀의 분위기도 바뀔 수 있다. 전임 감독이 강력한 리더십으로 선수들을 혹독하게 훈련시키고 경기의 매 순간마다 일일이 작전을 지시하는 방식으로 역할을 수행했다면, 신임 감독은 부드럽고 온화한 리더십으로 경기에서 선수 개개인의 능력을 믿고 맡기는 자율적인 방식으로 역할을 수행할 수도 있다. 투수도 마찬가지이다. 선발 투수가 총알 같이 빠른 강속구로 상대 타자가 감히 공을 칠 엄두조차 내지 못한 채 3진 아웃 당하게 만들었다면, 교체된 마무리 투수는 현란한 변화구와 능수능란한 제구력으로 상대 타자를 농락하며 3진 아웃시키는 방식으로 자신의 역할을 선발 투수와는 다르게 수행할 수도 있다. 이렇듯 동일한 역할이라도 이를 수행하는 개인의 성격, 습관, 가치, 능력 등에 따라 구체적인 역할 행동은 차이가 발생한다.

(5) 역할 긴장과 역할 갈등

"오늘은 당신의 애인이고 싶다! 애인 같은 아내!" 한때 이런 문구로 대중들로부터 꽤 많은 관심을 끌었던 모 화장품 회사의 광고가 있었다. 남편의 입장에서 좋은 아내란 무엇일까? 온갖 궂은 집안일들도 마다않고 주부로서의 역할을 충실히 수행하는 아내일까? 아니면 이 광고 문구처럼 아름답고, 부드럽고, 상냥한 애인 같은 아내일까? 아마도 대부분의 남편들은 자신의 아내에게서 이렇게 서로 다른 두 가지 모습과 역할을 모두 기대하고 싶은 욕심이 있을 것이다.

그렇지만 아내라는 하나의 지위에 대하여 남편이 기대하는 서로 다른 두 가지 역할은 상호 충돌하기 쉽다. 힘든 가사 노동과 육아에 지쳐 자신을 가꿀 여유조차 없는 아내에게 애인 같은 아내를 기대한다거나, 또는 짙은 화장과 곱게 기른 손톱을 붉게 물들인 아내에게 청소나 설거지 같은 험한 집안일을 완벽하게 처리해주기를 요구한다는 것은 현실적으로 무리가 따른다. 이처럼 지위는 하나인데, 그 지위에 대해 서로 상반되는 두 가지 이상의 역할이 기대될 때 느끼는 곤란을 '역할 긴장'이라고 한다.

역할 긴장과 혼동되기 쉬운 또 다른 개념으로 '역할 갈등'이 있다. 역할 갈등은 한 사람이 차지하고 있는 두 가지 이상의 지위가 성격상 서로 상반되는 역할을 동시에 요구하는 경우에 발생한다. 가령 위의 예에서 아내가 전업주부가 아니라 직장 생활을 하고 있는 경우를 생각해 보자. 직장 일이 바빠

야근을 해야 하는데 하필이면 그날 저녁 시댁에 중요한 집안 행사가 있어 빠질 수도 없는 처지이다. 이 여성은 직장인이라는 지위에 기대되는 역할과 아내라는 또 다른 지위에 기대되는 역할이 충돌하는 상황에 놓인 것이다. 이렇듯 기혼의 직장 여성들이 흔히 직면하게 되는 '일―가정 양립의 문제'는 전형적인 역할 갈등에 해당하는 사례라 할 수 있다.

▲ 검사와 여선생

역할 갈등의 상황을 보여 주는 또 다른 좋은 사례로 우리나라에서 일제 강점 시대에 대중문화로 큰 인기를 끌었던 신파극 중 「검사와 여선생」의 줄거리를 소개해 보겠다. 가정 형편이 어려워서 스스로 학비를 벌어가며 힘들게 공부하는 한 학생이 있었다. 이 학생이 다니는 학교에는 마음씨 좋은 여선생님이 있었는데, 이 여선생님은 그 학생을 가엾게 여겨 도시락을 대신 싸다 주고 늘 용기와 격려를 북돋아 주고는 했다. 여선생님 덕분에 무사히 졸업한 학생은 자신의 성공만이 선생님에 대한 은혜를 갚는 길이라고 생각하고 열심히 공부해서 결국은 고시에 합격하여 검사로 부임한다. 그런데 이 여선생님이 실수로 살인을 저지르고, 검사가 된 학생은 운명의 장난처럼 이 여선생님을 심문하는 입장에 처하게 된다. 즉 검사라는 지위에는 법의 이름으로 여선생님을 엄중하게 심판해야 한다는 역할이 따르고, 제자라는 지위에는 여선생님으로부터 입은 은혜에 보답해야 한다는 정반대의 역할이 따르게 되면서 심각한 역할 갈등 상황에 놓이게 된 것이다.

정리하자면 역할 긴장과 역할 갈등은 한 사람에게 상반되는 두 가지 역할이 동시에 기대된다는 점에서는 공통점이 있지만, 그 기대되는 역할이 동일한 지위로부터 비롯되는지 아니면 두 개 이상의 서로 다른 지위로부터 기대되는지에 따라 다르게 구분되는 개념이다.

4. 사회 조직: 무인도에 표류한 소년들의 생존법

일반적으로 사람들이 사회 집단과 혼용해서 쓰는 개념으로 사회 조직이 있다. 사회 조직은 사회 집단의 한 유형이지만 일반적인 사회 집단과는 달리 고유한 특성을 갖고 있는 개념이다. 그렇다면 사회 조직이라는 개념의 정확한 사회학적 정의는 무엇인지 알아보자.

사회 조직이란 집단의 목표와 경계가 뚜렷하고, 구성원의 지위와 역할이 명백하게 구별되어 전문화되어 있으며, 규범이 엄격하게 규정되어 구성원의 개인적인 행동이 상당히 제한을 당하는 집단이다. 사회 조직의 대표적인 예로는 정부 부처와 같은 공무원 집단, 군대, 학교, 정당, 기업체 등 의도적으로 만들어진 이차 집단이 대부분이며 마피아와 같은 갱단도 사회 조직에 포함된다.

사회 조직이 사회 집단과 어떻게 구분되는지를 알면 좀 더 명확히 사회

▲ 파리대왕

조직이 어떤 것인지 이해할 수 있을 것이다. 사회 조직으로서의 특성을 갖지 않는 사회 집단들은 우리 주변에서 쉽게 찾아 볼 수 있다. 가까운 예로 친한 친구들로 구성된 동료 집단을 생각해보자. 이 동료 집단은 자주 만나서 함께 소통하고 여가를 즐기지만 특정 목적을 가지고 형성된 집단도 아니며, 각자가 동료 집단 내에서 고유하게 정해진 지위와 역할을 갖고 있는 것도 아니다. 따라서 이 동료 집단은 사회 조직이 아닌 사회 집단일 뿐이다.

그런데 만약 이들이 학교를 졸업한 후 이 모임을 동창회라는 형태로 발전시키려면 어떻게 해야 할까? 우선 동창회의 목표나 활동 내용, 회원 가입 절차, 동창회비의 액수 등을 명확하게 규정한 회칙을 마련하고 회장이나 총무 등 임원진도 정해진 방식에 따라 선출해야 할 것이다. 이런 내용들을 갖추게 되면 이 모임은 사회 조직으로서의 형태를 띠게 된다. 이렇듯 사회 조직은 사회 집단과는 달리 특정 목적을 수행하기 위해 구성원들 간에 구조적인 관계를 형성하고 있다.

1983년 노벨문학상 수상 작품인 윌리엄 골딩의 소설 「파리 대왕」은 사회 집단이 사회조직으로 분화, 발전되어가는 과정을 잘 보여준다. 비행기 추락 사고로 무인도에 갇힌 소년들이 처음에는 하나의 사회 집단을 이루고 살아간다. 그리고 그 과정에서 문명적 가치를 대표하는 랠프와 야만적 가치를 대표하는 잭이 점차 이 집단 내에서 두각을 나타낸다. 마침내 문명의 상징인 랠프가 일단의 소년들과 의회를 조직하고 정치 지도자로 군림하자, 잭 또한 다른 소년들을 모아 다른 사회 조직을 건설하여 랠프의 조직과 싸우게 되는 과정이 소설 속에 펼쳐진다.

사회 조직의 가장 두드러진 특징은 공식적인 목표와 과업의 효율적인 달성에 일차적인 관심을 가지며, 구성원들은 주어진 절차와 규범에 따라 형식적이고 비인격적인 관계를 이루고 있다는 점이다. 이런 성격의 조직들을 보통 '공식 조직'이라고 한다. 일반적으로 흔히 말하는 사회 조직은 대부분 공식 조직에 해당한다.

그런데 공식 조직의 구성원으로 살아가는 대부분의 현대인들은 마치 기계 부품처럼 사회 조직의 한 구성 요소로 전락해 인간으로서의 주체성과 자율성을 상실해 가고 있다는 지적도 나오고 있다. 현대 사회가 점차 조직화되어감에 따라 공식 조직 내에서의 소외감과 피로감이 점점 높아지고 있는 것이다. 따라서 공식 조직 내에서 구성원들과 친밀한 인간관계 형성에 목적을 두고 별도의 느슨한 조직체를 구성하는 사람들이 늘어나고 있다. 이런 성격의 조직은 '비공식 조직'이라고 부른다. 직장 내 동호회나 취미 모임 같은 것들이 비공식 조직의 전형적인 예이다.

한편 친목 등의 일차적 관계나 특정한 목적 달성을 위한 이차적 관계의 형성을 위해 공통의 관심과 목표를 가진 사람들이 자발적으로 모여 집단을 결성하기도 하는데, 이를 '자발적 결사체'라고 한다. 동창회 등 친목 모임, 노동조합이나 협회 등 이익 집단 그리고 각종 시민단체들이 자발적 결사체에 해당한다. 사람들이 자발적 결사체를 결성하는 이유는 기존의 공식적, 비공식적 조직으로는 자신들의 특수한 이해를 실현하기 어렵기 때문이다. 가령 기업 단위 노동조합에 참여하는 사람들은 기본적으로 회사라는 공식 조직에 소속된 구성원이다. 하지만 회사는 이윤 추구를 목적으로 하는 조직일 뿐 노동자의 권익 추구는 목적 밖의 일이다. 그렇다고 친목 도모를 위해 결성된 회사내 비공식 조직에서 노동자의 권익 추구를 위한 활동을 할 수도 없다. 따라서 이런 목적을 달성하기 위해서는 별도의 자발적 결사체인 노동조합이 요구되는 것이다.

5. 관료제: 종합 병원에서 보낸 하루

신문이나 TV 뉴스를 보면 '관료주의적 발상'이라는 말이 심심치 않게 등장한다. 이 말은 관료제가 갖는 맹점을 비꼬아서 하는 말이다. 이런 경우 우리가 말하는 관료주의는 조직 운영이 형식주의에 빠져서 비능률적이라는 것을 의미한다. 하지만 사회학에서 사용하는 관료주의라는 용어는 그 뜻이 전혀다를 뿐더러, 한때 관료제는 '지금까지 인간이 만들어낸 가장 뛰어난 사회 조직'이라는 평가를 받기도 했다. 그렇다면 도대체 관료제란 어떠한 것이며, 무엇이 그렇게 뛰어나고, 무엇이 그리 문제인지 자세히 알아볼 필요가 있다. 관료제적 성격을 띤 사회 조직의 장단점을 이해하기 위해 잠시 무대를 종합 병원으로 옮겨 보자.

몸이 아파서 종합 병원에 가면 누구나 제일 먼저 해야 하는 절차는 진료 카드를 작성하는 일이다. 환자의 이름과 주소뿐 아니라 이 병원에 처음 왔는지 여부, 진료 과목, 심지어 특진을 원하면 진료를 받고 싶은 의사까지도 지정해서 기입하는데, 평소에 종합 병원에 자주 오지 않는 사람이라면 견본을 보면서 어렵게 작성해야 할지도 모른다. 진료 카드 작성이 끝나면 다음에는 접수를 해야 하는데 접수 데스크로 가보면 먼저 와 있는 많은 환자들이 이미 번호표를 뽑고 자신의 순서를 한참동안 기다리고 있는 모습을 보게 될 것이다. 간신히 내 순서가 돌아와서 접수가 완료되면 접수 데스크의 직원은 전표를 한 장 주면서 내과로 찾아 가라고 한다. 처음 가게 된 곳이라면 미로처럼 복잡한 병원 건물 안에서 내과 병동이 어디에 있는지 쉽게 찾기 힘들다. 병원 안내도를 보고 겨우 내과 병동을 찾아가보면, 진료실 창구에 다시 전표를 접수해야 하고 또 한참을 기다려야 한다. 이쯤 되면 몸이 안 좋은 환자는 아직 진료도 받기 전에 벌써 탈진 상태에 빠진다. 간신히 의사를 만나 진료를 받았지만, 추가로 검사라도 해야 하면 다시 검사실을 찾아가 접수하고 기다리는 절차를 또 한 번 밟아야 한다. 진료를 마쳤다고 끝나는 것은 아니다. 이번에는 수납 창구로 가서 또 순서를 기다려 진료비를 수납해야 하고 그 후에는 약을 타기 위한 처방전을 받아 약국을 찾아 가야 한다. 이렇게 모든 절차를 다 마치고 병원 문을 나올 무렵이면 어느덧 반나절이 거의 다 지나고 있을 것이다.

이 같은 경험을 겪게 되면 누구나 짜증을 느끼게 된다. 몸이 아파서 병원에 온 사람이면 빨리빨리 진료를 해 주는 것이 당연한데, 반나절이나 환자를 기다리게 만드니 답답할 노릇이다. 잘못하다가는 병 고치러 병원에 갔다가 도리어 병을 얻어 나올 지경이다. 그렇지만 병원 측에서도 할 말은 있다. 하루에도 수천 명씩 몰려드는 그 많은 환자들을 일일이 돌봐야 하는 의사나 간호사

입장에서는 일정한 절차를 밟아서 순서대로 진료하는 것이 아무런 체계 없이 마구잡이식으로 처리하는 것보다 훨씬 효율적일 것이다. 대규모 조직이 효율적으로 기능하기 위해서는 행정적 절차가 관행화되고, 객관화되며, 표준화되어 있어야 한다. 이러한 필요성에 부합하는 운영 방식을 가진 조직 형태를 일반적으로 관료제라고 부른다.

(1) 관료제의 특성

원래 관료제(Bureaucracy)란 책상과 사무실을 뜻하는 'bureau'와 지배를 뜻하는 'cracy'의 합성어로서 직역하자면 사무실의 지배, 즉 관리의 통치를 의미한다. 결국 관료제란 모든 행위의 연속적인 과정이 조직체의 목표 달성에 부합하도록 명백하게 규정된 활동 유형을 지닌 공식적·합리적으로 구성된 사회 조직이다. 좀 더 구체적으로 말하면, 명문화된 규칙과 절차에 의해 명확하게 규정되고, 기능과 권위의 분화에 토대를 둔 역할과 지위의 위계로 이루어진 사회 구조인 것이다. 따라서 사회학에서 말하는 관료제란 원래는 비능률적이고 비효율적이라는 일상적인 뜻과는 정반대로 합리적이고 효율적인 조직 원리를 지칭하기 위해 만들어진 개념이다.

현대의 사회 조직은 점차 대규모의 복잡한 형태로 발전하고 있기 때문에 대부분 관료제화되어가는 경향이 있다. 관료제는 우리 주변에서 얼마든지 쉽게 찾아볼 수 있으며, 현대 사회에 살고 있는 모든 사람은 관료제의 영향권에 놓여 있다고 해도 과언이 아니다. 관공서, 기업체, 은행, 대학뿐 아니라 앞에서 언급한 종합 병원도 관료제의 전형적인 조직이다. 따라서 우리는 늘 관료제를 경험하면서 살아간다. 구청에 혼인 신고나 출생 신고를 하러갈 때, 회사에서 업무를 처리 할 때, 은행에서 적금이나 대출 업무를 처리할 때, 그리고 종합 병원에 갔을 때 우리는 관료제적 방식으로 진행되는 절차에 따라 행동하게 된다.

그렇다면 도대체 관료제의 어떤 특성이 조직의 효율성을 가져다주는 것일까? 관료제의 특성을 크게 다섯 가지로 나누어 살펴보자.

첫째, 과업의 분업과 전문화이다. 조직의 복잡한 업무를 효율적으로 처리하기 위해서는 역할을 체계적으로 분화하고 각 분야에서 전문적인 능력을 지닌 구성원들이 분담된 일만을 처리한다. 종합 병원의 경우 진료를 담당하는 의사들은 내과, 외과, 정신과 등 당연히 자신의 전문 영역을 갖고 있다. 뿐만 아니라 간호사도 입원실 담당과 외래 환자 담당 등으로 분화되어 있고, X−ray나 혈액 검사 등 다양한 검사도 각각의 전문 인력들이 해당하는 역할을 나누어 맡고 있다. 이밖에도 접수 데스크의 행정 직원을 비롯하여 영양사, 안내원, 경비원, 청소부 등에 이르기까지 모든 구성원 각각의 고유한 업무가 전문화되어 있다.

둘째, 위계의 서열화이다. 조직 내의 모든 지위는 권한과 책임의 정도에 따라 피라미드 형태로 서열화되어 있다. 따라서 높은 지위의 소수는 의사 결정의 권한이 큰 대신 전체적인 책임을 지며, 낮은 지위의 다수는 상부에서 지시된 과업만을 수행하며 주어진 범위 내에서만 제한적인 책임을 진다. 또한 주요 결정 사항은 상층부에서 중간층을 거쳐 하위층까지 수직적으로 하달된다. 병원의 내과 부서 내에도 의사는 과장을 비롯하여 일반 의사에서 레지던트, 인턴에 이르기까지 서열화되어 있으며, 간호사도 수간호사에서부터 간호조무사에 이르기까지 명확한 서열이 갖추어져 있다.

셋째, 규약과 절차에 따른 과업 수행이다. 관료제적 조직은 모든 활동이 일관된 규칙과 절차에 따라 처리된다. 규칙과 절차는 업무를 표준화시켜 구성원의 변동에 관계없이 조직 운영의 안정성과 연속성을 보장해 준다. 병원에서 의사가 한 명 바뀌었다고 진료 방식이 달라지지 않으며, 접수 데스크의 행정 직원이 바뀌었다고 해서 접수 절차가 변하는 것은 아니다. 또한 모든 업무는 명문화된 문서로 처리되기 때문에 개인적인 판단이나 주관적 의견이 개입될 여지가 별로 없고, 조직 구성원 간의 관계도 비인격적이다. 검사원이나 행정 직원은 의사가 써 준 처방전에 따라 일을 처리할 뿐 해당 의사와 직접적으로 만날 기회를 거의 갖지 못한다. 그들은 환자의 건강 상태가 전반적으로 어떠한지 상세히 알 수도 없으며, 자기의 개인적인 처방을 진료 과정에 임의로 개입시키지도 않는다.

넷째, 지위 획득의 기회 균등이다. 관료제의 모든 직책은 지연, 혈연, 학연과 같은 인적 요소가 아니라 전문적인 자격과 능력을 기준으로 객관적인 경쟁에 근거한 선발 과정을 통해 충원된다. 따라서 지위 획득의 기회가 공평하게 주어진다. 의사가 자기 밑의 간호사를 고용할 때, 자격도 없는 자기 친척을 마음대로 데려다 쓸 수는 없다. 누구든지 일정한 자격을 갖추고 경쟁을 통과하면 관료제의 구성원으로 편입될 수 있기 때문에 적재적소에 우수한 인력이 배치되어 조직 능력이 향상된다.

다섯째, 경력에 따른 보상이다. 관료제는 구성원의 업무 수행에서 경험과 훈련을 중시하고 신분을 보장해 준다. 조직 서열 구조에서 어느 지위로의 임명 또는 승진은 연공서열과 업적에 바탕을 둔다. 뿐만 아니라 높은 지위에는 그에 합당한 보상, 즉 좀 더 높은 봉급과 더 많은 권한이 부여된다.

이러한 특성 때문에 관료제는 다음과 같은 장점을 갖는다. 우선 관료제는 거대한 조직의 과업을 효율적으로 처리할 수 있기 때문에 능률적이다. 즉 관료제를 통한 일처리는 정확하고 분명하다. 또한 관료제는 위계적이고 규칙과 명령에 의존하기 때문에 조직 운영이 안정적이다. 그리고 책임과 권한이 분배되어 있으므로 구성원 간의 갈등도 줄어든다. 뿐만 아니라 원리 원칙에 따르는 보편주의 성격을 띠기 때문에 정실, 연고, 족벌주의와 같은 것을 배척

할 수 있어서 공평하다. 끝으로 업무가 표준화되어 있어서 구성원이 바뀌어도 일정한 훈련을 받은 자격 있는 구성원을 즉각 투입하여 지속적인 업무 수행을 할 수 있다.

(2) 관료제의 한계

앞서 살펴본 바와 같이 관료제는 효율성과 합리성을 구현하기 위해 고안된 조직 원리이다. 그럼에도 불구하고 관료제에 대한 사회적 인식이 점차 부정적으로 바뀐 이유는 다음과 같은 병폐가 날로 심각해지고 있기 때문이다.

관료제의 한계로는 첫째, 관료제의 전반적인 효율성의 부산물로 나타나는 비효율성의 문제이다. 시급한 수술이 필요한 응급 환자가 병원에 왔는데도 병원의 규정과 절차에 따라 수술 동의서 작성 등의 복잡한 행정 절차를 먼저 요구하는 경우나, 민원 업무로 관공서를 찾았을 때 그곳에서 요구하는 복잡한 서류들 가운데 사소한 한 가지만 빠뜨려도 일 처리가 늦어지는 경우가 이에 해당한다.

둘째, 수단과 목적이 뒤바뀌는 목적 전치의 문제이다. 관료제적 조직 안에서는 본래의 목적 달성보다는 목적 달성을 위한 수단과 절차를 더 중시하는 경우가 많다. 교통경찰의 원래 목적은 교통사고를 방지하는 것이고, 이를 위해서 교통 규칙 위반자의 적발이라는 수단이 사용되는 것이다. 따라서 위반자의 적발보다는 위반의 예방이 우선시되어야 하는데, 적발 실적을 높이겠다는 것이 오히려 목적이 되어 함정 단속을 하는 일이 종종 벌어지는 경우이다.

셋째, 무사안일주의의 문제이다. 관료제적 조직의 구성원들은 성과 관리를 위해 자기에게 유리한 것은 과장하고 불리한 것은 축소시키기 쉽다. 또한 업무가 표준화되어 있기 때문에 자신에게 주어진 일만 할 뿐 자발성이나 창의성을 발휘하여 조직의 업무를 혁신하기는 힘들다.

넷째, 과두제의 철칙의 문제이다. 이 말은 독일의 사회학자인 로버트 미헬스(R. Michels)가 제시한 개념으로 소수에 의한 지배를 의미한다. 관료제적 조직은 상위에 있는 몇 사람의 손에 모든 권한이 집중되어 있는 피라미드형 구조를 띠고 있기 때문에, 중앙 집중적 획일화로 권위주의적 사고에 빠지기 쉽다. 또한 이들 소수가 자신들의 이익을 증진시키기 위해 권한을 악용할 위험성도 크다.

끝으로, 인간 소외의 문제이다. 조직의 효율성을 위한 규칙과 절차를 중시하여 업무의 분화가 세밀해지면, 구성원 개인들은 자신이 하는 일과 자기 스스로가 조직체의 한 부품에 불과하다는 생각을 갖고 소외감을 느끼게 된다. 즉 인간이 업무를 계획하고 이끌어가는 능동적 주체이기보다는 주어진 규칙과 절차만 지키면 되는 수동적 객체로 전락하게 된다.

무성 영화 시대의 명작이라 할 수 있는 찰리 채플린의 「모던 타임즈」를 보면 주인공이 공장의 컨베이어 벨트에서 기계적으로 같은 동작만 반복하며 잇달아 밀려오는 나사를 하루 종일 조이는 장면이 나온다. 똑같은 일을 거의 무의식적으로 되풀이하던 채플린은 심지어 퇴근길에 지나가는 여인의 외투 단추마저 나사로 착각하고 조이려 하다가 큰 봉변을 당하고 만다. 이것은 자신이 어떤 제품을 만들고 있는지도 모른 채 쉴 틈 없이 밀려오는 일거리를 거의 무의식적으로 되풀이해야만 하는 거대 조직 내에서의 인간 소외를 적나라하게 보여주고 있다.

보다 극단적인 관료제의 폐해와 관련하여 폴란드 출신 유태인 사회학자 바우만(Bauman)은 독일 나치 치하에서 자행되었던 아우슈비츠 수용소의 유태인 학살인 홀로코스트를 분석한 바 있다. 그는 홀로코스트가 일반적으로 평가되듯이 야만적 행위가 아니라 근대적 합리성에 입각한 관료제적 방식으로 수행된 행위였다고 말한다.

바우만에 따르면 아우슈비츠 수용소는 관료제적 구조로 운영되던 근대 공장을 그대로 재현한 공간이었다. 아우슈비츠라는 공장에서 원자재는 인간 들이었고, 최종 생산물은 죽음이었으며, 매일매일의 성과, 즉 학살된 유태인 의 숫자가 관리자의 차트에 기록되었다. 가스실을 향해 걸어가는 유태인들의 마지막 행렬까지 마치 공장의 컨베이어 벨트에 부품이 실려 가듯 길게 줄을 세웠으며, 학살 수단인 독가스조차 다수의 사람들을 한꺼번에 죽이는 데는 총 알보다 더 저렴하고 효율적이라는 이유로 채택된 것이었다. 근대적 공장의 상 징인 굴뚝은 시신을 태운 연기를 한가득 내뿜고 있었고, 잘 갖춰진 근대 유럽 의 철도망은 새로운 원자재인 유태인들을 유럽 각지에서 이 공장으로 계속 실어 날랐다. 심지어 나치에게 이 인종 청소는 표면적으로는 보다 나은 사회 를 창조한다는 합리적인 목적을 실현하는 과정이었다. 그래서 홀로코스트야 말로 가장 관료제적인 원리가 구현된 행위였으며, 관료제적 원리를 도입하지 않았다면 이 정도 규모의 대량 학살은 시도조차 불가능했을 것이라고 바우만 은 설명한다.

(3) 관료제의 대안으로서의 네트워크형 조직

이처럼 관료제는 시간이 갈수록 '합리성의 비합리성'이라는 자기 한계를 분명히 드러내게 되었다. 가장 합리적인 것으로 간주되던 관료제적 원리가 각 종 사회 조직들을 가장 비합리적으로 만들어 버린 것이다. 이러한 관료제의 병폐는 조직에 대한 새로운 관점을 제기하게 만들었다. 조직을 목적 달성을 위한 수단으로만 간주하는 것이 아니라 개인이 자아를 실현하는 장이자, 개인 들의 수평적 협력을 통해 자발성과 창의성을 이끌어내는 기구로 파악하는 새 로운 관점이 대두된 것이다. 피라미드형의 관료 조직과 전혀 성격을 달리 하 는 이러한 조직을 네트워크형 조직이라 부른다.

네트워크형 조직이란 개별 분산적인 점들이 상호 직·간접적으로 연결되어 있는 수평적인 그물 조직이다. 여기에서는 상하의 위계질서가 사라지고 다양한 개인들이 수평적인 관계로 필요에 따라 수시로 만들어졌다가 업무가 완수되면 곧바로 해체되는 '임시적 문제해결 조직(ad-hocracy)'이 운영됨으로써 효율성을 증가시킬 수 있다. 관료제적 조직 방식이 개인으로 하여금 창의성과 자발성을 억제하고 조직의 원칙에 충실하도록 강요했던 반면에, 새로운 네트워크형 조직 형태는 스스로의 창의력을 발휘할 수 있게 해준다.

관료제적 조직과 네트워크형 조직의 업무 진행 방식의 차이점을 잘 보여주는 사례로 브리태니커 백과사전과 온라인 공간의 위키피디아 백과사전의 집필 및 발간 과정을 비교해 볼 수 있다. 과거 세계 최고의 지식저장소로 권위를 인정받았던 브리태니커 백과사전은 분야별 전문성을 가진 공식 편집진만 100명이 넘는 거대한 조직에서 엄밀하고 체계적인 절차를 밟으며 집필 및 발간되어 왔다. 전형적인 관료제 방식으로 백과사전을 만들고 있었던 것이다. 그리고 지난 250년간 이 백과사전을 만들고 발간하는 데 들어간 비용은 1,000억 원이 넘는다고 알려져 있다.

반면 위키피디아 백과사전은 웹페이지를 통해 브리태니커의 전문 편집진보다 훨씬 더 많은 일반인들이 참여하면서 내용을 추가하거나 수정하는 과정을 거쳐 콘텐츠를 만들어내고 있다. 이렇게 만들어진 위키피디아 백과사전에 수록된 정보의 분량은 브리태니커 백과사전보다 몇 배나 더 방대한 규모이다. 위키피디아 백과사전의 발간에 참여하는 기회는 누구에게나 열려 있지만 참여자에게 별도의 물질적 보상은 제공되지 않는다. 따라서 웹페이지의 유지비만 소요될 뿐 그 외의 다른 비용은 거의 들지 않는다. 자발적인 참여자들이 수시로 웹페이지에 접속하여 다양한 콘텐츠들을 생산하고, 이것들이 모여 거대한 집단지성을 형성하는 전형적인 네트워크형 조직 원리에 따라 효율적으로 백과사전이 만들어지고 있는 것이다. 그리고 이제 세계 최고의 지식저장소라는 권위는 브리태니커 백과사전에서 위키피디아 백과사전으로 완전히 넘어갔다. 이렇듯 수직적 관료조직에서 수평적 네트워크 조직으로의 전환이라는 새로운 조류는 이제 점차 사회의 전 영역으로 확산되고 있는 추세이다.

생각해 봅시다

01 대규모 조직 속에서 일차 집단이 갖는 역할과 기능은 무엇일까요?

02 역할 갈등과 역할 긴장을 설명하고, 역할과 인간의 자율성에 대해 생각해봅시다.

03 현재의 관료제가 사회 발전에 미친 긍정적 측면과 부정적 측면에 대해 생각해봅시다.

　　원시인 루루는 용맹한 사냥꾼이다. 날카로운 창과 돌도끼만 있으면 세상에 무서울 것이 없다. 사냥을 나가기만 하면 어김없이 멧돼지나 들소 같은 좋은 고기를 잡아왔기 때문에, 루루는 한 번도 식량 때문에 걱정을 해 본 적이 없었다. 그런데 요즘 루루는 근심이 크다. 겨울이 되어 날씨가 점점 추워지기 때문이다. 물론 그동안 비축해 둔 고기가 충분히 쌓여 있기 때문에 겨울 동안 사냥을 나가지 않아도 식량 걱정은 할 필요가 없다. 문제는 옷이다. 사냥터에서는 날쌔고 용감하지만 짐승의 털이나 가죽을 다듬고 잘라서 몸에 맞는 옷을 만드는 손재주는 영 소질이 없기 때문이다. 그러니 이대로 있다가 본격적으로 날씨가 추워지면 얼어 죽을지도 모른다.

　　좋은 수가 없을까 곰곰이 생각하던 루루는 이웃에 살고 있는 리리라는 여자를 떠올렸다. 리리는 원시인들 사이에서도 멋쟁이로 소문나 있다. 리리는 옷을 만드는 재주가 뛰어나서 늘 멋지고 좋은 옷만을 입고 다닌다. 하지만 리리는 유난히 몸이 약하다. 다른 여자들은 토끼 같은 약한 짐승 정도는 혼자 힘으로도 잡을 수 있지만 몸이 약한 리리에게 사냥을 기대한다는 것은 무리이다. 그래서 그녀는 좀처럼 고기 구경을 하기가 힘들다. 루루는 리리를 찾아가 한 가지 제안을 한다. 자기가 잡아온 멧돼지를 한 마리 줄 테니 대신 좋은 옷 세 벌을 만들어 달라는 것이다. 리리가 생각하기에도 멧돼지 한 마리와 옷 세 벌을 바꾸는 것이 그리 손해를 보는 일은 아니기에 두 사람 사이의 물물 교환은 원만히 성립되었다.

　　이제 루루는 추운 겨울을 따뜻하게 보낼 수 있게 되었고, 리리도 오랜만에 맛있는 돼지고기를 배불리 먹을 수 있게 되었다. 루루는 이러한 방법으로 다른 사람들과도 물물 교환을 계속했다. 그 결과 루

▲ 원시인

루는 더 좋은 창과 돌도끼도 구할 수 있었고, 가끔은 과일로 입가심을 할 수도 있었다. 다른 사람들도 이런 식으로 자신의 물건과 다른 사람이 갖고 있는 자신에게 필요한 물건들을 서로 바꾸기 시작했다. 원시인들의 물물 교환 시대가 열린 것이다.

어느 날 사냥을 나간 루루는 난생 처음 보는 이상한 무기로 사냥을 하고 있는 사람을 만났다. 그 사람은 활과 화살이라는 무기를 가지고 짐승들을 잡고 있었다. 화살을 활에 대고 쏘면 빠른 속도로 날아가서 짐승들의 몸을 꿰뚫는 것이었다. 이 무기만 있다면 험한 산속을 힘들게 뛰어다닐 필요도 없을 것이고, 걸음이 빠른 짐승을 쫓다가 놓치는 일도 없을 것 같았다. 루루는 그 사람에게 자신의 창과 돌도끼를 활이랑 화살과 교환하자고 제의했다. 그러나 그 사람은 루루의 제안을 거절했다. 자기는 활과 화살로 사냥을 하면 되니 창과 돌도끼는 필요 없다는 것이다. 그 대신 자기에게 필요한 옷 세 벌만 주면 활과 화살을 교환할 용의는 있다고 한다. 옷은 리리가 많이 가지고 있겠지만 고기라면 몰라도 활과 화살이 리리에게 필요할 리는 없다.

루루에게 좋은 생각이 떠올랐다. 루루는 품속에서 예쁜 조개껍질 하나를 꺼냈다. 이것은 전에 멧돼지 한 마리와 옷 세 벌을 교환했다는 증표로 리리와 하나씩 나누어 가진 것이다. 루루는 그 사람에게 이 조개껍질하고 활과 화살을 바꾸자고 했다. 이 조개껍질은 옷 세 벌이나 멧돼지 한 마리의 가치를 담은 표식이기 때문에 이것을 리리에게 갖다 주면 되는 것이다. 그러면 리리는 그 사람에게 옷 세 벌을 줄 것이며, 나중에 그 대가로 자신은 리리에게 멧돼지 한 마리를 주면 모두가 필요한 것을 얻는 공평한 교환이 이루어지는 셈이다. 결국 조개껍질 하나를 매개로 해서 루루는 활과 화살을, 그 사람은 옷 세 벌을, 그리고 리리는 다시 멧돼지 한 마리를 얻었으니 모두가 자신이 원하는 물건을 갖게 되었다.

루루는 직접적인 물물 교환보다는 이렇게 조개껍질을 매개로 한 물물 교환이 훨씬 편리하다고 생각했다. 교환할 물건들을 매번 가지고 왔다갔다 하기는 불편할 뿐 아니라, 무엇보다도 이번 경우처럼 내가 필요로 하는 물건을 갖고 있는 사람이 내가 가진 물건이 필요 없으면 원만한 교환이 성립되지 않기 때문이다. 이 방법은 곧 원시인 사회에 널리 퍼졌다. 이제부터는 직접적인 물물 교환이 아니라 조개껍질을 매개로 한 교환이 시작되었다. 즉 화폐의 시대가 열린 것이다.

원시인 사회도 점점 발달함에 따라 다른 지역의 원시인 마을들과도 교류가 시작되었다. 그런데 여기서 새로운 문제가 발생했다. 루루의 마을에서는 조개껍질 하나가 담고 있는 가치가 옷 세 벌 또는 멧돼지 한 마리였는데, 다른 마을에서는 옷 다섯 벌 혹은 멧돼지 두 마리의 가치로 사용되고 있었다. 또 어떤 마을에서는 조개껍질 대신 모피를 화폐로 사용하고 있었으며, 소금을 화폐로 사용하는 마을도 있었다. 따라서 정상적인 교환이 이루어질 수 없었으며, 사람들 사이에는 서로 손해를 봤다면서 다툼이 끊이지 않았다.

화폐의 형태와 가치를 통일시켜야 했다. 그래서 사람들은 금을 화폐로 통일해서 사용하자고 약속했다. 이제 금 100그램은 멧돼지 한 마리, 옷 세 벌, 활과 화살 두 벌 등의 가치를 동시에 갖는다. 그리고 점차적으로 금 100그램의 가치를 갖는 동전, 500그램의 가치를 갖는 동전 등과 같이 오늘날의 화폐 체계가 자리를 잡게 되었다.

1. 사회 제도: 정해진 그대로 사는 길

장황하게 화폐의 기원과 발달 과정을 설명한 까닭은 바로 '화폐 제도'라는 사회 제도를 통해서 사회 제도란 무엇이고 그것은 어떠한 과정을 거쳐서 성립되는가를 보여주기 위해서이다. 사회 제도란 오랜 시간에 걸쳐 사회적으로 확립된 지위와 역할 및 규범과 절차의 조직적 체계이다. 동시에 구성원 각각의 욕구를 충족시키고 사회의 기본적 기능을 수행함으로써 사회적 가치를 구현하는 과정이기도 하다. 좀 더 요약해서 말하면 사회 제도란 개인과 집단의 생활을 가능하게 해 주는 관습화되고 공식화된 방법과 절차를 뜻한다. 앞에서 예를 든 화폐 제도는 사람들의 교환, 나아가서 경제 활동을 가능하게 해 주는 관습화되고 공식화된 방법과 절차이다.

(1) 사회 제도의 성립 과정

일반적으로 사회 제도는 상호작용, 정형화, 제도화의 3단계를 거쳐서 정착된다.

첫째, 상호작용은 타인과의 관계 형성 및 교류가 사회적으로 인정된 방식에 따라 이루어진다. 루루와 리리가 멧돼지 한 마리와 옷 세 벌 사이의 교환이 공정하다고 서로 인정했듯이, 인간은 사회 속에서 다른 사람과 특정 영역에 대하여 다양한 방식과 내용을 가지고 서로 상호작용을 한다.

둘째, 정형화는 사회적으로 인정된 상호작용 방식이 일정한 유형을 갖춤으로써 형성된다. 물물 교환이 필요하다고 사회적으로 인정되고, 이것이 점차 조개껍질이나 모피, 소금과 같은 화폐의 형태로 자리 잡아 가듯이, 인간과 인간 사이의 상호작용 방식은 사회적으로 인정된 일정한 유형을 갖춤으로써 정형화된다. 부모와 자식 간의 상호작용 형태, 스승과 제자간의 상호작용 형태 등은 모두 사회적으로 당연시되는 정형화된 상호작용 형태이다.

셋째, 제도화는 정형화된 행동 방식이 구성원들에게 보편적으로 받아들여져 관습이나 공식적인 법의 형태로 자리 잡는 것이다. 화폐 단위가 금으로 통일되고 이것이 오늘날의 화폐 형식으로 굳어지듯이, 정형화된 사회 구성원들의 상호작용 방식은 제도화 단계를 거쳐서 사회 제도로 정착한다. 초기에 예수나 석가모니를 추종하던 사람들의 단순한 모임도 그들의 믿음과 가르침이 성서나 불경과 경전으로 만들어져 체계화되고, 교회나 절과 같은 조직체가 만들어지는 제도화 단계를 거쳐서 종교 제도로 자리 잡은 것이다.

(2) 사회 제도의 특성

사회 제도가 갖고 있는 특성은 포괄성, 안정성, 구속성을 들 수 있다.

첫째, 포괄성이다. 사회 제도는 사회생활에서 이루어지는 인간 행위의 전체를 포괄하면서, 그것들을 여러 개의 제도 영역들로 나누어 작동한다. 이와 같이 포괄적인 사회 제도는 사회에 존재하고 사회를 구성하는 개인과 집단들을 모두 감싸고 있다.

둘째, 안정성이다. 특정 정권이 바뀐다고 해도 정치 제도는 여전히 존속하며, 특정 기업이 몰락해 사라진다고 해서 경제 제도 자체가 사라지는 것은 아니다. 사회 제도는 한 번 형성되면 하나의 사회적 습관이 되어 쉽게 변하지 않으며 안정성을 유지하고 있다.

셋째, 구속성이다. 사회 제도는 인간에 의해 형성되지만 일단 제도화되고 난 후에는 구성원들의 행동을 규제하고 구속하는 독자적인 힘을 가지게 된다.

(3) 사회 제도의 기능

사회 제도의 기능은 개인적 차원에서의 기능과 사회적 차원에서의 기능으로 나누어 볼 수 있다. 개인적 차원에서 사회 제도의 기능이라면 무엇보다도 인간의 기본적 욕구들을 충족시켜 준다는 점이다. 인간의 욕구는 무척 다양하다. 우선 의식주를 통한 생존 욕구와 성적 욕구 등을 비롯해서, 위험으로부터 보호받고 편안한 생활을 하고 싶은 욕구를 갖는다. 그리고 다른 사람들과의 상호작용 속에서 감정적 안정과 소속감을 느끼고 또 다른 사람들의 인정과 존경을 받고 싶어 하기도 한다. 뿐만 아니라 인간은 자기의 실존적 의미와 세계의 궁극적 의미와 같은 지적인 욕구를 가지며, 자아의 완성을 원한다.

사회 제도는 바로 이런 다양한 인간의 욕구를 충족시켜 줄 수 있는 유용한 도구이다. 원시인 루루와 리리가 화폐 제도를 통해 각자 원하는 물건들을 확보할 수 있었던 것처럼 사람들이 품고 있는 욕구는 사회 제도의 틀 안에서 실현된다. 그런데 사회 제도가 개인적 차원에서 제공하는 기능은 욕구 충족에만 그치지 않는다. 사회 제도는 또한 인간으로 하여금 타인의 행위를 예견하여 대응하게 함으로써 원만한 사회생활을 유지할 수 있도록 해준다. 원시인 리리가 조개껍질을 받으면 낯선 사냥꾼에게도 옷 세 벌을 줄 것이라고 루루가 예견하고 활과 화살을 얻을 수 있었던 것처럼 말이다.

한편 사회적 차원에서 사회 제도 기능으로는 공동체의 통합과 유지에 필요한 요건들을 충족시킴으로써 사회 전체가 하나의 통일된 질서를 이루고 유지, 발전될 수 있도록 해 준다는 점을 들 수 있다. 그렇다면 사회의 통합과 유지, 발전에는 어떤 기본 요건들이 필요할까? 사회 제도는 다음과 같은 기본 요건들을 충족시켜 준다.

첫째, 무엇보다도 사회가 존속하자면 구성원이 있어야 하므로 구성원의 재생산을 필요로 한다. 이 재생산 활동이란 곧 인간의 성 행위를 의미하는데, 사회 제도를 통한 성 행위의 규제는 사회 질서 유지에 가장 중요한 요건 중의 하나이다.

둘째, 사회가 존속하기 위해서는 구성원들의 의식주가 해결되고 자원을 이용하여 재화가 계속적으로 생산·유통·소비되어야 한다. 그리고 이 같은 일들을 분담하는 노동의 분화가 제도적으로 정착되어야 한다. 사회제도는 이러한 경제활동을 안정적으로 유지시켜주는 도구이다.

셋째, 인간을 사회적 존재로 성장시키기 위해서는 사회화가 필요하다. 사회화를 통해 인간은 사회의 가치관과 역할을 배우고 각종 지식과 기술을 습득하여, 공동생활에 참여함과 동시에 이를 후세에 전승한다. 사회 제도는 이러한 사회화를 체계적으로 구현하게 만드는 장치이다.

넷째, 사회란 여러 사람들이 모여 사는 곳이기 때문에 질서가 필요하며, 이를 위해 규범을 만들고 규범을 지키도록 구성원들에게 통제를 가해야 한다.

또 내적 갈등을 해소시킴과 동시에 다른 집단의 위협에서 스스로를 보호해야 한다. 사회 제도는 이러한 사회 통제의 기능을 제공한다.

끝으로, 구성원들에게 인생의 궁극적 의미와 세계관과 가치 지향의 지침을 제시하고 이를 실현할 수 있는 구체적인 수단들을 제공해 주는 기능도 사회 제도를 통해 이루어지고 있다.

그러면 이제부터는 가장 기본적인 사회 제도라 할 수 있는 가족, 종교, 교육, 정치, 경제 제도에 대해 차례로 살펴보기로 하자.

2. 가족 제도: 일처다부제에서 여성은 더 고달프다

가족을 우리나라에서는 '식구'라고도 표현한다. 이 말에는 한 솥밥을 먹는 사람들이라는 의미가 담겨있다. 하지만 한솥밥을 먹는다고 해서 무조건 가족이라고 정의내릴 수는 없다. 회사 구내식당에서 같이 밥을 먹는 동료들이 가족은 아니기 때문이다. 또 현대 사회에서는 가족 구성원들이 각기 다른 곳에 떨어져서 생활하는 경우도 점점 늘어나고 있다. 따라서 가족이라는 개념은 좀 더 엄밀한 정의가 필요하다.

일반적으로 가족이란 혈연, 혼인 또는 입양에 의해 결합하여 가구를 형성하고, 구성원이 각자의 사회적 역할을 수행하면서 서로 상호작용하며, 공통의 문화를 유지하고 창조하면서 살아가는, 비교적 영속적인 사회적 단위라고 정의된다. 그리고 가족 제도란 배우자의 결정과 혼인의 방식, 출산에 관한 의례, 가족 구성원 간의 관계 등과 같은 가족과 관련한 모든 것들이 정형화된 체계를 의미한다.

(1) 가족의 형태

가족의 형태는 무엇을 기준으로 분류하는가에 따라 매우 다양하게 나누어질 수 있다. 따라서 일단 다음 표를 먼저 본 후 그 내용에 대해 자세히 알아보자.

● 가족의 형태

분류 기준		가족 유형
사회 구조	친족 규모	핵가족 - 부부와 그들의 미혼 자녀 확대 가족 - 2쌍 이상 부부, 3대 이상 친족
	권위 관계	가부장제 - 남편이 권위 장악 모가장제 - 부인이 권위 장악 평등주의 가족 - 부부의 동등한 권위 관계
혈연 관계	출생과 출산	출생 가족 - 자기가 태어난 가족 출산 가족 - 자기가 만드는 가족
	혈통과 유산	부계제 - 혈통과 유산이 남편 쪽으로 계승 모계제 - 혈통과 유산이 부인 쪽으로 계승 양가제 - 혈통과 유산이 양쪽 모두 계승
	계통과 분파	직계 가족 - 장남으로 이어진 가족 방계 가족 - 차남 이하 분가 가족
결혼	배우자의 수	단혼제 : 일부일처제 - 각각 한 명의 남녀가 결혼 복혼제 : 일부다처제 - 한 남자와 여러 아내 : 일처다부제 - 한 여자와 여러 남편 집단혼제 - 여러 명의 남녀가 동시 결혼
	배우자의 선택 범위	족내혼 - 자기 집단 내 구성원과 결혼 족외혼 - 자기 집단 외부 구성원과 결혼
	혼인 후 거주지	부거제 - 남편의 친족과 동거 모거제 - 아내의 친족과 동거 양거제 - 부부 양쪽 친족과 동거 신거제 - 부부만 따로 사는 제도

① 친족의 규모

가장 일반적으로 가족의 형태를 구분하는 방법은 친족의 규모에 따라 핵가족과 확대 가족으로 나누는 것이다. 참고로 우리나라에서 민법상 친족은 8촌 이내의 부계와 모계의 혈족, 4촌 이내의 인척, 배우자로 규정되어 있다. 따라서 본인의 직계 혈족 대부분과 배우자의 4촌 이내의 인척까지가 친족에 포함된다.

핵가족은 한 세대의 부부가 그들의 미혼 자녀들과 함께 사는 가족 형태이다. 핵가족은 친족체제의 가장 기본적인 구조로서, 특히 현대에는 산업 사회에 가장 효율적으로 적응할 수 있기 때문에 가족의 사회적 기능이란 측면에서 아주 중요한 단위이다.

반면 확대 가족은 2쌍 이상의 부부 혹은 3대 이상의 세대가 같은 집에서 함께 사는 형태이다. 확대 가족은 가족 단위의 집단적 노동력이 중시되는 전통적인 농경 사회에서 많이 발견되는데, 보통 남성 중 최고 연장자가 전체 가족의 책임자이다.

② 권위 관계

가족 내에서의 의사 결정권과 같은 권위를 누가 갖느냐에 따라서도 가족의 유형이 구분되는데, 일반적으로 이러한 권위 관계는 그 사회의 규범에 따라 형성된다. 가부장제는 남편이 모든 권위를 장악하고 있는 형태로 대부분의 사회에서 지배적인 유형이다.

모가장제는 이와 반대로 아내가 더 큰 권력을 갖고 있다. 그러나 오늘날에는 일부 원시 부족들을 제외하고 모가장제는 거의 찾아보기 힘들다. 고대 전설 속에 등장하는 아마조네스 왕국이 전형적인 모가장제 가족 형태라 할 수 있다.

한편 현대 사회에는 점차 부부가 가족 내에서 재산 등에 대해 평등한 결정권을 나누어 갖고 있으며, 이를 뒷받침해주는 법률도 강화되고 있다. 이러한 형태의 가족을 평등주의적 가족이라고 한다.

③ 출생과 출산

개인의 생애를 중심으로 출생 가족과 출산 가족이란 개념으로 가족의 유형을 분류하기도 한다. 이 경우 출생 가족은 개인이 출생하고 일차적으로 사회화를 받는 가족을 말한다. 반면 출산 가족은 한 개인이 출생 가족으로부터 독립하여 결혼을 하고 자신의 자식들을 출산함으로써 형성된다.

④ 혈통과 유산

혈통과 유산에 의한 가족 유형의 구분은 대체적으로 권위 관계에 의해 분류되는 유형과 일치한다. 부계제하의 가족에서 혈통과 유산은 남자 쪽 혈통으로 계승된다. 우리나라나 중국에서 자신의 성(姓)을 아버지로부터 물려받고 전통적으로 유산이 아들에게 상속되는 것은 부계제적 가족이기 때문이다. 한편 모계제 가족의 경우 이와는 반대로 혈통과 유산은 모계를 통해서 이어진다. 그리고 양계제하에서는 혈통과 유산이 가족의 남녀 모두를 통해서 계승된다.

문화인류학자들은 먼 옛날 원시 부족 사회 시절은 대부분 모계제 사회가 지배적이었다고 말한다. 지금과 같은 결혼 제도가 정착되기 이전 난혼이나 집단혼이 일반적이었던 당시에는 아이의 아버지가 누구인지는 명확히 확인할 수 없지만 직접 출산을 하는 어머니가 누구인지는 확실히 알 수 있기 때문에 여성을 중심으로 혈족 관계가 형성되었으리라는 것이다.

그런데 모계제 사회라고 해서 여성 우위의 사회였던 것은 결코 아니다. 현존하는 모계제 사회는 매우 드문데 북미 애리조나 지역의 인디언 호피 (Hopi) 족이 그 중 하나이다. 모계제 사회는 어머니로부터 딸로 혈통과 재산 이 계승되기 때문에 호피족의 남녀는 결혼 후 남편이 부인의 집으로 들어와 산다. 따라서 모계제 사회에서 부부 간의 권력은 주로 부인이 행사하게 된다. 남편이 부인에 의해 쫓겨나는 일도 호피족에게는 심심찮게 일어나는 일이다. 남편이 어떤 잘못을 저질렀다면 부인은 조용히 남편의 소지품을 문밖으로 내 놓는다. 이것으로 이혼이 성립되고 남편은 자신의 본가로 돌아가야 한다. 호 피족에게 있어 남편은 단지 이방인일 뿐이다. 그럼에도 불구하고 모계 사회 역시 남성 우위의 사회인 까닭은 무엇일까? 이 수수께끼의 열쇠는 바로 부인 의 남자 형제들에게 달려 있다.

결혼한 남자가 처가에서 산다고 해서 자신의 가족들로부터 멀리 떠나가 는 것은 아니다. 호피족의 남자들은 보통 같은 지역의 여자들과 결혼하기 때 문에 여전히 자신의 어머니와 누이들이 남아있는 모계 집단과 긴밀한 접촉 관계를 유지한다. 그들은 비록 처가에서는 아무런 권력이 없는 이방인에 불과 하지만 그리 멀리 떨어져 있지 않는 자신의 본가에서는 막강한 권력자로 군 림할 수 있다. 자신의 본가에 중요한 일이 발생하면 남자는 즉시 달려와서 모 든 결정권을 행사하는 것이다. 처가 역시 마찬가지이다. 처가의 실질적인 권 력자는 부인이나 장모가 아닌 바로 부인의 남자 형제들이다. 즉 아이들의 입 장에서 보면 가족 내에서 통솔력을 행사하는 사람은 아버지가 아니라 외삼촌 인 셈이다. 결국 호피족과 같은 모계제 사회도 여전히 남성 우위의 사회이다. 다만 사회적으로 남편으로서의 지위보다 오빠나 남동생으로서의 지위가 더 중요시 될 뿐이다.

⑤ 계통과 분파

오늘날에도 설날이나 추석 같은 명절이 되면 모든 친척들이 큰집, 즉 본
가로 모인다. 본가는 대대로 장남에 의해서 계승되어지는 가족으로 직계 가족
이라고 한다. 한편 장남의 다른 형제가 분가해서 만들어진 가족은 방계 가족
이라고 부른다.

⑥ 배우자의 수

결혼 형태는 배우자의 수에 따라 단혼제와 복혼제로 나누어진다. 단혼제
는 오늘날 가장 일반적인 유형으로 일부일처제, 즉 한 남자와 한 여자 사이의
결혼을 의미한다. 반면 복혼제는 세 사람 이상의 사람들로 맺어지는 결혼 형
태로서 산업화 이전의 일부 사회에서 찾아볼 수 있다. 문화인류학자인 머독

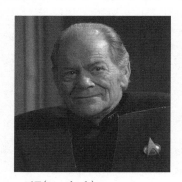
▲ 머독(Murdoch)

(Murdoch)이 1949년에 565개의 문명화되지
않은 사회를 표본으로 추출하여 인류의 결혼
형태를 연구한 바에 따르면 조사 대상 중 불
과 20%정도의 사회만이 단혼제의 결혼 형태
를 가지고 있었다고 한다. 즉 산업화 이전까
지는 지금과 달리 오히려 복혼제가 더 일반
적인 결혼 형태였다고 할 수 있는 것이다.

복혼제는 다시 한 남자가 두 명 이상의
부인과 결혼할 수 있는 일부다처제와 한 사람의 부인이 두 명 이상의 남편과
결혼할 수 있는 일처다부제로 나눠진다. 일부다처제는 산업화 이전에 보편적
이었던 결혼 형태이며, 오늘날에도 중동 지역에는 잔존하고 있다. 위에서 소
개한 머독의 연구에서도 복혼제의 결혼 형태를 가지고 있는 사회 중 4곳을

제외하고는 모두 일부다처제 사회였다고 한다. 우리나라도 과거 조선 시대 양반층에게 허용되었던 축첩 제도가 일부다처제에 해당한다.

일부다처제는 남녀 간 불평등한 권력 관계의 산물이다. 대다수의 전통 사회에서 부인들은 남편과 동등한 인격체가 아니라 남편에게 소유되어 있는 하나의 경제적인 재산으로 간주되었다. 부인들은 노동력일 뿐만 아니라 전쟁이나 정치적 투쟁에서 남편을 도와줄 아들을 낳아주고, 장차 사위가 될 남성으로부터 신부 값을 받고 교환될 딸을 낳아 주는 유용한 경제적 자원이다. 따라서 많은 부인은 남편의 입장에서는 부와 권력의 원천인 셈이다.

일부다처제 사회가 많았던 또 다른 이유는 그것이 집단의 생존에 유리하기 때문이었다. 일부다처제 사회와 일처다부제 사회의 생식력 차이를 생각해 보자. 생물학적으로 볼 때 인간은 1명의 남자만 있어도 수많은 여자가 동시에 임신을 할 수 있다. 그러나 여자가 1명인 상태라면 아무리 많은 남자가 있어도 기껏해야 10달에 1명의 아이밖에 출산할 수 없다. 더욱이 여성의 수유 기간을 고려한다면 현실적인 출산 주기는 1년이 훨씬 넘게 된다. 사회 구성원의 재생산 능력에 있어서 일부다처제는 일처다부제와는 비교도 안 될 정도로 유리한 결혼 형태이다.

하지만 제도적으로 일부다처제가 허용되는 사회라고 해서 모든 남성들이 여러 명의 부인을 얻을 수 있었던 것은 아니다. 일부다처제는 많은 가족을 부양해야 한다는 부담이 따르기 때문에 남성의 경제적 능력이 요구된다. 따라서 여러 명의 부인을 두는 것은 부와 권력을 장악하고 있는 소수 상류층만의 몫이었으며, 이들에게는 부인의 숫자가 자신의 신분과 능력을 상징하는 척도이기도 했다.

한편 일처다부제는 빈곤이나 식량 부족 등의 이유로 인구 증가를 억제하기 위한 수단으로 '여자 영아 살해' 관습이 있던 일부 지역에서 이루어졌던 혼인 형태이다. 피임법이 없던 과거에는 살아있는 사람을 살해하는 것이 인구를 줄이는 하나의 유력한 해법이었다. 살해 대상자로는 저항할 능력이 없고 아직 부모와의 애착 관계가 충분히 형성되지 않은 영아가 우선적으로 선택되었다. 그리고 영아 중에서도 앞으로 농사나 사냥 혹은 전쟁에 필요한 남자 아이보다는 여자 아이를 살해하는 것이 더 합리적인 선택으로 간주되었다. 문제는 이렇게 여자 아이들을 살해하고 나면 집단 내 여성의 숫자가 남성보다 부족해져서 나중에 원활한 혼인 관계의 형성이 어려워진다는 점이다. 따라서 혼인 연령대의 성비 불균형을 해소하기 위한 방식으로 일처다부제가 채택된 것이다.

일처다부제 사회의 또 한 가지 특징은 한 남성이 서로 다른 가족에 속해 있던 여성들과 혼인을 하는 일부다처제 사회와 달리 한 여성이 서로 다른 가족에 속해있던 남성들과 혼인 관계를 맺는 일은 극히 드물다는 점이다. 일처다부제 사회에서 여성은 주로 한 가족의 형제들과 동시에 혼인 관계를 맺는다. 이는 토지가 부족한 지역에서 남자 형제들이 각자 혼인을 하여 경작할 토지를 나누어 갖게 된다면 가구당 경작지가 심하게 줄어들어 모두가 생계를 유지할 수 없다는 경제적 이유와 관련이 있다. 즉 혼인으로 인하여 가족 공동의 토지가 분할되는 것을 막기 위한 제도적 장치로 남자 형제가 부인을 공유하는 방식으로 일처다부제의 결혼 형태를 갖게 된 것이다. 따라서 일처다부제는 한 여성이 여러 남성을 거느리는 결혼이 아니라 반대로 여러 남성이 한 여성을 공유하는 결혼 형태로 이해하여야 한다. 이러한 일처다부제는 매우 보기 드문 경우로 인도 남부의 토다족과 티베트 빈민층 일부에서 발견되고 있다.

이밖에도 여러 명의 남자와 여러 명의 여자가 동시에 혼인 관계를 맺는 집단혼제도 있다. 여기서는 모든 사람이 집단 내 모든 이성들을 동등한 배우자로 간주한다. 집단혼은 뉴기니의 일부 부족과 아프리카의 마사이족 등에서 나타나는데 지속적인 혼인 제도는 아니라고 한다.

⑦ 배우자의 선택 범위

우리나라도 다문화 사회가 본격화되면서 국제결혼이 점점 늘어나는 추세이다. 특히 젊은 여성 인구가 절대적으로 부족한 농촌 지역의 남성들이 동남아시아나 중국 등에서 신붓감을 소개받아 데려오는 일이 많아지고 있다. 하지만 예전에는 외국인과의 결혼을 극히 드문 특이한 일로 여기던 시절도 있었다. 다른 나라에서도 일반적으로 결혼은 같은 집단에 소속된 사람들끼리 하는 경우가 많다. 백인은 주로 백인끼리 결혼을 하며, 백인과 흑인이 결혼하는 경우는 상대적으로 드물다. 또 서양과 중동, 동남아시아처럼 종교의 영향력이 큰 나라에서는 같은 종교 집단 내에서 배우자를 찾는 경우가 대부분이며, 다른 종교를 가진 사람과의 결혼에는 여러 가지 사회적 난관이 따른다.

이처럼 인종이나 민족, 혹은 종교 등을 중심으로 이루어진 집단들은 다른 집단의 구성원보다는 자기 집단 구성원 사이에서 혼인 관계를 맺고 살아간다. 또 오늘날에는 어느 사회에서든지 친족 간의 혼인, 즉 근친상간은 금기시되고 있지만 원시 부족사회에서는 집단 내 결속을 유지하기 위해 친족 간의 혼인이 보편적이어서 남매나 친척끼리 결혼하는 일도 많았다. 인류 문명이 시작된 이후에도 고대 이집트 왕조, 잉카 제국, 하와이의 왕족, 중세 유럽의 합스부르크 왕족에 이르기까지 근친혼의 기록은 많이 남아 있다. 이들은 혈통의 순수성을 보존하고 권력 집단 내 결속을 다지기 위해 친족 간 혼인을 오히려 권장했다고 한다.

과거 우리나라에도 근친혼이 있었다. 신라왕 56명 중 27명, 고려왕 34명 중 20명이 근친 간에 혼인을 했으며, 주자학이 전파된 고려 말 이전까지는 일반 백성들 사이에서도 6촌을 넘는 사이에는 근친혼이 많이 이루어졌다. 유교를 통치이념으로 삼은 조선 시대에 이르러 동성동본 간의 혼인이 국가에 의해 금지되기는 했으나 「조선왕조실록」에는 고려 시대의 근친혼 관습이 남아 있어 잘 지켜지지 않았다는 기록이 남아 있다.

이렇게 자기 집단 구성원과 결혼하는 경우를 족내혼이라 하며, 반면에 자기 집단의 외부구성원과 결혼하는 것을 족외혼이라고 한다. 그런데 족내혼과 족외혼의 구분은 자기 집단의 범위를 어디까지 한정하는가에 따라 가변적이다. 예를 들면, 서로 성(姓)이 다른 남녀가 결혼을 한다면 분명히 족외혼이지만, 만약 이들이 모두 같은 인종 집단 혹은 같은 종교 집단에 소속해 있다면 넓은 의미에서는 족내혼이라고 할 수 있다.

⑧ 혼인 후 거주지

과거에는 여자가 결혼을 하면 거의 대부분 남편 쪽 집으로 들어가서 살았다. 이와 같이 신혼부부가 남편의 가족과 함께 기거하는 유형을 부거제라고 한다. 반면 데릴사위제처럼 신혼부부가 아내의 가족과 함께 기거하는 유형은 모거제이다. 현대 사회에서는 신혼부부가 따로 분가하여 자기들만의 살림을 새롭게 차리는 경우가 많은데, 이러한 형태를 신거제라고 한다. 이밖에 남편과 아내 양 측 가족과 모두 함께 사는 형태도 드물게 있는데 이런 경우는 쌍거제라고 부른다.

(2) 가족 제도에 대한 관점

오늘날의 현대 사회에서는 독신을 주장하는 사람들이 많이 늘어나고 있다. 결혼과 이를 통해 구성되는 가족이라는 것을 거추장스럽게 여기고 보다 홀가분한 입장에서 인생을 설계하려는 새로운 풍조이다. 이렇게 자발적으로 결혼을 거부하는 사람들을 가리켜 아직 결혼을 못한 '미혼(未婚)'이 아니라 결혼을 하지 않는 '비혼(非婚)'이라는 말까지 새로 등장했다. 이와는 다른 이유에서, 즉 극심한 취업난으로 인해 결혼을 해서 가족을 부양하기가 경제적으로 부담스러워 혼인 적령기가 지났음에도 결혼을 포기한 독신자들도 많아졌다. 이러한 사회 분위기에 편승하여 오피스텔이나 원룸 형태의 독신자용 주거 공간도 인기를 얻고 있으며, 대형 마트에서도 한꺼번에 많은 식료품을 처리하기 힘든 독신자들을 위한 맞춤형 상품들이 나오고 있다. 이제 결혼은 '누구나 하는 것'에서 '선택적인 것'으로 바뀌고 있는 것이다.

독신자들이 계속 늘어난다는 것은 역으로 생각해보면 사회의 최소 단위 집단인 가족의 비중이 줄어든다는 이야기이다. 그리고 이는 곧 오랜 인류의 역사 속에서 전통적으로 유지되어 왔던 가족의 기능이 약화되고 있음을 의미한다. 그렇다면 가족은 왜 필요한가? 다시 말해서, 가족은 사회 속에서 어떠한 기능을 수행하는가에 대해 다시 한 번 짚고 넘어가 볼 문제이다.

첫째, 가족은 성행위를 규제하는 기능을 한다. 인간은 동물과는 달리 언제든지 성적 만족을 추구할 수 있는 생리적 특성을 지니고 있다. 그러나 어느 사회를 막론하고 남녀가 제멋대로 성관계를 맺는 것은 허용하지 않는다. 대표적인 것이 근친상간의 금기와 혼외정사의 규제이다. 인간의 성적인 욕구 충족은 결혼이라는 형태를 통해서만 제도적으로 인정된다. 그리고 이것은 성의 문란 등과 같은 사회적 무질서를 억제시킨다.

둘째, 사회적 재생산, 즉 구성원의 충원 기능이다. 사회가 존속하기 위해서는 새로운 사회 구성원이 계속 충원되어야 하는데 자녀 출산을 통한 사회 구성원의 재생산을 합법적으로 보장해 주는 것이 바로 가족 제도이다.

셋째, 양육과 보호, 정서적 안정의 기능이다. 인간은 독립적인 존재로 살아가는데 필요한 생물학적 성장 기간이 다른 동물들에 비해 훨씬 길다. 아기를 태어나자마자 혼자 내버려둔다면 곧 죽고 말기 때문에 누군가의 지속적인 보살핌이 반드시 필요하다. 가족은 어린 아이에게 의식주뿐 아니라 보호와 애정까지도 제공해 준다. 또한 성인이 되어서도 여러 가지 곤란에 빠졌을 때, 가족은 외부 집단에서는 쉽게 얻을 수 없는 물질적, 정신적 도움을 제공한다.

넷째, 사회화의 기능이다. 어린 아이를 완전한 사회적 존재로 성장시키는 가장 중요한 사회화 기관이 다름 아닌 가족이다. 물론 현대 사회에서는 학교나 대중 매체와 같은 다른 사회화 기관이 사회화의 많은 역할을 담당하고 있지만, 가족은 여전히 1차적 사회화 기관으로서 의미가 크다. 가족은 언어와 가치, 규범과 같은 가장 기초적이고 중요한 내용들을 사회화시켜 줄 뿐 아니라, 나아가 개인의 인성 형성에도 큰 영향을 끼친다. 그리고 사회는 이를 통하여 문화의 지속과 전승을 확보한다.

다섯째, 가족은 구성원에게 사회적 정체감과 귀속 지위를 부여한다. 개인은 가족이라는 사회 집단에 소속되어 있는 구성원으로서 '내가 누구'라는 사회적 정체감을 형성하게 된다. 뿐만 아니라 개인은 자신이 속한 가족을 통해서 성(姓)과 인종, 민족 및 신분 등과 같은 귀속적 지위를 부여받으며, 이후 삶의 과정도 이 같은 가족 배경에 의해서 많이 좌우된다.

여섯째, 경제적 기능이다. 과거 농경 사회에서는 가족이나 친족이 경제적 생산과 소비의 가장 기본적인 단위였다. 산업화 이후 생산 단위로서의 가족의 기능은 많이 약화되었지만, 소비 단위로서의 가족이 갖는 경제적 기능은 여전히 중요하다.

마지막으로 종교적 기능이다. 조상에 대한 제사나 성묘는 아직까지도 대부분의 가족에서 보편적인 중요한 종교 행사이다. 이러한 조상 숭배를 통해 가족 구성원들은 공동체임을 새삼 확인하고 친족 간의 우애도 강해진다. 조상 숭배 문화가 없는 서구에서도 종교 활동은 대부분 가족 단위로 이루어지고 있다. 그래서 가족 구성원들이 모두 동일한 종교를 믿는 경우가 많다. 뿐만 아니라 비록 가족 구성원 모두가 특정 종교의 신자가 아니라 해도 한 구성원의 신앙이 다른 가족 구성원의 가치관이나 행동에 영향을 끼칠 수 있다.

그런데 가족의 다양한 기능들을 강조하는 기능론에 대해 갈등론은 이러한 관점이 엄연히 존재하고 있는 가족 내 지배－피지배의 권력 관계와 불평등의 문제를 외면하고 있다고 비판한다. 가족이 사회의 기초 단위이기에 가족 내에서 구조화되어 있는 가부장제적 질서와 이로 인해 발생하는 가족 구성원 간의 갈등은 곧 사회적 차원에서의 권력 불평등과 갈등의 원천이라는 것이 갈등론의 입장이다. 과거에 비하면 많이 개선되었다고는 하나 여전히 가족 내에는 남편과 부인 간, 그리고 부모와 자식 간에 불평등한 관계가 존재하고 있다.

갈등론에 따르면 남편은 가족 구성원을 부양하는 사람으로서의 지위를 갖고 가족 내에서 권력을 행사하며 가사 노동에 종사하는 부인의 노동력을 착취한다. 또한 부모는 자식들을 자신의 소유물로 간주하며, 자식들의 생계를 책임지는 존재이자 연장자라는 지위를 내세워 자식들에게 일방적으로 복종을 강제한다. 이런 맥락에서 마르크스와 엥겔스는 「가족의 기원」이라는 저서를 통해 "결혼은 인류 역사상 최초로 계급 적대감을 보여 주는 제도이자 계급 재생산의 도구"라고 선언하였다. 즉 가족 구성원들 간의 관계는 호혜와 상호 존중이 아닌 억압과 갈등을 기반으로 형성되어 있다는 것이 갈등론의 주장이다.

3. 종교 제도: 기우제를 지내면 반드시 비가 내린다

아메리칸 인디언들은 가뭄이 오래 계속되면 추장을 중심으로 기우제를 지냈다. 그런데 이들이 기우제를 지내면 반드시 비가 내렸다. 그 이유는 비가 내릴 때까지 계속 기우제를 지내기 때문이란다. 만약 추장이 아무 일도 하지

▲ 인디언 기우제

않고 있었다면 가뭄에 시달린 인디언 주민들의 신경은 날카로워질 것이고, 주민들 사이에 온갖 분란과 갈등이 발생했을 것이다. 더 나아가 추장에게 책임을 묻게 되고 결국 인디언 공동체의 안정성은 무너질지도 모른다. 하지만 뜨거운 태양 아래서 며칠이고 하염없이 하늘을 향해 비를 내려달라 빌며 정성껏 기우제를 지내다보면 그 기간 동안 인디언 주민들의 결속력은 더 강해지고 이를 통해 가뭄이라는 위기 상황도 극복할 수 있게 된다.

　　이렇듯 인간은 위기 상황에 부딪칠 때마다 자신의 능력을 훨씬 뛰어넘는 미지의 초월적 존재에 의존하면서 심리적 안정과 당면한 문제의 해결을 도모해 왔다. 그리고 인간과 초자연적 존재와의 상호작용은 주술과 미신의 단계를 거쳐 종교 제도로 발전했다. 종교는 고대 시대부터 어떤 형태로든 모든 사회에 존재하고 있었다. 고대 원시인들이 나무나 바위를 숭배하는 일, 삼국시대에 하늘에 제사를 올리던 제천의식을 거쳐서 오늘날의 기성 종교와 사이비 종교에 이르기까지 종교는 초자연적인 세계에 대한 두려움과 믿음을 간직하고 살아가는 연약한 생물체에 불과한 인간과 늘 함께 했다.

우리는 종교라는 말을 들으면 흔히 깊은 산 속에서 들려오는 은은한 목탁 소리나 고요히 참선하고 앉아있는 스님의 모습, 혹은 교회의 종소리나 성가대의 찬송가 소리 등과 같은 경건하고 숭고한 이미지를 떠올리기도 한다. 하지만 종교가 언제나 이렇게 아름다운 모습만 보이는 것은 아니다. 우리 사회에는 이단 혹은 사이비로 지칭되는 신흥 종교 집단이 여러 가지 사회적 물의를 빚어 뉴스의 중심이 되는 사건들이 종종 일어난다. 허황된 믿음을 유포시켜 신도들의 재산을 가로채거나 노동력을 착취하고, 그것도 모자라 성추행

▲ 다양한 종교의 공존

과 폭행까지 마다하지 않는 파렴치한 일들이 감히 종교라는 허울을 쓰고 벌어지고 있는 것이다. 기성 종교 집단 내에서도 주도권 다툼이나 재산 분쟁처럼 종교라는 이름에 어울리지 않게 지극히 세속적인 사안을 둘러싸고 사회 문제를 일으키는 일들이 종종 발생하기도 한다. 또 종교적 갈등이 국제 사회에서 테러와 전쟁 같은 큰 사건으로 확대되는 경우도 역사적으로 여러 차례 찾아볼 수 있다.

그런데 우리가 여기서 살펴보고자 하는 것은 종교적 교리나 가치 체계는 아니다. 신이 실제로 존재하느냐 하는 형이상학적 문제는 더더욱 아니다. 사회과학적 시각에서 종교 현상을 바라본다면 종교의 기원, 종교 조직의 변화 과정, 종교와 인간 각 부분과의 관계 등에 주목하게 된다. 그렇지만 이런 주제들은 보다 전문적인 종교학 또는 종교사회학의 범주에 속하는 문제이다. 따라서 우리의 관심사는 하나의 사회 제도로서의 종교란 무엇이며, 그것은 사회에 어떤 의미를 담고 있는지 또 종교의 사회적 기능은 무엇인가 하는 점에만 국한시키기로 한다.

종교란 사회가 성스럽게 여기는 궁극적 의미, 즉 삶의 본질적 의미를 깨닫고 현실의 유한성을 초월하려는 욕구와 관련된 믿음이다. 그리고 믿음의 대상과 가치, 종교적 의식과 관행 등이 정형화된 체계를 종교 제도라고 한다. 그렇다면 종교 제도가 수행하는 사회적 기능은 무엇일까? 종교의 사회적 기능에 대한 기능론의 관점과 갈등론의 관점은 아주 다르다. 먼저 기능론에서 말하는 종교의 기능부터 알아보자.

첫째, 종교는 개인에게 삶의 의미와 그 방향을 제시해 준다. 종교는 '왜 사는가'와 같은 존재에 관한 궁극적인 질문에 대해 의미 있는 해답을 제공해 준다. 또한 인간이 어려움에 처했을 때 그것의 의미를 설명해주고 삶의 용기와 희망을 던져 준다. 특히 사람들은 개인적으로 감당하기 힘든 극한의 상황에 처했을 때 종교에 의지하여 위안을 찾는다. 불치의 병에 걸린 사람이나 사형수들이 종교에 귀의해서 평안과 안정을 얻었다는 이야기가 바로 종교의 이러한 기능을 잘 말해준다.

둘째, 종교는 사회 통합의 기능을 수행한다. 같은 종교를 믿는 신자들은 공통의 가치와 신념을 공유하고 있으며, 종교 의식을 행하기 위해 일정 장소에 규칙적으로 모여 지속적이고 안정된 상호작용을 나눈다. 따라서 종교는 신도들의 공동체를 통하여 사회 통합에 기여하며, 특정한 목적 달성을 위한 사회적 동원을 용이하게 해 준다.

셋째, 종교는 사회 통제의 기능을 담당한다. 성경이나 불경 또는 유교의 삼강오륜과 같은 가르침 속에는 한 사회의 중요한 가치와 규범이 들어있다. 신앙이 깊은 사람이라면 이러한 가르침을 마음 속 깊이 간직하고 그에 따라 행동할 것이며, 비록 종교를 믿지 않는 사람이라도 종교가 제시하는 사회적으로 보편화된 가치와 규범을 어느 정도 내면화하게 된다. 그리고 이것은 법 규정보다도 개인의 태도에 훨씬 더 근본적인 영향을 끼친다. 따라서 종교의 계율은 사회 규범으로서 개인의 행동을 효과적으로 통제할 수 있는 수단이다.

넷째, 종교는 사회 질서의 유지와 변동에 기여한다. 종교는 사회의 문화적 전통과 가치를 지지하고 전승하는 역할을 한다. 또 앞에서 언급한 것처럼 사회 통합과 사회 통제 기능을 통해 사회 질서를 유지시켜 준다. 그러나 국제 사회에서 빈번하게 벌어지고 있는 종교 집단 간의 분쟁에서 보듯이 종교는 교리나 종파 간의 대립에 의해 사회 갈등을 조장하기도 한다. 또한 종교적 가치를 가지고 기존의 사회적 제도를 재평가할 때 사회 변동이 발생하기도 한다. 근대 초기 유럽의 종교 개혁, 조선 말기 농민 혁명을 불러 일으켰던 동학 혁명, 그리고 중국 역사를 뒤흔들었던 황건적의 난이나 태평천국의 난 등이 이러한 예이다.

반면 갈등론에서는 종교를 매우 부정적인 시각으로 바라보고 있다. "종교는 인민의 아편"이라는 마르크스의 유명한 명제는 갈등론에서 바라보는 종교의 의미를 함축적으로 표현하고 있다. 아편은 환자의 고통을 잠시 잊게 해주지만 궁극적으로 병을 치료하지는 못하며 오히려 중독을 유발해 몸 상태를 악화시킨다. 갈등론은 종교도 마찬가지로 고통 받는 사람들에게 내세의 행복을 약속함으로써 일시적인 위안을 제공하지만 이는 단지 현실 도피에 불과하다고 본다. 뿐만 아니라 사람들이 종교적인 위안에 만족한다면 당면한 현실 세계를 변혁하려는 의지가 약화되고, 현실의 고통과 불의를 그대로 받아들임으로써 기존 사회 구조의 모순은 그대로 지속된다.

　　또한 갈등론은 상당수의 종교가 남녀 간에 차별적 규범을 강제하고 있다는 점을 들어 종교 집단 내에서도 남성 중심의 가부장제적인 권력 관계가 재현되고 있다고 지적한다. 많은 종교들이 종교 집단 내에서의 주요 지위들을 남성들에게만 독점적으로 허용하며, 여성이 그 지위를 획득할 수 있는 자격은 제도적으로 원천 봉쇄하고 있다. 또한 이슬람교 같은 경우에는 여성에게만 부르카와 히잡으로 얼굴을 가리도록 종교 교리로 강제하고 있다. 이렇듯 기성 종교 내에서도 많은 성차별적 요소들이 존재하고 있으며 이는 결국 종교가 성차별을 해결하기는커녕 오히려 조장하고 있다는 것이 갈등론자들의 해석이다. 결국 갈등론에 따르면 종교는 지배 집단의 권력 유지를 위한 수단일 뿐이다. 그리고 종교적 신념은 단지 허위의식에 불과하며, 인간 소외의 한 형태인 것이다.

4. 교육 제도: 행복은 성적순이 아니잖아요!

교육(education)이란 말은 라틴어의 Educére, 즉 계몽(leading out)이라는 말에서 유래했다. 교육의 원래 의미는 인간의 잠재력을 끌어내어 완성된 인간으로 만들어 가는 과정으로서, 인간성의 함양이나 인격의 형성이 강조된 말이다. 또 공부(工夫)라는 말의 본래 의미는 단순히 두뇌를 사용하는 지적 과정에만 한정되는 것이 아니라, 스스로의 끊임없는 수양과 노력을 통해 특정 분야에서 일정한 경지에 도달하는 상태를 일컫는 보다 폭넓은 뜻을 가지고 있다. 따라서 근대화 이전의 교육은 실용적 가치를 습득하기 위한 것이 아니라 자신의 교양을 넓히기 위한 방편으로 진행되어 왔다.

그러나 오늘날의 교육이란 지식과 기술을 전승·전달하고 새로운 지식을 만들어 내기 위한 사회 제도로서의 측면이 강조되고 있다. 따라서 여기서는 이를 종합하여 지식, 기술 및 가치를 체계적으로 전달함으로써 인간의 잠재력을 끌어내고 인격을 연마하는 과정을 교육이라고 정의하겠다.

물론 교육은 가족이나 종교와 같은 다양한 사회 제도를 통해서 이루어질 수 있다. 그러나 현대에는 대부분의 국가에서 일정 기간의 의무교육을 실시하고 있으며, 학교라는 시설을 갖추고 전문적으로 양성된 교육자에 의해 보다 체계적인 교육이 실시되고 있다. 따라서 여기에서 말하는 교육 제도란 주로 학교에서 전문적인 교육자에 의해 수행되는 공식적으로 제도화된 교육 체계를 지칭하는 것이다.

교육의 사회적 기능은 현재적 기능과 잠재적 기능으로 나누어 볼 수 있는데, 먼저 교육의 현재적 기능부터 살펴보기로 하자.

첫째, 사회화와 문화 전승의 기능이다. 사회 구성원은 교육을 통해 기존의 가치나 제도, 기술과 같은 삶의 수단적 기반을 습득한다. 또 사회에 축적된 문화적 유산은 교육을 통해 세대에서 세대로 전승된다.

둘째, 사회 통합과 사회 통제의 기능이다. 학교 교육은 구성원 모두에게 공통된 언어와 지식, 그리고 가치를 가르치기 때문에 구성원들은 사회적·문화적으로 상호 통합되어 간다. 또한 교육은 개인으로 하여금 스스로 사회 규범을 내면화하게 만듦으로써 가장 적절한 사회 통제 효과를 갖는다.

셋째, 직업 훈련의 기능이다. 현대 사회는 여러 분야에서 전문 인력을 필요로 하는데, 학교는 장래의 취업을 위한 준비 기관으로서 유용하고 전문적인 지식을 가르치며 전문 인력을 적재적소에 공급해 준다.

넷째, 교육은 사회 구성원의 사고 능력을 향상시켜 준다. 개인의 사고력과 잠재력이 교육을 통해 발굴, 향상된다. 그리고 이를 통해 성장하는 비판 의식은 사회를 바람직한 방향으로 발전, 전환시킬 수 있다.

하지만 교육의 기능은 이것만이 아니다. 교육은 전혀 의도하지 않았던 다음과 같은 잠재적 기능까지 갖고 있다.

첫째, 아동의 보호 기능이다. 학교는 매일같이 많은 시간 부모를 대신해서 어린 학생들을 보호, 관리한다. 그 결과 아동의 양육 부담이 가벼워진 많은 여성들의 사회 활동과 경제적 자립이 가능해졌다.

둘째, 숨은 교과 과정의 기능이다. 학교 교육은 공식적인 교과 과목 이외에도 단체 생활이나 역할 분담 등을 경험하게 함으로써 학생들을 학교 밖 사회 질서에 적응하도록 훈련시킨다.

셋째, 사회 이동과 실업의 조정 기능이다. 학교생활을 통해 형성된 교우 관계, 즉 학연은 이후 사회생활에서 직업의 선택이나 이동에 큰 영향을 미친다. 또한 학교는 잠재적 노동 인력을 흡수함으로써 이들이 곧바로 노동 시장에 진출할 경우 생길 수 있는 실업을 예방하고 실업률을 감소시키는 역할을 한다.

넷째, 사회 변동의 요람이다. 특히 대학은 역사적으로 급진적인 사회 운동의 진원지로 사회적 기능을 담당해 왔다. 우리나라에서 학생 운동은 민주화에 결정적인 기여를 했다. 프랑스의 68운동, 미국의 베트남전 반대 운동 같은 대규모 사회 운동도 대학을 중심으로 전개되었다. 이렇듯 대학은 중요한 역사적 분기점마다 현실 비판적이고 변혁 지향적인 사회 운동의 중심 세력으로 늘 중요한 역할을 수행해 왔다.

그런데 갈등론의 시각에서 바라보는 교육 제도는 위에서 설명한 교육의 기능과는 크게 다르다. 갈등론은 첫째, 교육이 기존의 불평등한 사회관계를 재생산하고 있다고 지적한다. 불평등한 권력 관계가 형성되어 있는 기존의 사회 구조에서는 교육의 기회 역시 누구에게나 평등하게 주어지지 않는다. 교육 기회는 계층이나 인종 등 기존의 차별적 요소들에 의해 차등적으로 제공되고 있다. 현실적으로 상급 학교 수준으로 올라갈수록 저소득층이나 소수 인종의 비율은 점점 줄어들며, 양질의 교육 환경은 상류층과 백인 등 기득권층에 의해 독점되고 있다. 따라서 교육을 통해 신분과 지위를 상승시킬 수 있다는 것은 극히 일부에게만 해당되는 예외적인 현상일 뿐 사실은 환상에 불과하다는 것이다. 교육이 계층 이동의 기회를 제공하는 것이 아니라 오히려 교육 기회의 차등화를 통해 기존의 지배－피지배 관계를 재생산한다는 것이 갈등론의 진단이다.

둘째, 갈등론은 학교라는 체제가 또 다른 갈등의 공간이라는 점에 주목한다. 교사와 학생 간의 관계는 개별 인간의 존엄성에 기초한 수평적 관계가 아니라 권력의 불균형에 기초한 수직적 관계로 구성된다. 또한 학교 교육은 학생들 간의 협력과 호혜의 관계보다는 성적 경쟁을 통한 우열 관계를 만들어 내는 데에 초점을 맞추고 있다. 이를 통해 학생들은 자신도 모르는 사이에 순응과 복종의 가치를 내면화하며 불평등한 권력 관계를 당연한 것으로 받아들이게 된다. 즉 학교는 사회 전반에 만연해 있는 지배－피지배 관계의 사전 학습장이자 갈등 관계의 축소판이라는 것이다. 기능론에서 이야기하고 있는 학교가 가진 숨은 교과 과정의 기능이 존재한다는 점은 갈등론도 동의하지만 그 내용은 이렇게 정반대의 성격을 띠고 있다.

셋째, 갈등론은 학교에서 이루어지는 교육의 내용에도 문제를 제기한다. 학교에서 가르치는 내용은 대부분 기득권층을 옹호하고 현재의 불평등한 권력 관계를 정당화하는 가치를 중심으로 구성되어 있다. 또한 중상류층의 문화나 그들의 실용적 필요에 부합하는 내용이 대부분이며 사회의 하층 혹은 피지배층의 문화와 요구를 충족시켜 줄 수 있는 교육 내용은 학교 현장에서 제외되고 있다고 말한다. 사회적으로 하층에 속한 집단의 학생들과 상층 집단의 아이들이 성적이나 진학 등의 실적에서 차이가 나타나는 것은 학생 개개인의 자질과 능력 부족 때문이 아니라 지배 집단에게 친화적인 교육 내용으로 인해 이들 간에 성취동기의 차이가 발생한 데서 비롯된다는 것이 갈등론의 설명이다.

5. 정치 제도: 강도의 권력, 사이비 교주의 권위

고대 희랍의 도시 국가가 탄생하기 이전인 원시 고대 사회에서는 오늘날의 사회처럼 다양한 제도들이 명확하게 세분되어 있지 않았다. 대부분의 사회 조직은 가족 제도에 의해서 통제되거나 또는 부락 단위의 족장 제도에 의해 운영되었다. 그러나 사회 조직이 점차 복잡해지고 규모도 커지면서 이들 대규모 집단 사이에 발생하는 이해관계를 둘러싼 갈등이나 권력 투쟁을 통제할 수 있는 보다 분화된 사회 제도가 필요하게 되었다. 여기서 등장한 것이 바로 국가로 대표되는 정치 제도이다. 정치 제도란 어떤 개인들 및 집단들이 다른 개인이나 집단들에 대하여 권력을 얻고 행사하는 방법을 정당화하고, 국가의 틀 안에서 정부와 국민 간의 관계를 규정해 주는 규범과 가치와 법률이 제도화된 체제를 말한다.

(1) 권력과 권위

정치 제도에 대한 본격적인 설명에 앞서 알아두어야 할 개념이 권력과 권위이다. 정치란 바로 권력과 권위를 누가 가지며, 어떻게 획득하며 그리고 어떤 목적에 사용되는가와 직결되는 문제이기 때문이다.

권력이란 다른 사람의 동의가 없을 때조차도 그들의 행동을 강제하고 통제하는 능력이다. 권력은 합법적일 수도, 비합법적일 수도 있다. 과거 쿠데타를 통해 집권한 군사 정권들은 정통성을 확보하지 못해 대다수 국민들로부터 외면을 당했지만, 행정 조직과 경찰 병력을 통해 합법적으로 국민을 통치할 수 있었다. 이들이 국민을 통치할 수 있었던 것은 바로 권력을 장악했기 때문이다. 다른 예를 들어보자. 밤길을 가는데 갑자기 강도가 나타나서 칼을 들이밀고 돈을 내놓으라고 협박을 했다고 생각해보자. 물론 행인은 강도에게 돈을 내어줄 의사는 전혀 없다. 하지만 강도가 들고 있는 칼의 위협 때문에 어쩔 수 없이 돈을 털리게 된다. 이때 강도는 행인에게 권력을 행사할 수 있는 능력을 확보한 셈인데, 이때의 권력은 비합법적인 권력이다.

반면 권위란 그것이 적용되는 사람들에게 의심 없이 받아들여지는, 다시 말하면 복종이 마땅하고 옳다는 신념 위에 정당화된 권력이다. 강도에게 강제적으로 돈을 빼앗긴 행인은 알고 보니 사이비 종교의 광신도였다. 이 사람은 다음날 종교 모임에 참석하여 어제 강도에게 빼앗긴 돈보다 훨씬 큰 액수의 돈을 아무런 망설임 없이 교주에게 헌금했다. 어제는 강도가 가진 칼의 권력

▲ 막스 베버(Max Weber)

때문에 마지못해 돈을 빼앗길 수밖에 없었던 사람이 오늘은 교주에게 선뜻 거액의 돈을 바치는 것은 교주가 이 사람에게 권위를 확보하고 있기 때문이다. 이 사람은 교주가 자신에게 헌금을 요구하는 것이 정당하다고 생각하고 조금의 의심도 갖지 않는다. 독일의 사회학자 막스 베버(Max Weber)는 이러한 권위를 다음과 같이 세 가지 유형으로 구분하여 설명한다.

첫째, 전통적 권위이다. 이것은 관습과 사회적으로 인정된 관행에 기초한 권위이다. 전통적 권위는 지금까지 존재해온 것은 무엇이든지 타당하다는 신념에 근거하고 있다. 통치자는 세습 받은 지위를 통해 권위를 행사하고 추종자들은 이 지위를 의심 없이 받아들이면서 권위에 복종한다. 그리고 통치자의 권위는 일반적으로 문서화되지 않은 전통적인 법이나 관습에 의해 행사된다. 과거의 족장이나 왕들은 대부분 전통적 권위에 의존하여 왔다. '내가 곧 국가이다'라는 프랑스 왕 루이 14세의 오만한 표현은 전통적 권위의 영향력을 잘 반영해준다. 왕에 대한 백성들의 맹목적인 충성심도 이 같은 전통적 권위로부터 비롯된 것이다.

둘째, 카리스마적 권위이다. 이것은 통치자의 인격이나 비범한 능력이 만들어 낸 권위이다. 카리스마적 권위를 가진 통치자들은 추종자들이 볼 때 감히 범접할 수 없는 아주 대단한 인물이다. 그러나 카리스마적 통치자들이 자신의 권위를 유지하기 위해서는 자신의 놀랍고 경이로운 능력을 계속 추종자들에게 보여줘야 한다. 이렇게 카리스마적 권위는 행동의 지침이 될 만한 규범이나 전통을 갖지 못하고 특정 개인의 독특한 능력에만 의존하기 때문에 그 지도자의 신변에 이상이 생겼을 때는 권위의 계승에 문제가 발생하는 매우 불안정하고 일시적인 권위이다. 전형적인 카리스마적 권위의 통치자로는 독일의 히틀러나 구소련의 스탈린, 이슬람 테러 집단인 알카에다의 지도자였던 빈 라덴 같은 사람들을 꼽을 수 있다. 한편 예수, 석가, 마호메트 등도 카리스마적 권위를 가진 종교 지도자라고 할 수 있다.

셋째, 법적·합리적 권위이다. 이것은 통치자의 권리와 의무를 규정하는 명백한 규칙과 절차들이 합법적으로 성문화된 법률에 근거한 권위이다. 통치자들은 이미 법적으로 규정된 한계 내에서만 권력을 행사하며, 그 권위는 전통이나 개인적 특성이 아니라 개인의 직책으로부터 나온다. 깡패가 경찰관을 보고 도망가는 것은 자신이 경찰관보다 싸움을 못해서가 아니라 바로 경찰이라는 법적 지위가 갖는 권위가 무서워서 도망가는 것이다. 오늘날 대부분의 국가들은 법적·합리적 권위에 입각한 정치 제도를 가지고 있는데, 국민들은 법률에 규정된 선거라는 공식적인 절차를 통해 대다수 국민들의 지지를 획득해 낸 통치자의 법적-합리적 권위를 인정하고 있다.

그렇지만 현실적인 권위는 이들 세 가지 유형이 뒤섞여 나타나는 경향이 있다. 대표적인 예로 미국의 대통령이었던 케네디는 미국 헌법에 규정된 법적·합리적 권위뿐 아니라 '뉴 프론티어', 즉 새로운 개척 정신으로 상징되는 카리스마적 권위를 모두 지니고 있었다. 또 우리나라에서 창업자로부터 경영권을 상속받은 재벌 2세 경영자들은 세습된 전통적 권위와 주주 총회를 통해 승인된 법적·합리적 권위를 동시에 소속 직원들에게 행사한다.

결국 이상의 세 가지 권위 유형은 단지 개념상으로만 분리되는 순수한 '이념형'일 뿐이다. 이념형이란 베버가 제안한 개념으로, 추상적이고 개념적인 분석 도구를 의미한다. 현실적으로 실재하는 관찰 가능한 구체적 대상들은 매우 다양한 형태로 존재한다. 그러므로 이것들이 갖는 속성이나 특성들 중 공통적이면서도 가장 이상적이라고 할 만한 것들로 순수한 형태의 이념형을 만드는 것이다. 따라서 이념형은 현실적으로는 존재하지 않으며, 오직 상상의 세계에서만 존재하는 추상물이다. 그러므로 도덕적인 이념을 지칭하는 것은 아니며, 통계적인 평균치를 의미하는 것도 아니다. 사회 현상을 연구할 때 현실에 존재하는 특정 대상을 이념형과 비교함으로써 구체적인 대상들의 유사성과 차이점을 확인할 수 있다는 것이 베버의 주장이다.

(2) 정치 제도의 유형

정치 제도는 통치권을 누가 갖고 있으며, 그 통치권은 어떻게 정당화되는가 하는 것을 기초로 다음과 같은 유형으로 나누어진다.

첫째, 군주제이다. 이것은 세습된 지위에 근거한 최고 통치자 한 사람이 지배하는 정치체제이다. 현대에는 실질적인 군주제는 완전히 사라졌으며, 영국, 일본, 태국 등 일부 나라에서 통치자가 아닌 상징적 존재로서의 왕이 존재할 뿐이다.

둘째, 과두제이다. 이것은 소수의 지주, 자본가 계급 또는 군사 지도자나 종교 지도자들이 권력과 권위를 누리며 통치권을 행사하는 엘리트 중심의 정치 체제이다.

셋째, 독재와 전체주의이다. 이것은 한 사람 또는 한 개의 정당이 모든 권력을 독점적으로 장악하고 있는 정치 체제이다. 이러한 정치 체제 하에서 모든 사회 제도들은 국가 권력에 의해 운영되고 통제되며, 통치자와 정치권력의 영향력은 사회의 모든 부문과 개인 생활의 구석구석까지 뻗쳐 있다.

넷째, 민주주의이다. 이것은 최소한 다음의 세 가지 특성을 갖고 있는 정치 체제이다. 먼저 '국민 통치의 원리'이다. 이는 모든 국민들이 정치적 지위를 추구하고 정치 활동에 참여할 수 있으며, 나아가 권력을 획득할 권리를 갖고 있어야 한다는 뜻이다. 다음은 '대표제의 원리'이다. 민주주의 국가에서 권위는 국민들에 의한 선거에 근거하며, 선거를 통해 선출된 사람은 사실상 국민 대다수의 대표자로 인정받는다. 또한 일정 기간이 지나면 선거를 통해 합법적으로 대표자의 교체가 가능해야 한다. 끝으로 '자유로운 공적 활동의 원리'이다. 국민 누구나 의사소통과 집회 및 결사 등을 포함한 모든 영역에서 공적 활동을 자유롭게 할 수 있는 권리를 가져야 한다.

(3) 정치 제도의 기능

첫째, 정치 제도의 가장 기본적인 기능은 사회 구성원들의 활동을 조정하고 질서를 유지하여 국민들의 생명과 재산을 보호하는 일이다. 여기에는 두 가지 측면이 있다. 하나는 규범을 집행함으로써 사회적 일탈을 막거나 통제하여 사회 질서를 안정적으로 유지하는 것이며, 다른 하나는 갈등하는 집단 사이의 분쟁을 해결하여 사회 통합을 지속시키는 것이다.

둘째, 정치 제도는 국민들을 외부의 위협으로부터 안전하게 보호하는 기능을 수행한다. 정부는 치안을 확보하고, 군대를 길러 국방의 책임을 지며, 외교 활동을 통하여 국민의 보호와 국가 이익을 도모한다.

셋째, 정치 제도는 정부를 통하여 사회 구성원들의 공공복리를 위한 활동과 시설들을 계획하고 이를 실현한다. 즉 정부는 사회적 자원을 동원하여 사회가 요구하는 목표를 달성하기 위한 제반 정책을 주도한다.

6. 경제 제도: 빵을 향한 인간의 욕구

인간이 빵만으로는 살 수 없다고들 하지만, 빵 없이는 절대 살 수 없다. 그런데 이 빵은 하늘에서 저절로 떨어지는 것이 아니라 인간의 노동으로 생산하는 것이다. 하지만 빵이 만들어졌다고 모든 문제가 끝나는 것은 아니다. 생산된 빵은 사람들에게 적절하게 분배되어져야 하며, 또 분배된 빵은 소비되어야 한다. 이러한 모든 과정에 관계된 사회 제도가 바로 경제 제도이다.

경제 제도란 사회적으로 필요한 재화와 용역을 생산, 분배, 소비하는 경제적 활동과 관련된 사회 제도이다. 따라서 경제 제도의 기능은 생산, 분배, 소비라는 세 영역으로 나누어 설명할 수 있다.

첫째, 생산은 재화와 용역을 얻기 위해 자연 자원과 인간의 노동력이 결합되고 응용되는 과정을 말한다. 생산 과정을 통해 사람들은 노동을 하도록 동기 부여받고, 이 일을 나누어 수행하는 분업을 통해 사회적 의미를 갖게 된다.

둘째, 분배는 자연 자원과 노동을 생산자에게, 그리고 생산된 재화와 용역을 소비자에게 이동시키는 과정이다. 분배 과정을 통해 누가 무엇을 얼마나 어떻게 갖도록 하는가가 정해진다. 그리고 공정한 분배는 보다 풍성하고 보다 효율적인 생산의 촉진제로 작용한다.

셋째, 소비는 인간의 욕구 충족을 위해 생산, 분배한 재화와 용역을 소모하고 이용하는 과정이다. 인간은 소비 과정을 통해 생물적, 사회적 삶을 온전히 누릴 수 있다.

넷째, 생산과 분배, 그리고 소비 과정에서 이와 관련된 각종 일자리가 창출된다. 따라서 사회 구성원들은 경제 제도 안에서 각자의 직업을 갖고 이를 통해 소득을 얻는다. 동시에 경제 제도는 각종 직업 활동을 규제하기도 한다.

한편 경제 제도가 갖는 잠재적 기능도 있다. 경제 제도로서 사유재산제의 확립은 사회 불평등과 사회 계급의 형성을 초래했으며, 이는 나아가 권력과 권위의 불평등까지 확대시켰다. 또한 급격한 경제적 변동이 혁명과 같은 전체적인 사회 구조의 변화를 촉진하는 경우도 있다.

생각해 봅시다

01 급격하게 변화하는 현대 사회에서 가족의 기능과 형태는 어떻게 달라질 것인
   지 예측해 봅시다.

02 권력에 의한 지배와 권위에 의한 지배는 각각 어떠한 상황에서 효과적일
   까요?

03 사회 제도는 상호작용, 정형화, 제도화의 과정을 거쳐 성립합니다. 사회 제도
   의 하나인 종교 제도가 성립하는 과정을 위의 각 단계별로 설명해 봅시다.

chapter

08

사회 계층과
사회 이동

1. 사회적 불평등 현상: 승용차는 평등하지 않다

현대인들에게 승용차는 단지 교통수단이라는 의미를 넘어 자신이 가지고 있는 부의 수준을 과시하는 상징으로 여겨지기도 한다. 승용차의 보유 여부, 나아가 어떤 크기와 어떤 차종의 승용차를 보유하고 있느냐에 따라 그 사람에 대한 사회적 반응이 달라진다. 승용차가 개인의 사회적 지위나 신분을 대변하고, 또 그에 따라 차별적인 대우를 받는 풍조가 나타나고 있는 것이다.

우리가 사회 속에서 경험하게 되는 불평등이 승용차에만 국한되는 것은 아니다. 시험 성적이나 운동 경기에서의 순위는 사람들을 차등적으로 서열화하는 가장 대표적인 사례이다. 사실 머리가 나쁜 사람이 머리 좋은 사람과 동등한 시험 성적을 얻기는 여간해서 힘든 것이 현실이다. 체력이 약한 사람이 건강한 사람과 100m 달리기에서 똑같은 기록을 내는 것도 어려운 일이다. 이것은 모든 사람들이 선천적으로 타고난 능력 정도가 같을 수 없기 때문에 나타나는 당연한 결과라서 불가피한 일이다. 그래서 이런 것들은 불평등이라고 볼 수 없다. 하지만 문제는 다른 데 있다. 재산, 권력, 학력, 직업, 신분, 가문, 성별, 인종 등에 따라 우리는 이루 헤아릴 수 없는 많은 분야에서 늘 사회적 불평등을 경험하면서 살고 있다. 그리고 이 같은 불평등은 실제로 어느 사회에서나 보편적으로 나타나는 현상이기도 하다.

루소(Rousseau)의 자연법 사상에서 비롯된 '모든 인간은 평등하다.'라는 근대 이후의 기본적 사회 원칙에도 불구하고 지금까지 존재해온 모든 인류 사회에는 어떤 형태로든 항상 사회적 불평등이 존재해왔다. 오늘날에도 완전한 평등을 누리는 사회는 어디에도 없다. 그

▲ 불평등

렇다면 사회적 불평등은 왜 일어나게 되는 것이며, 이것은 어떤 형태를 가지고 어떻게 유지되는가? 그리고 불평등은 사회적으로 어떤 의미가 있는가? 이것이 바로 지금부터 우리가 알아보고자 하는 내용이다.

2. 사회적 희소가치: 다이아몬드와 돌멩이의 결정적 차이

사회 불평등 현상을 알아보기 위해서는 우선 '사회적 희소가치'라는 말을 이해해야 한다. 아주 단순한 예를 생각해보자. 값비싼 보석인 다이아몬드는 지질학적으로는 광물의 일종으로 분류된다. 길바닥에 굴러다니는 돌멩이 역시 마찬가지로 지질학적으로는 광물 중 하나이다. 그런데 왜 사람들은 다이아몬드는 값비싼 것으로 소중히 여기는 반면 돌멩이는 하찮은 것으로 여기고

▲ 희소가치가 높은 다이아몬드

거들떠보지도 않을까? 돌과 달리 다이아몬드는 반짝반짝 광채를 내며 아름답기 때문이라고 생각할 수도 있을 것이다. 하지만 똑같이 광채를 내며 아름답게 빛나는 유리 세공품보다 다이아몬드를 훨씬 비싸게 평가하는 것을 보면 단지 그 이유가 외관 때문만은 아닐 것 같다. 다이아몬드가 돌보다 값비싼 이유는 바로 흔하지 않기 때문이다. 흔하지 않으니까 귀한 것이고 귀한 것이니까 비싼 것이다.

많은 사람들이 즐겨 먹는 생선회의 가격도 마찬가지이다. 비싼 생선회와 값싼 생선회의 차이는 어디에서 비롯될까? 맛의 차이 때문이라고 생각할 수도 있다. 하지만 맛이란 각자의 주관적 취향에 따라 얼마든지 다르게 느껴질 수 있는 것이다. 생선회 가격의 차이도 역시 그 물고기가 흔한 것이냐 귀한 것이냐에 따라 결정된다. 광어처럼 양식을 통해 대량 공급이 가능한 물고기는 비교적 값이 싸지만, 양식이 불가능해 어부가 직접 바닷가에 나가 잡아와야 하는 물고기는 횟집에서 비싸게 팔린다. 게다가 그물로 한꺼번에 잡지 못하고 낚싯대로 한 마리씩 잡아야 하는 물고기의 회 가격은 여간해서는 선뜻 먹을 엄두도 못 낼만큼 비싸다. 맛있어서 비싼 것이 아니라 귀해서 비싼 것이고 비싸니까 더 맛있게 느껴지는 것이다.

다이아몬드나 귀한 횟감처럼 우리 사회에도 모든 사람이 소유하기를 갈망하지만 흔하지 않은 가치들이 있는데, 이런 것들을 사회적 희소가치라고 부른다. 경제력, 권력, 위신 등이 가장 대표적인 사회적 희소가치이다. 경제력, 권력, 위신 등은 누구나 차지하고 싶은 것들이지만 유감스럽게도 모든 사람들에게 다 돌아갈 만큼 충분하지 못하다. 그뿐만 아니라 모두가 소유할 수 있을 만큼 흔하다면 사람들이 그렇게 갈망하지도 않을 것이다. 이렇게 가치는 희소하고 그것을 원하는 사람들은 많기 때문에 분배 방법도 절대로 공평할 수가 없다. 따라서 사회적 희소가치는 차등적으로 분배되며, 그 결과 많이 소유한 사람과 그렇지 못한 사람 사이에 서열화 혹은 양극화 현상이 나타난다.

결국 사회적 희소가치들이 한 사회 내에서 누구에게 어떻게 분배되느냐에 따라서 그 사회의 불평등 형태와 특성이 결정되는 것이다. 그리고 사회적 희소가치들의 차등적 분배가 만들어 낸 사회 불평등이 제도화된 체계를 이룰 때 사회에는 계급 또는 계층의 분화 현상이 나타난다.

3. 계급과 계층: 오디션 프로그램을 통해 본 계급과 계층의 쌍곡선

우리는 일상생활에서 계급과 계층이라는 개념을 엄격히 구별하지 않고 사용한다. 그렇지만 계급과 계층은 사회학적으로 매우 다른 의미이다. 계급이 이분법적 개념이라면 계층은 서열적 개념이라고 할 수 있다. 그렇다면 이분법적 개념과 서열적 개념은 또 어떻게 다른가? 이해를 돕기 위해 한 가지 예를 들어보겠다.

방송국마다 가수가 되기를 열망하는 젊은이들을 대상으로 각종 음악 장르의 오디션 프로그램을 열고 있다. 매년 수많은 참가자들이 치열한 예선을 거치며, 대중 음악계의 권위자들로 이루어진 심사위원들의 채점 결과에 따라 매 회 단계별로 탈락자들이 속출한다. 마지막에는 끝까지 살아남은 제한된 숫자의 최종 참가자들이 수많은 관객들이 모인 대형 공연장에서 생방송으로 결선 경연을 펼치고, 마침내 영광의 우승자가 탄생한다. 우승자에게는 막대한 상금과 함께 연예기획사에 소속되어 음반 발매와 가수 데뷔를 할 수 있는 길이 보장된다.

당연히 모든 참가자들의 최종 목표는 우승이다. 하지만 우승이라는 사회적 희소가치는 오직 단 한 명 혹은 한 팀의 몫으로 돌아갈 뿐이다. 그렇다고 실망만 할 일은 아니다. 비록 우승은 하지 못했어도 다른 기회가 남아있기 때문이다. 최종 결선 무대까지만 올라가도 언론으로부터 관심의 대상이 되고 대중들에게 자신의 인지도를 높일 수 있다. 이들로부터 인정만 받으면 꼭 우승까지 하지 않더라도 우승자와 마찬가지로 음반 발매와 가수 데뷔의 기회를 잡을 수 있는 가능성이 아직은 열려 있다.

이와 같은 오디션 프로그램의 진행 방식을 통해 우리는 이분법적 개념과 서열적 개념의 차이를 찾아볼 수 있다. 오디션 참가자는 결과적으로 볼 때 단 한 명 혹은 한 팀의 우승자와 나머지 우승하지 못한 사람들로 나뉜다. 거액의 상금 그리고 음반 발매와 가수 데뷔의 길을 확실하게 보장받은 것은 오직 우승자뿐이기 때문이다. 비록 최종 결선 무대에 나가는 단계까지 살아남았다고 해도 우승을 놓친다면 이후의 기회는 어디까지나 가능성일 뿐이지 아직 확실하게 보장된 것은 아니다. 이렇게 모든 영광과 기회를 다 부여잡은 우승자와 그렇지 못한 나머지 다른 참가자들의 구분이 바로 이분법적 개념이다.

물론 이분법적 개념 하에서 구분 기준을 좀 더 넓혀볼 수는 있다. 이번에는 최종 결선 무대까지 올라간 참가자들과 일찌감치 예선에서 탈락한 참가자들로 나눠보자. 최종 결선 무대까지 살아남은 참가자들은 지속적으로 언론의 스포트라이트를 받으며 대중들로부터 화제의 대상이 된다. 반면 예선에서 초반에 탈락한 참가자들에게는 그런 기회조차 주어지지 않는다. 잠깐이라도 자신이 노래하는 장면이 TV 화면에 나온 참가자들은 그나마 위안이라도 되겠지만 아예 통편집 되어버린 더 많은 탈락자들은 어디 가서 자신이 그 프로그램에 출전했다는 말조차 꺼내기 어렵다. 이렇게 최종 결선 무대에 올라 자신의 실력을 널리 알리게 된 참가자들과 그런 기회조차 얻지 못한 존재감 없는 예선 탈락자들의 구분 역시 이분법적 개념이다.

이번에는 서열적 개념에 대해 살펴보자. 최종 결선 무대에 오른 참가자들은 또 다시 경연을 통해 그들끼리 순위 경쟁을 펼친다. 그리고 여기서 하위 순위에 머무른 탈락자들이 나오면서 준준결승, 준결승 그리고 최종 결승전으로 이어진다. 당연히 준준결승에만 들고 탈락한 참가자보다는 준결승까지 올라온 참가자의 실력이 더 인정을 받은 것이고, 이보다는 끝까지 남아 결승전을 펼치는 참가자의 실력이 더 높게 평가된다. 이렇듯 누가 얼마나 더 높은 점수를 받느냐, 누가 얼마만큼 더 오래 살아남느냐에 따라 참가자들의 순위를 정하는 것이 바로 서열적 개념이다.

계급과 계층의 구분도 이와 크게 다르지 않다. 사회적 희소가치를 소유한 자와 소유하지 못한 자를 이분법적 개념으로 나누어 사회 불평등 구조를 설명하는 것이 계급 이론이라면, 사회적 희소가치를 아주 많이 가진 자, 조금 많이 가진 자, 조금 적게 가진 자, 아주 적게 가진 자, 아예 갖지 못한 자 등과 같이 순차적으로 서열화하여 사회 불평등 구조를 설명하는 것이 계층 이론이다.

(1) 계급

계급 이론은 마르크스(Marx)의 저작들을 통해 그 기반이 마련되었다. 그는 계급을 규정하는 핵심적인 차원으로 경제적인 단일 요인을 들고 이것을 중심으로 사회적 불평등의 형성과 발달 과정을 설명하였다. 마르크스에 따르면 계급은 생산 수단의 소유 여부에 따라 구별되는 사회적 위치이다. 생산 수단이란 인간이 물질적 재화를 생산하는데 필요한 모든 물질적 조건을 의미한다. 생산 수단은 다시 노동 대상과 노동 수단으로 구분된다. 노동 대상이란

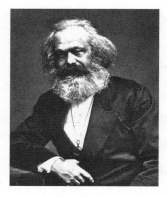

▲ 칼 마르크스(Karl Marx)

인간이 생산물을 만들려는 목적으로 노동 행위를 가하는 대상을 의미한다. 토지, 삼림, 하천, 광물 자원, 원재료 같은 것들이 대표적인 노동 대상이다. 한편 노동 수단이란 인간과 노동 대상 사이를 매개하여 노동을 효과적으로 수행하기 위해 사용하는 도구를 의미한다. 삽, 곡괭이, 망치, 톱과 같은 단순한 도구에서부터 각종 기계나 장비 등 복잡한 도구에 이르기까지 다양한 형태의 노동 수단이 있다.

마르크스는 인류 역사상 모든 사회는 생산 수단을 소유하고 있는 사람들과 그렇지 못한 사람들로 나뉜다고 말한다. 생산 수단을 소유하고 있는 사람들은 지배 계급을 형성하고, 그렇지 못한 사람들은 피지배 계급으로 구분되어 있으며, 모든 인류의 역사는 바로 이들 지배 계급과 피지배 계급 사이의 끊임없는 갈등과 대립, 즉 계급투쟁에 의해 변증법적으로 발전해 왔다는 것이다. 특히 오늘날의 자본주의 사회는 생산 수단을 소유하고 있는 부르주아지(자본가) 계급과 이것을 소유하지 못한 프롤레타리아(노동자) 계급으로 나누어져

▲ 계급

있다. 그리고 경제 구조 속에서 차지하는 위치인 계급에 따라 사람들은 그들의 모든 사회적 속성, 이를테면 생활양식, 생활 수준, 가치관이나 신념 등을 규정받는다.

부르주아지가 호화 주택, 희귀한 음식, 값비싼 명품 의

류, 고급 예술을 향유하는 반면, 프롤레타리아는 초라한 서민 주택, 평범한 음식과 기성복, 그리고 누구나 즐기는 대중 예술에 만족해야 한다. 부르주아지가 고급 승용차에 골프채를 싣고 다니면서 해외여행 계획을 짜고 있을 때, 프롤레타리아는 힘든 철야 노동을 마치고 싸구려 안주에 소주잔을 기울이며 자식의 학비 걱정이나 할 수밖에 없다. 뿐만 아니라 어렵게 공부해서 겨우 대기업에 입사한 노동자의 아들이 말단 행정직에서 근무하고 있을 때, 사장님의 아들은 외국 유학을 마치고 회사 임원 자리를 차지한다. 이런 방식으로 부르주아지와 프롤레타리아 양 대 계급 간에 사회적 불평등이 구조화되고 재생산되는 것이다.

그런데 마르크스가 단지 생산 수단의 소유 여부라는 객관적 상황에만 국한시켜 계급을 설명한 것은 아니다. 그는 여기에 다시 '계급의식'이라는 주관적 요인을 강조한다. 즉 자신의 경제적 위치를 제대로 자각하지 못한 상태로 단지 생산 수단의 소유 여부라는 객관적 조건에서 동일한 위치를 점하고 있는 사람들의 집단을 '즉자적 계급'이라고 부르고 이것이 계급의 전제가 되는 존재라고 보고 있다. 마르크스는 이 즉자적 계급이 자신들의 계급적 위치를 스스로 깨닫고 계급 구성원들 간의 이해관계를 인식하는 계급의식을 갖춤으로써 진정한 의미의 계급, 다시 말하면 '대자적 계급'으로 발전되는 것이라고 말한다. 그리고 대자적 계급으로서의 프롤레타리아들이 연대하여 혁명을 일으켜 기존의 사회 불평등 구조를 완전히 전복시켜야 한다고 주장한다.

(2) 계층

마르크스의 계급이 생산 수단의 소유 여부를 기준으로 부르주아지와 프롤레타리아로 양분된 비연속적인 대립과 단절을 전제로 한 개념이라면, 베버(Weber)의 계층은 연속선상에 위치하고 있는 서열적 개념이다. 또한 사회 불평등 현상을 경제 결정론적으로 설명한 마르크스와는 달리 베버는 이를 좀 더 다양한 측면에서 포괄적으로 설명하려고 했다. 물론 베버도 경제적 요인을 무시하지는 않았지만, 사회 불평등 현상은 단순히 경제적인 요인 하나만으로 설명될 수 없는 보다 복잡한, 즉 다차원적인 성질을 띠고 있다고 생각했다.

베버에 의하면 계층이란 서로 다른 사회적 희소가치에 따라 다양하게 서열화되어 있는 개인과 집단의 위치를 구분하는데 사용되는 개념이다. 따라서 계층에서는 경제적 위치를 나타내는 계급, 사회적 위치를 나타내는 지위, 정치적 위치를 나타내는 권력이라는 세 가지 차원이 함께 고려되어야 한다.

첫째, '계급'은 비슷한 수준의 경제적 능력과 유사한 정도의 경제적 이해관심을 가진 사람들로 구성되는 범주이다. 여기서의 계급은 객관적 기준에 의해 규정되는 것이기 때문에, 같은 계급 구성원이라고 해서 반드시 공동 의식을 느끼고 공동체를 형성하는 것은 아니다.

둘째, '지위'는 한 공동체 내에서 개인 혹은 그의 사회적 역할에 부여된 명예나 위세에 의해 결정되는 자리이다. 동일한 지위에 있는 사람들은 서로에게 동질감을 느끼고 비슷한 생활양식과 가치관을 공유하며 친밀한 사회적 접촉을 한다.

셋째, '권력'은 다른 사람들의 저항에도 불구하고 자신의 의지를 관철시킬 수 있는 능력을 의미한다. 베버는 권력의 분배 질서도 하나의 위계를 가진 것으로 보고, 이를 획득하고 행사하기 위한 수단으로 '정당'을 들고 있다.

베버가 정의한 경제적 계급, 사회적 지위, 정치적 권력이라는 세 가지 희소가치는 상호 간에 밀접한 관련을 맺고 있기는 하지만 각각 분리되어 있는 독립적 차원이다. 따라서 한 개인이 각 차원에서 차지하는 위치가 반드시 일치하는 것은 아니다. 예를 들면, 사회적으로 높은 지위를 얻고 있는 명망 높은 종교 지도자가 경제적으로는 궁핍하게 지내는 경우도 많으며, 정치적 권력을 장악한 정치인이 사회적으로는 명예로운 지위를 누리지 못한 채 오히려 대중의 손가락질을 받는 일도 흔하다. 또한 경제적으로 성공한 기업인이 정치적 권력까지 얻으려고 선거에 나섰다가 낙선의 고배를 마시고 좌절을 겪게 되는 경우도 있다. 이처럼 한 개인이나 집단이 각기 다른 계층 차원에서 서로 일치하지 않는 위치에 놓여 있는 상황을 사회학적 개념으로는 '지위불일치'라고 한다.

4. 사회 불평등 현상에 대한 이론적 관점: 좋은 신랑감을 찾는 기준

차별과 불평등이 없는 완전히 평등한 이상 사회를 만들려는 인간의 노력은 역사상 끊임없이 시도되어 왔다. 19세기 생시몽, 푸리에, 오웬 등과 같은 공상적 사회주의자들은 공동 생산과 공동 분배를 전제로 한 공동체를 건설하여 인위적인 평등 사회를 만들어보았으나 결국 실패하였다. 계급 없는 사회를 이룩하기 위한 '20세기 인류 최대의 실험'이라고 불렸던 소련이라는 사회주의 체제도 끝내는 다수의 대중 위에 군림하는 당과 국가의 전체주의적 횡포를 극복하지 못한 채 몰락하고 말았다.

그렇다면 사회적 불평등은 인간이 피할 수 없는 영원한 원죄인가? 이제 우리는 계급과 계층 현상에 대한 이론적 관점들을 살펴보겠다. 특히 이 주제에 대한 기능론자들과 갈등론자들의 의견은 다른 어느 주제보다도 가장 첨예하게 대립하고 있다.

(1) 기능론적 관점

결혼정보업체에서 가장 인기 있는 신랑감은 소위 '사(士)'자 신랑이다. 남녀 간의 사랑을 전제로 신성하게 맺어져야 할 결혼이 마치 시장에서 물건 고르듯 이루어지는 것은 안타까운 일이나, 아무튼 가장 선호도가 높은 신랑감의 직업은 의사나 판·검사, 변호사와 같이 끝에 '사(士)'자가 붙은 직업이라고 한다. 이 같은 왜곡된 결혼 풍속도는 혼수 문제로 예비 부부 간의 갈등이 깊어지고 사랑 없는 결혼 끝에 이혼으로 치닫는 등 여러 가지 사회 문제를 일으키고 있다.

그럼에도 불구하고 '사(士)'자 신랑감은 왜 이렇게 여전히 인기일까? 그것은 바로 우리 사회에서 이런 직업이 고소득과 안정된 직장을 보장해주기 때문이다. 그러니 딸을 시집보내는 부모 입장에서 이왕이면 이런 직업을 가진 신랑감을 원하는 것도 무리는 아닐 것이다. 그렇다면 왜 유독 이런 직업이 고소득과 안정된 직장을 보장해 주는 것일까? 지금부터 기능론적 관점을 통해 이러한 질문의 해답을 찾아보자.

기능론적 관점에 따르면 사회 불평등이란 결국 사회에서 가장 '중요하다고' 생각하는 자리들을 그 사회에서 가장 '자격 있는' 사람들로 채우기 위해 자연스럽게 형성된 사회적 현상이다. 사회에서 중요하고 의미 있는 자리가 자질과 능력이 있는 사람들로 채워지기 위해서는 사회적 희소가치를 차등하게 분배해야 한다. 즉 보다 더 중요한 자리에서 사회적 역할을 수행하는 보다 더 자격 있는 사람들에게 보다 더 많은 부, 명예, 권력을 제공해야 한다는 것이다. 따라서 사회 불평등 현상은 어느 사회에서나 불가피하게 존재할 수밖에 없다. 대표적인 기능론적 계층 이론가인 데이비드와 무어(Davis & Moore)의 논리에 따라 이를 좀 더 체계적으로 정리해보자.

첫째, 모든 사회는 유지 존속을 위해 여러 가지 사회적 역할에 적절한 인력을 잘 배치해야 한다. 모든 사람이 다 의사나 판·검사를 할 수는 없고 또 그래서도 안 된다. 사회가 정상적으로 유지되려면 사회의 존속에 필요한 모든 분야에 골고루 인력이 배치되어야 한다. 약사가 없다면 의사는 병을 치료할 수 없으며, 영양사가 없다면 입원 환자들에게 제대로 식사를 제공할 수 없다. 또 병원 청소부가 없다면 병원의 위생 상태를 깨끗하게 유지할 수 없다.

둘째, 각각의 사회적 역할마다 기능적 중요성이나 역할 수행을 위해 받아야 할 교육과 훈련의 정도는 차이가 있으며, 가장 중요한 역할을 제대로 수행할 수 있는 능력을 갖춘 유능한 인재는 극히 희소하다. 실제로 의사가 되는 과정은 결코 쉽지 않다. 일단 의대에 입학하려면 대학 입시에서 꽤 높은 점수를 받아야 한다. 또 의대 공부를 마치면 다시 인턴과 레지던트 과정을 거쳐야 하고 전문의 자격시험까지 통과해야 한다. 판·검사나 변호사도 마찬가지다. 사법시험에 합격하기 위해서는 꽤 많은 시험 과목들을 준비해야 하며, 막대한 경쟁률을 뚫어야 한다. 로스쿨에서의 공부도 만만치 않다. 어떤 경로를 택하든 판·검사나 변호사가 되기 위해서는 엄청난 시간과 각고의 노력이 요구되는 힘든 과정을 거쳐야 한다. 사람의 병을 고치거나 사회의 법을 다루는 일은 너무나 중요하고 아무나 쉽게 할 수 없기 때문에 이렇게 전문적인 교육과 훈련 과정을 거친 선별된 사람만이 그 역할을 수행해야만 한다. 당연히 이런 힘든 과정을 거쳐 제대로 된 능력을 갖춘 유능한 인재는 사회적으로 그리 많지 않다.

셋째, 유능한 인재에게 중요한 역할을 맡기고, 맡은 역할을 잘 수행하도록 하려면 그들의 동기를 유발하기 위한 응분의 보상을 제공해야 한다. 그리고 보상의 크기는 역할의 중요성과 역할 수행에 필요한 능력에 비례하며 그런 능력을 갖춘 인력의 희소성과는 반비례한다. 즉 중요한 일에는 더 많은 보상이 따라야 하며, 그 일을 수행할 수 있는 인력이 많지 않을수록 보상의 크기는 더 커진다. 힘든 과정을 거쳐서 마침내 의사나 판·검사, 변호사가 되었다면 당연히 그 사람은 자신의 지위에 부합하는 사회적 보상을 기대하게 될 것이다. 만일 의사의 월급이나 사회적 신분이 병원 청소부의 그것과 별 차이가 없다거나, 혹은 판·검사의 권력이 법원 경비원의 그것과 비슷한 수준이라면 굳이 힘들게 공부해서 의사나 판·검사가 되려는 사람은 별로 없을 것이다.

결과적으로 사회 불평등이란 역할의 중요성과 역할 수행 능력의 차이에 따라 보상이 차등 분배되기 때문에 발생하는 불가피한 현상으로서, 복잡한 분업을 가진 사회에서는 기능적으로 반드시 필요하다는 것이 기능론자들의 주장이다. 즉 차등적인 분배 체계는 사람들로 하여금 보다 많은 보상을 얻도록 동기를 부여하며, 이에 따라 사람들의 자질과 능력이 향상하며 아울러 사회도 그만큼 발전하기 때문에 사회 불평등 현상은 개인과 사회가 최선의 기능을 하도록 하는 사회적인 장치라는 것이다. 이렇듯 기능론적 관점은 개인적 성취를 강조하는 사회적 가치와 잘 부합하면서 사회 불평등 현상에 대해 많은 설득력을 보여주고 있다.

(2) 갈등론적 관점

갈등론적 관점에서 볼 때 사회는 경제적 재화와 정치적 권력 그리고 사회적 명성과 같은 희소가치를 쟁취하기 위한 치열한 투쟁이 전개되는 현장이다. 그리고 이러한 투쟁의 상황에서 특권 집단은 자신의 기득권을 지키기 위해 끊임없이 노력한다. 따라서 갈등론적 관점에서 사회 불평등 현상이란 타인 혹은 타 집단을 착취하고 지배할 수 있는 권력을 장악한 개인이나 집단이 자신들의 특권을 유지하고 강화하는 현상이라고 본다. 사회 불평등 현상이 불가피하다는 기능론적 관점은 이미 사회적 희소가치를 많이 분배받고 있는 특권 집단이 현재의 기득권과 지배적 위치를 계속 유지하고 정당화하기 위한 허울 좋은 주장에 불과하다는 것이다.

갈등론적 관점의 학자들은 기능론적 관점에 내재된 여러 가지 문제점을 비판하고 있는데, 가장 대표적인 튜민(Tumin)은 다음과 같이 지적하고 있다.

첫째, 사회의 다양한 역할들을 기능적 중요성에 따라 위계적으로 구분하는 것은 아주 위험한 발상이다. 한마디로 '직업에는 귀천이 없다.'는 말인데, 기능적 중요성의 기준은 다분히 자의적이라는 점을 지적하고 있다. 오히려 사회적 위계의 하위 영역에 해당하는 역할을 수행하는 사람이 자신의 역할을 제대로 수행하지 않는다면 사회 체제는 유지가 불가능해진다. 병사 없는 장군은 전쟁터에서 혼자 아무 것도 할 수 없으며, 사원 없는 사장은 그 회사를 정상적으로 운영할 수 없는 법이다.

둘째, 능력 있는 인재가 희소하다는 것은 잘못된 전제이다. 아무리 개인적인 자질이 뛰어나다 해도 가난하다면 의대에 진학하여 값비싼 학비를 감당한다는 것은 여간 어려운 일이 아니다. 치열한 경쟁 사회 속에서 사회경제적 지위가 낮은 소외 계층의 자녀들은 이미 출발 지점부터 자신의 능력을 발휘할 기회를 구조적으로 박탈당하고 있다. 그리고 이러한 기회의 불평등은 다름 아닌 사회 불평등 현상으로부터 비롯되고 있다. 오히려 모든 사람들에게 비슷한 조건과 환경이 주어진다면 유능한 인재의 희소성 문제는 상당한 정도로 줄어들 것이다.

셋째, 설령 기능적 중요성의 차이에 따른 역할의 위계를 인정한다 해도 항상 능력과 자질을 갖춘 사람이 중요한 위치를 차지하는 것은 아니다. 대기업의 경우 한 개인이 말단 평직원부터 시작해서 아무리 자신의 능력을 발휘하고 회사의 발전에 기여를 한다고 해도 회사 임원으로까지 승진하는 길은 매우 비좁다. 오히려 능력 여부와 상관없이 사장의 아들이나 친인척이라는 귀속적인 지위를 가진 사람이 임원의 자리에 오르는 일이 많다. 따라서 자격 있는 사람들이 중요한 자리를 차지한다는 가정은 극히 제한적인 설명력만을 가질 뿐이다.

넷째, 사회적으로 중요한 역할을 수행하고 있는 사람이 그에 합당한 보상을 받지 못하는 경우도 많다. 일례로 소방관과 연예인을 비교해 보자. 생명의 위협까지 무릅쓰고 화재 현장에서 사람들을 구하기 위해 애쓰는 소방관의 사회적 역할은 연예인과 비교해 볼 때, 사회의 유지를 위한 기능적 중요성이 더하면 더했지 결코 못하지는 않다. 그러나 유명 연예인이 단 한편의 광고 출연만으로 어마어마한 수입을 올리고 사회적인 명성을 얻는 것에 비해, 소방관은 박봉에 시달리며 사회적 지위도 높지 못한 것이 현실이다.

끝으로 기능론적 관점이 갖고 있는 왜곡된 인간관과 사회관의 문제이다. 기능론적 관점에 따르면 인간은 응분의 보상을 받기 위해 일하는 이기적인 존재이다. 따라서 보상보다는 일 자체에 만족을 느끼면서 성취동기를 갖고 살아가는 좀 더 차원 높은 인간의 내면적 욕구는 무시된다. 또한 기능론적 관점은 사회의 구조화된 불평등이 사회 질서의 유지와 사회 발전을 위해 사회 구성원들의 폭넓은 합의에 의해 형성된다고 봄으로써, 기존의 불평등 구조 속에서 혜택을 누리는 특권 계층과 억압을 당하는 소외 계층 간의 갈등적 요소를 간과하고 있다.

한편 사회 불평등 현상의 순기능을 중요시 하는 기능론과 달리 갈등론은 사회 불평등 현상의 순기능을 부정할 뿐만 아니라 나아가서 그 역기능에 대해 다음과 같이 지적하고 있다.

첫째, 사회 불평등은 한 사회의 인재를 발굴·충원할 수 있는 기회를 제한한다. 기득권층은 현재의 사회 구조를 그대로 유지하기 위하여 사회의 중요한 자리에 대한 구성원들의 접근 기회를 불평등하게 제한시킨다. 과거 조선 시대에는 양반, 중인, 상민, 천민 등의 계층 구조가 형성되어서 각 신분에 따르는 권리와 의무에 대한 차별과 규제를 두었다. 이는 당시 특권층이었던 양반의 기득권을 다른 계층 구성원으로부터 확고히 지키기 위한 수단이었다. 뿐만 아니라 양반 내에서도 적자와 서자의 차별을 엄격하게 구분함으로써 양반의 순수 혈통을 유지하고자 했다. 이러한 계층 체계는 사회의 유능한 인재가 자신의 능력을 발휘할 기회를 제한함으로써 사회 발전을 저해하는 역기능을 초래하게 된다. 이와 같은 상황은 현대 사회에서도 크게 달라지지 않고 있다.

둘째, 사회 불평등은 사람들로 하여금 현재의 상황을 있는 그대로 합리화시켜 받아들이게 하는 보수적인 이데올로기를 정당화한다. 자신이 가난한 것은 사회 구조적인 문제로 인한 것이 아니라 단지 가난한 부모 밑에서 태어났기 때문이라는 식의 운명론적인 가치관, 혹은 그저 자신의 능력이 부족해서라는 체념적인 태도를 내면화시키고 있다는 것이다. 따라서 이렇게 구조의 문제를 개인의 문제로 돌리면 현존하는 불평등 구조를 개선하고 혁파하려는 의지는 꺾이게 되며 이는 다시 불평등 구조의 강화와 재생산이라는 악순환으로 이어진다.

셋째, 사회 계층에 따라 사람들의 자신감이나 사명감도 불평등하게 분배되며, 이것은 결과적으로 사회 구성원 각자의 창의력을 떨어뜨리고 나아가 사회에 대한 소속감까지도 약화시킨다. "재주는 곰이 부리고 돈은 주인이 챙긴다."는 말이 있다. 사회적으로 낮은 지위에 있는 사람들은 열심히 일해 봐야 남 좋은 일만 시킨다는 식의 생각을 갖고 무사안일주의에 빠지기 쉽다. 그리고 이것은 개인과 사회가 최선의 기능을 하는 데 장애가 될 뿐만 아니라 사회적 통합을 약화시키는 결과를 낳는다.

넷째, 사회 불평등은 사람들 간의 대립과 갈등을 유발시킴으로써 사회적 분열을 가져온다. 사회적 희소가치에 접근하는 것을 제한당하고 많은 불이익과 억압을 겪어야 하는 하위 계층 사람들은 자연히 특권층 사람들을 적대시하고 이들의 기득권을 빼앗으려 할 것이다. 또한 이미 많은 특권을 향유하고 있는 사람들은 자신의 기득권을 계속 지키고 또 자기 자식들에게까지 이를 물려주기 위해 이들과 대립하게 된다. 결과적으로 사회 불평등 구조가 사회의 통합과 유지에 기여한다는 기능론자들의 입장과는 달리 갈등론적 관점에서 사회 불평등은 사회의 분열을 일으키는 근원적인 문제로 간주된다.

5. 계층 연구의 접근방법: 사장님이 넘치는 세상

자신의 계층적 위치를 파악하는 것은 그리 간단한 일이 아니다. 요즘은 동네 골목 어귀에 작은 점포 하나만 가지고 있어도 "사장님"이란 호칭을 듣게 되지만 그렇다고 해서 점포 사장님이 대기업에서 높은 연봉을 받고 있는 사장님과 같은 계층에 속해 있다고 보기는 힘들다. 특정 개인, 혹은 집단의 계층적 위치를 올바르게 확인하는 것은 현재 몸담고 있는 사회에서 자신의 상황을 정확하게 이해하는 데 도움이 될 뿐만 아니라 사회 전체의 계층 구조를 파악하는 데도 매우 중요한 일이다. 사회 계층에 관한 경험적이고 실증적인 연구에 사용되는 방법으로는 주관적 방법, 평가적 방법, 그리고 객관적 방법이 있다.

(1) 주관적 방법

주관적 방법이란 사람들이 자기 스스로를 어떤 계층에 속한다고 생각하는지 알아보는 방법이다. 구체적으로 조사 대상자에게 상·중·하, 혹은 상층·중상·중층·중하·하층 등과 같은 계층 범주를 제시하고, 자신의 위치가 어디에 해당된다고 판단하는지 물어보는 것이다. 일반적으로 가정환경 조사서 같은 곳에서 흔히 볼 수 있는 방법이다. 주관적 방법은 대규모의 조사 대상에 적용할 수 있으며, 사람들의 의식 자체를 직접적으로 조사하는 것이기 때문에 투표 행위와 같은 실제 행동을 예측하는데 도움을 준다는 장점이 있다.

그러나 이 방법은 사람들이 계층 구조 내에서 각자가 차지하는 위치를 잘 알고 있다는 가정 위에서만 효과를 기대할 수 있기 때문에 그렇지 못할 경우 많은 문제점이 나타난다. 대부분의 사람들은 자신의 계층적 위치를 현재의 실제 위치보다는 열망하는 위치에 맞추는 경향이 있다. 하층에 있는 사람들은 자신의 위치를 좀 더 높게 평가하고 싶어 하고, 반대로 상층에 있는 사람들은 사회적 시선 등을 의식해 자신의 위치를 다소 낮추고자 한다. 실제로 우리나라에서 주관적 방법으로 조사를 하면 응답자의 70~80%가 자신을 중산층으로 생각한다고 답변한다. 현실적인 계층 구조와 의식적인 계층 구조 사이에 커다란 간극이 있다는 이야기이다. 그뿐만 아니라 사람들은 일상생활에서 접하는 주변의 제한된 사람들과 비교되는 자신의 계층적 위치는 어느 정도 잘 알지만 전국 규모와 같이 큰 범위의 계층 구조 속에서는 자신의 위치를 명확하게 확인하기 어렵다.

(2) 평가적 방법

평가적 방법은 주관적 방법과 비슷한 절차를 밟아 계층적 위치를 조사하는 것이지만, 자신의 위치가 아니라 다른 사람의 위치를 평가하게 한다는 점에서 차이가 있다. 일반적으로 조사하고자 하는 사람을 잘 아는 주위의 다른 사람들에게 그 사람의 계층적 위치를 물어보는 것이기 때문에, 특정 공동체 내에서 명망 있고 영향력을 행사하는 사람을 대상으로 조사를 할 때 효과적인 방법이다.

하지만 이 방법은 사회 구성원들 사이에 친밀한 상호작용이 이루어지고 있는 작은 범위의 집단 내에서만 가능할 뿐, 2차적인 집단 관계가 지배적인 대도시 지역에서는 거의 조사가 불가능하다는 문제가 있다. 또한 평범한 일반 시민들은 조사 대상에 포함시키기 힘들며, 응답자들의 평가도 조사 대상자에 대한 자신의 느낌이나 이해관계 때문에 지극히 주관적일 수 있다. 그뿐만 아니라 비록 소규모 공동체에서 상위 계층에 속한다고 평가받았다고 해서 반드시 대규모 집단에서도 동일한 계층적 위치를 차지한다고는 장담할 수 없다. 빈민 지역 내에서 이웃에 비해 상대적으로 조금 더 풍요롭게 산다고 해서 이 사람이 우리나라 전체의 계층 구조 내에서 상층에 위치한다고 할 수는 없는 것이다.

(3) 객관적 방법

주관적 방법이나 평가적 방법은 위에서 지적한 몇 가지 문제들 때문에 조사의 신뢰도가 떨어지기 쉽다. 이 같은 한계를 해결하기 위해 고안된 것이 객관적 방법이다. 이 방법은 사회 구성원의 객관적인 속성에 근거하여 개인 또는 집단의 계층적 위치를 규정하는 통계적 방법이다.

회사에서 연말에 올해의 최우수 사원을 뽑는다고 가정해 보자. 주관적 방법을 쓴다면 자신의 능력과 열정, 회사에 대한 기여도 등을 스스로 평가하게 할 것이며, 평가적 방법을 쓴다면 부서 임원이나 동료 직원들로 하여금 특정 직원에 대한 평가를 물을 것이다. 하지만 이런 방법을 사용한다면 개인의 주관적 판단이나 해당 직원과의 사적인 친분 관계 등이 영향을 미칠 수 있기 때문에 공정성에 의문이 제기될 수 있다. 대신 객관적 방법을 사용한다면 구체적인 업무 실적이나 성과 등 계량화할 수 있는 실증적 지표를 통해 해당 직원을 평가할 것이며, 동일한 지표가 모든 직원에게 똑같이 적용되기 때문에 공정성에 의문을 제기할 여지가 없다.

계층적 위치를 조사하는 객관적 방법도 이와 비슷하다. 객관적 방법은 응답자의 주관과 판단에 따르지 않고, 객관적으로 측정할 수 있는 변수를 선정하여 개인의 계층적 위치를 파악한다. 이때 가장 많이 사용하는 핵심 변수는 직업, 학력, 수입의 세 가지이다. 이밖에 주택 상태, 거주 지역, 각종 재산, 사교 범위, 생활양식 등의 다양한 변수들이 고려되기도 한다. 이 같은 변수 각각을 그 등급에 따라 일정 점수를 매긴 후, 그 전체 합을 가지고 '사회경제적 지위'(SES: socioeconomic status)의 지표로 삼는다. 따라서 사람들의 계층적 위치는 점수의 크기에 따라서 결정된다.

6. 계층 구조: 사람 위에 사람 있고, 사람 밑에 사람 있다

계층 구조란 한 사회 내에서 계층이 틀 지워진 형태를 의미한다. 계층 구조는 각 계층 구성원의 양적 비율에 따라 피라미드형, 다이아몬드형, 모래시계형 계층 구조로 구분되며, 구성원의 계층 간 이동 가능성 여부에 따라 폐쇄적 계층 구조와 개방적 계층 구조로 나누어진다.

(1) 피라미드형 계층 구조, 다이아몬드형 계층 구조, 모래시계형 계층 구조

피라미드형 계층 구조와 다이아몬드형 계층 구조 그리고 모래시계형 계층 구조는 한 사회 내에서 차지하고 있는 각 계층 구성원들의 양적 비율을 그림으로 묘사했을 때 나타나는 형태에서 따온 개념이다. 피라미드형 계층 구조에서는 하위 계층 구성원의 비율이 상위 계층에 비해 훨씬 높게 나타난다. 따라서 피라미드형 계층 구조를 갖고 있는 사회에서는 소수의 상층이 다수의 하층을 지배하고 통제한다. 역사적으로는 전근대적인 봉건 사회가 대부분 피라미드형 계층구조를 띠고 있다. 피라미드형 계층 구조를 띤 사회는 소수의 상류 계층에 부와 권력이 집중되기 때문에 계층 간의 불평등이 심하며 따라서 수의 절대적 다수를 점하고 있는 하층을 중심으로 사회 구조의 변화를 추구하려는 집단적 움직임이 나타날 가능성이 높은 사회이다.

　다이아몬드형 계층 구조에서는 상층과 하층에 비해 중간층의 양적 비율이 월등히 우세하다. 산업 사회로 접어들면서 전문직, 사무직, 관료 등과 같은 직종이 늘어나고 중간 계층의 구성원 비율이 급격히 증가할 경우 많이 나타나는 구조이다. 다이아몬드형 계층 구조를 이룬 사회에서는 비대한 중간층이 상층과 하층 사이의 완충제 역할을 하기 때문에 전체적으로 안정된 사회 기반을 갖추고 있으며 계층 간 갈등도 피라미드형 계층 구조의 사회에 비해 상대적으로 적다. 오늘날 대부분의 선진 산업사회는 다이아몬드형 계층 구조이며, 개발도상국들도 피라미드형 계층 구조에서 다이아몬드형 계층 구조로 점차 바뀌어 가고 있다.

　모래시계형 계층 구조는 중간층의 비율이 가장 낮다는 특징이 있다. 이밖에 소수의 상층과 다수의 하층으로 구성된다. 경제적 상황 변화로 인해 중간층이 대거 몰락하여 하층으로 떨어지고 그 결과 부의 양극화 현상이 일어나는 사회가 이런 구조를 띠고 있다. 모래시계형 계층 구조에서는 중간층에서 하층으로 몰락한 사람들의 상대적 박탈감이 크고, 빈익빈 부익부 현상으로 인해 상층과 하층 간 갈등 양상도 가장 첨예하게 나타난다.

피라미드형 계층구조　　　다이아몬드형 계층구조　　　모래시계형 계층구조

상
중
하

상
중
하

상
중
하

▲ 계층구조

(2) 폐쇄형 계층 구조와 개방형 계층 구조

한 계층에 일단 소속되면 영원히 그 계층의 구성원으로 살아야만 하는 사회가 있는가 하면, 개인의 능력이나 노력 여하에 따라서 상층 계층으로 올라가거나 반대로 더 낮은 계층으로 떨어지는 사회도 있다. 전자의 경우는 폐쇄형 계층 구조를 띠고 있는 사회이며, 후자의 경우는 개방형 계층 구조를 갖춘 사회이다.

폐쇄형 계층 구조는 고대의 노예제나 봉건 사회, 인도의 카스트 제도 등에서 찾아볼 수 있다. 이러한 사회에서는 한 개인의 사회적 지위가 출생에 의해 귀속적으로 결정되기 때문에 개인의 지위는 부모의 지위와 늘 동일하다. 따라서 다른 계층으로 상승 또는 하강할 수 있는 기회가 극히 제한되어 있으며, 구성원 간의 혼인도 대부분 같은 계층 내에서 이루어진다.

반면 개방형 계층 구조에서는 성취 지위가 지배적이다. 근대화된 사회 대부분에서 발견되는 이 계층 구조에서는 계층 간의 엄격한 장벽이 없기 때문에 개인의 능력이나 노력에 따라 다른 계층으로의 상승과 하강의 기회가 언제나 열려있다. 따라서 계층 간의 경계선은 폐쇄적 계층구조에 비해 모호하다.

7. 사회 이동: 신데렐라 콤플렉스와 온달 콤플렉스

계모와 이복 언니들에게 시달림을 받다가 왕자님을 만나 행복하게 살게 된 신데렐라 이야기는 누구나 잘 알고 있는 명작 동화이다. 그런데 신데렐라가 현대 사회에 이상한 풍조를 남겨 놓고 말았다. 백마 탄 왕자님 같은 상류층의 남성을 만나 신분의 수직 상승을 꿈꾸는 젊은 여성들이 생겨난 것이다. 이를 가리켜 흔히 '신데렐라 콤플렉스'라고 한다. 이런 욕망은 남성들도 마찬가지이다. '온달 콤플렉스'라고 해서, 바보 온달이 평강공주를 만나 일약 고구려 장군으로 출세한 것처럼 상류층 여성을 만나 그 덕에 신분 상승을 해 보겠다고 생각하는 젊은 남성들도 많이 있다.

사회 불평등 구조 속에서 살아온 인간들의 잠재의식 속에는 항상 신분 상승의 욕구가 자리 잡고 있다. 한국판 신데렐라인 콩쥐, 눈 먼 아버지의 젖 동냥으로 성장해 왕비가 된 심청, 기생의 딸에서 암행어사의 부인이 된 성춘향, 그리고 제비가 물어다 준 박씨 덕분에 벼락부자가 된 흥부처럼 일거에 사회적 위치의 변화를 경험한 주인공들의 이야기는 동·서양을 막론하고 어디서나 흔히 찾아볼 수 있다.

물론 한 사회의 불평등 구조는 고정 불변의 것이 아니라 언제든지 변할 수 있다. 또한 그 불평등 구조 속에서의 특정 개인이나 집단의 사회적 위치도 변하기 마련이다. 특히 개방적 계층 구조가 보편화되어 있는 오늘날의 사회에서 이 같은 변화는 빈번히 일어나고 있다. 이처럼 사회 불평등 구조 속에서 개인과 집단의 위치가 변화되는 현상을 '사회 이동'이라고 한다.

(1) 사회 이동의 유형

사회 이동의 유형은 이동 방향, 세대 범위, 이동 원인에 따라 세 가지 형태로 구분할 수 있으며 각각의 형태들은 다시 세분화된다. .

첫째, 이동 방향에 따라 사회 이동은 수직 이동과 수평 이동으로 나누어진다. '수직 이동'이란 계층 서열에 있어서의 위치가 상승 또는 하강하는 것을 말하는데, 이것은 다시 상향 이동과 하향 이동으로 구분된다. '상향 이동'이란 회사 부장이 중역으로 승진한 것과 같이 계층적

▲ 계층의 상향이동

지위가 상승한 것이다. 위에서 예를 든 신데렐라와 온달 그리고 콩쥐, 심청, 춘향, 흥부 등이 모두 상향 이동을 경험한 사람에 해당한다.

반면 '하향 이동'이란 예전보다 더 낮은 지위로 떨어진 경우이다. 중소기업을 경영하던 사장이 회사가 망해서 졸지에 노숙자로 전락했다면 이 사람은 하향 이동을 한 셈이다. 사또의 신분을 악용해 춘향을 괴롭히다가 죄인으로 감옥에 갇힌 변학도, 흥부를 따라 하려고 멀쩡한 제비 다리를 부러뜨렸다가 벌을 받아 몰락한 놀부의 사례도 하향 이동에 해당한다.

한편 '수평 이동'은 동일한 계층 내에서의 위치가 변한 것이다. 회사 내에서 같은 직급의 다른 부서로 신규 발령을 받았다거나, 비슷한 규모의 경쟁 기업에 동일한 직급으로 이직을 했다면 수평 이동에 해당한다.

둘째, 세대 범위에 따라 사회 이동은 세대 간 이동과 세대 내 이동으로

나누어진다. '세대 간 이동'이란 세대를 걸쳐서 이루어지는, 쉽게 말하면 부모와 자녀 간의 사회적 위치가 변하는 것을 뜻한다. 저임금 노동으로 어렵게 생계를 부양하던 아버지의 자식이 벤처 기업을 창업해 큰 성공을 거뒀다면 이들 부자는 세대 간 이동을 경험한 것이다.

'세대 내 이동'이란 한 개인이 자신의 생애 동안에 겪는 사회 이동이다. 신문 배달원이 열심히 노력해서 신문사 기자가 되었거나, 재벌 2세가 무리한 사업 확장으로 물려받은 회사를 망하게 한 경우이다. 세대 내 이동이 이뤄지는 가장 일반적인 계기는 직업의 변동이다. 이밖에도 동일한 직업 서열 내에서의 승진이나 강등, 일정 기간이 지나면서 수입과 위세가 높아지는 것들도 세대 내 이동의 계기들이다.

셋째, 이동 원인에 따라 사회 이동은 개인적 이동과 구조적 이동으로 나누어진다. '개인적 이동'이란 기존의 계층 체계 내에서 개인적인 위치가 변화되는 경우이다. 위에서 언급한 모든 사례들은 다 개인적 이동에 속한다. 반면 '구조적 이동'이란 개인의 노력이나 성과와 상관없이 사회 구조의 변동에 따라 기존의 계층 구조가 변화됨으로써 발생하는 계층적 위치의 변화를 의미한다. 가지고 있던 땅이나 집이 도시 계획으로 인해 갑자기 가격이 크게 오르면서 자신의 계층적 위치가 상승했다면 이는 개인적 요인이 아닌 구조적 요인으로 인한 사회 이동이라 할 수 있을 것이다. 거시적으로는 봉건 질서가 붕괴됨에 따라 신분의 족쇄에서 해방되거나 근대 시민 혁명으로 귀족이 몰락하고 부르주아지가 사회의 주도권을 장악하는 세력으로 변화한 것 등이 구조적 이동의 예이다.

(2) 사회 이동의 원인

한 개인이나 집단이 사회 이동을 하게 되는 원인은 아주 다양하다. 이

중 가장 보편적이고 영향력이 큰 몇 가지 요인을 중심으로 나눠본다면 사회 이동의 원인은 구조적 원인과 개인적 원인으로 크게 구분할 수 있다.

구조적 원인에 해당하는 대표적인 것으로는 산업화, 전쟁이나 혁명, 인구학적 요인 등을 들 수 있다. 산업화가 진행되면 공업 노동자의 수요는 증대하고 그에 따라 농업에 종사하는 사람들의 수는 자연히 감소하게 된다. 따라서 산업화는 사회의 직업 구조를 변화시키게 되며 이는 대규모 사회 이동을 불러일으킨다. 한편 전쟁이나 혁명과 같은 돌발적인 사회 변동은 기존의 사회 구조를 근본적으로 뒤흔들면서 새로운 사회 구조를 형성시킨다. 이에 따라 구성원들의 사회적 위치가 전면적으로 바뀌게 된다.

또한 인구학적 요인도 사회 이동에 많은 영향을 끼치게 되는데, 대표적인 것이 계층 간 출산율 차이이다. 19세기 유럽에서는 상층과 중간층에서 산아 제한을 한 결과 계층 내 인구가 급격히 감소하게 되었다. 따라서 이들 계층이 담당해 오던 직업이나 기능을 유지하기 위해 부득이 하층 인구 일부를 상층 및 중간층으로 발탁해야만 했다. 결국 상층과 중간층의 차별출산력이 하층에게 상향 이동 기회를 제공한 셈이다.

다음 개인적 원인으로 생각할 수 있는 것으로는 우선 교육 수준을 들 수 있다. 한 개인이 얼마나 많은 교육을 받았는가는 사회경제적 지위를 결정하는 중요한 관건이다. 개인이 가지고 있는 상향 이동에 대한 열망도 사회 이동의 원인으로 작용한다. '뜻이 있는 곳에 길이 있으며', '두드리면 열린다.'는 식으로 성취동기가 크다면 더 많은 상향 이동 기회가 찾아올 수 있는 법이다. 그 밖에도 가정이나 친구와의 관계, 결혼 혹은 복권 당첨과 같은 행운이 사회 이동의 개인적 원인으로 생각해 볼 수 있는 요인들이다.

생각해 봅시다

01 계급과 계층의 공통점과 차이점은 무엇입니까?

02 현대 사회에서 중간층은 어떠한 사회적 성격을 가지고 있을까요?

03 사회 불평등의 기능과 역기능에 대해 생각해 봅시다.

chapter

09

집합 행동과
사회 운동

1. 집합 행동: 무정형 속의 정형화된 행동

강의실에서 수업 도중 갑자기 쥐가 한 마리 나타났다. 조용하던 강의실은 갑자기 아수라장이 되어 버렸다. 어떤 학생은 책상 위로 재빨리 올라가고, 여기저기서 비명 소리가 터져 나온다.

월드컵 결승전. 양 팀 모두 득점 없이 경기는 연장전으로 이어진다. 마지막 종료 1분여를 남겨놓고 통쾌한 중거리 슛으로 마침내 골이 터진다. 선수들은 서로 얼싸 안고 기쁨을 만끽하고, 관중들은 일제히 파도타기 응원을 연출한다.

대통령 후보의 연설회가 열리고 있는 도심 광장. 드디어 대통령 후보가 연단에 오르자 지지자들은 일제히 후보의 이름을 외친다. 열변을 토하는 후보의 명연설에 감동을 받은 지지자들은 아낌없는 갈채를 보낸다.

세계적인 팝 그룹의 공연장. 열광하는 팬들의 환호성이 이어지고 흥분한 일부 청중들이 갑자기 무대 위로 뛰어 올라가기 시작한다. 혼란의 와중에 청중들은 넘어지고 짓밟히고, 어떤 사람은 기절하기도 했다. 공연은 중단되고 병원으로 이송된 부상자들이 속출한다.

거리에서 한 흑인이 백인 경찰들에게 구타당하는 동영상이 인터넷에 올라온다. 인종 차별이라고 흥분한 흑인들이 갑자기 폭도로 돌변한다. 약탈, 파괴, 방화가 곳곳에서 벌어지고, 상인들은 상점을 지키기 위해 무장 자위대를 조직하여 폭도들과 총격전을 벌인다.

파고다 공원에서 독립선언문이 낭독되고 있다. 사람들은 일제히 만세 삼창을 외치고 품속에서 태극기를 꺼내 거리로 쏟아져 나오기 시작했다. 같은 시간 아우내 장터에서도 유관순을 선두로 많은 인파가 만세 행렬에 가세하고, 이는 곧 전국적으로 확산된다.

"독재타도"를 외치는 시민과 학생들이 거리를 가득 메운다. 지나가던 차량들도 경적을 울리며 시위에 동참한다. 잠시 후 들이닥친 경찰은 시위대를 향해 최루탄을 발사하고, 흩어진 시위대는 투석전으로 맞선다. 시위대와

▲ 시위

경찰 간의 쫓고 쫓기는 숨바꼭질이 이어진다.

별 관계없는 일들을 나열한 것 같지만, 사실은 공통점을 갖고 있는 사건들이다. 위의 예들은 모두 많은 사람들이 서로 비슷한 감정을 갖고 비슷한 행동을 집합적으로 하고 있는 상황이다. 또 일상적인 행동은 아니며, 다소 무질서하다는 인상을 주고 그 결과도 어떻게 될지 예측하기 어려운 행동들이다. 그렇지만 이런 행동들에도 일정한 유형과 특징을 발견할 수 있다. 따라서 사

회적으로 많은 의미를 지니고 있는 현상들이다.

사회라는 구조 속에서 인간의 행동은 상황에 따라 어느 정도 유형화되어 있고, 따라서 예측이 가능하다. 그러나 때때로 조직화되지 않은 많은 사람들이 전혀 예기치 않았던 행동을 벌이는 경우를 우리는 종종 목격하게 된다. 이처럼 기존의 일상적인 사회 규범이나 사회통제 같은 요소들에 의해 제약받지 않고 자연 발생적으로 일어나는 다수의 사람들의 예측할 수 없는 행동을 '집합 행동'이라고 한다.

집합 행동은 그것이 옳은 것이라거나 혹은 잘못된 것이라는 식으로 가치를 개입시켜 평가할 수 있는 것은 아니다. 하지만 집합 행동은 사람들의 욕구 불만을 해소시켜 줌으로써, 더 심각한 사회적 혼란을 미리 예방하는 기능을 한다. 뿐만 아니라 집합 행동은 역사적으로 기존의 사회 질서를 깨뜨리고 사회 변동을 가져오기도 했다. 바스티유 감옥으로 쳐들어갔던 프랑스 시민들의 집합 행동은 결국 프랑스 대혁명을 촉발시켜 근대 사회의 새 장을 열게 만든 위대한 첫 걸음이었다. 따라서 어떠한 상황이 집합 행동을 일으키게 만들며, 그것은 어떠한 과정을 거쳐서 어떠한 결과를 이끌어내는가는 사회학적으로 아주 중요한 주제이다.

(1) 집합 행동의 발생 조건

'아니 땐 굴뚝에 연기 나랴'라는 속담이 있다. 어떠한 현상이건 그 일이 발생한 데는 반드시 그 원인이나 조건이 있다는 의미이다. 집합 행동은 매우 우발적이고 자연발생적으로 벌어지는 행동이다. 그렇다고 해서 시도 때도 없이 아무렇게나 일어나는 현상이라고는 볼 수 없다. 집합 행동도 특정한 원인이 작동하거나 일정한 조건이 형성되었을 때 발생한다. 따라서 우리는 집합 행동이 나타나게 되는 발생 여건에 주목해야 한다. 집합 행동을 일으키게 하는 발생 조건은 크게 두 가지로 나눌 수 있다.

첫째, 구조적 원인이다. 집합 행동의 발생 조건은 이미 한 사회 내에서 구조적으로 내재하고 있는 경우가 많다. 이런 조건은 앞의 집합 행동 사례들 속에서도 쉽게 발견된다. 정치적 불만이나 사회적 소외감을 느끼고 있던 사람들은 답답한 속을 시원하게 긁어주는 대통령 후보의 연설을 통해 희열감을 맛보게 된다. 미국 내 뿌리 깊은 인종 차별은 이미 흑인폭동의 씨앗을 담고 있었으며, 일제의 탄압과 독립에의 열망이 만세 운동을, 그리고 오랜 독재 정권 하에 억압받고 있던 국민들의 민주주의에 대한 열망은 반독재 시위를 불러일으키기에 충분한 구조적 요인이었다.

둘째, 예기치 않은 사건이다. 돌발적이고 기대되지 않은 사건이 갑자기 벌어짐으로써 사람들을 자극하고 집합 행동을 촉발시킨다. 조용하던 강의실에 갑자기 쥐가 튀어나온 것은 누구도 예상 못한 이례적인 사건이며, 팽팽하던 균형을 깨뜨린 중거리 슛 역시 갑작스럽게 벌어진 일이다. 그뿐만 아니라 비록 구조적 원인이 내재하고 있었다 하더라도 이것을 표출시키게 되는 계기는 우발적인 사건인 경우가 많다. 흑인 폭동은 뿌리 깊은 인종 차별이라는 구조적 요인과 누군가 우연히 이 장면을 목격하고 동영상으로 촬영해 인터넷에 올린 예기치 않은 사건의 결합으로 벌어진 일이다.

(2) 집합 행동의 특징

다수의 사람들이 하는 행동이라고 해서 무조건 다 집합 행동은 아니다. 집합 행동으로 분류되는 행동들은 모두 다음의 특징들을 가지고 있다.

첫째, 전체 구성원에 의해 공유되는 명확한 목표가 결여되어 있다. 집합 행동은 우발적으로 일어나는 것이고 구성원들의 감정 개입이 큰 비중을 차지한다. 때문에 사전에 계획된 목표에 의해 행동하는 것은 아니다. 콘서트 공연

무대 위로 뛰어 올라간 청중들이 전부 같은 목적을 가지고 그런 행동은 한 것은 아니다. 어떤 사람은 가수와 악수라도 한 번 해보고 싶어서, 또 어떤 사람은 사인을 받거나 사진을 찍으려고, 다른 사람은 평소에 그런 무대에 한 번 올라가 보는 것이 소원이어서 그랬을 수도 있다. 영문도 모르고 남들이 다 하니까 아무 생각 없이 덩달아 흥분해서 뛰어 올라간 사람도 있을 것이다.

둘째, 공식적인 역할 분담이 이루어지지 않고 있다. 집합 행동은 사전에 계획적으로 준비된 조직적인 행동이 아니기 때문에 행동에 참가하는 사람 각각의 역할 분담은 있을 수 없다. 가령 강의실에 쥐가 나타나면 누구는 책상 위로 올라가고, 다른 누구는 비명을 지르자고 미리 계획을 하는 것은 아니다. 또 상점에 난입한 폭도들이 누구는 유리를 부수고, 누구는 물건을 집어가고, 또 누구는 주인을 협박하기로 하자고 사전에 모의를 하는 것도 아니다.

셋째, 기존 규범 체계로부터 이탈한 행동이다. 집합 행동은 기존의 규범이나 통제로부터 벗어난 예외적이고 돌발적인 행동이다. 수업시간에 강의실에서 갑자기 비명을 지르고 책상 위로 뛰어 오르는 행동은 평소의 정상적인 상황이라면 용납될 수 없는 일이다. 청중들이 갑자기 콘서트 무대 위로 뛰어 올라가는 행동이 어느 공연에서든지 항상 벌어지는 일이라면 제대로 된 공연은 찾아볼 수 없을 것이다.

넷째, 집합 행동에서는 구성원들 간의 상호작용이 일시적이거나 단기적이다. 만일 집합 행동이 끊이지 않고 지속적으로 일어난다면 사회 질서는 유지될 수 없을 것이다. 그렇지만 다행히도 집합 행동은 일시적이거나 단기적으로 일어날 뿐이고 사회는 곧 다시 질서를 되찾는다. 강의실에 나타난 쥐가 사라지면 다시 수업은 정상적으로 진행되며, 축구장에서 열광하는 관중들의 파도타기 응원도 경기가 재개되면 잠잠해진다. 이렇듯 집합 행동을 야기한 예기치 않았던 사건이 해소되면 집합 행동은 자연히 사라진다. 이밖에도 흑인 폭동이 경찰력의 개입으로 진화되듯이 보다 강력한 사회 통제에 의해 집합 행동이 사라지는 경우도 있다. 또 정권 퇴진과 민주화 조치가 이루어지면 독재 타도를 외치던 시위가 중단되듯이 구조적 원인이 해결될 때도 집합 행동은 소멸한다.

(3) 집합 행동의 유형

집합 행동도 그 내용이나 성격에 따라서 몇 가지 유형으로 분류될 수 있다.

첫째는, 집합 도주이다. 1938년 미국에서 어느 라디오 아나운서가 집합 행동을 조사하기 위한 사회적 실험의 일환으로 "지금 화성인이 지구를 공격하고 있다"고 방송을 한 일이 있었다. 그러자 무려 백만 명에 이르는 시민들이 대피 소동을 벌여서 전 도시가 한때 혼란에 빠져 버렸다. 이처럼 어떤 사건 때문에 놀란 도피성 행동을 집합 도주라고 한다. 화재가 발생했을 때 허둥대는 사람들의 무질서한 집합 행동이나 강의실에 나타난 쥐 때문에 벌어지는 소동들이 모두 집합 도주에 해당한다.

둘째, 소망 표출 행동이다. 이것은 자신의 욕망이나 욕구를 표출하는 행동이다. 연장전 끝에 결승골이 터지자 신나서 파도타기 응원을 하는 행동, 흥분을 억제하지 못하고 콘서트 무대 위로 청중들이 뛰어 올라간 사건들은 모두 소망 표출 행동에 해당한다. 이와는 좀 다른 맥락이지만 일시적인 유행도 소망 표출 행동으로 분류할 수 있다. 젊은 여성들이 미니스커트나 스키니진 같이 자신의 몸매가 드러나는 옷을 입고 과시하는 것도 소망 표출 행동에 속하는 집합 행동의 일종이다.

셋째, 적의 표출 행동이다. 이것은 자기의 욕구를 표현하는 소망 표출 행동과는 달리 타인에 대한 적대감을 표현하는 행동이다. 시위나 폭동, 테러, 무장 봉기 등과 같은 집합 행동들이 그 예이다.

넷째, 규범 지향 운동이다. 환경 운동이나 소비자 보호 운동과 같이 체제 내에서의 사회개량을 목표로 하는 행동이다.

다섯째, 가치 지향 운동이다. 이것은 혁명 운동이나 종교 개혁처럼 기존의 사회 체제 자체를 바꾸려는 좀 더 조직적인 형태의 행동인데, 나중에 사회 운동을 설명하면서 보다 자세히 알아보기로 하겠다.

2. 군중, 대중, 공중: 함께 있지만 다른 사람들

집합 행동이 일어나려면 일단 많은 사람들이 모여야 한다. 다수의 모여 있는 사람들을 지칭하는 말로는 군중, 대중, 공중이 있다. 각각 의미가 서로 다른 개념들인데 지금부터 이 개념들에 대해 알아보도록 하자.

(1) 군중

군중이란 어떤 개인이나 사건을 중심으로 하여 비슷한 이해를 갖고 일시적으로 모여 있는 사람들의 집합이다. 집합 행동을 하는 행위자들은 대부분 군중의 범주에 속한다. 이들은 전에 상호작용을 한 적이 없으며, 비록 물리적으로는 가깝게 모여 있지만 조직화되어 있지 않다. 하지만 이들은 서로의 존재를 의식하며 또한 그것에 의해 영향을 받는다.

가장 단순한 예로는 거리 연주회를 구경하려고 모여 있는 사람들이 군중에 해당하며, 스포츠 경기나 공연을 보기 위해 모인 사람들, 종교 집회나 정치 집회에 모인 수많은 사람들까지 모두 군중으로 분류된다.

▲ 군중

① 군중의 특성

　일반적으로 군중이라는 개념으로 정의되는 사람들의 집합체는 다음과 같은 특성을 띄고 있다. 첫째, 군중은 익명성을 가진다. 사람들이 군중 속에서 행동할 때, 개인은 군중 속의 단순한 일원으로서 행동하기 때문에, 어느 한 개인의 이름이 밝혀지거나 신상이 노출될 가능성은 희박하다. 콘서트 무대 위에 제일 먼저 뛰어 올라가서 결과적으로 극심한 혼란 상태를 가져오게 만든 최초의 청중이 누구인지는 쉽게 알 수 없다. 또 시위 중에 돌을 던져 경찰관의 머리를 다치게 한 사람이 누구인지는 실제로 돌을 던진 본인조차도 모를 것이다. 이처럼 군중 속에서는 익명도가 높기 때문에 군중 속의 사람들은 일상의 생활에서와 다른 행동을 할 수 있는 강한 잠재력을 가지게 된다.

　둘째, 군중의 비인격성을 들 수 있다. 군중 내에서의 개인은 개별적인 인격체로서 행동하는 것이 아니며, 집합 행동을 할 때 어느 특정인을 공격하거나 지지하는 것을 목적으로 하지 않는다. 시위 현장에서 마주치는 시위자와 경찰은 개인 대 개인의 입장에서 충돌하는 것이 아니라 시위대와 진압대라는 집단 대 집단으로 충돌하는 것이다. 따라서 돌을 던지는 한 시위자의 행동은 유독 눈에 거슬리는 특정 경찰관 개인을 향해서가 아니라 진압대 전체를 대상으로 돌을 던지는 것이며, 최루탄을 쏘는 경찰관 개인도 마찬가지이다. 또 상점을 습격한 흑인 폭도가 유독 그 상점 주인과 원한 관계가 깊어서 그렇게 한 것이라고는 볼 수 없다.

셋째, 피암시성을 들 수 있다. 군중 속에서 조직화된 지도력이나 개인의 행동에 대한 책임 의식은 존재하지 않는다. 군중 속에서 행동하는 사람들은 대부분 자기 행동의 결과에 대해 이성적으로 차분히 생각할 틈 없이 그때그때 나타나는 상황이나 분위기에 따라 즉흥적으로 행동한다. 콘서트 공연에서 무대 위로 뛰어올라가려던 청중들은 '내 행동 때문에 공연이 중단될 지도 몰라.'라고 생각할 겨를 없이 분위기에 휩쓸려 집합 행동에 참여한다. 또 상점을 약탈하는 폭도에게 '이제 이 가게 주인은 망했구나. 불쌍해서 어쩌나?' 하는 이성적 판단을 기대하기는 힘들다.

넷째, 사회적 전염을 꼽을 수 있다. 사회적 전염이란 군중 내에서 흥분이나 분노, 공포 등과 같은 감정적 반응이 한 사람으로부터 다른 사람에게로 옮아가는 상태를 의미한다. 즉 타인의 감정으로 인해 자신에게도 타인과 같은 감정의 상태가 나타나고, 이것은 다시 다른 사람의 감정을 격화시키는 과정으로 발전된다. 강의 시간에 쥐를 본 한 학생이 비명을 지르면 그 옆의 다른 학생은 자신이 실제 쥐를 본 것도 아닌데도, 그냥 덩달아서 비명을 지르고, 앞자리에서 대통령 후보의 이름을 연호하기 시작하면 뒷자리에 있는 사람들도 함께 그 이름을 외치며, 옆 사람이 파도타기 응원을 하러 일어나면 자신도 따라 일어나 동참하는 것이 바로 사회적 전염이다.

② 군중의 종류

군중의 종류는 어느 대상에 초점을 집중시키는가, 혹은 어떠한 사회적 상황이 벌어지는가, 그리고 관심의 대상과 상황에 따라 어떠한 반응을 일으키는가에 따라 달라진다.

첫째, 우연적 군중이다. 이것은 사람들이 순간적으로 한 가지 공통되는 대상에 주의가 끌려서 모인 경우이다. 지나가던 길에 거리 연주회가 열리는 것을 보고 잠시 구경하려고 모인 사람들, 교통사고를 목격하고 순간적으로 걸음을 멈춰 구경하는 사람들이 모두 우연적 군중이다. 이들은 단지 어떤 대상을 보는 것에 그칠 뿐, 어떤 구체적인 행동을 취하는 것은 아니라는 점에서 수동적인 사람들의 모임에 불과하다. 또한 그 자리에 모인 공통된 목표를 함께 공유하지 않으며 개별적으로 행동하기 때문에 서로 간의 상호작용도 없는 가장 비조직화된 군중이라고 할 수 있다.

둘째, 인습적 군중이다. 특정한 목적 때문에 관례적인 규범에 따라 정기적으로 모인 사람들이다. 예정된 일정에 맞춰 개최되는 공연이나 스포츠 경기를 보려고 모인 관중들, 주일마다 교회로 모여드는 사람들, 동일한 목적지로 가기 위해 같은 비행기에 탑승한 승객 등이 모두 인습적 군중에 해당된다. 인습적 군중의 경우도 구성원들이 공통된 목표를 개별적으로 추구하기 때문에 구성원 간의 상호작용이 거의 없다는 점에서는 우연적 군중과 유사하다. 그러나 이 사람들에게는 우연적 군중과는 달리 어느 정도의 공통적인 규범이나 역할이 강제된다. 예를 들면, 연주회에서 큰 소리로 떠들거나 불필요한 소란을 피우는 사람은 관중으로서의 기대되는 행동에서 벗어나기 때문에 다른 사람들로부터 제재를 받기 쉽다. 이런 의미에서 인습적 군중은 어느 정도 조직화되어 있지만, 공연장 무대 위로 갑자기 사람들이 뛰어 올라가면 순식간에 혼란에 빠지듯이 돌발 사태가 발생하면 아주 불안정한 상황으로 돌변한다.

셋째, 능동적 군중이다. 특정 사건과 관련한 공동의 목표를 갖고 매우 활발하게 움직이는 군중이다. 이 사람들은 초점이 되는 사건으로 인해 감정적으로 흥분된 상태에서 행동하지만 그 목표가 달성되면 해산하는 것이 보통이다. 대통령 후보의 명연설에 갈채를 보내는 지지자들, 결승골이 터지자 파도타기 응원을 펼치는 관중들은 능동적 군중으로 분류된다. 이밖에 흑인 폭동에 참가한 폭도들이나 시위 현장에 모인 시위대들과 같은 소요 행위나 저항 운동을 일으키는 사람들은 모두가 능동적 군중이다.

넷째, 표출적 군중이다. 이 사람들은 능동적 군중과 마찬가지로 아주 활동적이고 감정적으로도 흥분되어 있지만, 뚜렷한 목표나 목적을 가지고 행동하는 것은 아니다. 다만 혼자서는 경험할 수 없는 신체적 움직임이나 감정 표현을 군중 속에 참여함으로써 체험한다는 심리적 만족 그 자체가 목적인 군중이다. 콘서트 공연을 관람하던 청중들의 열광적인 분위기에 휩쓸려 함께 환호하고 심지어 눈물을 흘리거나 흥분을 못 이겨 졸도까지 하는 모습이 그 대표적인 예이다. 여기 모인 관중들은 그저 음악을 듣는 것이 목적이 아니라 공연장 전체의 광적인 분위기를 즐기는 것이다.

(2) 대중

대중이란 군중보다도 더 규모가 큰 집합이면서 말 그대로 많은 사람들의 집합체이다. 일반적으로 유권자 대중, 노동 대중, 소비 대중 등과 같은 표현처럼 특정한 장소에 함께 모여 있는 사람들이 아니라 공통의 속성을 갖고 사회 곳곳에 널리 퍼져 있는 다수의 사람들을 의미한다. 그럼 이들의 특성을 살펴보자.

첫째, 대중은 많은 사람들을 포함하기 때문에 이질성이 크다. 이들의 직업, 지위, 생활수준 등은 매우 이질적이며, 공통의 습관이나 전통도 가지고 있지 않다. 사회의 각계각층에 흩어져 있는 이들은 다만 TV 방송이나 정치적 사건과 같은 주목거리를 매개로 하여 사회적으로 공유성을 가질 뿐이다.

둘째, 대중은 일반적으로 서로를 모르기 때문에 구성원들은 조직된 집단을 구성하지 않는다. 즉 서로 고립되고 분리되어 있다. 이들 간에는 물리적 거리뿐 아니라 사회적인 거리도 멀다. 따라서 개개인의 행동을 규제할 제도나 규칙이 없기 때문에 자칫하면 개인은 아무런 소속도 없이 홀로 떨어져서 소외를 느낄 수도 있다.

셋째, 대중의 구성원인 개인의 행동은 각자의 개별적 선택과 결정에 입각하여 이루어진다. 상황의 전개나 분위기에 휩쓸리는 군중과는 달리 대중 속에서의 개인은 스스로 선택하고 판단한다.

그러나 현대 사회에서 대중들은 대중 매체나 인터넷 등 통신 수단을 이용하여 간접적으로 상호작용을 하고 있으며, 이를 통해 어느 정도 공통된 성향을 나타내기도 한다. 예를 들면, 대중 매체를 통해 환경오염의 심각성을 인식하고 가정에서 쓰레기 분리수거나 화학 세제 적게 쓰기와 같은 작은 실천을 하고 있는 가정주부 각각의 행동, 컴퓨터나 스마트폰을 통해 온라인에 접속해서 인터넷으로 펼쳐지는 특정 캠페인에 동참하는 사람들의 행동은 개별적으로 이루어지는 것이지만 사회 전체적으로 볼 때는 대중들의 집합 행동이 되는 것이다.

(3) 공중

공중은 얼마 동안 일정한 공동의 현안이나 쟁점에 관심을 갖고 있으나 이 문제를 토론하고 해결하는 과정에 대해서는 반드시 같은 의견을 갖지 않는, 조금은 애매하게 규정된 다수의 사람들이다. 즉 공중이란 군중이나 대중과는 달리 주어진 현안과 쟁점을 중심으로 형성된 자발적 집단을 의미한다. 현안과 쟁점에 따라 규모와 구성원이 달라지는 무정형적인 집단이기 때문에, 이들은 고정적이고 영속적인 것이 아니라 현안과 쟁점이 해소되면 곧 해체되어 버린다.

그렇지만 고립되어 있는 대중과 달리 공중에 속한 사람들은 자신들에게 주어진 현안과 쟁점을 매개로 서로 상호작용을 하고 있다. 또한 군중과 달리 이들은 감정적인 열정을 통한 집합 행동을 일으키는 것이 아니라 토론과 논쟁을 통한 이성적이고 해석적인 상호작용을 한다는 점에서 차이가 있다. 즉 군중 속의 개인이 수동적이고 원자화된 존재로 전락하는 것과는 달리 공중 속에서의 개인은 강한 자의식과 자기주장 그리고 비판적 관점을 보유하고 있다. 그러므로 공중은 여론을 형성하는 중요한 집단이다.

인터넷 게시판과 SNS를 통해 의견과 댓글을 올리는 네티즌, 연예계 뉴스를 중심으로 둘러 앉아 수다를 떠는 학생들, 탑골 공원에 모여서 정치나 사회적 관심사를 이야기하다가 때로는 노상 토론회를 벌이고 언쟁하는 노인들이 바로 공중의 모습이다.

3. 유언비어, 여론, 선전: 떠도는 이야기가 사람들을 움직인다

대중 사회에서는 대중 매체나 사람들의 입을 통한 정보로 인해 집합 행동이 일어나는 경우가 많다. 특히 신문이나 방송, 인터넷 등을 통해 어떤 소식을 접하게 되었을 때, 사람들은 자신이 마치 어떤 군중 속의 구성원인 양 놀라거나 분노한다. 그리고 그는 이것을 주변의 다른 사람에게 전달함으로써 그 내용은 신속히 퍼지게 된다. 이렇게 하여 많은 사람들이 공통의 자극에 대해 동시적으로 비슷한 반응을 나타내는 것이다. 대중 매체를 통한 집합 행동은 유언비어, 여론, 선전 등의 형태를 통해 사람들 사이로 널리 확산된다.

(1) 유언비어

남북 간에 긴장 상태가 고조되어 전쟁 위기로까지 치닫게 되면 갑자기 사재기 소동이 일어나면서 상점에는 쌀과 라면이 순식간에 바닥나는 소동이 벌어지고는 한다. 내일부터 휘발유 가격이 오른다는 뉴스가 나오면 어김없이 오늘 저녁에는 각 주유소마다 휘발유를 가득 채우려는 차들이 길게 줄을 늘어선다. 특히 주식 시장은 다른 어느 곳보다도 소문에 민감한 곳이어서 소문 한마디 한마디에 주식 값이 순식간에 등락을 거듭한다. 또 연예계의 뉴스는 소문을 통해 많이 알려지는데, 가령 유명 연예인들끼리의 열애설은 순식간에 다른 주요 뉴스들을 덮어버리고 포털 사이트의 검색창을 장악한다.

우리 주변에는 늘 많은 소문이 떠돌아다니고 있으며, 사람들은 항상 그런 소문에 관심이 많다. 그뿐만 아니라 이런 소문들이 그저 소문에만 그치는 것이 아니라 실제로 사람들로 하여금 어떤 행동을 취하게 만들기도 한다. 이와 같이 사실 여부에 관계없이 사람들의 입을 통해 떠돌아다니는, 증명되지 않고 출처도 불분명한 보도를 유언비어라고 한다.

어느 사회에서나 어느 정도의 유언비어는 항상 존재한다. 특히 정상적인 수단을 통한 정보의 제공이 차단되어 있거나, 사람들이 공식적인 보도기관을 신뢰하지 않을 경우 유언비어가 발생하기 쉽다. 예를 들어, 우리나라에서 과거 군사 독재 시절에는 정부가 검열을 통해 언론의 올바른 보도를 가로막고 있었다. 이때 유행했던 말이 '유비 통신', 즉 유언비어 통신이었다. 많은 사람들이 유언비어를 통해 언론에서 발표되지 못한 사실들을 들을 수 있었으며,

또 이 중 상당수가 대체로 정확한 정보였다. 또 오늘날에는 잘 발달된 인터넷과 SNS 그리고 모바일 메신저 등을 통해 걷잡을 수 없이 빠른 속도로 유언비어가 확산되기도 한다.

그렇지만 유언비어는 보통 알려지지 않은 근거로부터 출발하여 비공식적인 통로를 통해서 전달되기 때문에 사람들의 입을 통해 전달되는 과정에서 왜곡되거나 과장되기 쉽다. 예를 들면, '연예인 아무개가 누구하고 만나 커피를 마시더라.'라는 이야기가 나중에는 '연예인 아무개가 누구하고 열애 중이라더라'로까지 확대되어 발전하기도 한다.

유언비어가 전달 과정에서 왜곡되거나 과장되는 이유는 첫째로 정보의 내용이 전달 과정에서 점차 단순화되거나 간결해지는 경향이 있고, 둘째로 정보의 내용이 선별적으로 제한된 내용으로 전달되면서 다른 설명이 첨가되는 경향이 있으며, 셋째로 유언비어에 관심을 기울이는 사람들이 자신들의 선입견이나 이해관계에 따라 새롭게 해석하는 경향이 있기 때문이다. 결과적으로 유언비어는 전달 과정에서 아주 중요한 골격만 남게 되고 세부 사항은 돌고 돌면서 그럴듯하게 각색되기 쉽다. 하지만 유언비어는 상황이 불분명할 때에 어떤 형태로든 확인이나 해석을 필요로 하는 사람들에게 그 준거점을 마련해 준다는 의미에서 나름대로 중요한 역할을 하고 있다.

(2) 여론

앞서 공중이란 공동의 이익과 관심을 가지는 흩어져 있는 사람들의 집단이라고 설명한 바 있다. 여론이란 바로 이 공중의 집단적 의견을 말한다. 현대 사회에서는 잘 발달된 여론 조사 방법을 통하여 사람들의 여론을 수집하는데, 여론 조사의 결과는 사회에 널리 흩어져 있는 개인들의 의견 및 태도를 하나의 새로운 형태의 집합 행동으로 전환시킨 것이라고 볼 수 있다. 특히 민주주의 사회에서는 그 사회의 여론에 따라 지도자의 정책 방향이 결정되는 수가 많기 때문에 여론이 갖는 비중은 크다고 할 수 있다.

여론에 가장 큰 영향을 미치는 것은 역시 대중 매체이다. 대중 매체가 보도하는 사실과 정보들에 대해 사람들이 갖는 생각이나 태도가 바로 여론 형성의 기본 단위가 된다. 그뿐만 아니라 대중매체는 단순한 보도를 넘어서 여론을 형성하고 주도하기도 한다. 사람들이 정보를 얻는 가장 큰 원천이 바로 대중 매체이며, 특히 대중 매체에 대한 사람들의 신뢰가 클 때 그 영향력은 상당하다고 볼 수 있다.

(3) 선전

"나에게 한 문장만 달라. 그러면 누구든지 범죄자로 만들 수 있다."

"거짓말은 처음에는 부정되고, 그 다음에는 의심받지만, 되풀이 하면 결국 모든 사람이 믿게 된다."

"선동은 한 문장으로 가능하지만, 그것을 반박하려면 수십 장 의 증거와 문서가 필요하다. 그리고 그것을 반박하려고 할 때 면 이미 사람들은 선동되어 있다."

이런 무시무시한 말들을 남긴 사람은 제2차 세계 대전 당시 독일 나치 정권의 선전 장관이었던 괴벨스(Goebbels)이다. 그는 히틀러의 최측근으로 활동하면서 대중들의 심리를 파고들어 나치즘에 대한 독일 국민들의 열광적 인 지지를 이끌어 낸 선전·선동의 대가였다. 또한 교묘한 여론 조작으로 나 치즘에 반대하는 세력을 국가 반역자로 몰아 탄압하면서 악명을 떨치기도 했

▲ 괴벨스(Goebbels)

다. 가령 누군가 "나는 가족을 사랑합니다."라고 말하면 괴벨스는 "그럼 국가는 사랑하지 않는다는 말인가?"라고 되물으면서 그를 국가 반역자로 몰아가는 것이다.

이렇듯 여론이란 항상 자연스럽게 형성되는 것만은 아니다. 괴벨스의 사례에서 보듯 여론은 인위적으로 조작되기도 한다. 여론을 조작하는 가장 유력한 방법으로는 검열을 통해 특정 정보의 흐름을 미리 제한하는 것이 있다. 우리나라도 과거 독재 정권 시절에는 신문이나 뉴스의 보도가 사전에 당국의 검열을 거쳐서 수정되거나 삭제되는 일이 빈번히 일어났다.

그런데 검열보다 훨씬 세련되게 여론을 조작하는 방법이 바로 선전이다. 일반적으로 선전이라고 하면 우리는 방송이나 신문 잡지에 나오는 상품 광고를 떠올린다. 그러나 폭넓은 의미의 선전은 광고와 캠페인, 홍보 등을 모두 포함한다. 즉 선전이란 어떤 특정한 관심을 일방적으로 받아들이도록 미리 계획된 형태로 사람들을 설득하려는 의도적인 방법이다. 상품 광고만 생각해봐도 그 상품에 대한 좋은 점만 부각시킬 뿐, 단점을 고백하는 광고는 없다.

이렇듯 선전은 여론에 영향을 미칠 것을 목적으로 편파적인 정보만을 제공하기 때문에 사람들의 자유로운 판단 기능을 마비시키기 쉽다. 또한 선전은 사람들의 다양한 감정적 호소에 바탕을 두고 이루어지기 때문에 실증적 근거와 합리적 주장을 바탕으로 한 설득과는 구별되는 개념이다.

4. 사회 운동: 세상을 뒤엎으러 나선 홍길동과 임꺽정

사회 운동이란 일정한 사회 문제를 여러 세력들을 동원하여 해결함으로써 사회 변동을 성취하거나 또는 반대로 이를 저지하기 위한 지속적인 집합적 노력을 의미한다. 사회 운동은 군중들의 행동에 비해 좀 더 합리적이고 질서가 잡혀있다. 또한 명확한 목표를 가지고 전략과 전술에 따라 의도적이고 조직적으로 움직이는 집합 행동이다. 민주화 운동이나 인권 운동, 반전 운동, 여성해방 운동, 소비자 운동, 환경 운동 등의 시민운동 그리고 노동 운동, 농민 운동, 빈민 운동 그리고 혁명 운동 같은 것들이 바로 사회 운동의 범주에 포함된다.

(1) 사회 운동의 특성

사회 운동은 집합 행동의 한 유형이지만, 참여자들이 일정한 목표를 공유하고 지속적이고 조직적인 행동을 전개한다는 점에서 집합 행동과는 구분되는 특성을 보인다. 좀 더 구체적으로 사회 운동의 특성을 정리하면 다음과 같다.

첫째, 사회 운동은 뚜렷한 목표를 가지고 있다. 각각의 사회 운동들은 저마다 고유한 목표를 달성하려고 한다. 그리고 이는 궁극적으로 사회 변동을 일으키고자 하는 의식적, 목표 지향적 노력이다.

둘째, 궁극적인 목표 달성을 위한 구체적인 프로그램을 가지고 있다. 사회 운동은 목표 달성을 위해 제도화되지 않았거나 널리 사회적으로 인정받고 있지 않은 수단을 쓰는 것이 보통이다. 가령 세계적인 환경 운동 단체인 그린피스는 멸종 위기에 처한 고래의 보호를 위해 포경선들 사이로 작은 배 한 척을 타고 비집고 들어가 어업을 방해하며 항의 시위를 벌이기도 하고, 공장 굴뚝에 밧줄로 매달리는 등 사람들의 눈에 띄는 방법을 사용하여 일약 유명세를 얻었다. 사회 운동의 프로그램은 전략과 전술의 문제로 연결되는데, 전략이란 그 운동의 목표를 달성하기 위한 일반적 프로그램이고, 전술은 특정한 목표 달성을 위해 사용하는 특수한 기법과 활동을 의미한다.

셋째, 자신들의 존재를 정당화시키고 구성원들에게 방향을 제시해주기 위한 이념을 가지고 있다. 사회 운동이 지속성을 가지려면 내부 구성원뿐 아니라 외부의 구성원들에게도 그 활동의 정당성을 입증해 보여야 한다. 이것은 이데올로기로 체계화되며, 슬로건이나 구호, 깃발, 포스터, 노래 등의 수단을 통해 상징적으로 표현되기도 한다. 이러한 활동들은 구성원 내부의 단결을 강화시키는 동시에 외부 구성원들에 대한 선전 효과도 가져온다.

넷째, 어느 정도 체계적인 조직과 역할 분담을 갖추고 다수의 구성원 간에 일정한 양식으로 상호작용이 이루어진다. 사회 운동은 군중들의 집합 행동과 달리 치밀하게 계획되고 지속적으로 활동한다. 따라서 구성원들은 일시적으로 모인 것이 아니라 체계적인 조직을 갖추고 있으며, 조직 내에서 각자의 역할 구분이 뚜렷하다. 또한 이러한 역할 분담 체계는 구성원 간의 유형화된 상호작용을 가능하게 한다.

(2) 사회 운동의 유형

사회 운동의 유형은 무엇을 기준으로 구분하는가에 따라서 다르게 나타난다. 하나는 사회 운동이 추구하는 사회 변동의 방향과 정도에 따른 분류이고, 다른 하나는 목표 지향에 따른 분류이다. 먼저 사회 변동의 방향과 정도에 따른 분류부터 살펴보자.

첫째, 복고적·반동적 사회 운동이다. 이것은 과거의 전통적인 사회 유형으로 되돌아가려는 운동이다. 미국에서 흑인 노예해방 이후 일부 백인들을 중심으로 흑인에 대한 테러 행위를 자행했던 KKK단이나, 오늘날 독일 등 유럽 일부 지역에서 나타나고 있는 신나치주의 운동 등이 이에 해당한다.

둘째, 보수주의 운동이다. 이것은 현상 유지를 고수하고 이미 일어나고 있는 변화에 저항하려는 운동이다. 복고적 운동이 과거로 회귀하려는 반면 보수주의 운동은 현재의 사회 질서를 그대로 유지하려 한다는 점에서 차이가 있다. 구한말 최익현 등이 중심이 되었던 위정척사 운동이나 오늘날 우리나라에서 뉴 라이트 운동을 펼치는 우익 단체의 활동 등이 그 예이다.

셋째, 개혁주의 운동이다. 이들은 기본적으로는 기존 사회 질서에 만족하지만 일정 부분의 개혁이 필요하다고 생각한다. 따라서 개혁주의 운동의 주요 목표는 전반적인 사회 구조를 파괴하지 않고 기존 질서에 변화를 가져오려는 것이다. 오늘날 대다수의 시민운동은 개혁주의 운동에 속한다고 볼 수 있다. 여성 운동이나 인권 운동, 사형제도 폐지 운동 등이 모두 개혁주의 운동에 해당한다.

넷째, 급진적 혁명 운동이다. 개혁주의 운동과 달리 급진적 혁명 운동은 기존 사회 질서에 깊은 불만을 갖고, 새로운 가치 체계에 입각하여 현재의 사회 구조 전체를 근본적으로 바꾸려고 한다. 프랑스 대 혁명이나 소련과 중국의 사회주의 혁명, 중동 지역의 이슬람 테러 집단의 활동 등이 대표적인 예이다.

▲ 사회운동

다음으로 목표 지향에 따른 사회 운동의 유형을 살펴보자.

첫째, 가치 지향적 운동이 있다. 이것은 무엇인가 잘못되었으므로 변화가 필요하다는 믿음에서 비롯된 운동이다. 가치 지향적 운동은 사회 구성원의 일부 또는 특정 집단에 이익을 가져다주기 위한 변화를 추구하는 데 초점을 맞추고 있다. 그리고 이러한 운동에서 내세우는 변화는 그 사회에서 널리 받아들여지고 있는 가치와 밀접하게 관련을 맺는다. 구체적인 예로는 독립 운동, 여성 운동, 종교 운동, 환경 운동, 인권 운동 그리고 혁명 등이 있다.

둘째, 권력 지향적 운동이 있다. 이것은 참여자들이 특정 권력이나 지위를 획득하는 데 목표를 둔 운동이다. 가장 단적인 예로는 쿠데타가 있다. 쿠데타는 혁명과 달리 새로운 가치를 향해 정치와 사회 구조를 변화하려는 것이 아니라, 단지 권력을 장악하기 위한 소수 집단의 운동에 불과하다. 이밖에도 소수 민족의 분리주의 운동, 노예에서 해방된 흑인들에게 테러 행위를 일삼았던 백인들로 구성된 KKK단의 활동도 권력 지향적 운동에 해당한다.

셋째, 참여 지향적 운동이 있다. 어떤 구체적인 목적을 달성하기 위해 참여하는 운동이 아니라 운동에 참여하는 것 그 자체가 목적이며, 거기에서 개인적 만족을 얻는 운동이다. 이는 사회 운동에 참여함으로써 기존 질서에 대한 불만을 나타내고 이를 개선할 능력이 없다는 소외감으로부터 도피하려는 시도에서 이루어지는 운동이다. 이 운동에 참여하는 사람들은 일종의 환상이나 믿음을 가지게 되는데, 천년왕국 운동이나 종말론처럼 구세주가 나타나서 세상을 바로잡아줄 것이라는 믿음에 입각하고 있다.

(3) 사회 운동의 발달단계

어떠한 사회 운동도 그것이 처음 생성되어 발전하기까지 몇 가지 단계를 거치며 전개되기 마련이다. 즉 사회 운동은 그 나름대로의 생애 주기를 갖는다. 많은 사회 운동이 일어났다가는 물거품처럼 사라지기도 하며, 또 어떤 사회 운동은 원래의 목적과 이념에 변화를 겪으면서도 오랜 기간 지속되고 있다. 그렇다면 사회 운동은 어떠한 요인에 의해 일어나며 어떤 과정을 밟아 전개되는지 좀 더 체계적으로 살펴보자.

① 예비 단계

사회 운동의 초기 단계에는 혼동, 불안, 불만, 적개심 등이 나타나기 시작한다. 고립된 개인들은 동일한 쟁점이나 문제를 인식하고 있지만 어찌할 바를 모르는 상태에서 막연히 어떤 일이 벌어지기만을 은근히 기대한다. 그리고 그 과정에서 유언비어가 성행하고 소외감이 심화된다.

이런 상황에서 선동가들이 지도자로 등장한다. 이들은 사람들을 선동·자극할 뿐 아니라 고립된 개인들을 의식화시켜서 문제의식을 갖도록 만든다. 그러나 아직 이 단계의 지도자들은 어떤 구체적인 이념이나 프로그램을 제시하지는 못한다. 따라서 예비 단계에서 사회 운동은 체계화된 조직이 없고 감정적인 유대로 느슨하게 묶여있는 일부 헌신적인 사람들에 의해 이루어진다.

② 민중화 단계

선동과 집합적 자극은 사회 운동을 다음 단계로 몰고 간다. 이제 사회적 불만은 많은 사람들에게 확산되고, 이러한 불만이 자신들만의 문제가 아닌 사회의 대다수 구성원들에게도 공통된 것이라는 인식이 자리 잡는다. 따라서 사람들은 쟁점을 서로 토론하면서 의견을 교환하고 '우리'라는 연대 의식을 갖기 시작한다. 그리고 문제의 원인이 어디에 있는지, 비난의 대상이 되는 적이 누구인가도 좀 더 분명해진다. 민중화 단계에서 효과적일 수 있는 지도자형은 예언자나 개혁가들, 즉 한마디로 카리스마적 지도자이다. 이들은 사람들에게 특정 문제와 그에 대한 해결 방안을 지적하고 미래에 대한 전망을 제시하여 그들을 감동시킨다. 하지만 아직까지는 사회 운동의 목표가 뚜렷하게 규정되지 않으며, 조직도 비교적 느슨한 상태로 머물러있다.

③ 공식화 단계

흥분과 선동이 사람들에게 널리 확산된다 해도 이것은 일시적일 따름이다. 어떤 형태로든 사람들을 안정된 조직으로 발전시켜야만 사회 운동은 유지될 수 있다. 공식화 단계로 접어들면서 운동의 핵심 구성원들 사이에는 토론과 논쟁이 활발해진다. 사회 운동의 구체적인 목표와 프로그램이 명확해지며 이를 뒷받침하기 위한 이념 체계가 정립된다. 공식화 단계에서 요구되는 지도자형은 지식인과 정치인이다. 이들은 운동의 이념을 정교화하며 목표 달성을 위한 전략과 조직을 만들어낸다. 동시에 서열과 분화로 이루어진 조직적인 운동 조직이 형성된다.

④ 제도화 단계

일단 사회 운동이 그 목적을 달성하게 되면 원래의 성격이 근본적으로 달라질 수가 있다. 사회 운동을 초래했던 군중들의 불만과 흥분이 가라앉으면서 운동의 지도자들은 이제 기득권을 장악한 스스로의 모습을 발견하게 된다. 게다가 자신들을 겨냥할지도 모르는 새로운 사회 운동의 위험에 직면하게 된다. 따라서 원래의 개혁적 성격은 퇴색하고 대신 보수주의가 자리 잡는다. 이제 무대에는 행정 관료가 주인공으로 부상한다. 공식적인 관료 조직과 규칙을 통해 기득권을 행사하면서, 이들은 기존 질서의 한 부분으로 흡수되어 버린다.

(4) 사회 운동의 이론

홍길동이 활빈당을 조직해 탐관오리 응징에 나선 계기는 서자라는 이유로 아버지를 아버지라 부르지 못하게 하는 당시의 신분 제도에 대한 울분이었다. 엄연한 양반의 자식임에도 서자에게는 과거 시험에 응시할 자격조차 주지 않는 세상에서 홍길동이 선택할 수 있는 길은 달리 없었다.

임꺽정이 구월산 일대에서 화적패를 조직해 관아를 습격하고 부잣집 곳간을 약탈하며 세력을 넓히게 된 것도 신분 제도에 대한 불만으로부터 시작된 일이다. 누구도 당해낼 사람이 없을 정도로 엄청난 괴력을 소유한 천하 장사였음에도 불구하고 단지 백정의 자식이라는 이유만으로 자신을 멸시하는 세상에 대한 분노가 그를 구월산 화적패 두목으로 이끌었다. 물론 홍길동과 임꺽정을 따랐던 그 많은 무리들 역시 비슷한 심정으로 세상을 등졌음은 두말할 나위 없는 일이다.

홍길동과 임꺽정의 사례는 사회 운동이 발생하는 원인과 조건 등에 대해 여러 가지 시사점을 던져준다. 사회적 불만이라는 심리적 요인, 그러한 불만을 발생시킨 신분제라는 사회 구조, 그리고 자신을 따르는 무리를 조직하고 그들의 동기 유발을 이끌어낼 수 있었던 개인적 능력이나 신망 같은 것들이 사회 운동을 일으키는데 중요한 요인으로 작용한다. 이런 요인들 각각에 초점을 맞추어 사회 운동을 설명하고 있는 대표적인 이론들을 소개해 보겠다.

① 심리적 박탈 이론(J곡선 이론)

좌절과 분노 그리고 사회적 불만으로 인해 세상을 뒤엎으리라 나선 홍길동이나 임꺽정의 무리들처럼 사람들이 사회 운동에 나서게 되는 이유를 심리적 요인에서 찾는 이론이 있는데, 이를 '심리적 박탈 이론'이라고 한다. 데이비스

(Davis)는 사람들이 염원하는 삶의 기대 수준과 현실에서의 생활 상태 간의 간극에서 나타나는 상대적 박탈감이 팽배해졌을 때 사회 운동이 일어난다고 설명한다.

가령 사회의 지속적인 발전 과정 속에서 자신이 기대했던 지위 상승이 사회적 장벽에 부딪혀 좌절되었을 때, 혹은 경제적 호황으로 생활수준이 향상되다가 갑작스러운 불황으로 현실이 기대 욕구를 충족시켜 주지 못할 때 사람들은 상대적 박탈감을 느끼게 된다. 그리고 이러한 상대적 박탈감이 점점 커지다가 일정한 시점에 이르면 사회 운동으로 촉발된다는 것이다. 과거 시험을 통해 관직에 진출하려던 홍길동의 기대 수준이 좌절되고, 자신의 엄청난 힘으로 무엇이든 할 수 있으리라 자신했던 임꺽정이 천한 신분 때문에 좌절을 겪게 되자 세상을 바꾸려 나선 것과 같은 이치이다.

데이비스는 자신의 이론을 실제로 1917년에 러시아에서 일어났던 볼셰비키 혁명에 적용하여 설명하기도 했다. 즉 1861년 러시아에서 농노 해방이 이루어지면서 경제적·사회적 발전에 대한 기대가 상승했으나 1905년 러일전쟁 패배 이후 그 후유증으로 인해 빈곤이 늘고 사회적 절망감이 커지면서 이것이 볼셰비키 혁명으로 이어졌다는 것이다. 이 이론은 심리적 만족감이 급격히 떨어지면서 사회 운동으로 연결되는 과정을 그래프로 표현하면 아래 그림과 같이 알파벳 J자를 거꾸로 뒤집어 놓은 모양과 같다고 하여 'J곡선 이론'이라는 명칭으로 부르기도 한다.

● 데이비스의 J곡선 이론

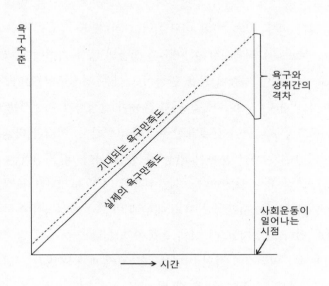

심리적 박탈 이론은 사회 운동이 등장하게 되는 과정을 간결하게 설명하고 있다는 평가를 받는다. 그러나 심리적 박탈감을 경험한 사람들이라고 해서 모두가 사회 운동을 일으키거나 참여하는 것은 아니다. 따라서 심리적 박탈 이론은 상대적 박탈감을 느끼는 사람들 중 사회 운동에 관여하는 사람과 그렇지 않은 사람이 나눠지는 이유는 무엇인가에 대해서는 아무런 설명을 하지 못하고 있다. 또한 사회 운동 그 자체보다 사회 운동이 발생하게 되는 배경과 상황에만 초점을 맞추고 있다는 지적도 받고 있다.

② 부가 가치 이론

홍길동과 임꺽정에게 좌절과 분노를 안겨 그들이 세상을 뒤엎으러 나오게 만든 근본 요인은 신분제라는 사회 구조에 있었다. 이처럼 사회 운동이 일어나게 만드는 구조적 조건이 무르익어 가는 과정에 초점을 맞춰 설명하는 이론이 있는데, 이를 '부가 가치 이론'이라고 한다.

스멜서(Smelser)가 제시한 이 이론은 상품의 생산 과정에서 각 단계마다 새로운 요소를 보태어 최종 산물을 만들어 낸다는 경제학의 '부가 가치' 개념에서 그 원리를 가져온 것이다. 즉 사회 운동이 발생하기 위해서는 다음 여섯 가지 사회 구조적 요인들이 단계별로 부가되어야 하며, 이러한 단계별 요인들이 많이 나타날수록 사회 운동이 활성화될 가능성이 더 커진다는 것이다.

첫째, 구조적 유발 요인이다. 이는 심각한 사회 문제가 구조적으로 존재하는 상황을 의미한다. 사람들이 사회 내부에 반드시 개선되어야 하는 중요한 사회 문제가 있다고 인지할 때 사회 운동이 일어날 가능성이 발생한다는 것이다. 홍길동이나 임꺽정이 살던 시대에 신분제의 폐해를 많은 사람들이 막연하게 인지하고 있는 상황이 이에 해당한다.

둘째, 구조적 긴장이다. 사회 구성원들 사이에 인지된 사회 문제를 둘러싸고 사회 내에 긴장과 갈등 상황이 벌어지면 사회 운동이 일어날 가능성이 더 커진다. 홍길동과 임꺽정이 좌절과 분노를 맛보아야 했듯이 신분제의 폐해로 인해 많은 사람들이 유사한 상실감을 경험하게 된 상황이라 할 수 있다.

셋째, 일반화된 신념의 확산이다. 사회 구성원들이 막연히 인지하고 있는 사회 문제의 구체적인 내용이 무엇인지 그리고 그 원인과 해결 방안은 무엇인지에 대한 명확한 설명과 주장이 제기되고, 다수의 사람들이 여기에 공감대를 형성하면 사회 운동이 일어날 가능성은 한층 더 높아진다. 홍길동과 임꺽정이 자신들에게 좌절과 분노를 안겨 준 신분제라는 구조적 요인을 개혁하지 않고서는 아무런 희망이 없음을 확신하고 무리를 모으기 시작하는 단계라고 할 수 있다.

넷째, 촉진 요인이다. 일반화된 신념이 널리 확산된 상태에서 마치 기름에 불을 붙이듯 사람들의 관심을 집중시킬 수 있는 극적인 사건이나 사고가 터지면 사회 운동이 일어날 가능성은 이전 단계보다 훨씬 커진다. 홍길동이 탐관오리를 응징해 사람들의 주목을 받고, 임꺽정이 백정인 자신의 아버지를 죽음으로 몰고 간 양반을 처단하여 사람들의 입에 오르내리게 된 것이 이에 해당하는 예이다.

다섯째, 행동의 동원이다. 문제점을 인지하고 신념을 공유하는 단계를 넘어 구체적인 행동이 벌어지는 단계이다. 사회 운동에 참여하는 사람들의 조직이 구성되고, 그들 가운데 지도자가 나오고, 홍보나 선전 그리고 집회와 시위 등 실천적 활동들이 나타나면 사실상 사회 운동이 시작되었다고 볼 수 있다. 홍길동이 활빈당을 조직해 본격적인 의적 활동에 나서고, 임꺽정이 구월산 화적패를 조직해 인근 지역에 세력을 확장하는 과정이 바로 본격적인 사회 운동을 시작한 단계라 하겠다.

여섯째, 사회 통제 장치의 작용이다. 만약 경찰이나 사법 기관 같은 제도적 통제 기구가 신속하고 효과적으로 대응한다면 사회 운동의 생명력은 길게 유지되기 힘들 것이다. 그러나 이들 통제 기구가 절적한 대응에 실패한다면 사회 운동은 긴 생명력을 유지하면서 보다 활성화 될 수 있다. 신출귀몰 활약하는 홍길동에게 관군이 끊임없이 농락당하고, 천하장사인 임꺽정의 괴력에 토벌대가 잇달아 패하면서 이들의 활동은 계속 유지될 수 있었던 것이다.

이처럼 스멜서의 부가 가치 이론은 사회 운동이 일어나게 하는 다양한 구조적 조건들을 단계별로 상세히 설명하고 있다는 평가를 받는다. 그러나 이 이론의 시발점이자 핵심 개념인 '구조적 긴장'에 대해서는 의문이 제기되고 있다. 어느 사회든지 다양한 구조적 긴장 요인들이 있기 마련인데, 이들 중 어떤 요인이 실제로 사회 운동과 직접적인 관련을 맺는지를 명확히 규명하기가 힘들다는 것이다.

③ 자원 동원 이론

홍길동과 임꺽정이 무리를 이끄는 지도자가 될 수 있었던 것은 자신이 보여준 비범한 능력과 활약 덕분에 많은 백성들로부터 직·간접적인 도움과 지지를 이끌어 낼 수 있었기 때문이다. 이처럼 사회 운동에 나선 사람들이 자신의 목적을 달성하기 위해 필요한 여러 가지 자원을 동원하는 능력에 초점을 맞춰 설명하는 이론이 있는데, 이를 '자원 동원 이론'이라고 한다.

여기서 자원이란 사회 운동에 필요한 비용과 물자 등 물질적 자원, 참여하는 사람들을 의미하는 인적 자원 그리고 그 사람들의 신념이나 헌신도 등과 같은 정신적 요인이나 그들이 투여하는 시간과 기능, 운동의 전략과 전술, 대중 매체 등 미디어의 활용 능력과 같은 비물질적 자원까지 모두 포함하는 개념이다. 그리고 자원 동원이란 사회 운동을 전개하는 특정 집단이 이러한 자원을 집합적으로 통제하는 과정을 의미한다.

자원 동원 이론에 따르면 사회 운동이란 단지 발생 요인만 존재한다고 해서 저절로 출현하는 것이 아니라 누군가가 의도적으로 조직하고 동원해야만 일어나는 것이다. 사회 운동의 발생 요인을 심리적 박탈감이나 구조적 긴장의 증가로부터 찾았던 앞의 두 이론들과 달리 자원 동원 이론에서는 이러한 요인들은 단지 이차적 문제일 뿐이라고 말한다. 사회적 불만이나 변동을 지향하는 신념을 가진 사람들은 어느 사회에나 늘 존재하지만 그렇다고 항상 사회 운동이 일어나는 것은 아니기 때문이다.

따라서 사회 운동의 발생과 전개는 사회적 불만이나 긴장의 양보다는 자원 동원의 가능성 여부와 그 정도에 의해 결정된다는 것이 자원 동원 이론의 핵심 주장이다. 결국 자원 동원 이론에 따르면 사회 운동이 성공하기 위해서는 자원 동원 능력을 갖춘 지도자 혹은 사회 운동 집단과 이들에게 자원을 공급하는 외부 집단 간의 연대가 관건이다.

자원 동원 이론은 어떤 조건에서 사회 운동이 일어나는가에 관심을 가졌던 앞의 두 이론들과 달리 사회 운동이 성공하려면 어떤 조건을 갖춰야 하는가에 초점을 맞추고 있다는 점에서 새로운 시각을 제시하였다는 평가를 받고 있다. 또한 사회 운동의 주체 세력에 대한 분석의 초점을 개인들의 집합체가 아닌 동원 능력을 갖춘 조직체로 전환했다는 점도 다른 이론들과 차별화된 특징을 보이고 있다. 그러나 이 이론은 사회 운동에서 다수의 일반 대중보다 운동을 이끄는 지도자나 조직의 역할을 중시함으로써 엘리트주의에 치우쳐 있다는 비판을 받는다. 그 결과 비록 자원 동원에 성공하더라도 그 이후 엘리트들의 태도나 능력에 따라 얼마든지 달라질 수 있는 사회 운동의 방향에 대해서는 설명을 하지 못하고 있다. 또한 현실적으로 외부로부터의 자원 지원이 없이 조직 내부의 자체적 역량에 의해 유지되고 있는 여러 사회 운동의 사례에 대해서도 설명력이 떨어진다는 지적이 나오고 있다.

5. 신사회 운동과 글로벌 NGO: 사회가 바뀌면 사회 운동도 달라진다

(1) 신사회 운동

사회 운동이라는 말이 처음으로 쓰인 것은 19세기 유럽의 산업 혁명 이후부터이다. 이때는 주로 새롭게 형성된 노동자 계급의 이념적 저항 및 산업 갈등을 중심으로 하는 노동자 운동을 지칭하는 개념이었기 때문에 사회 운동이라는 용어 속에는 정치적·계급적 색채가 매우 강하게 담겨 있었다. 우리나라도 1980년대까지는 사회 운동이란 학생 운동, 재야 운동, 노동 운동, 농민 운동 등과 같이 민주화 운동이나 계급 운동을 총괄하는 개념으로 사용되어 왔다.

그러나 서유럽에서는 이미 1970년대에 이르러 기존의 전통적인 사회 운동과는 구분되는 이른바 '신사회 운동'이 새롭게 출현하였다. 노동조합의 발달과 좌파 정당의 출현 등으로 기존의 정치적 · 계급적 갈등은 제도권 내에서 충분히 흡수하여 처리할 수 있게 된 반면 가정, 학교, 대중 매체, 지역 등 일상생활의 영역에서 새로운 사회적 저항의 목소리들이 터져 나오기 시작한 것이다. 그 결과 민주주의, 민족, 계급 등과 같은 추상적이고 거대한 이슈들보다는 구체적인 일상생활을 중심으로 환경, 교통, 교육, 치안, 보건 의료, 소비자 등과 관련한 이슈들 그리고 장애인, 여성, 노인, 아동 · 청소년 등 사회적 약자의 인권 및 삶의 질과 관련한 문제들이 사회 운동의 주요 관심사로 새롭게 등장하게 되었다.

신사회 운동은 관심 영역뿐 아니라 운동의 목표나 운동 방법에 있어서도 전통적인 사회 운동과는 뚜렷하게 구분된다. 첫째, 신사회 운동은 계급적 이슈가 아닌 공공선을 추구하는 초계급적 문제를 이슈로 삼고 있다. 따라서 운동에 참여하는 사람들도 특정 계급에 속한 구성원이 아닌 흔히 '시민'이라고 불리는 초계급적 주체들로 이루어져 있다. 둘째, 전통적인 사회 운동이 사회 체제의 근본적인 변혁을 목표로 삼는 반면, 신사회 운동은 사회의 부분적인 변화를 목표로 삼는 개량적 혹은 개혁적인 성격을 지닌다. 셋째, 국가 권력의 정당성을 부정하고 흔히 비합법적인 투쟁 방법을 취해왔던 전통적인 사회 운동과 달리 신사회 운동은 합법적인 운동 방법을 택하고 있다. 즉 국가란 타협을 통해 개혁 정책을 입안할 수 있는 공간이라 인식하고 합법적 수단을 최대한으로 이용하는 새로운 운동 방법이 사용되는 것이다.

우리나라도 괄목할 만한 정도로 민주화가 진척된 1990년대 이후 전통적인 사회 운동의 퇴조와 함께 신사회 운동의 여파가 거세게 불어 닥치기 시작했다. 이 시기에 경실련, 환경운동연합, 참여연대, 문화연대, 소비자문제를 생각하는 시민의 모임, 참교육을 위한 학부모 운동, 장애우 권익문제연구소 등 다양한 영역에 관심을 두고 있는 신사회 운동 단체들이 동시다발적으로 생겨나면서 본격적인 신사회 운동의 시대를 열었다.

(2) 글로벌 NGO

세계화 시대의 개막과 정보 통신 기술의 비약적인 발전은 사회 운동의 양상에도 커다란 변화를 가져왔다. 먼저 세계화 시대가 본격적으로 열리면서 사회적 현안과 이슈들도 국가적 차원을 넘어 전 지구적 차원으로 확장된다. 일례로 환경 문제를 생각해보자. 기후 변화, 산성비, 오존층 파괴, 황사와 미세 먼지, 원전 사고 등의 문제들은 단순히 한 국가의 수준에서 해결될 수 없는 국제적인 문제이며, 몇몇 나라들의 노력만으로는 치유될 수 없다는 성격을 갖고 있다. 이처럼 근대 문명의 가장 기본 단위였던 국가라는 단위는 세계화 시대에 직면한 사회 현안들을 해결하기에 그 효율성을 점점 상실해가고 있다. 그리고 이러한 국가의 공백은 국가적 이해관계를 초월한 범국가적인 사회 운동 단체들의 자발적인 참여에 의해 메워지고 있다.

한편 정보 통신 기술의 발전은 사회 운동 단체들의 범국가적인 교류와 연대에도 결정적인 기여를 한다. 인터넷을 통해 국경을 넘나드는 의사소통과 교류가 확대되고 각종 정보가 광범위하게 공유되면서 각국에 고립적으로 흩어져 있던 사회 운동 단체들이 자신들의 관심사를 중심으로 전 지구적 차원으로 조직되고 교류하며 활동을 전개시킬 수 있는 여건이 마련된 것이다.

이러한 상황을 배경으로 전 지구적 단위로 활동하는 글로벌 NGO의 활약이 두드러지게 나타나고 있다. 특히 지금까지 국제 사회의 현안을 조정해오던 UN이 재정적, 기능적 위기에 처해 자신의 역할을 제대로 수행해내지 못하고 있는 반면, 글로벌 NGO는 정부 기관에 뒤처지지 않는 예산과 전문 인력을 갖추고 탄탄한 도덕성과 행동력을 앞세워 인권, 환경, 평화 등 다양한 이슈에서 세계 여론을 주도하고 있다.

　실제로 오늘날 국제 사회에서 글로벌 NGO의 활약상은 눈부시다. 1994년 르완다 내전과 1998년 유고 연방의 코소보 사태에서 맹활약한 '국경없는 의사회'는 세계 최대 민간의료기구로 발전했으며, 영국 다이애나 비의 참여로 유명해진 '대인지뢰금지 국제위원회'는 그 활동 공로를 인정받아 1997년 노벨 평화상을 수상하기도 했다.

　지금까지 정부를 제1섹터, 기업을 제2섹터라고 구분했다면, NGO는 권력이나 시장의 논리와 달리 자발성과 연대의 원리에 따라 작동하는 제3섹터로서의 성격을 갖는다. 이미 NGO는 입법부, 행정부, 사법부로 구성되는 3부

▲ 글로벌 NGO 국경없는 의사회

와 제4부로서의 언론을 넘어 실질적인 제5부로 불릴 정도로 그 역할과 중요성이 커지고 있으며, 전통적인 외교와 정책 결정에 대한 대안 세력으로 급부상하고 있다. 특히 1995년 덴마크에서 열린 사회개발정상회의에서 UN이 NGO를 지구촌 과제 해결을 위한 공식적인 파트너로 인정함에 따라 글로벌 NGO는 정부 기관을 대신할 21세기 지구촌 시대의 당당한 주역으로 그 위상이 날로 높아지고 있다.

생각해 봅시다

01 집합 행동은 제도화된 행동과 어떻게 다를까요?

02 집합 행동과 사회 운동은 어떻게 구별될까요?

03 촛불 시위의 전개 과정을 사회 운동의 발달 단계에 적용하여 설명해 봅시다.

예전에는 버스마다 안내양이라고 부르는 직업을 가진 젊은 여성들이 운전사와 함께 탑승했었다. 버스 문을 손으로 열고 닫는 일, 승객들로부터 버스 요금을 받는 일, 손님이 다 타고 내린 것을 확인하고 운전사에게 출발 신호를 보내는 일, 심지어 버스에 손님이 가득 차면 온 힘을 다해 손님을 밀어 넣는 일까지 모두 안내양이 담당하던 업무였다. 그러나 버스 문의 개

▲ 버스안내양

폐가 자동화되고 버스 요금 납부 시스템이 바뀌면서 버스 안내양이란 직업은 우리 사회에서 완전히 사라져 버렸다.

이와 반대로 새로운 직업이 출현하기도 한다. 현재 사람들이 가지고 있는 직업들 중에는 불과 몇십 년 전만 해도 이 세상에 아예 존재하지 않았던 것들이 많다. 택배 배달원, 대리 운전사, 텔레마케터, 애견 미용사, 네일 아티스트, 편의점 아르바이트 같은 것들이 대표적이다. 정보통신 관련 분야로 가보면 거의 대부분의 직종들이 20세기 말 이후에 새롭게 탄생한 것들이다.

이렇듯 사회는 늘 변동을 거듭하며 그 속도도 갈수록 점점 더 빨라지고 있다. 과거에는 수백 년의 시간에 걸쳐 서서히 진행되었을

만한 규모의 사회 변동이 이제는 십수 년이라는 짧은 시간 동안에 순식간에 이루어지고 있다. 하지만 변동의 속도와 규모보다 더 중요한 것은 바로 변동의 방향이다. 그리고 대부분의 경우 변동의 방향은 '발전'이라는 단어로 연결된다. 하지만 모든 변동이 언제나 발전을 향해 나아가는 것만은 아니다. 변동으로 인해 사회가 퇴보하고 심지어는 소멸하는 경우도 있다. 따라서 모든 사회에서 변동은 결국 발전이라는 내용을 담고 있을 때에만 비로소 긍정적인 의미를 가질 수 있는 것이다.

'변동'과 '발전'은 모든 사람의 관심사이다. 사람들이 역술가를 찾아가는 것은 자신과 가족의 미래가 어떻게 변화하고 어떻게 좋아지는지 알고 싶기 때문이다. 역사학자들이 과거를 탐구하는 것도 궁극적으로는 역사의 경험을 통해 사회의 변동과 발전의 동력을 밝혀내기 위해서이다. 그렇다면 사회 변동과 사회 발전이란 도대체 무엇을 의미하는가? 그리고 변동과 발전은 얼마만큼의 시간적 간격을 두고, 어떤 모양으로, 어느 정도 이루어지는가? 오래 전부터 사회 과학자들은 사회의 변동과 발전의 법칙성을 알아내고자 노력해왔다. 마치 배나 비행기가 진로를 찾을 때 나침반이 가리키는 방향에 의지하듯이 사회의 변동과 발전의 법칙성을 찾는다면 이것은 앞으로 인류가 나아가야 할 길에 귀중한 지침이 될 수 있기 때문이다.

물론 사회 현상은 자연 현상과 달라서 일정한 법칙을 찾아낸다는 것이 여간 어려운 일이 아니다. 특히 최근에는 자연 과학 내에서도 모든 현실이 우연, 무질서, 불규칙에 의해 지배된다고 전제하는 '카오스(혼돈) 이론'이 새로운 패러다임으로 등장하고 있다. 카오스 이론에 따르면 자연계의 변화에 개입되는 여러 변수들 중 어느 하나만 달라져도 그 결과는 판이하게 다른 방향으로 나타나게 된다. 일기 예보에 의하면 내일은 비가 오기로 되어 있는데 예기치 않게 거센 바람이 불어서 구름의 이동이라는 변수가 생기면 비가 올 것이라는 예측은 빗나간다는 것이다. 하지만 카오스 이론조차도 이러한 무질서 속에 일정한 체계가 존재한다는 점을 중시하고 있다. 한 마디로 무질서 속에도 질서가 있다는 것이다. 그러므로 변동과 발전의 법칙을 찾고 이를 이론화하려는 노력은 결코 무시될 수 없는 일이다.

사회 현상의 법칙을 발견한다는 것이 아주 어려운 일인 만큼 사회의 변동과 발전을 설명하는 학자들의 이론도 매우 다양하다. 물론 모든 사회 변동과 사회 발전의 법칙을 완벽하게 설명할 수 있는 이론은 아직 존재하지 않는다. 하지만 현재 나와 있는 각각의 이론과 관점들은 나름대로의 설명력과 유용성을 지니고 있다. 지금부터 사회 변동을 설명하는 네 개의 대표적인 관점과 사회 발전을 설명하는 두 가지 상반된 이론에 대해 차례로 알아보도록 하자.

1. 순환론: 돌고 도는 물레방아 세상

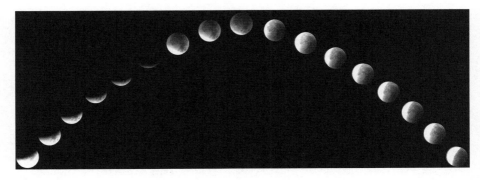

▲ 달의 순환

계절의 변화에 따라 나무도 모습을 바꾸며 변화한다. 봄이 오면 마른 가지에 연두색 새 잎이 솟아나고, 여름이 되면 어느새 나뭇잎은 짙은 초록을 내

뽐으며 풍성한 자태를 뽐낸다. 그러다가 가을로 접어들면 나뭇잎은 단풍으로 물들다가 낙엽이 되어 떨어지기 시작하며, 마침내 겨울이 되면 나무는 다시 마른 가지만 남은 앙상한 모습으로 돌아간다. 해마다 이런 과정을 되풀이하면서 나무는 수십 년, 수백 년을 살아간다. 달의 변화도 마찬가지이다. 가느다란 초승달이 서서히 부풀어 오르면서 반달로 바뀌고 동그랗게 꽉 찬 보름달로 성장하다가 다시 반달의 모습을 거쳐 그믐달로 줄어드는 과정을 반복한다.

일정한 양상을 거듭 반복하며 변화된 모습을 보이는 나무나 달처럼 사회도 하나의 문명이 성장과 쇠퇴의 반복적 과정을 끊임없이 순환한다고 보는 관점이 있는데, 이를 가리켜 순환론이라고 한다. 과거 중국이나 우리나라의 전통 사상을 들여다보면 순환론적 관념이 지배하고 있었음을 알 수 있다. 음양오행설에 의하면 우주의 작용은 정해진 유형을 따라 음과 양의 두 극 사이를 오가며 진행한다. 즉 하나가 흥하면 다른 하나가 쇠하는 닫힌 틀 속에서의 움직임이라는 것이다. 또한 불교의 윤회 사상도 순환론적 세계관을 가지고 있다.

서구의 일부 역사학자와 사회학자들 역시 순환론적 관점을 취하고 있다. 가장 먼저 체계적인 순환론을 정립한 사람으로는 14세기 아랍의 역사학자인 이븐 칼둔(Ibn Khaldun)을 꼽을 수 있다. 그는 문명 또는 제국의 역사에서 나타나는 순환적인 변화를 묘사하기 위해, 베두인족이라는 종족을 중심으로 120년을 주기로 나타나는 유목민과 정착민 간의 갈등과 충돌 과정으로 이슬람 문명의 흥망성쇠를 설명했다. 유목민 베두인족은 도시의 화려한 삶을 늘 동경하며 기회가 있을 때마다 정착민을 공격하고 정복한다. 그러나 정복에 성공한 베두인족도 차츰 정착 생활에 안주하면서 부패와 안일한 삶이 만연하며 그 결과 다시 강력한 다른 유목민에게 정복된다는 것이다.

이탈리아의 사회학자 파레토(Pareto)는 '엘리트의 순환'을 이야기한다. 그는 엘리트에는 '여우형'과 '사자형'의 두 가지 유형이 있다고 본다. 여우형

▲ 파레토(Pareto)

엘리트는 약삭빠르고 혁신적이며 수완이 풍부하고 적응력이 뛰어난 사람들로, 결사와 조직의 능력이 뛰어나다. 그들은 강력한 힘으로 사람들을 통제하기보다는 유연한 설득력으로 사람들을 자신의 편으로 끌어들이는데 탁월한 재능을 가지고 있다. 반면 사자형 엘리트는 새로운 조직을 만들기보다는 이미 존재하는 집단에 머물러 있으면서 이를 유지시키려는 경향이 강하다. 견고한 권력 구조를 통해 강력한 통치력을 행사하면서 사람들에게 충성심을 요구하고, 의견이 다른 사람을 설득하기보다는 자기 말을 잘 듣는 사람을 선호한다. 파레토는 이 상반된 두 가지 유형의 엘리트 간의 투쟁을 통해 주기적으로 권력이 교체되면서 사회가 변동한다고 설명한다.

▲ 슈펭글러(Spengler)

독일의 슈펭글러(Spengler)는 「서구의 몰락」이라는 저서에서 서구 문명이 이제 붕괴와 몰락의 과정에 돌입하였다고 주장하였다. 그에 따르면 문명도 인간처럼 생애 주기가 있어서, 일련의 발생과 성장 단계를 거쳐 결국 쇠퇴와 몰락의 과정을 겪는다. 그는 인류 역사의 여러 문화권을 검토한 결과 모든 문명은 일반적으로 1천 년을 그 생애 주기로 한다고 보고, 서기 900년경에 출현한 서구 문명이 이제 몰락의 길에 접어들었다고 주장했다. 그리고 전쟁과 변란, 가치 갈등 및 세대 갈등 등을 그 몰락의 징후로 제시한다.

영국의 역사학자 토인비(Toynbee)는 「역사의 연구」에서 슈펭글러의 순환론적 관점을 재확인하고 이를 더욱 정교화했다. 그는 문명의 발전을 단순한 생물체의 생애 주기로 보지 않고 장기적으로 반복하는 현상이라고 생각한다. '도전'과 '응전' 은 토인비 역사관의 핵심 개념인데, 모든 문명 은 자연 환경이나 외세의 침입과 같은 어떤 구 체적인 도전이 있을 때 이에 대한 반응 또는 응전을 통해 발생한다는 것이다. 문명은 처음 에는 주로 자연 환경에서 생존하기 위한 도전

▲ 토인비(Toynbee)

을, 그 뒤에는 내부 혹은 외부로부터의 사회적 도전을 받는다. 이러한 도전에 대한 응전의 성격에 따라 문명의 수명이 결정된다. 성공적인 응전은 사회의 생존과 발전을 가져올 것이고, 그렇지 못하면 쇠퇴와 멸망을 초래한다. 토인 비는 이와 같은 도전과 응전의 주기적 순환이 인간 사회가 완전한 문명을 향 해 나아가는 과정이라고 주장했다.

끝으로 소로킨(Sorokin)은 감각적 문화, 관념적 문화, 이상주의적 문화라는 세 가지 유형의 사회· 문화 체계를 통해 인류의 문명이 주기적으로 순환한 다고 생각했다. 감각적 문화는 물질주의와 향락주의 가 강조되는 유형으로 로마 제국이나 오늘날의 서구 문명이 그 예이다. 관념적 문화는 정신적이고 비물 질적인 존재를 지향하는 유형인데, 기독교가 지배하 던 중세 시기가 전형적인 사례라 하겠다. 한편 이상

▲ 소로킨(Sorokin)

주의적 문화는 이들 두 가지 문화가 한데 모여 균형을 유지하면서 공존하는 유형이다. 소로킨에 따르면 관념형에서 감각형으로 넘어오던 13~14세기의 유럽 문명이 일종의 이상주의 문화에 해당한다.

그런데 순환론적 관점들은 대부분 사회 변동을 사회 구조적 수준에서 구

체적으로 논의하기 보다는 거시적 입장에서 문명의 성장과 쇠퇴를 설명하고 있다. 따라서 특정 사회의 중·단기적인 사회 변동은 제대로 설명하기 어렵다는 한계를 가지고 있다. 또한 운명론적 시각을 갖고 있기 때문에 인간 행동의 역동성과 자율성을 간과하고 사회 변동에 대한 논의를 단순히 역사 철학적 예언으로 전락시켰다는 비판을 받고 있다.

2. 진화론: 갈수록 어려워지는 테트리스의 세계

▲ 테트리스

　　세월이 아무리 흘러도 변함없이 전 세계 어디에서나 남녀노소를 가리지 않고 누구나 손쉽게 즐기는 디지털 게임을 하나 고르라면 단연 '테트리스'를 꼽을 수 있다. 러시아의 알렉세이 파지노프라는 프로그래머가 처음 개발했다는 이 게임은 오래 전 전자오락실 시절을 거쳐 컴퓨터 게임과 스마트폰 게임으로 환경이 바뀐 지금까지도 여전히 많은 사람들로부터 변함없는 사랑을 받고 있다. 그런데 테트리스 게임에는 단계가 있다. 듬성듬성 놓여있는 블록들 사이로 쉴 새 없이 내려오는 새로운 블록들을 요리조리 끼워 맞춰서 한 단계를 간신히 넘고 나면 금방 또 다음 단계의 게임이 시작된다. 물론 새로운 단계에서는 블록들도 더 까다롭게 널려있고, 블록이 떨어지는 속도도 빨라진다. 이런 식으로 한 단계를 마칠 때마다 점점 더 복잡하고 어렵고 수준 높은 새로운 단계가 계속 기다리고 있는 것이다. 달인의 경지에 이르지 않는 이상은 어느 정도의 단계에 이르면 테트리스라는 괴물 앞에 항복할 수밖에 없다.

진화론적 관점에서 학자들이 설명하는 사회 변동은 흡사 테트리스 게임과 같다. 한 단계가 끝나면 보다 복잡성과 난이도가 높은 새로운 단계가 시작되듯이 모든 사회도 일정한 방향으로 단계적으로 진보 또는 발전해 가며, 각 단계는 이전 단계보다 더욱 복잡하고 분화된 형태를 보인다는 것이 진화론적 관점의 기본 입장이다. 따라서 현재의 사회는 과거의 사회보다 더 발전되고 더 나은 사회이다. 그리고 원시 사회는 문명사적으로 볼 때, 초기 진화 단계에 해당하며 현재의 서구 사회는 과거보다 더 발전된 단계에 속하는 사회라는 것이다. 원래 진화론은 찰스 다윈(C. Darwin)의 유명한 「종의 기원」이라는 저서를 통해 소개된 생물학 이론이다. 지금까지도 일각에서는 인간의 기원을 놓고 '창조'인가 '진화'인가 하는 논쟁이 계속되고 있지만 아무튼 진화론은 생물 유기체의 발달 과정을 설명하는 지배적인 패러다임이다.

모든 생물체가 단순한 것에서 좀 더 복잡한 것으로 진화해 나간다는 다윈의 진화론을 사회 변동의 설명에 처음으로 도입한 사람은 사회학의 창시자라고 불리는 프랑스의 사회학자 콩트(Comte)이다. 콩트는 인간 정신과 사회

▲ 콩트(Comte)

가 세 가지 단계를 밟아 발전한다고 보았다. 즉 모든 현상을 그 궁극적 원인이라 믿어지는 신의 의지와 같은 초자연적 법칙에 의해 설명하려는 '신학적 단계', 현상 세계를 신의 의지 대신에 이성적 능력을 통해 발견할 수 있는 추상적 논리로 설명하려던 '형이상학적 단계', 그리고 더 이상 초자연적 법칙이나 추상적 논리와 같은 궁극적 본질에 의존하지 않고 관찰과 실험 및 비교를 통한 과학적인 방법으로 경험적 사실들 간의 법칙적 관계를 수립하려는 '실증적 단계'로 진화한다는 것이다.

▲ 스펜서(Spencer)

콩트의 진화론이 인간 정신의 진보에 초점을 두고 사회 구조의 변화도 이에 상응하여 발전한다고 생각했다면, 스펜서(Spencer)의 진화론은 사회를 생물학적 유기체에 비유하여 사회 구조의 분화와 통합에 관심을 기울인다. 그는 세균이나 아메바 같은 단순한 생물체가 점차 그 조직의 구조가 분화되고 통합되어 인간과 같이 복합적인 생물체로 진화하듯이, 사회의 성장도 집단의 증대뿐 아니라 그 밀도와 집단 유대가 증가하는 과정이라고 생각했다. 그 결과 사회는 군사형 사회에서 산업형 사회로 진화한다. '군사형 사회'는 강제적인 협동에 바탕을 두고 조직된 사회로, 개인의 행위에 절대적인 권력을 행사하는 전제적인 중앙 집권적 권력을 가진 사회이다. 반면 '산업형 사회'는 자발적인 협동을 기반으로 조직된 사회로, 개인 행위에 대한 정치적 통제가 제한적인 민주적·대표제적 정부를 가진 사회이다. 따라서 군사형 사회에서 산업형 사회로의 발전이란 결국 동질적이고 단순한 사회가 이질적이고 상호 의존적인 사회로 진화해가는 과정이다.

뒤르켐(Durkheim)의 경우 진화론 그 자체가 중심적인 관심사는 아니었지만, 사회 변동을 사회적 분화와 상호 의존성의 시각에서 설명하면서 사회적 연대의 유형에 따른 단계론을 제시하기 때문에 진화론적 입장을 취한다고 볼 수 있다. 그는 단순 사회에서는 사회 구조가 아직 제대로 분화되어 있지 않아서 사회 구성원들 간에 존재하는 공통의 가치 체계에 의해 사회적 결속이 유지된다고 보았다. 이때의 결속을 '기계적 연대'라고 한다. 그러나 인구가 증가하고 사회 구성원이 보다 다양해지면 희소한 자원을 효율적으로 이용하기 위하여 분업이 이루어지게 되고, 보다 전문화된 부분들이 상호 의존함으로써 전체 사회의 기능이 원활하게 작동된다. 이러한 사회적 분화로 인하여 공통의 가치는 감소되고 보다 공식적인 사회 통제의 수단에 의해 사회 결속이 유지되는데, 이때의 결속을 '유기적 연대'라고 한다. 따라서 사회는 동질성을 기반으로 한 '기계적 연대'가 지배적인 사회에서 이질성을 기반으로 하는 '유기적 연대'가 지배적인 사회로 진화하는 것이다.

이처럼 진화론적 관점에서 사회의 변동을 설명하는 학자들의 의견은 아주 다양하지만 그럼에도 불구하고 몇 가지 공통점을 찾아볼 수 있다. 즉 사회 변동은 자연스러우면서도 지속적인 것이며, 사회 변동은 증대되는 사회적·문화적 분화와 복잡성을 가져온다. 그리고 사회 변동은 적응을 높여주고 따라서 사회의 진보를 촉진시킨다는 점이다. 그렇지만 진화론에는 많은 결함이 있으며 다음과 같은 다양한 비판을 받아왔다.

첫째, 변동이 반드시 진보인가에 대한 문제이다. 사회 변동이 언제나 진보나 발전을 가져오는 것만은 아니다. 서구 사회가 비서구 사회보다 경제적으로 빠르게 발전한 것은 사실이지만 현재의 서구의 가족 제도가 비서구 사회의 가족 제도보다 나은 것이라고 함부로 단정할 수는 없는 노릇이다.

둘째, 변동의 방향에 대한 문제이다. 사회 변동이 모든 사회에서 반드시 같은 방향으로 나아가는 것은 아니다. 사회 변동은 여러 방향으로 향해 갈 수 있으며, 그 방향은 발전뿐 아니라 퇴보나 멸망이라는 반대 방향으로 나아가기도 한다. 따라서 진화의 방향이 단일한 일직선상에 놓여 있다는 진화론의 주장을 현존하는 모든 사회에 동일하게 적용하기에는 많은 무리가 따른다.

셋째, 이론적 결함과 이데올로기적 의도성을 들 수 있다. 진화론적 관점은 사회의 변동이 어떻게 진행되는가에 대한 서술은 하고 있지만, 왜 단순 사회가 서구 유형의 사회로 진화해야 하는가에 대한 설명에는 입을 다물고 있다. 그뿐만 아니라 서구식 사회 유형이 더 진보되고 발달된 사회 유형이며 서구 문명을 향하여 모든 사회들이 단선적으로 진화한다는 주장에는 서구의 선진 사회가 비서구 사회를 식민지화하고 착취하는 것을 정당화시키려는 숨은 의도가 작용하고 있는 것이다.

3. 균형론: 내비게이션이 찾아주는 빠른 경로

자동차 내비게이션이 제공하는 실시간 교통 정보는 운전자들에게 매우 유용하다. 목적지를 향해 가던 도로 어딘가에 교통 혼잡이 심해져 도착 시간이 지연될 것 같으면 내비게이션은 좀 더 빨리 갈 수 있는 다른 경로를 찾아 알려준다. 내비게이션의 지시에 따라 혼잡 구간을 피해가는 차량이 늘어나면 그 구간을 지나는 차량 숫자는 자연히 줄어들어 다시금 원활한 차량 소통이 이어질 수 있다.

균형론의 관점에서 사회의 변동을 바라보는 입장은 방금 언급한 내용과 비슷하다. 이 입장은 구조 기능주의 이론에 근거한 것으로 일단 사회의 여러 부분들은 균형을 이루면서 상호 통합되어 있다는 전제조건에서 시작한다. 그리고 사회 변동이란 사회의 어떤 부분이 균형에서 이탈하면, 이들 사이에 마찰이나 갈등이 발생하고, 이 부분은 다른 부분과 균형을 찾는 방향으로 움직이는 과정이라고 설명된다.

즉 사회 변동이란 사회적 균형과 통합을 저해하는 비정상적인 현상이다. 하지만 사회란 기본적으로 스스로 균형과 통합을 찾고자 하는 역동적인 체계이기 때문에 설사 변동이 발생한다 하더라도 사회는 이를 수용하고 처리할 수 있는 능력을 가지고 있고, 따라서 곧 전반적인 안정성을 회복하게 된다. 결과적으로 균형론의 관점을 따르면 사회는 일시적인 변동 과정을 거쳐 다시 새로운 균형 상태를 회복한다는 것이다.

▲ 교통체증

이 내용을 위의 교통 상황 사례에 적용해 설명해 보자. 내비게이션이라는 기계 장치, 내비게이션이 제공하는 실시간 교통 정보, 자동차 운전자 등 각각의 사회 요소들과 사회 구성원은 서로 간에 유기적으로 밀접한 관계를 맺고 각자의 역할을 수행한다. 즉 사회의 여러 부분들은 균형과 통합을 이루고 있는 것이다. 그런데 예기치 않던 이유로 사회적 균형과 통합을 저해하는 마찰과 갈등이 발생한다. 이를테면 교통사고나 고장 차량이 발생하거나 혹은 도로 보수공사를 하는 바람에 교통 체증이 극심해지기 시작하는 것이다. 그러면 사회 변동을 유발한 비정상적인 현상을 해소시키기 위한 사회 각 부분들의 움직임이 일어난다. 위성 장치가 즉각 이 사실을 감지해 내비게이션에 전달하고, 내비게이션은 운전자에게 새로운 경로를 알려준다. 그러면 운전자는 교통 혼잡 지역을 피해 다른 도로를 이용한다. 그 결과 교통 혼잡이 있었던 지역에 점차 차량의 숫자가 줄어들고 다시금 정상적인 교통 상황으로 회복되듯이, 사회 변동도 곧 전체 사회 속에 수용되어 처리되고 사회는 다시 안정을 되찾게 되는 것이다.

균형론의 관점에서 볼 때 사회 변동은 다음 두 가지 요인들로부터 발생한다. 하나는 다른 사회와의 접촉을 통해 그 사회의 외부로부터 나오는 것이고, 다른 하나는 그 사회체계 내의 여러 가지 긴장들을 해결하는 과정을 통해서이다. 그리고 이 관점은 한 사회가 점진적으로 더 복잡해짐에 따라 변동이 발생한다는 진화론적 관점을 취하기도 한다.

예를 들면, 단순 사회에서 가족은 경제적 생산 단위임과 동시에 교육과 사회화의 기능을 담당하기도 했다. 그러나 사회가 더 분화되고 복잡해지면서 가족이 가진 기능 중 많은 부분들이 다른 사회 제도로 넘어간다. 경제적 생산 기능은 공장이나 기업체들이 맡게 되고, 교육과 사회화의 기능은 학교나 대중 매체가 상당 부분을 담당한다. 하지만 이렇게 분화된 사회의 각 부분은 서로가 밀접한 관련을 갖고 새로운 바탕 위에서 다시 통합된다.

사회의 변동을 설명하는 균형론이 지닌 한계점은 구조 기능주의나 진화
론적 관점에서 나타난 그것과 거의 일치한다. 특히 균형론적 관점은 사회 변
동을 비정상적인 상황에서 출현하는 일탈 현상으로 간주하기 때문에 사회의
정당한 변화와 개혁을 수용하지 않으려는 보수적인 이데올로기를 배경으로
삼고 있다. 그리고 전쟁이나 혁명과 같은 역사상 중요한 여러 가지 사회 변동
들을 설명하기에는 많은 한계가 있다.

4. 갈등론: 기계를 때려 부순 성난 노동자들

존 스튜어트 밀(J. S. Mill)은 자신의 저서 「경제학 원리」에서 "지금까지
이루어진 모든 기계의 발명이 인간의 매일 매일의 노고를 가볍게 했는가는
참으로 의문이다."라고 말했다. 기계의 발명이 인간에게 별 도움을 주지 못했
다는 이 말은 기계 덕분에 빠른 시간 내에 대량으로 생산되는 수많은 물건들
을 가지고 살아가는 오늘날의 우리로서는 어쩌면 납득하기 힘든 말일 수도
있다. 기계라는 새로운 문화 요소의 출현으로 인해 나타난 사회 변동 덕분에
인간과 사회가 더욱 발전할 수 있었다는 사실을 쉽게 부정할 수 없기 때문이
다. 하지만 18세기 말에서 19세기 초에 걸쳐 영국의 공업 지대에서 노동자들
을 중심으로 발생했던 '러다이트 운동(Luddite Movement)', 즉 기계 파괴 운
동을 떠올려 본다면 생각이 달라질 수도 있을 것이다.

산업 혁명이 진행되면서 방적 기계, 직포 기계가 도입되자 많은 수공업
장인과 노동자들에게는 실업과 저임금의 위기가 닥쳐왔다. 기계의 도입으로
이제 수공업 장인의 숙련된 손기술과 대규모 노동자는 더 이상 불필요한 것

▲ 러다이트 운동

이 되어 버렸기 때문이다. 이들은 자신의 열악한 상황이 바로 기계의 도입에서 비롯된 것이라고 생각했다. 그래서 기계를 파괴하면 자신들이 예전과 같은 노동 조건으로 돌아갈 수 있을 것이라 기대했다. 영국의 거의 모든 공업 지대에 급격하게 확산된 기계파괴 운동은 매우 공격적인 폭동의 형태로까지 발전했다. 이들에게 기계는 사회의 통합과 유지에 기능적인 요소가 아니라 자신들의 생계를 위협하는 달갑지 않은 존재였던 것이다.

   균형론적 관점이 사회 체계 내의 통합적이고 안정적인 과정을 강조한다면, 갈등론적 관점은 이와 반대로 불안정과 투쟁, 그리고 사회적 와해를 촉진하는 힘을 강조하고 있다. 갈등론적 관점에서 볼 때, 모든 사회는 구성원의 동의에 의해서가 아니라 힘 있는 자들에 의해 강제적으로 통합되어 있다. 또한 사회는 어느 시점에서나 늘 변화를 경험하고 있으며, 변화 과정에서 의견의 불일치와 같은 갈등이 존재한다. 따라서 잠재된 갈등이 표출되면 새로운 힘에 의해 현재 상태가 파괴되고 새로운 통합의 과정을 거친다.

기계를 생산에 도입한 것은 사회 구성원 모두가 동의한 것이 아니라 권력과 재산을 장악하고 있던 공장주와 자본가들의 강제에 따른 것이었다. 따라서 기계라는 새로운 사회 요소의 등장을 둘러싸고 사회 구성원들 사이에는 갈등이 야기된다. 그리고 이 갈등은 기계 파괴 운동으로 표출되었다. 하지만 오늘날의 공장에서는 기계와 노동자는 상호 밀접하게 통합되어 있을 뿐 아니라 오히려 특정 기계에 대한 전문적 숙련을 쌓은 기능공이나 엔지니어가 그렇지 못한 단순 노동자에 비해 훨씬 나은 대우를 받고 있다.

갈등론적 입장에서 사회 변동을 설명한 대표적인 사람은 칼 마르크스이다. 마르크스의 사회 변동론은 인류 역사를 원시공산 사회, 노예제 사회, 봉건 사회, 자본주의 사회, 공산주의 사회라고 하는 단계를 거치며 직선적으로 발전해가는 과정으로 본다는 점에서는 진화론적 관점을 취한다고도 할 수 있다. 그렇지만 다른 진화론과는 달리 마르크스는 단절과 모순에 의하여 매개되는 변증법적 과정에 중심을 두고 진화를 설명하기 때문에 오히려 혁명론에 가깝다. 마르크스는 "지금까지 모든 인류의 역사는 계급투쟁의 역사이다."라고 주장하면서, 사회 변동을 계급 간의 상호 갈등과 투쟁을 통해 설명하고 있다. 모든 사회는 계급투쟁의 무대이며, 그 속에서 자원 및 생산 수단을 가진 유산자와 그렇지 못한 무산자의 끊임없는 갈등과 투쟁 속에서 사회 변동이 일어난다고 생각한다. 특히 마르크스의 사회 변동은 궁극적으로 혁명을 지향한다.

갈등론적 관점은 지배 집단에 대한 다수 구성원의 투쟁을 정당화시켜 주는 진보적인 이념을 배경으로 하고 있다. 그러나 자칫하면 사회의 폭력적 투쟁을 정당화할 수 있으며, 균형론과 마찬가지로 사회의 모든 현상들을 다 설명하지는 못한다는 한계를 안고 있다.

5. 근대화론: 혹 떼려다 혹 하나 더 붙인 혹부리 영감

전래 동화 중에 '혹부리 영감' 이야기가 있다. 옛날 어느 마을에 마음씨 좋은 혹부리 영감이 살고 있었다. 이 영감은 항상 자신의 볼에 커다랗게 달려 있는 흉측한 혹을 어떻게 하면 떼어 버릴 수 있을까 하고 고민했다. 어느 날 이 영감이 산에 나무를 하러 갔다. 날이 어두워지자 잠시 쉬었다가 내려갈 생각으로 지게를 내려놓고 앉아 혼자 노래를 흥얼거리는데 난데없이 사방에서 도깨비들이 몰려들었다. 잔뜩 겁먹은 영감에게 도깨비들은 어디서 그렇게 좋은 노래가 나오느냐 물었고, 영감은 재치를 발휘해서 자기 볼에 달린 혹에서 노래가 나온다고 둘러댔다. 그러자 도깨비들은 금은보화를 주고 영감의 혹을 떼어갔고, 덕분에 이 영감은 혹도 떼고 큰 부자까지 되었다.

이 소식을 들은 이웃 마을의 또 다른 혹부리 영감도 도깨비를 찾아 산으로 올라갔다. 그러나 도깨비들은 오히려 지난번에 사기를 당했다고 화를 내면서 이 영감의 혹을 떼어주기는커녕 다른 쪽 볼에 먼저 가져간 혹까지 붙이고는 사라져버렸다. 한마디로 혹 떼러 갔다가 혹 붙이고 온 꼴이다.

혹부리 영감의 이야기는 제2차 세계 대전 이후 식민 지배에서 해방된 신생 독립국들, 즉 제3세계 사회의 발전과 관련한 근대화론에 많은 교훈을 던져 준다. 아시아와 아프리카, 그리고 라틴 아메리카에서 모든 신생국과 약소국들의 공통적인 희망은 한마디로 국가 발전과 근대화였다. 이들 제3세계 국가들은 경제적 빈곤을 극복하고 정치적 발전을 이룩하며, 사회 각 부분의 균형 있는 성장을 달성하기 위하여 많은 노력을 기울였다. 그리고 이것은 근대화론을 기초로 진행되었다.

혹부리 영감이 도깨비를 만나 혹을 떼어버렸다는 소식을 듣고 이웃 마을의 혹부리가 도깨비를 찾아 산으로 올라갔듯이, 대부분의 제3세계 국가들도 이미 근대화를 이룩한 서구의 선진 사회를 모형으로 삼아 국가 발전을 추구하면 근대화에 이르게 된다는 것이 근대화론의 핵심이다. 따라서 근대화론에서는 공업화를 통한 경제 발전을 중시하며, 이와 함께 사회 정의의 실현, 정치적 자유의 보장과 민주주의의 확립, 국가의 완전한 자주성과 독립의 확보, 그리고 실적주의, 경제적 합리주의, 개인주의 등과 같은 서구의 근대적 가치 수용 등을 강조한다.

근대화의 필요성이 너무도 절박한 제3세계 국가들의 입장에서 볼 때, 서구가 이미 지난 2~3세기 동안에 점진적으로 진행해 왔던 근대화를 빠른 시간에 급속도로 성취할 수 있다는 근대화론은 너무나도 큰 매력이었으며, 실제로 근대화론에 입각한 제3세계의 근대화 과정이 상당한 성과를 거둔 것도 사실이다. 그렇지만 혹 떼러 갔다가 혹 하나 더 붙이게 된 이웃 마을 혹부리 영감처럼 근대화론이 제3세계 사회에 또 다른 문제를 불러일으킨 것 역시 분명한 사실이다.

근대화론은 무엇보다도 서구 사회의 진화론적 관념을 바탕으로 하고 있는 이론이다. 서구 사회의 근대화가 장기간에 걸친 비교적 자연스러운 과정의 결과로서 이루어졌다면, 근대화론에 입각한 제3세계의 근대화는 일부 정치 엘리트에 의한 인위적인 과정의 결과로 나타난 것이다. 문제는 한 사회의 독특한 삶과 고유한 문화, 그리고 특수한 역사적 경험을 무시한 채 서구의 경험만을 일방적으로 적용해 따르려 하다 보니 당연히 여러 가지 부작용이 나타날 수밖에 없다는 점이다.

▲ 산업화

　근대화론이 제3세계에 가져온 가장 큰 부작용이라면 주체성의 포기와 서구 문화의 병폐를 꼽을 수 있다. 근대화론은 서구의 선진 국가들이 가지고 있는 산업 체제와 사회 제도뿐 아니라 의식 구조까지도 모두 똑같이 따라야 할 모델로 간주한다. 그 결과 근대화는 곧 서구화라는 인식이 심어졌으며, 그 결과 제3세계 사회는 오랜 기간 전통적으로 지녀왔던 규범과 가치 체계의 혼란을 겪어야 했다. 이러한 문화적 전통의 포기는 바로 주체성의 포기를 의미한다. 여기에 더하여 서구 사회에서 만연해 있는 개인주의, 물질주의, 인간 소외와 같은 병폐까지 그대로 제3세계 사회로 흘러들어 왔다.

　근대화론이 타당하다면 오늘날의 제3세계 사회들은 진작 서구 사회 못지않게 고도로 발달된 사회가 되어 있어야 한다. 그렇지만 현실은 그렇지 않다. 여기에 대해 근대화론을 주장한 학자들의 대답은 제3세계의 저발전은 스스로의 책임이라는 것이다. 하지만 제3세계의 저발전은 내부적 요인 못지않게 외부적 요인, 즉 선진국들의 정치·경제적 압력에 의한 어려움이 크게 작용하고 있다. 근대화론이 이 사실을 외면하고 있다는 점에 대한 반발로 새로운 이론이 등장하게 되는데, 이것이 바로 다음에 살펴 볼 종속 이론이다.

6. 종속 이론: 원숭이가 가죽신을 신으면 어떤 일이 벌어지나?

이번에는 이솝 우화 한 토막을 들어보자. 어느 날 원숭이에게 여우가 찾아와서 예쁜 가죽신 한 켤레를 선물로 주었다. 맨발로 숲 속을 뛰어다니면 발이 아프니 이제부터는 신발을 신고 다니라는 것이었다. 원숭이가 신발을 신어 보니 아주 편하고 좋았다. 험한 길도 편안하게 달릴 수 있고 발바닥이 나뭇가지나 돌에 찔리는 일도 없었기 때문이다. 그렇지만 신발을 신고 생활하는 동안 원숭이의 굳은 발바닥은 하루하루 여리고 부드럽게 변해갔다. 가죽신이 다 닳아 더 이상 신을 수 없게 되었을 즈음에는 원숭이의 발바닥도 신발 없이는 숲 속을 다닐 수 없을 정도로 약해져 있었다.

원숭이는 여우를 찾아가서 신발을 한 켤레만 더 달라고 부탁했지만 여우의 반응은 의외로 냉담했다. 더 이상 공짜로는 줄 수 없으니, 앞으로 신발을 얻고 싶으면 자기에게 먹을 것을 바치라는 것이다. 어쩔 수 없이 원숭이는 먹을 것을 마련하기 위해 부지런히 숲 속을 헤매야만 했다. 원숭이는 전보다 훨씬 더 많이 일하고 더 많은 식량을 모을 수 있었지만 이것들은 모두 여우의 몫이 되어버릴 뿐 원숭이 자신에게는 아무런 이득도 생기지 않았다. 이렇게 원숭이는 여우에게 종속된 신세가 되어 버렸다.

'혹부리 영감'이 근대화론을 설명해 주었다면, 방금 소개한 '여우와 원숭이' 이야기는 종속 이론에 많은 시사점을 주고 있다. 종속 이론은 1960년대 중반 이후 라틴 아메리카의 발전을 연구하는 학자들에 의해 전개된 사회 발전에 관한 이론이다. 종속 이론가들은 라틴 아메리카 국가들이 근대화 노력에도 불구하고 경제·사회적 낙후성을 면치 못하는 이유를 서구 선진 자본주의 국가와의 지배-종속 관계 때문이라고 주장한다. 이들은 서구 선진사회가 제시한 근대화론이 제3세계의 현실과는 맞지 않는다고 비판하면서, 저발전의 원인은 국내적 요인이 아니라 외부 선진국과의 관계에서 비롯되었다고 지적한다. 즉 오늘날 제3세계 국가들이 발전하지 못하는 것은 선진 자본주의 국가들에 종속되어 있기 때문이며, 제3세계는 미발전의 상태가 아니라 저발전의 상태에 있다는 것이다.

　종속 이론에 따르면 세계 체제는 발전된 선진 자본주의 국가인 중심부와 저발전 단계에 머물러 있는 제3세계 국가들인 주변부로 구성되어 있다. 앞의 이솝 우화로 말하면 가죽신을 보유하고 있는 여우는 중심부이고 가죽신을 여우로부터 얻어야 하는 원숭이는 주변부인 셈이다. 그리고 중심부와 주변부와의 관계는 여우와 원숭이의 관계처럼 지배-종속 관계로 맺어져 있다. 중심부와 주변부 간의 관계는 선진국과 제3세계 사이에서 뿐만 아니라 제3세계 국가 내의 대도시와 농촌 사이에도 존재한다.

　중심부와 주변부의 지배-종속 관계는 과거 제국주의 국가에 의해 심어진 주변부의 식민지 경제 구조로부터 기원을 찾을 수 있다. 원숭이가 여우에게 종속되어 버릴 수밖에 없었던 근본적 원인은 여우가 준 가죽신의 함정에 빠져버렸기 때문이다. 가죽신을 덥석 받아 신고 다니느라 연약해진 자신의 발바닥에 다시 굳은살이 생기지 않는 이상 원숭이는 결코 여우와의 종속 상태에서 벗어날 수 없을 것이다. 마찬가지로 제2차 세계 대전이 끝난 후 제3세계 국가들이 비록 정치적으로는 식민지 체제에서 벗어났다고 하나 경제적으로는 여전히 식민지 경제 구조의 사슬로부터 해방되지 못하고 있다. 특히 오랜 식민 통치를 경험한 국가일수록 식민 경제 체제의 뿌리가 깊어 중심부 국가와의 지배－종속 관계는 더욱 심화된다.

여우가 가죽신을 미끼로 원숭이의 식량을 빼앗아 가듯이 중심부인 선진국은 주변부인 후진국의 잉여 생산물을 착취하고, 또한 국가 안에서도 중심부인 도시가 주변부인 농촌을 착취한다. 즉 국내 주변부인 농촌에서 생산된 사회적 부는 일차로 국내 중심부로 올라가고, 이것은 대부분 다시 선진 자본주의 국가로 빠져나가는 착취 구조가 형성되어 있는 것이다.

원숭이가 모아놓은 식량은 전부 여우의 차지가 되어 버린다. 원숭이는 전보다 더 열심히 일을 하지만 아무리 많이 일해도 자신의 식량은 조금도 늘지 않는다. 원숭이가 더 많은 식량을 모으면 모을수록 더 큰 이득을 보는 것은 오직 여우이다. 마찬가지로 주변부의 사회적 부는 중심부로 모두 빠져나가 버리기 때문에, 발전의 밑거름인 잉여 생산물은 주변부에 조금도 남아있지 않게 된다. 주변부의 생산이 증가할수록 중심부의 부만 늘어갈 뿐, 주변부는 여전히 저발전의 상태에서 벗어나지 못하고 중심부에 종속되어 있다.

사회의 발전과 저발전을 국내적 수준에 국한시킨 근대화 이론의 한계를 극복하여, 종속 이론은 사회 발전을 국제적 힘의 관계 및 세계 체계와 연관시켜 설명한다. 또한 발전을 바라보는 이데올로기적 문제의 중요성을 부각시켰으며, 주체적 발전과 발전의 다양한 경로를 강조하고 있다는 점에서 제3세계 국가가 처한 현실을 설명하는데 유용하다는 평가를 받고 있다. 특히 오랫동안 중심부 국가로부터 수탈당해온 라틴 아메리카 여러 나라의 역사적 특성을 토대로 하여 이 지역 국가들의 경제적 침체 현상에 대해 설득력 있는 설명을 제시하고 있음은 높이 살만한 일이다.

하지만 이 점은 곧바로 종속 이론이 안고 있는 한계점과 직결된다. 종속 이론은 라틴 아메리카의 경험을 토대로 한 것이기 때문에 유사한 식민지 경험을 겪은 후에도 자본주의 세계 체제에 편입되어 지속적인 성장을 이룩할 수 있었던 아시아 신흥 공업국들의 발전을 설명하기에는 무리가 있다. 그리고 종속 이론은 중심부와 주변부 간의 지배−종속 관계가 자본주의 체제뿐 아니라 과거 소련과 동유럽 국가들의 관계처럼 사회주의 체제에서도 발견된다는 사실을 간과하고 있다. 또한 종속 이론이 '착취'라는 개념을 제3세계의 저발전을 설명하는 유일한 명제로 사용하는 편협성을 띠고 있다는 점도 중요한 지적 사항이다. 끝으로 종속 이론은 일단 중심부−주변부의 관계가 형성되면 영속적인 힘을 갖는다는 전제를 하고 있기 때문에, 제3세계를 발전이 불가능한 침체된 사회로 단정하는 오류를 범하고 있다는 비판으로부터도 자유롭지 못하다.

생각해 봅시다

01 이데올로기가 사회 변동에 미치는 영향에 대해 생각해 봅시다.

02 사회 변동에 대한 각각의 이론들이 갖고 있는 장점과 단점은 무엇일까요?

03 제3세계의 발전과 근대화를 설명하는 각 이론들이 제3세계에 어떠한 영향을 미쳤는지 생각해 봅시다.

사회 문제

인생을 살다 보면 큰 불행이나 비극을 맞이할 수도 있다. 그런데 이런 불행과 비극이 단지 한 개인 혹은 소수의 사람들만이 일시적으로 겪는 문제가 아니라 다수의 사회 구성원들이 공통적으로 그리고 지속적으로 경험하는 문제인 경우도 있다. 이런 종류의 문제들을 가리켜 '사회 문제'라고 한다. 누군가 특정 상황에서 예기치 않게 부당한 처우나 차별을 겪었다면 이것은 개인적인 문제이지만 그런 부당한 처우나 차별이 자신과 비슷한 지위에 있는 사람들 다수가 유사한 상황에서 공통적으로 그리고 지속적으로 경험하고 있는 일이라면 그것은 사회 문제가 된다.

그래서 사회 문제란 사회의 많은 사람들이 바람직하지 못하기 때문에 개선되어야 한다고 생각하는 사회 현상이라고 정의할 수 있다. 그러나 구체적으로 어떤 것을 사회 문제로 규정하는가의 문제는 간단하지 않다. 사회 문제가 될 수 있는 것은 시대와 사회에 따라서 달라질 수 있으며 사람들의 가치관에 따라서도 달리 볼 수 있기 때문이다.

가령 과거 수렵 채취 시대에는 식량을 확보하기 위해 산짐승들을 사냥하고 땔감을 확보하기 위해 나무를 베는 행위는 지극히 일상적이고 정상적인 행위로 간주되었다. 하지만 오늘날 현대 사회에서 똑같은 행위가 광범위하게 벌어진다면 동물 보호와 자연 환경 보존이라는 가치에 위배되기 때문에 사회 문제로 분류될 것이다. 실제로 오늘날 대부분의 나라에서는 이런 행위가 허가 없이 자행되는 것을 규제하고 있다.

그런데 '가지 많은 나무에 바람 잘 날 없다'는 속담처럼 사회가 점점 더 다양하고 복잡해짐에 따라 사회 문제도 양적인 증가뿐 아니라 질적으로도 심각해지고 있다. 또한 현대 사회에는 이전 사회에는 볼 수 없었던 새로운 사회 문제들까지 등장하고 있다. 특히 몇 가지 중요한 사회 문제들은 특정 사회에만 국한된 문제가 아니라 전 세계적으로 보편화된 문제가 되어 있다. 그러면 지금부터 오늘날 가장 중요하게 부각되는 주요 사회 문제들에 대해서 알아보기로 하자.

1. 환경 문제: 환경오염으로 사라지게 된 나라

남태평양 한가운데 투발루 공화국이라는 섬나라가 있다. 9개의 작은 섬으로 이루어진 아름다운 나라이다. 그런데 머지않아 이 나라는 지구상에서 영원히 사라질 운명에 처해있다. 외세의 침략을 받은 것도 아니고 전염병으로 국민이 모두 사망한 것도 아니다. 그럼 이유가 무엇일까? 바로 환경 문제 때문이다. 그렇다고 투발루 공화국 사람들이 심각한 환경오염을 일으킨 것도 아니다. 오히려 이 나라 사람들은 남태평양의 맑고 푸른 바다처럼 환경친화적인 생활 방식을 유지하며 살아왔다. 문제는 투발루 공화국과 멀리 떨어진 다른 선진국들이다. 이들 나라에서 발생한 환경오염이 엉뚱하게도 투발루 공화국의 존립을 위협하고 있는 것이다.

산업화된 선진국에서 배출하는 각종 오염 물질들은 지구 온난화 현상을 일으킨다. 그리고 이로 인해 극지방의 빙하가 녹아내리면서 해수면이 계속 상승하고 있다. 그 여파로 섬나라인 투발루 공화국이 서서히 바닷물에 잠기기 시작했다. 9개의 섬 중 이미 2개가 완전히 물에 잠겨 사라져 버렸다. 나머지 섬들이 사라지는 것도 이제 시간문제이다. 투발루 정부도 이미 국토 포기 선언을 했다. 주민들도 살 곳을 찾아 하나둘 자기 나라를 떠나서 환경 난민 신

▲ 투발루 공화국

세로 전락했다. 가까운 미래에 투발루 공화국은 인류 역사상 최초로 환경오염 때문에 사라진 나라로 기록될 예정이다.

　　환경오염의 피해는 투발루 공화국만의 문제가 아니다. 20세기가 시작될 무렵 지구 전체 육지의 60% 이상이 원시림으로 덮여 있었다고 한다. 하지만 이제는 겨우 20%밖에 남아 있지 않다. 우리나라만 하더라도 1960년대 서울에는 약 540종의 곤충이 살았는데, 1980년대 이후로 겨우 50종 수준으로 줄어들었다. 뿐만 아니라 환경 파괴로 인해 지구상에는 하루 평균 140종씩의 생물이 멸종되고 있다는 보고도 나왔다. 이에 따르면 1년에 약 5만 종의 생물이 지구촌에서 사라진다는 계산이 나오니 환경 문제가 얼마나 심각한지 미루어 짐작할 수 있다.

　　환경 문제란 환경이 오염되고 파괴됨에 따라 생태계의 균형이 깨어져 인류의 생존에 위협을 주는 현상을 말한다. 자연과 인간의 관계는 원래 적응과 조화의 관계이다. 인간은 주어진 자연 환경 속에서 성공적으로 살아남기 위해 기술과 조직을 발전시켜 왔다. 그런데 인간은 어리석게도 자기가 개발한 기술과 조직으로 자기를 둘러싼 생태계의 균형을 파괴하기에 이르렀고, 그 결과 스스로의 생존을 위협받고 있다.

오늘날 환경 문제를 유발한 주요 원인으로는 산업화, 도시화, 인구의 증가, 소비문화, 과학 기술의 부작용 등이 지목되고 있다. 그리고 환경 문제에 대한 이론적 접근은 크게 기능론, 갈등론, 상징적 상호작용론, 생태학적 이론의 네 가지로 나누어 볼 수 있다. 지금부터 각각의 입장을 정리해 보자.

기능론의 입장에서 보면 환경이란 곧 유기체적 체계를 의미한다. 환경은 개인의 인격 체계, 사회 체계, 문화 체계를 형성하고 유지하는데 필요한 기본 조건이며, 동시에 이들 체계가 각자의 기능을 발휘하는데 영향력을 행사하는 중요한 요인이다. 그리고 체계의 균형과 상호 의존을 강조하는 기능론의 관점에서 볼 때, 환경 문제는 인간과 자연의 상호 관계에서 인간의 활동이 유기체적 체계인 환경의 균형을 파괴한 결과로 나타난 부작용이다. 따라서 기능론자들은 에너지 자원의 효율적 사용이나 과학 기술의 진일보 등을 통해 체계의 불균형을 유발시킨 사회·경제적 시스템을 변화시켜 정상화하는 것이 환경 문제를 해결하는 방안이라고 말한다.

이와 달리 갈등론은 환경 문제를 착취 관계로 파악한다. 여기서 착취는 두 가지 차원으로 분류된다. 하나는 환경에 대한 인간의 착취이다. 인간은 자연 생태계의 일부임에도 불구하고 자신들의 물질적 부와 생활의 편리성만을 위해 무분별하게 자연 생태계를 훼손하고 파괴하는 탐욕을 멈추지 않았으며 이것이 환경 문제를 유발했다는 것이다.

또 다른 차원의 착취는 인간들 사이에 구조화된 지배-피지배 관계에서의 착취이다. 즉 경제적 이익, 사회적 지위 및 정치적 권력과 같은 사회적 희소가치를 획득하기 위한 국가 간, 사회 집단 간의 경쟁으로 인해 환경의 오염과 파괴가 자행된다고 보는 것이다. 따라서 갈등론자들은 환경 문제의 해결을 위해서는 무엇보다도 인간 우선적인 원리를 생태 중심적인 원리로 전환해야 한다고 주장한다. 아울러 물질과 성장을 중시하는 과도한 경쟁 체제를 중지하고 개혁을 통하여 자원의 균등 분배 구조를 만들어야만 환경 문제가 해결될 수 있다고 말한다.

한편 사회적 상호작용론에서는 개인이나 집단이 환경과 사회관계를 어떻게 파악하느냐에 따라 환경 문제가 문제시되거나 혹은 전혀 문제시되지 않을 수 있다고 본다. 가령 많은 사람들은 아메리카 대륙에서 과거에는 토착 인디언들이 물소 떼와 생태적 균형을 유지하며 잘 살고 있었으나 백인들이 등장하여 무분별하게 물소를 사냥하는 바람에 개체 수가 심각하게 줄어들었다고 생각한다. 하지만 실상을 알고 보면 토착 인디언들도 고기와 가죽을 확보하기 위해 물소 사냥을 많이 하면서 살았기에 백인들과 크게 다르지 않았다. 그럼에도 불구하고 사람들이 물소 개체 수의 감소 원인으로 유독 백인들을 지목하는 것은 객관적 실체 때문이 아니라 사람들의 인식 때문이라는 것이다.

이런 맥락에서 사회적 상호작용론자들은 현대 사회에 이르러 환경 문제가 중요한 사회 문제의 하나로 규정된 것도 사실은 과거에는 환경 파괴가 없었기 때문이 아니라 현대인들이 과거 사람들에 비해 환경에 대한 의식이 더 높아져서라고 설명한다. 즉 환경 문제는 다른 사회 문제와의 상대적 평가에 의해서 대두하는 것이다. 따라서 환경 문제는 대중화된 공동 의식의 문제로 부각되기 전에는 그 해결이 어렵다고 본다.

끝으로 생태학적 이론에서는 생태 체계를 인구, 조직, 환경, 기술 간의 상호 의존적 인과 관계로 보아 생태학적 복합 체계로 환경 문제를 분석하고 있다. 따라서 인구의 도시 집중과 조직의 거대화 및 기술의 발달이 상호작용하여 환경 문제를 야기하고 생태계를 위협한다고 평가한다. 환경 보존은 생태체계의 전체에 대한 균형 유지에 달려 있는데, 이 균형이 파괴되면 생태 체계의 각 부분에 연쇄적인 결과를 가져온다는 것이다.

종합해 볼 때 환경 문제의 근본적인 원인은 공업화, 도시화, 인구 증가 등을 들 수 있으며, 여기에 환경에 대한 사람들의 인식 부족이 환경문제를 더욱 악화시켜 왔다. 그런데 환경 문제는 다른 사회 문제와는 달리 독특한 몇 가지 특성을 가지고 있다.

첫째, 환경 문제는 다른 사회 문제에 비하여 그 영향이 훨씬 더 대규모의 사람들에게 직·간접적으로 미치고 있다는 점이다. 대기 오염, 수질 오염 등은 특정 지역의 주민만이 입는 피해가 아니라 다른 지역 주민들에게까지 전파되며, 심지어 국경을 넘어 지구 전체 차원에서의 사회 문제로 확산되기도 한다.

둘째, 환경 문제는 인간의 생존과 직결되는 절박한 문제라는 것이다. 대기 오염으로 인한 호흡기 질환이나, 농작물 오염으로 인한 음식물의 오염은 인간의 신체 조직에 이상을 가져와 질병을 일으키고 생명을 앗아가기도 한다.

셋째, 대부분의 환경오염은 상세한 영향이 아직 다 밝혀지지 않고 있어서 이들 문제에 대한 심각성은 어쩌면 우리가 현재 알고 있는 것 그 이상일지도 모른다. 또한 대부분의 환경 파괴로 인한 피해는 잠정적이거나 점진적이어서 문제의 심각성을 절실히 느끼지 못하는 경향이 있다. 일본에서 큰 사회적 물의를 일으켰던 미나마타병의 경우 미나마타라고 하는 어촌에 질소 화학 공장이 세워지고 나서 약 15년쯤 지나서야 주민 전체가 일시에 몸이 뒤틀리는 중독 현상이 나타났다.

넷째, 생태계의 파괴는 다른 어떤 사회 문제보다도 회복이 어렵고 기간이 오래 걸리며 많은 비용이 든다. 런던의 템스 강 오염을 제거하는 데는 100년 이상이 걸렸고, 그 비용은 추정할 수 없을 정도로 컸다.

다섯째, 환경 문제는 국제적으로 수출된다는 점이다. 이른바 강대국에 의해 자행되는 공해 산업의 수출은 오늘날 약소국가에 대한 정치적·경제적 침략보다도 더 심각한 국제 문제로 대두되고 있다. 대다수의 서구 선진국들은 환경 노폐물이나 산업 폐기물들을 처리하기 위해 개발 도상국가의 영토에 매립지를 구입해서 여기에 매립하고 있다. 그뿐만 아니라 석유 화학 공장과 같이 유독성 폐기물을 배출하는 산업을 개발도상국에 합작 투자 형식으로 수출하고 있다.

환경 문제를 해결하기 위해서는 개인과 국가 모두가 생태계 파괴의 심각성을 인식하여 자연을 보호하고 오염을 줄이기 위해 자발적으로 노력해야 한다. 특히 여기에는 환경 파괴에 결정적인 역할을 한 선진국들의 적극적인 노력이 요구된다. 좀 더 구체적으로는 정부 차원에서 환경 문제에 대한 대책을 경제 개발 계획의 일환으로 추진하고 환경 보호법을 강화할 필요가 있으며, 민간 차원에서도 다양한 환경 운동의 전개와 환경 보호에 대한 교육이 뒷받침되어야 한다.

2. 빈곤 문제: 빈곤에도 종류가 있다

1844년 1월 15일 월요일, 두 소년이 거의 굶주린 상태에서 반쯤 요리된 송아지 다리를 가게에서 훔쳐 먹었다는 이유로 치안 판사 앞에 잡혀왔다. 경찰의 말에 따르면 두 아이의 어머니는 예비역 군인의 미망인으로 그녀의 남편이 죽은 이후 아홉 명의 자식들을 기르기가 매우 어려웠다. 그녀를 방문했을 때 그녀는 구석방에서 떼 지어 모여 있는 아이들과 함께 있었는데 거기에는 앉을 자리가 없어진 두 개의 의자, 두 다리가 부러진 조그만 탁자, 깨진 컵과 작은 접시 등을 제외하고는 아무런 가재도구도 없다는 사실을 발견하였다. 난로에는 불을 피운 흔적조차 없었으며 구석에는 여인네의 행주치마로 사용될 수 있을 것 같은 많은 누더기들이 있었는데 그것들은 모두 가족의 침대 시트로 사용되었다. 그 여인은 먹을 것을 사기 위해 작년에 침대를 팔았다고 경찰에게 이야기했다. 그녀는 자신의 침구마저 식료품 주인에게 음식물 대신에 저당 잡혔다.

엥겔스(Engels)가 자신의 저서 「영국 노동자계급의 상태」에서 19세기 영국 빈민의 처참한 생활상을 묘사한 장면이다. 빈곤은 늘 인간과 함께 하는 문제로 여겨진다. 동서양을 막론하고 인간은 빈곤 문제를 해결하기 위해 많은 노력을 기울여 왔지만 현대 사회에서도 빈곤 문제는 근본적으로 해결되지 못하고 있는 실정이다.

빈곤의 전통적인 개념은 개인 및 가족의 일차적 요구인 의식주를 제대로 해결하지 못한 상태로 정의되었다. 그리고 '가난은 나라도 구제 못 한다'는 말이 있듯이 전통 사회에서는 빈곤을 불가항력적인 것으로 여기고 그 책임도 개인의 무능력이나 불운으로 돌렸다. 그러나 오늘날 빈곤의 개념은 최저 생계비 이하의 상태를 말하는 경제적 차원에서 벗어나 교육, 건강, 여가, 불평등, 기회 등의 사회적 조건이나 자원의 결핍 상태까지 포괄한 의미로 사용한다. 또 빈곤도 절대적 빈곤과 상대적 빈곤으로 구분하면서, 빈곤의 원인이 잘못된 사회 구조 때문이라는 인식이 널리 퍼지게 되었다.

    절대적 빈곤이란 전통적인 빈곤 개념과 마찬가지로 의식주와 관련한 인간의 기본 욕구를 충족시키지 못하는 경제적 상태를 의미한다. 1995년 코펜하겐에서 개최된 세계 정상회의 결과 발표된 유엔 선언은 절대적 빈곤에 대해 "기본적인 인간 욕구의 심각한 박탈 상태를 의미하며, 이러한 욕구에는 음식, 안전한 식수, 위생 시설, 건강, 주택, 교육, 정보 등을 포함한다."고 정의하였다. 즉 물질적 결핍뿐 아니라 교육과 정보 등의 비물질적인 결핍도 절대적 빈곤의 범주에 속하는 것이다. 심한 굶주림에 시달리다 빵 한 조각 훔친 죄로 오랜 세월을 감옥에서 보내야 했던 장발장의 상황이 바로 절대적 빈곤에 해당한다.

▲ 빈부격차

반면 상대적 빈곤 개념은 특정 사회의 전반적인 생활수준과의 밀접한 관련 속에서 발생하는 상대적 박탈감과 불평등의 개념을 중시한다. 즉 상대적 빈곤이란 특정 사회의 구성원 대다수가 누리는 생활수준에 못 미치는 상태를 의미한다. 가령 어떤 사회의 구성원 대다수가 승용차를 소유하고 있다면 승용차가 없는 사람은 이 사회에서는 상대적으로 빈곤한 것이다. 따라서 상대적 빈곤의 범주는 개별 사회의 사회적 관습과 생활수준에 따라 크게 다를 수밖에 없다. 실제로 나라마다 상대적 빈곤을 규정하는 객관화된 기준은 다양하다.

한편 상대적 빈곤도 절대적 빈곤과 마찬가지로 비물질적인 측면에서의 결핍까지 포함한다. 특정 지역 사회의 대다수 백인 가정 자녀들이 대학 교육까지 이수하는 데 비해 흑인 가정 자녀들은 교육 수준이 낮다면 비록 물질적으로는 생계에 큰 지장이 없다 하더라도 상대적으로 빈곤한 상태라고 볼 수 있다. 상대적 빈곤으로 인한 빈부 격차가 심화되면 사회 구성원 간의 불신과 분열, 갈등이 확산되고, 사회 불안, 도덕과 윤리의 파괴, 의욕 상실, 계급적 분열과 투쟁 등을 초래하게 된다.

빈곤 문제를 바라보는 이론적 관점은 기능주의적 관점, 갈등주의적 관점, 그리고 상호작용론적 관점으로 나누어진다.

기능주의에서는 빈곤이 발생하는 원인으로 가구주나 가구원의 사망, 질병, 장애, 노령, 낮은 교육 수준, 사회 부적응 등을 꼽고 있다. 즉 빈곤은 가구 내에서 생산과 소득의 역할을 담당하며 경제적 기여를 하던 사람이 더 이상 기능을 수행하지 못하게 될 때 발생하는 사회 문제이다.

갈등주의에서는 빈곤의 원인을 개인이 아닌 사회적 책임에서 찾는다. 즉 구조적으로 재산, 권위, 권력, 지식, 자원, 기회 등으로의 접근을 제한 당하거나 이것들을 가진 사람들에 대해 종속 상태에 있을 때 빈곤이 발생한다는 것이다. 이러한 관점에서 본다면, 빈곤은 특정 집단의 자원 분배가 불공평하고 정의롭지 못한 상태일 때 발생하는 사회 문제이다.

한편 상호작용론에서는 개인의 심리와 그에 대한 사회적 반응에 초점을 맞춘다. 상호작용론에 의하면 개인의 동기부족, 낮은 열망 수준, 무절제, 게으름, 의타심 등이 빈곤의 원인이다. 그리고 이러한 개인의 심리가 영향력 있는 집단에 의하여 문제로 규정될 때 사회 문제가 된다는 낙인이론의 관점을 취하고 있다.

3. 노동 문제: 노동의 새벽 그리고 자본주의

전쟁 같은 밤일을 마치고 난
새벽 쓰린 가슴 위로
차거운 소주를 붓는다.
아
이러다간 오래 못가지
이러다간 끝내 못가지

설은 세 그릇 짬밥으로
기름투성이 체력전을
전력을 다 짜내어 바둥치는
이 전쟁 같은 노동일을
오래 못가도
끝내 못가도
어쩔 수 없지 …

1980년대의 대표적 노동자 시인이었던 박노해의 시 「노동의 새벽」 첫 구절은 이렇게 시작한다. 저임금과 장시간 노동 그리고 열악한 작업 환경에 시달리며 처절하게 하루하루를 살아가는 노동자의 삶을 생생한 언어로 묘사했다는 평가를 받았던 명시이다. 그런데 이 시를 쓴 시인인 박노해라는 이름은 사실 본명이 아니었다. 저항 시인에 대한 정부의 탄압을 피하기 위하여 가명으로 이 시를 발표한 것인데, 박노해라는 이름 속에는 '박해 받는 노동 해방'이란 의미가 숨어 있었다. 시의 내용뿐 아니라 시인의 가명 속에도 당시의 참담한 노동 현실과 노동자들의 염원을 담고 있었던 것이다.

　　인류 문명은 원시 시대로부터 오늘날에 이르기까지 노동에 의해 유지·발전되어 왔다. 그런데 이것이 노동 문제라는 주요한 사회 문제로 등장한 것은 자본주의 사회에 들어와서이다. 그 까닭은 자본주의 하에서의 임금 노동은 노예나 농노와 달리 노동자가 사회적으로 자유로운 주체가 되어 자신의 노동력을 자본가에게 판매하는 반면, 이윤 추구를 궁극적 목표로 하는 자본에 고용된 노동자들을 자유로운 주체로 간주하고 평등한 노동관계나 편안한 노동 조건을 보장해주는 것은 아니기 때문이다.

　　더욱이 자본주의 사회에서는 사회의 대다수 구성원이 노동자로 편입되기 때문에 이들과 관련한 노동 문제는 중요한 사회 문제로 대두될 수밖에 없는 것이다. 특히 일부 개발도상국의 경우 자본가들의 일방적인 이익을 보장하기 위해 노동자들을 억압함으로써 노사 분쟁이 확산되어 전체 사회 체제의 위기를 초래하기도 한다.

　　노동 문제는 크게 노동자의 빈곤, 열등한 사회적 지위, 열악한 노동 조건의 문제로 나누어 볼 수 있다.

　　노동자의 빈곤은 무엇보다도 노동자의 저임금과 실업의 위험에서 비롯된다. 공장에서 일하는 노동자가 있다고 하자. 그가 하루 생활에 필요한 것들을 마련하는데 일정한 금액이 필요하다면 자신의 하루 노동력의 대가로 그 금액을 받기로 하고 자본가에게 자신의 노동력을 판매한다. 하지만 이 노동자가 자기 노동력 가치만큼의 상품, 즉 그 금액에 해당하는 만큼의 물건을 생산하는데 4시간의 노동 시간이 걸린다고 해서 하루에 4시간만 노동하고 끝나는 것은 아니다. 자본가는 이 노동자에게 8시간 혹은 그 이상의 노동을 시키게 되고, 결과적으로 임금으로 지불할 4시간 분의 노동 가치인 그 금액을 제외한 나머지 이윤은 전부 자본가의 차지가 된다. 따라서 노동자는 자신의 노동에 대한 정당한 임금을 받지 못하고 영원히 저임금의 굴레에서 벗어나지 못하는 것이다.

▲ 노동

그렇다고 이 노동자가 4시간 이외의 잔여 노동 시간에 해당하는 임금을 함부로 요구할 수는 없다. 왜냐하면 그에게는 해고로 인한 실업의 위험이 늘 도사리고 있기 때문이다. 취업 시장에는 저임금에도 불구하고 자신의 노동력을 팔아야 하는 또 다른 노동자들이 얼마든지 있기 때문에 자본가는 부담 없이 이 노동자를 해고하고 말 것이다. 그뿐만 아니라 기계의 발달로 인해 노동이 좀 더 단순해지면 자본가는 주저 없이 이 노동자를 해고하고 값싼 아동이나 여성 노동자를 고용하려고 한다. 이렇듯 저임금과 끊임없는 실업의 위험은 노동자를 경제적 빈곤의 상황으로 몰아넣는다.

　　그리고 이것은 노동자의 열등한 사회적 지위와 바로 연결된다. 노동자의 사회적 지위가 가장 잘 드러나는 것이 바로 노사 관계이다. 노사 관계란 일반적으로 자본주의 경제체제에 있어서 생산 수단의 소유자인 자본가와 노동력의 소유자인 노동자가 노동력이란 상품의 매매를 둘러싸고 상호의 힘을 배경으로 하여 임금 및 노동 조건의 형태를 결정하는 교섭 관계를 총칭한다.

　　그러나 노사 관계는 상호 협력적인 측면보다는 대립적인 측면이 강하게 작용할 수밖에 없으며, 지배적인 위치에 있는 자본가의 요구가 일방적으로 관철되기 쉽다. 물론 근대적 노사 관계에서는 노동자의 단결권이 인정되고 이를 기초로 하여 노동자들의 지위 향상이나 임금, 노동 조건 등에 관련된 여러 사항에 대한 집단적 교섭과 단체 행동권이 보장됨으로써, 노사 간의 대등성과 자율성이 기본 요건으로 인정되고 있다.

　　끝으로 노동자들의 열악한 노동 조건으로 자주 거론되는 문제로는 노동 시간, 작업 환경, 산업 재해, 사회 보장 등이 있다. 산업화 초기 우리나라 노동자들의 노동 시간은 세계에서 가장 긴 편에 속했으며, 근로기준법에 규정된 8시간 노동은 제대로 지켜지지 않고 있었다. 뿐만 아니라 작업장 내의 소음 정도는 대부분 허용 기준치를 훨씬 상회하고 있으며, 통풍 시설의 미비로 화학 약품 농도도 허용 기준을 넘고 있다. 이러한 실정으로 많은 노동자들이 직업병으로 인한 산업 재해에 시달리고 있다. 또한 작업장 내 안전시설이 제대로 갖추어지지 않아 많은 노동자들에게 사고의 위험이 항상 도사리고 있다.

4. 여성 문제: 동화 속 성차별적 세계관

한 사회학자가 재미있는 실험을 했다. 스스로가 자기 자녀에 대해 성별과 상관없이 동일하게 대한다고 생각하고 있는 젊은 어머니 5명에게 생후 6개월 된 여자 아이를 돌보게 한 후 그 아이의 성격을 평가해 보라고 한 것이다. 어머니들은 이 아이에게 인형을 가지고 놀게 했으며 나중에 "귀엽고 온순한 아이"라는 느낌을 말했다. 다음에는 같은 연배의 남자 아이를 대상으로 똑같은 실험을 했다. 이 아이에게는 기차를 가지고 놀게 했으며 "단단하고 강인한 아이"라고 평가했다. 그런데 사실 이 아이는 옷만 다르게 입힌 같은 아이였다. 사회학자는 이 실험을 통해 아이의 성적 기질이라는 것은 부모들이 그 아이의 생물학적 성별에 따라 이미 설정해 놓은 차별화된 고정 관념에 따라 정해진 모양대로 만들어지게 된다는 것을 확인했다.

아이들이 즐겨 읽는 명작 동화 속에도 성 차별적 고정 관념을 읽을 수 있다. 여자 주인공들은 항상 독이 든 사과를 먹거나 마법에 걸려서 깊은 잠에 빠져 있거나 아니면 못된 계모의 시달림에 고달픈 나날을 보내고 있다. 여자 주인공이 스스로의 힘으로 자신이 처한 난관을 헤쳐 나가는 모습은 동화에서 거의 찾아보기 힘들다. 늘 잘생기고 용감한 왕자님이 나타나 여자 주인공을 구해주고 그녀를 자신의 왕국으로 데려가 결혼을 해야 비로소 동화는 해피엔딩으로 끝난다.

여성은 항상 수동적이고 연약하며 구원을 받는 존재로 그리고 남자는 항상 능동적이고 용맹하며 여성을 구해주는 존재로 묘사되는 이런 이야기 구조에 우리는 너무나도 익숙해 있다. 그 결과 남자 아이는 '용감함'이나 '강함'과 같은 지배의 가치를 남성의 미덕으로, 여자 아이는 '상냥함'과 '얌전함'과 같은 순종의 가치를 여성의 미덕으로 내면화하게 된다. "암탉이 울면 집안이 망한다."는 옛 말에 대해 요즘은 "암탉이 울면 계란을 낳아서 집안이 부자가 된다."고 응수하지만 어느 사회에서든지 여성에 대한 차별과 편견은 정도의 차이만 있을 뿐 여전히 뿌리 깊게 남아 있다.

사회에서 여성이 경험하는 여러 가지 억압과 불평등한 관계에서 벗어나고자 하는 요구는 여성들의 근대적 자각과 더불어 대두하기 시작했다. 그리고 이는 여성 운동의 성장으로 이어졌다. 여성 운동에서 여성 문제를 보는 이론적 관점은 크게 다음과 같은 네 가지로 구분된다.

첫째, 자유주의 여성 운동론이다. 자유주의적 관점에서는 여성 문제의 근원이 여성에게 불리한 제도적 불평등과 뿌리 깊게 박혀 있는 남성 지배적 인식에 있다고 본다. 이러한 인식은 인간은 누구나 태어날 때부터 평등하다는 프랑스 혁명의 이념에 기초한 것으로, 19세기 후반과 20세기 초에 걸쳐 서구에서 광범위하게 보급되었다. 자유주의적 여성운동가들은 여성이 평등하지 못한 것은 여성이 정치에 참여할 권리가 없고, 법적으로 불평등하며, 남성과 동등한 교육 기회를 갖지 못했기 때문이라고 생각했다. 그리하여 이

▲ 여성운동

들은 여성의 참정권 획득, 교육 기회의 보장, 여성 취업의 보장 등의 법적·제도적 권리를 주장했으며, 결과적으로 여성의 참정권을 포함한 많은 제도적 개선을 이루어냈다.

그러나 이 관점은 여성 문제를 기존 사회 질서의 테두리 안에서 단지 법적·제도적 권리의 문제로만 파악하였기 때문에 사회 전반에 내재하고 있는 불평등 구조를 근본적으로 변화시키지는 못했다는 한계를 가지고 있다. 여성의 참정권을 확보했다 하더라도 이것은 투표권 행사에만 그칠 뿐, 정치에 남성과 동등하게 참여하고 있는 것은 아니기 때문이다. 실제로 선진 민주주의 역사가 오래된 국가에서도 선거를 통한 선출직 의원 중 여성의 비율은 대부분 남성보다 훨씬 낮으며, 행정부 고위 관료의 남녀 성비도 여전히 불균형한 상황이다. 따라서 여성에 대한 제도적 개선만으로는 극히 형식적이고 부분적인 여성의 권리 향상 이외에 근본적인 성평등 효과를 거두기에는 부족하다는 지적이 제기된다.

둘째, 마르크스주의 여성운동론이다. 이 관점은 여성 문제를 계급 관계라는 맥락에서 파악하고 있다. 즉 성적 억압의 기원은 계급 사회가 등장하면서 사유 재산제를 지탱해 주는 가부장제적인 가족의 발생에서 비롯했다는 것이다. 인류 최초의 사회인 원시공동체 사회는 공동 생산과 공동 분배로 유지되는 모계제 사회였기 때문에 여성이 우월한 지위를 차지하고 있었다. 그러나 인간이 가축을 사육하고 농사를 짓기 시작하면서 사유 재산제가 나타났고, 그 결과 남성은 재산을 자기 후손에게 상속하기 위하여 모계제를 폐지하고 일부일처제를 확립하여 남성 우월 사회가 시작되었다는 주장이다. 따라서 여성 억압은 계급 사회가 사라지면 자연스럽게 해결될 문제로 본다. 결국 마르크스주의적 여성운동론은 자본주의 사회에서의 여성 억압이 프롤레타리아를 주체로 한 자본주의 체제의 변혁을 통해서 해결될 수 있다고 생각함으로써,

계급 해방과 여성 해방을 연결시키고 있다.

그러나 이 관점은 독자적인 조직을 가진 여성 운동으로 뚜렷하게 전개되지 못하고 단지 이론적 원칙론에 그치고 말았다. 그 이유는 마르크스주의적 여성운동론이 여성을 독자적인 운동 주체로 설정하지 않고 계급 문제에 따르는 부차적인 문제로 취급하였으며, 남성과 여성의 생물학적 차이에 대한 문제를 고려하지 않았다는 한계를 안고 있기 때문이다. 실제로 마르크스주의에 기초하여 사회주의 혁명에 성공한 구 소련이나 중국 같은 나라에서도 성차별 문제는 여전히 해결되지 못했다.

셋째, 급진적 여성운동론이다. 이 관점에서 보는 여성 문제는 출산과 육아와 관련한 여성의 생물학적 특수성에서 기인하는 것으로, 여성 억압의 뿌리는 남성이 여성의 신체를 통제하는 데 있다고 주장한다. 따라서 여성이 받는 억압은 남성에 의한 모성 강요와 통제, 성적 노예화로 요약된다. 이 같은 관점은 러시아 혁명 이후 소련에서 사회주의 체제가 성립된 이후에도 여성 문제는 계속되고 있다는 사실에 주목한 서구 여성 운동가들이 계급의 폐지가 저절로 여성 해방으로 이어지는 것은 아니라는 판단 하에 등장한 관점이다.

급진적 여성운동론에서는 여성 문제와 계급 문제를 분리시키면서, 성의 문제를 보다 근원적인 것으로 간주한다. 그리고 사회를 성적으로 계급화된 억압 구조로 규정하면서 남성이라는 계급이 여성이라는 계급을 지배하고 억압한다고 진단한다. 급진적 여성운동론자들은 남성의 육체적·정신적 잔인성과 경제적·정치적·군사적 권력, 그리고 이를 통해 형성되어 온 남성 중심 문화를 강하게 비판하면서, 가부장제를 타파하는 것만이 여성 문제를 해결하는 열쇠라고 강조한다. 그뿐만 아니라 이들은 가족이야말로 억압적 성관계와 사회관계를 창출하는 기본 단위라고 간주하여 가족 제도의 해체를 주장하기도 하며, 여성은 가정에서 뛰쳐나와 성관계의 평등을 위해 레즈비언이 되어야 한다거나, 인공 수정이나 체외 수정 등으로 출산 통제권을 여성이 가짐으로써 남성과 여성의 생물학적 차이를 없애야 한다고 주장한다.

그러나 남성과 여성의 생물학적 차이는 단순한 차이일 뿐 그 자체를 사회적 차별로 간주하는 것은 무리이다. 원시 공동체 사회에서만 하더라도 성별 분업은 생물학적 차이에 근거한 단순한 분업이었을 뿐 결코 차별을 발생시킨 것은 아니었기 때문이다. 성적 차이가 차별로 이어진 데에는 생물학적 요인보다 사회적 요인이 근본적인 원인으로 작용함에도 불구하고 급진적 여성운동론은 이 점을 간과하고 있다. 또한 그들이 제시한 해결 방법도 과연 진정한 여성 해방을 가져다줄지 의문이다. 남성과 결혼하지 않고 레즈비언이 된다고 해서 여성 일반에 대한 사회적 억압이 사라지는 것은 아니며 현재의 가족 제도를 거부한다고 해서 가족 자체가 없어지지는 않기 때문이다.

끝으로 사회주의 여성운동론이다. 이 관점은 성 차별과 계급 차별을 서로 분리시키지 않고 통합하여 양자 모두에 대해서 동시에 투쟁해야 한다고 주장한다. 따라서 마르크스주의적 여성운동론과 급진주의적 여성운동론을 상호 결합한 관점이라고 할 수 있다. 지배 계급인 부르주아지에 속해있는 여성이라도 자신의 계급과 관계없이 여성이라는 이유로 가정 내에서나 사회적으로 당하는 억압이 있을 수 있듯이, 여성 억압은 계급이 소멸한다고 해도 여전히 남아있는 문제라는 것이 이들의 생각이다. 즉 자본주의 사회에서는 여성의 사회적 지위를 결정하는 중요한 요인이 두 가지 있는데, 하나는 경제적 계급 관계이며 다른 하나는 가부장제를 통해 여성 억압을 존속시키는 남성에 의한 여성의 성적 지배 관계라는 것이다.

사회주의적 여성운동론은 가부장제라는 성적 위계와 계급적 위계의 상호 관계를 어떻게 설정하는가에 따라 다시 일원론과 이원론으로 나누어진다. 일원론적 관점에서는 성차별이 계급 차별과 분리될 수 없는 통일체이며, 여성 억압의 핵심적 요소가 자본주의적 가부장제라고 지적한다. 반면 이원론적 관점에서는 여성 억압의 현실은 계급 지배 체계와 분리된 상대적으로 자율적인 체계라고 파악하고 있다.

5. 청소년 문제: 이유 없는 반항인가, 이유 있는 반항인가

청소년이란 세대 범주는 근대 이전까지는 존재하지 않았다. 청소년이란 연령 범주의 탄생은 근대 이후의 공업화와 밀접한 관련이 있다. 공업화는 노동 인력에게 일정한 수준의 기술과 기능을 필요로 한다. 따라서 부모의 양육과 보호 단계를 지난 연령대의 사회 구성원은 노동 현장에 투입되기 전에 어느 정도의 교육과 훈련의 시간을 가져야 했다. 이러한 교육과 훈련은 학교나 직업 훈련소 같은 근대적 교육 기관이 담당했다. 그리고 이렇게 가족 집단과 직업 집단의 중간 지대에 모여 별도의 집단을 형성하고 있는 이들을 지칭하기 위한 세대 범주로 청소년이란 개념이 만들어진 것이다. 즉 청소년은 사회적 '발명'의 산물이다.

청소년 문제가 비록 어제, 오늘의 일은 아니지만 급속한 사회 변화와 가치관의 혼란 속에서 주변인의 위치에 자리한 청소년들의 방황은 이제 교육적 차원을 넘어선 심각한 사회 문제로 대두되고 있다. 일차적인 사회 통제의 기관으로서의 역할을 수행해 온 가족 기능의 약화는 많은 청소년들로 하여금 범죄, 비행, 부적응 등의 일탈 행동에 빠지게 한다. 특히 오늘날 '청소년 문제' 하면 제일 먼저 청소년 비행과 범죄를 떠올릴 정도로 청소년의 일탈 행위는 양적인 증가와 함께 질적으로도 심각해지고 있다. 그리고 청소년의 비행과 범죄는 장래에도 죄를 범할 수 있다는 가능성까지 내포하는 것이기 때문에 더욱 심각하다.

청소년 문제를 설명하는 이론들은 크게 개인적 요소와 사회 구조적 요소의 두 가지 측면에서 그 원인을 분석하고 있다. 개인적 요소를 강조하는 관점에서는 개인의 생물학적, 유전적 특성이나 가치관, 의견, 목표, 욕구, 관심, 충동과 같은 인성에 주목한다. 한마디로 '어떤 종류의 인간인가'에 관심을 기울이는 심리학적 이론이라고 할 수 있다. 이 관점에 따르면 인간은 누구나 태어나면서부터 공격적 또는 파괴적이거나 반사회적 본능을 가지고 있다. 그런데 개인에 따라서 내면화된 통제력의 강도가 다르기 때문에 비행을 저지르기도 하고 안하기도 한다는 것이다.

청소년 문제가 발생하는 개인적 원인의 배경을 구체적으로 살펴보자. 첫째로 청소년은 성인 집단에 속하지도 못하고 그렇다고 아동 집단에 속하지도 않는 주변인이다. 따라서 이들은 심리적으로 매우 불안한 상황에 처해있다. 둘째로 청소년들은 보수적인 기성 집단의 가치관과 규범에 맹목적으로 저항하는 경향이 있다. 셋째로 청소년들은 격정적이고 충동적이며 이성보다는 감정에 의해 좌우되기 쉽다. 그러므로 이들은 앞뒤 생각 없이 행동이 먼저 앞서는 경우가 많다.

반면 사회 구조적 요소를 강조하는 관점에서는 가정환경, 부모 형제들이나 교우 관계, 그리고 그가 처해 있는 사회적, 경제적, 문화적 환경을 중시한다. 여기서 인간은 누구나 같은 조건의 환경이 주어지면 동일한 행동을 할 것으로 간주하기 때문에 정상적인 사람이 비정상적인 상황에 처하면 우발적으로 비행을 저지르게 된다고 생각한다. 따라서 이 관점에서는 '어떤 종류의 인간인가'보다 '어떤 종류의 사회인가'에 더 많은 관심을 기울인다.

우리나라와 같이 사회적 불안정과 갈등이 노출되고 있는 곳에서는 유전, 인종, 성격과 같은 개인의 생물학적 특성이나 심리적 요인을 강조하는 개인주

의적 관점보다는 환경적 요소를 강조하는 사회 구조적 관점이 더 설득력 있
다고 할 수 있다. 따라서 청소년 문제를 야기하는 사회 구조적 요소들을 좀
더 구체적으로 살펴보자.

첫째, 가족적 배경이다. 가정은 인간이 출생하면서부터 사회관계를 맺게
되는 가장 기본적 사회 집단으로서 감수성이 예민한 청소년의 인격 형성에
결정적인 영향력을 가지고 있다. 그러나 결손 가정이나 불량 가정과 같은 비
정상적인 가정은 청소년에게 심리적, 경제적, 사회적 환경의 적응에 영향을
끼치는 중요한 변수가 되고 있다. 특히 가족 중 범죄자나 품행 불량자 또는
알코올 중독자가 있는 경우, 부모의 사별이나 이혼을 경험한 경우, 부모의 과
잉 간섭이나 편애 또는 무관심이 큰 경우, 가정불화가 심한 경우, 실업이나
저소득 등의 경제적 빈곤을 겪는 경우에 청소년 비행이 많이 발생한다.

둘째, 교우 관계이다. 이웃, 학교 및 놀이 공간 등에서 자연스럽게 어울려지는 교우 집단이 이미 비행 성향을 띠고 있을 때 이들과의 접촉을 통해 비행을 범할 확률이 높아진다. 더욱이 동료들에게 배척을 받게 되면 이에 대한 보상을 얻기 위한 행동으로 일탈 행동을 하는 경우도 있다고 한다.

셋째, 학교생활과 교육이다. 낮은 학업 성적, 무단결석, 학교생활 부적응 그리고 부적절한 교육 등이 비행의 원인으로 작용한다.

넷째, 대중 매체이다. 영리 추구에 여념이 없는 대중 매체들은 교육적으로 가치 있는 프로그램에는 무관심한 반면, 극단적 상업주의에 빠져 폭력, 범죄, 선정적 장면 등을 여과 없이 노출하고 있다. 이런 강한 자극은 특히 감수성이 예민한 청소년들에게 매우 나쁜 영향을 끼치게 된다. 폭력적이고 범죄적인 내용을 많이 접하는 청소년일수록 비행을 많이 일으키고 있으며, 범죄를 일으킨 사람은 더욱 범죄 영화를 좋아할 뿐 아니라 이를 통해 범죄 수법을 배우기까지 한다는 조사 결과로 미루어 볼 때, 대중 매체는 청소년들에게 일종의 간접적인 '범죄 학교'로서 역할을 하고 있는 셈이다.

다섯째, 사회 계층적 위치이다. 비행은 낮은 사회·경제적 지위 때문에 일어나는 경우가 많다. 여기서의 빈곤은 단순한 경제적 박탈만을 의미하는 것이 아니라 교육이나 지위 상승의 기회 등과 같은 사회적, 심리적, 문화적 박탈을 동시에 포함한다.

여섯째, 지역 사회이다. 슬럼화 된 불량 지역 사회에는 비행이나 범죄 친화적인 하위문화가 존재하기 때문에 이런 문화와 접촉함으로써 청소년들은 범죄의 동기와 기술을 쉽게 배울 수 있다. 그뿐만 아니라 범죄 행위를 합리화해 주는 문화적 규범과 가치관을 내면화함으로써 양심의 가책을 받지 않고서도 비행과 범죄를 저지르게 된다.

마지막으로 사회 변동이다. 급격한 산업화와 도시화는 심한 인구이동,

주민의 이질성, 연대 의식의 결핍, 사회적 통제의 약화에 의한 해방감, 선정적 자극과 향락적 기회 등을 가져온다. 그리고 이러한 요인들은 바로 청소년들의 감수성을 파고들어 비행을 일으키게 한다.

6. 노인 문제: 고령화 사회일수록 늙으면 서럽다

석가모니는 원래 인도의 왕자로 태어났다. 그의 아버지는 젊은 석가모니를 모든 고통스러운 경험으로부터 보호하려고 했다. 특히 노화와 병과 죽음을 목격하지 못하도록 그의 아버지는 조심스럽게 석가모니의 생활을 통제했다. 그러나 우연한 기회에 한 늙은 거지의 시체를 보게 된 석가모니는 커다란 충격을 받게 된다. 인간의 고통에 대한 문제로 고민하던 석가모니는 마침내 출가를 결심하고 수도자의 길을 걷기 시작한다. 석가모니를 오늘날 위대한 성인으로 만든 최초의 계기는 바로 '노인의 고통'이었다.

사실 전통사회에서 노인은 지금처럼 사회 문제의 대상이 아니라 반대로 권위의 상징이자 존경의 대상이었다. 혈족 관계가 중시되던 전통사회에서 노인은 혈족의 가장 최상층부에 위치한 존재였으며, 지식과 정보가 원활히 유통되지 못하던 시절에는 오랜 세월을 살아온 노인의 경험이야말로 가장 생생하고 신뢰할 수 있는 지식과 정보였기 때문이다.

노인 문제가 본격적인 사회 문제로 등장한 것은 산업화와 근대화 이후부터이다. 농촌에서 도시로 직업을 찾아 지리적인 이동이 증가하면서 가족 형태는 노인 세대를 중심으로 구성된 확대 가족에서 부부와 그들의 미혼 자녀만으로 이루어진 핵가족 중심으로 변화했다. 변화가 심하고 기동성이 요구되는 복잡한 현대 사회에 적응하기 위해서는 확대 가족보다 핵가족이 더 적합한

▲ 노인문제

유형이기 때문이다. 여기에 더하여 의학의 발달, 공중 및 환경 위생의 개선, 그리고 영양 상태 등 생활 조건의 향상은 인간의 평균 수명을 크게 연장시킴으로써 노령 인구의 증가를 가져왔고 이는 다시 노인 문제의 양적 확대로 이어지게 되었다.

오늘날 노인 문제는 크게 노인들의 사회적 소외에 따른 고독감과 무력감, 노동력의 상실로 인한 빈곤, 그리고 수명의 연장으로 인한 건강 문제 등 세 가지 차원으로 나누어 볼 수 있다.

첫째, 노인의 사회 심리적 소외와 고립이다. 앞에서도 언급했다시피 노인의 평균 수명은 계속 연장되고 있다. 그러나 정년퇴직 등에 의해 비자발적으로 사회적 역할을 박탈당함으로써, 대부분의 노인은 직업 생활에서 떠나 고독하고 할 일 없는 사람으로 전락하게 된다. 뿐만 아니라 사회 일선으로부터의 후퇴는 직장 동료들과의 일상적인 접촉과 상호작용의 단절을 의미하기 때문에 노인의 사회적 소외와 고립감은 한층 가중된다.

따라서 노인은 자연히 자식들이나 가족에게 심리적 위안을 얻으려고 하지만 급격하게 변동하는 현대 사회에서 가치관과 규범의 변화로 세대 간의 커다란 간격을 느낄 수밖에 없는 현실이다. 무엇보다 개인을 보다 중요시하는 개인주의적 가치관과 부부 중심의 생활 방식으로 가족 가치관이 변화하여 가족 내에서 노인의 위치는 모호해졌다. 이는 노인 부양 의식의 약화로 이어져 자신을 희생하면서 부모를 부양하고자 하는 의식을 약화시켰다. 게다가 가정에서 전통적으로 노인 부양의 대부분을 담당해왔던 여성의 취업 증가도 노인의 상황 변화에 영향을 미치고 있다. 결과적으로 노인은 인생의 목표와 사회적 의미를 상실한 채 가족으로부터도 소외당하는 가장 고독한 시기를 맞게 된 것이다.

둘째, 노동력의 상실로 인한 빈곤이다. 전통 사회에서 노인에게 퇴직이란 개념은 사회적으로 사실상 존재하지 않았다. 과거 농경 사회에서 노인들은 오랜 경험을 가지고 있는 지식의 보유자이며, 전통과 관습의 전달자 역할을 담당했다. 농사를 짓는데 필요한 각종 정보나 대가족을 관리할 수 있는 경험이 가장 중요했기에 노인들은 존경의 대상이었다. 따라서 그들의 사회적 지위와 역할은 확고부동한 것이었다.

그러나 산업 사회에 들어서면서 상황은 크게 변화하였다. 산업 사회에서는 오랜 경험이나 지식보다는 생산성을 높일 수 있는 새로운 지식이 끊임없이 요구된다. 이로 인해 심신 기능의 약화로 인한 노동 능력의 감퇴와 새로운 지식을 습득하는 데 어려움을 가질 수밖에 없는 노인은 은퇴라는 명목으로 자신의 의지와 상관없이 산업 구조에서 밀려나게 되었다. 그리고 이는 곧바로 노인의 소득 상실과 경제적 빈곤이라는 결과로 연결된다.

셋째, 노인의 건강 문제이다. 노화는 심신의 장애를 유발시킨다. 노인의 질병은 만성적이어서 장기화되기 쉬우며 몇 가지 질병이 중복되어 나타나는 것이 일반적이다. 그뿐만 아니라 건강의 악화는 정신적 무력감으로 이어져 심한 경우 자살에 이르기도 한다. 특히 노인의 질병은 노인 자신만의 문제가 아니고 그 가족에게도 커다란 고통과 경제적 부담을 수반한다는 점에서 가족의 문제와도 연결된다.

이러한 노인 문제에 대하여 기능론은 한편으로는 산업 사회로의 전환 이후 대다수의 노인들이 더 이상 사회의 유지와 발전에 기여할 수 있는 역할을 수행하지 못하게 되었고, 다른 한편으로는 노인들의 욕구와 그들이 처한 상황에 사회가 적절한 대응을 못하고 있기 때문에 나타나는 현상이라고 설명한다. 즉 전통 사회에서와 달리 오늘날의 현대 사회에서는 노인들이 역기능적인 존재가 되었으며, 이러한 노인들이 변화된 사회 구조에 적응하여 살아가는데 필요한 재사회화가 성공적으로 이루어지지 않은 결과가 노인 문제라는 것이다.

이와는 달리 갈등론의 관점에서는 사회적 희소가치의 불균등 배분에서 노인 문제의 원인을 찾고 있다. 산업 사회로 접어들면서 노인은 사회적 희소가치를 소유하거나 접근할 수 있는 기회를 제한받는다. 즉 사회 구조의 변화로 생산 및 분배 관계 그리고 권력 관계가 청년층과 중년층 중심으로 재편되면서 노인은 사회적 희소가치로부터 완전히 차단된 것이다. 게다가 고령화 사회로 노인 인구 비율이 늘어나면서 이제 젊은 세대에게 노인은 더 이상 과거와 같은 공경의 대상이 아니라 부양의 책임을 감당해야 하는 부담의 대상으로 전락했다. 이러한 상황이 노인 세대에게 갈등의 요인으로 작용하게 되었다는 설명이다.

노인 문제를 산업화로 인한 사회 변동이 빚은 구조적 문제로 파악하고 있는 기능론 및 갈등론과 달리 사회적 상호작용론은 미시적 차원의 접근을 시도한다. 사회적 상호작용론에 따르면 노인 문제에서 가장 핵심적인 요소는 노인의 내면에 형성된 부정적 자아상이다. 노인들은 다른 세대와의 상호작용 속에서 신체적으로 노화된 자신의 육체와 상대적으로 열악해진 자신의 사회적 상황을 인식하고 스스로를 쓸모없고 무의미한 존재로 여기게 된다는 것이다. 즉 노인이 사회적 상호작용을 통해 형성한 자기 비하와 자아 경멸 의식이 스스로를 더 열악한 상황으로 몰아간다는 진단이다.

생각해 봅시다

01 환경 문제의 원인과 해결책을 설명하는 각각의 이론적 관점을 중심으로 바람직한 환경 운동의 방향성을 모색해봅시다.

02 자본주의 사회에서 빈곤의 재생산으로 인해 발생할 수 있는 또 다른 사회 문제는 어떤 것이 있을까요?

03 현대 사회에서 청소년 문제의 두드러진 특징과 그것의 사회적 의미는 무엇일까요?

04 여성에 대한 성차별을 설명하는 이론적 시각 각각의 특징들을 구별해 봅시다.

1. 사회 복지, 복지 사회, 복지 국가: 나의 불행을 사회가 책임져 준다면

누군가 불의의 사고를 당하는 바람에 장애인이 되었다면 그 피해는 고스란히 당사자 혼자 짊어져야 하는가? 아무리 열심히 일을 해도 가난한 생활에서 벗어나지 못하고 있다면 그것은 단지 그 사람의 무능력 때문인가? 또 늙어서 힘들고 쓸쓸한 노후를 보내야 한다면 그것은 그저 운명으로 순순히 받아들여야만 하는 일인가?

사람들은 삶의 과정에서 부딪히게 되는 이러한 불행이나 고난을 단지 자신의 책임이나 운명으로 간주하고 개인적 차원에서 감수하려고 한다. 사회 복지란 이러한 문제들이 전체 사회에도 부분적인 책임이 있다는 전제 하에서 사회 구성원 개개인의 어려움을 사회적 차원에서 해결하기 위한 노력이다.

급격한 근대화·산업화는 물질적 풍요라는 달콤한 열매를 가져다주었다. 하지만 그 이면에는 빈부 격차, 도농 격차, 도시 빈민 문제, 산업 재해 문제, 장애인 문제, 노인 문제 등과 같은 사회적 부작용들이 불가피하게 나타난다. 이러한 문제들에 대처하기 위한 정치적·사회적 노력들이 요구되면서 '사회 복지'라는 개념이 등장하게 되었다.

'복지'란 말을 사전에서 찾아보면 안녕과 관련한 쾌적한 상태, 특히 건강, 행복, 번영과 같은 상태로 규정하고 있다. 한마디로 복지란 인간의 욕구와 열망을 충족시키는 사회적 노력이라고 할 수 있다. 따라서 사회 복지란 안전하고 쾌적한 생활을 성취하기 위한 사회 구성원 공동의 행위 체계를 의미한다.

사회 복지 개념을 좀 더 구체적으로 살펴보면 좁은 의미에서의 사회 복지와 넓은 의미에서의 사회 복지로 나누어 볼 수 있다. 좁은 의미로서의 사회 복지란 일종의 '자선'이라는 개념과 유사하다. 즉 국가의 보조를 받고 있는 자, 장애인, 아동, 노인, 기타 원조를 필요로 하는 자로 하여금 자립하여 그 능력을 발휘할 수 있게 필요한 생활 지도, 재활 서비스, 기타 서비스를 행하는 것이다. 한편 넓은 의미로서의 사회 복지란 평균적인 사회적 욕구가 충족되지 않는 모든 개인, 가정, 집단 등에 대해 사회적인 제반 서비스들을 체계적으로 조직화하고 이것을 총칭하는 개념이다. 이때 사회적인 제반 서비스란 사회 복지 서비스, 보건 의료, 교육, 여가, 소득, 노동, 주택, 안전, 거주, 환경 개선 등을 의미한다.

그렇다면 '복지 사회'란 또 무엇일까? 복지 사회란 삶의 질이 높은 사회로 인간다운 생활이 보장된 사회이다. 급격한 산업화는 사람들에게 물질적 풍요를 가져다주었으나 인간성 상실과 각종 사회 문제를 발생시켰다. 따라서 선진국은 물론이요 여러 개발도상국에서도 인간적인 생활 조건, 즉 '삶의 질'에 관심을 가지게 되었다. 이제 모든 사회는 양적인 발전뿐 아니라 그 구성원의 삶의 질을 향상시키는 것을 목표로 삼고 있는 것이다. 인간다운 삶의 조건으로는 흔히 빈곤의 추방, 기회의 균등, 인권의 보장, 오염 없는 환경, 도덕성의 회복 등을 꼽고 있다. 그리고 이러한 조건들이 충족되는 사회야말로 복지 사회라 할 수 있다.

복지 사회의 이상이 실현되기 위해서는 물질적 풍요와 정신적 만족이 동시에 이룩되어야 한다. 물질적 측면에서는 모든 사회 구성원이 가난의 속박에서 벗어나 각자가 바라는 삶을 추구할 수 있는 기회가 보장되어야 한다. 따라서 경제 성장과 부의 공정한 분배가 요구된다. 한편 정신적 측면에서는 모든 사람이 자유로운 상태에서 다른 사람을 구속하지 않고 자기가 바라는 창의적

▲ 사회복지

인 일에 종사함으로써 삶의 즐거움을 느끼고 스스로에 대한 자부심을 가질 수 있는 사회가 이룩되어야 한다.

　이제 끝으로 '복지 국가'에 대해 알아보자. 복지 국가란 국민 복지의 유지와 향상을 국가의 목표로 하는 입장을 표현한 것이다. 이는 각 개인의 생활 보장을 일차적으로는 국민 개개인의 책임에 맡기지만 동시에 국가도 당연히 책임져야 한다는 시각에 바탕을 두고 있다. 오늘날의 복지 국가는 경제 활동뿐 아니라 국민 생활의 온갖 영역에 적극적으로 개입하여 국민의 복지 증진을 도모하고 있다. 일반적으로 복지 국가가 성립되려면 혼합 경제, 민주주의, 사회 보장, 완전 고용, 근로자 보호, 평등주의, 기회 균등 등이 실현되어야 한다.

　결국 '복지 사회'가 궁극적으로 인간 사회가 도달하려는 목표라고 한다면, '사회 복지'란 그 목표를 이루기 위한 수단이라고 할 수 있다. 그리고 '복지 국가'란 사회 복지를 통해 복지 사회가 실현된 국가를 뜻한다고 정리할 수 있다.

2. 사회 보장 제도: 내가 의지할 수 있는 곳은 어디인가?

　　사회 보장이란 개인들이 어떠한 불행에 처하더라도 최소한의 인간다운 생활을 하면서 살 수 있도록 국가가 정책적으로 보장해 주는 것을 말한다. 다시 말하면, 국가가 모든 국민에게 인간다운 생활을 보장하는 종합적 시책으로 국민의 생존을 권리로서 인정하고 사회 공동의 책임으로 자동적, 합리적으로 국민의 생존을 보장하는 제도적 수단을 의미한다.

　　사회 보장이란 용어는 1935년 미국에서 사회 보장법이 채택되면서 처음으로 사용되기 시작했다. 그러나 이 용어가 본격적으로 사용되기 시작한 것은 1942년 영국에서 비버리지 보고서(Beveridge Report)가 작성된 이후이다. 비버리지 보고서에 의하면 사회 보장이란 실업·질병·사고·정년퇴직에 의해 소득이 중단될 때, 그리고 다른 사람의 사망으로 인한 부양의 상실을 예방하고, 또 출생·사망 및 결혼과 같은 예외적 지출을 해결하기 위해 소득을 보장하는 것을 말한다. 결국 사회 보장이란 소득 보장, 즉 특별히 우연한 사고를 해결하기 위하여 최소한의 소득을 국가가 보장하는 것으로 한정시키는 것이다. 따라서 비버리지 보고서에서의 사회 보장에 대한 정의는 사회 보장제도의 하나의 측면인 소득 보장에 너무 치우치고 있다는 점에서 좁은 의미로서의 사회 보장이라고 밖에 볼 수 없다.

　　좁은 의미의 사회 보장에는 대표적으로 실업 수당과 최저 임금 제도를 들 수 있다. 실업 수당이란 실업에 대한 직접적인 사회 보장 정책으로서, 실업이 발생한 후 직장이나 일정한 수입이 보장되는 일을 얻을 때까지 일정 기간 국가가 최소한의 소득을 보장하는 것이다. 그리고 최저 임금 제도란 고용이 되어 소득이 생긴다고 하여도 그 소득으로는 최소한의 생계가 보장되지 않을 경우에, 이를 방지하기 위한 정책으로 채택되는 제도이다.

한편 넓은 의미의 사회 보장에는 교육 보장, 의료 보장, 주택 보장까지 포괄된다. 즉 국가가 국민들에게 최소한의 인간다운 삶을 보장하려면, 소득 보장뿐 아니라 최소한의 교육과 의료, 주택의 혜택이 주어져야 한다는 취지이다.

우리나라에도 근대 이전부터 진대법, 의창, 사창제도와 같은 구휼 제도가 있었다. 그러나 부분적으로나마 사회 보장 제도가 공식적으로 채택된 것은 1963년 '사회 보장에 관한 법률'의 공포를 효시로 한다. 현재 우리나라에서 실시되고 있는 대표적인 사회 보장 제도로는 생활 보호, 산업재해 보상 보험, 의료 보험, 의료 보호, 국민 연금 등이 있다. 하지만 아직까지 우리나라의 사회 보장 제도는 선진국에 비해 매우 초보적인 단계에 머물러 있으며, 낮은 수준의 급여 및 보호, 혜택 대상 범위의 부족, 제도 운영 기술의 미숙 등의 많은 문제를 안고 있다.

사회 보장의 방법은 크게 사회 보험, 공공 부조, 그리고 사회 서비스로 나누어지는데, 지금부터 그 내용을 자세히 알아보기로 하자.

(1) 사회 보험

사회 보험은 국가가 사회 보장을 수행하기 위하여 보험의 원리와 방식을 도입하여 만든 것으로, 수혜자가 납부하여 마련된 기금에서 일정 사건이 발생하였을 때 급여를 집행하는 제도이다. 사회 보험은 질병, 사망, 실업, 노후의 생활 불안 등 우리의 생활을 위협하는 불행에 대하여 사전에 충분한 대책을 세워 사고가 발생할 경우 의료나 금전적 제공을 받음으로써 빈곤을 방지하는 역할을 한다. 또한 적은 재원으로 국민의 생활 안정을 도모할 수 있다는 점에서 사회 보장 제도의 주축을 이루고 있다.

사회 보험은 자칫 일반 보험회사에서 취급하는 사적 보험과 혼동되기 쉬운데, 사회 보험과 사적 보험은 엄연히 다른 제도이다. 사회 보험의 비용은 보험에 가입한 개인과 고용주, 그리고 국가가 분담하는 공동 부담의 원칙으로 충당된다. 즉 가입자는 자신의 소득 정도에 따라 보험료를 부담하고 모자라는 금액은 기업과 국가가 부담하는 것이다. 그리고 사적 보험과 달리 법이 정하는 조건에 해당되는 사람은 누구나 반드시 가입해야 하는 강제 가입의 원칙이 적용된다.

그러나 사회 보험은 보험료의 부담 능력이 없는 생활 무능력자에게는 별로 의미가 없다는 문제점이 있다. 또한 사회 보험에 의한 급부는 기계적으로 균일하게 적용되기 때문에 개개인의 구체적인 욕구를 충족시켜 주지 못한다. 예를 들면, 많은 저축액과 넓은 저택을 갖고 생활이 곤란하지 않은 퇴직 노인과, 단칸방에서 빚과 병으로 살아가는 퇴직 노인이 동일하게 취급되기도 한다.

① 연금 보험

만약 당신이 직장에서 정년퇴임을 하여 더 이상 수입이 없다면 앞으로 무엇으로 먹고 사나? 혹은 당신의 가정에 가장의 돌연한 사고로 생계가 위협 받는 상황이 벌어진다면 또 어떻게 할까? 생각만 해도 아찔하고 막막한 노릇이다. 그러나 다행히도 당신의 가정이 연금 보험에 가입되어 있었다면 그나마 한숨 돌릴 여유를 찾을 수 있을 것이다.

연금 보험은 노령, 장애, 질병, 사고, 사망 등 모든 사람에게 일어날 가능성이 높은 위험으로 인하여 소득의 중단 또는 상실의 위험이 있는 경우에 일정 수준의 소득을 확보하기 위한 제도이다. 즉 다수의 사회 구성원이 미리 보험료, 세금 등에 의해 재정을 마련해 두었다가 그 구성원에게 위와 같은 일이 닥쳤을 때 생계비를 정기적으로 지급하는 장기적인 소득 보장 제도이다.

자본주의의 발달과 산업화로 인해 오늘날에는 전적으로 봉급에 의지하여 자신과 가족의 생활을 유지해야 하는 임금 노동자가 상당수를 차지하게

▲ 연금보험

되었다. 그러나 임금 노동자 자신이 노령이나 질병 또는 사고나 사망 등의 이유로 노동을 할 수 없다면 당장 생계의 위협을 받게 되며, 빈곤층으로 전락하게 될 우려가 높다. 따라서 사회적 제도에 의한 소득 보장의 필요성이 절실하게 요청되었는데 이것이 근대적인 연금 제도가 출현하게 된 계기이다.

연금 제도는 공적 연금과 사적 연금으로 구분할 수 있다. 공적 연금은 정부에서 주관하는 것을 말하며, 사적 연금은 정부 외의 사적인 분야에서 주관하는 것을 말한다. 공적 연금은 오늘날 대부분의 국가에서 실시하고 있는 가장 핵심적인 사회 보장 제도이다.

우리나라에서는 1988년에 10인 이상 사업장 종사자를 적용 대상으로 한 국민 연금이 시작된 이래 1999년부터 국내에 거주하는 전체 국민을 대상으로 확대되어 있다. 아울러 공무원 연금, 군인 연금, 사립학교 교원 연금 제도도 해당 직종 종사자들을 대상으로 하여 별도로 실시되고 있다.

② 건강 보험

건강 보험은 사회 보험 중 가장 오랜 역사를 가지고 있다. 비스마르크 치하였던 1883년에 공포되어 이듬해부터 실시된 세계 최초의 독일의 사회 보험이 다름 아닌 건강 보험이었다. 그뿐만 아니라 오늘날 우리에게도 가장 익숙한 사회 보험 제도가 바로 건강 보험이라고 할 수 있다.

건강 보험은 질병, 부상, 분만 또는 사망에 따르는 의료비 부담을 보험 가입자 전체에게 분산시켜서 개인의 가계 부담을 덜어주기 위한 사회 보장 제도이다. 만약 건강 보험이 사적 보험의 영역에 들어 있다면 젊은이들처럼 스스로 건강하다고 생각하는 사람은 보험에 가입하지 않으려고 하는 반면, 질병에 걸릴 가능성이 높은 사람은 계속 보험에 가입하기를 원하므로 나중에 가서는 건강하지 못한 사람들만 보험에 가입되어 있을 것이다. 따라서 건강 보험 제도는 모든 국민이 가입할 것을 법으로 강제한다.

건강 보험의 급여는 현금 급여와 의료 급여의 두 가지가 있다. 현금 급여란 질병 등으로 인해 수입이 중단될 때 이를 보충해 주는 것을 말하며, 의료 급여란 의사의 진료, 입원, 약제, 출산 등 의료적 행위에 대한 비용을 보조해 주는 것이다. 따라서 엄밀히 말하면 의료 급여도 현금 급여의 일종이라고 할 수 있다.

우리나라에 건강 보험은 1977년부터 500인 이상을 고용하는 사업장을 대상으로 한 매우 제한된 범위 내에서 실시되기 시작됐다. 그리고 1982년부터 도시 지역 건강 보험 실시를 시작으로 하여 현재는 모든 국민을 대상으로 확대되어 있다.

③ 산재 보험

산재 보험은 노동자가 사업장에서 업무 수행 도중 혹은 업무 수행과 관련하여 부상, 질병, 사망한 경우에 노동자 본인의 치료비는 물론 본인 및 부양 가족의 생계비를 보장하기 위한 제도이다. 즉 노동자가 업무상 재해를 당하여 수입 능력을 상실할 경우 소득을 보장하고 또한 치료가 필요한 경우에는 의료까지 보장해 주는 제도이다.

고도로 산업화된 현대 사회에서는 사업장에서의 산업 재해가 일어날 위험이 점차 늘어가고 있기 때문에 산업 재해를 당한 노동자와 그 부양가족을 어떻게 보호할 것인가의 문제는 사회 보장의 측면에서 매우 중요하다. 일반적으로 재해를 당한 노동자에게 보상을 지불할 일차적 책임은 고용주에 있다. 그러나 고용주가 보상 능력이 없다거나 또는 고의로 보상을 기피할 경우 재해를 입은 노동자는 곤란한 처지에 빠지게 된다. 따라서 산재 보험을 통하여 재해를 당한 노동자를 보호하는 동시에 고용주 입장에서도 과중한 보상비용 부담을 분산시키는 이중의 효과를 가질 수 있다.

우리나라에서 산재 보험은 1964년 산재 보험법의 제정으로 처음 시행되었으며, 2000년 이후부터 5인 미만 사업장으로까지 적용 대상을 확대하여 실시하고 있다. 현재 적용 대상이 되는 재해는 노동자가 업무상 부상, 질병 또는 사망한 경우에만 한정되며, 업무 외의 재해는 의료 보험법과 국민 연금법이 적용된다.

④ 고용 보험

노동을 할 의사와 능력을 가지고 있으면서도 적당한 취업의 기회가 없어 일을 하지 못하고 있는 상태를 실업이라고 한다. 자본주의 사회는 기계의 발달과 자본주의 고유의 주기적인 경기 변동으로 인해 대량의 실업자를 양산하고 있다. 따라서 실업은 중요한 사회 문제 중 하나이다. 본인에게 취업할 의사와 능력이 있음에도 불구하고 취업의 기회가 주어지지 않는다거나, 또는 취업 중에 해고 등의 이유로 졸지에 실업자가 되었다면 이것은 개인의 책임에 국한되는 것이 아니라 사회적 책임으로 간주되어야 한다. 그리고 이 같은 요구에 대한 대안으로 등장한 것이 바로 고용 보험이다.

고용 보험이란 노동자가 실직으로 소득을 상실하였을 경우 생활의 안정을 위하여 일정 기간 동안 일정 수준의 보험 급여를 지급하는 제도이다. 고용 보험은 실업자에 대한 보상을 지불해 줄 뿐 아니라, 노사 간의 보험료를 주된 재원으로 하여 운영되기 때문에 고용자의 강제적인 해고를 방지함으로써 고용 안정을 유도하는 효과도 있다.

그러나 의도적으로 취업을 기피하고 보험금으로 살아가려는 악용을 방지하기 위해서 고용 보험은 피보험자의 취업 실적이나 보험료 납부 실적을 엄격히 규제하고 있다. 즉 피보험자는 과거에 일정 기간 이상 반드시 취업되어 일정한 금액 이상을 임금으로 받은 실적이 있어야 하고 일정액의 보험료를 일정 기간 납부했어야 한다. 뿐만 아니라 보험 혜택을 받을 수 있는 사람은 노동을 할 의사와 능력을 갖추고 있는 비자발적 실업자이어야 하며, 보험 급여를 받고 있는 도중이라도 취업 알선이나 직업 훈련 기관에서의 훈련을 정당한 이유 없이 거부한 경우에는 즉시 보험 급여가 중지된다.

우리나라에서 고용 보험은 4대 보험 중 가장 늦게 도입되었는데, 1993년 제정된 고용보험법에 따라 1995년부터 실시되고 있다. 도입 당시에는 상시 근로자 30인 이상의 사업장에만 적용되었으나, IMF 금융 위기 이후 실업이 급증하자 1998년부터 적용 범위를 순차적으로 확대하여, 현재는 근로자 1인 이상을 고용하는 전체 사업장으로 그 범위가 넓어졌다. 특히 2004년부터는 상시 근로자뿐 아니라 일용직 근로자에게도 고용 보험이 적용되고 있다.

⑤ 가족 수당

가족 수당이란 기본적으로 자녀가 있는 가족에게 정규적으로 지불하는 현금 지급을 의미한다. 가족 수당은 가족의 재정적 욕구와는 상관없이 일정한 자격을 갖춘 가족에게 제공되며 학비, 출산비, 아동 건강 사업, 성인 부양자 수당, 모자 서비스 비용 등을 포함시키기도 한다. 이 제도는 19세기 유럽에서 대가족의 노동자에게 지급된 상여금에서 비롯되었다.

가족 수당에는 일반적으로 두 가지 형태가 있다. 하나는 보편적인 가족 수당이고 다른 하나는 고용 관계의 가족 수당이다. 보편적인 가족 수당은 일정한 수의 아동을 지닌 모든 가족에게 수당이 제공되는 것으로, 보통 국가가 일반 조세로 재정을 충당한다. 반면 고용 관계의 가족 수당은 임금 노동자와 자영업자에게 수당이 제공되는 것으로, 수당의 비용은 고용주가 지불하는 기여금으로 충당하고 부족할 경우 정부의 보조금이 해결해 준다.

(2) 공공 부조

공공 부조란 생활 유지 능력을 상실하여 보험료를 부담할 수 없는 사람의 보호를 전적으로 국가가 맡아 최저 생활을 보장해 주는 제도이다. 즉 공공 부조는 국가가 책임을 지고 국민의 생존권과 최저 생활을 보장해야 한다는 정신에 입각하여 만들어진 제도라 할 수 있다. 또한 공공 부조는 현금 급여를 원칙으로 하며, 무조건적인 지원이 아니라 대상자의 능력이나 자산 등을 감안하여 부족한 부분을 보충해 준다는 보완의 원리 그리고 궁극적으로는 이러한 보호로부터 탈피할 수 있도록 돕는다는 자립 성장의 원리를 기본으로 한다.

뿐만 아니라 공공 부조는 사회 전체 구성원이 아니라 특정 범주에 해당하는 사람들을 대상으로 한다는 점에서 '보편적 복지'의 원리가 아닌 '선별적 복지'의 원리를 기본으로 하는 제도이다. 최초의 공공 부조는 1601년 영국의 엘리자베스 구빈법으로부터 시작되었다고 보는데, 이는 국가가 최저 생활이 보장되지 않은 국민들에게 시급한 지원을 제공하는 좁은 의미로서의 사회 복지 개념과 일맥상통한다.

또한 일정한 조건이 충족되면 자동적으로 혜택을 제공받는 사회 보험과 달리 공공 부조는 본인이나 부양 의무자의 신청에 의해 대상자가 선정되며, 대상자를 선정하기 위하여 개별적으로 자산 상황, 건강 상태, 기타의 사정을 조사하게 된다. 따라서 사회 보험이 앞으로 발생할 가능성이 있는 위험에 대비하기 위한 사전 예방적 성격의 제도인 반면, 공공 부조는 현재 빈곤하여 당장 보호가 필요한 사람의 경제적 요구를 충족시켜 준다는 사후 처방적 성격이 강한 제도라 할 수 있다.

한편 공공 부조는 국가의 세금을 재원으로 하기 때문에 적용 대상자에게는 아무런 경제적 부담을 지우지 않는다. 즉 비용은 일반 국민들이 부담하고 혜택은 필요한 사람들에게 주어지는 것이다. 따라서 빈부 격차를 완화시키는 소득 재분배의 효과가 있다. 그러나 일방적으로 모든 것을 국가의 보호에만 의존하려는 풍조가 생길 수 있으며 일반 국민의 조세 부담도 커지게 된다는 문제점이 있다. 그뿐만 아니라 공공 부조에 대한 요구 조사를 거쳐야 하기 때문에 많은 사람이 신청하지 못한다는 단점도 가지고 있다.

① 생활 보호

생활 보호는 단순한 금전적인 보조만으로는 생활하기 어려운 대상, 즉 가족이 없는 아동이나 노인, 장애인, 부랑자, 특별 보호가 필요한 청소년이나 부녀자 등에 대해 별도의 수단을 마련해 보호하는 제도이다. 생활 보호는 국

▲ 생활보호

민의 생존권을 보장한다는 원리에 따라 국가가 최저 생활을 책임지고 보장함과 동시에 개인의 자립을 도와준다는 취지를 갖고 있다. 보호 대상자는 보호의 수준이 높은 순으로 시설 보호자, 거택 보호자, 자활 보호자의 세 가지로 분류된다.

현재 우리나라에서는 기존의 생활 보호 제도를 2000년부터 국민기초생활보장 제도라는 명칭으로 바꾸어 시행하고 있다. 과거의 생활 보호 제도 하에서 적용 대상자가 65세 이상의 노인, 18세 미만의 아동, 임산부 등 노동이 가능하지 않은 사람으로 한정되었으나, 국민기초생활보장 제도로 바뀐 후부터는 연령이나 취업 여부에 관계없이 가구 소득이 최저생계비 이하인 모든 가구를 적용 대상으로 하고 있다. 생활 보호 대상자에게 제공하는 급여의 종류에는 생계 급여, 주거 급여, 의료 급여, 교육 급여, 자활 급여 그리고 출산 여성을 대상으로 한 해산 급여 및 수급자가 사망한 가구에 장례비용을 지원하는 장제 급여 등이 있다.

② 의료 보호

의료 보호는 생활 보호 대상자와 일정 수준 이하의 저소득층을 대상으로 그들이 자력으로 의료 문제를 해결할 수 없는 경우 국가 재정으로 의료 혜택을 제공하는 제도이다. 의료 보험이 사회 보험 제도라면 의료 보호는 공공 부조의 한 부분이라는 점에서 차이가 있다. 따라서 피보호자에게 제공되는 것은 의료비라는 현금이 아니라 무상 의료라는 의료 행위 자체이며, 그 재원은 전부 정부의 세입에서 충당된다.

우리나라에서 의료 보호는 생활 보호법상의 규정으로 실시되고 있으며, 1977년 의료 보호법의 제정으로 그 보호 내용이 확대되고 보호의 질적 개선이 이루어졌다. 초기에는 주로 생활 보호자를 대상으로 실시되었으나, 1986년부터는 생활 보호 대상자뿐 아니라 저소득층에까지 확대 실시되고 있다.

③ 재해 구호

해마다 장마철이나 태풍을 겪고 나면 여기저기서 물난리가 나고 많은 이재민이 생긴다. 파손된 가옥이나 농지, 도로 등의 복구 작업에는 어김없이 군인들이 동원되고, 정부뿐 아니라 언론 기관, 적십자, 공공 단체 등이 이재민을 돕기 위한 노력에 앞장선다. 재해 구호란 이처럼 홍수나 화재 등의 재해로 인하여 심각한 피해를 입었거나 생활이 어렵게 된 사람들에게 정부가 개입하여 구호하여 주는 것을 말한다.

우리나라에서는 일찍부터 재해 구호가 시행되어 왔으며, 특히 1960년대에 들어오면서 경재 개발 정책으로 화재나 산업 재해에 대한 새로운 재해 구조 사업이 실시되었다. 재해 구호의 종류는 현물 급여와 현금 서비스가 있는데, 우리나라에서는 주로 현물 급여가 이루어지고 있다.

(3) 사회 서비스

사회 서비스는 아동, 노인, 장애인 등 자립 능력이 부족한 특정한 범주의 사람들에게 정부가 지원적·보호적·재활적 서비스를 제공하는 것을 말한다. 구체적으로 보호, 보육, 재활, 상담, 취업 알선, 복지시설 이용 등의 서비스들이 이에 해당한다. 사회 서비스는 금전적 지원이 아니라 비금전적인 서비스를 제공한다는 점에서 위의 사회 보험이나 공공 부조와 큰 차이가 있다.

물론 수혜자에게 제공하는 비금전적 서비스를 운영, 유지하기 위해서는 당연히 비용이 수반된다. 이 비용은 사회 서비스를 이용하는 사람이 어느 정도 경제적 능력이 있다면 당사자가 부담을 하며, 일정 소득 수준 이하의 빈곤층에 대한 비용은 일반 조세를 통해 충당하여 정부가 집행한다.

① 아동 복지 서비스

아동은 스스로 충분한 생활 능력을 갖고 있지 않으며 독립된 생활을 유지할 수 없다. 따라서 아동의 생활은 부모 생활의 일부로서 유지되고 있다. 그런데 부모의 빈곤이나 실업에 의한 경제적 불안정, 부모의 사망이나 이혼 등으로 인한 가족 구조상의 결함, 부모의 범죄나 약물 중독 등으로 인한 양육 기능의 결함이 있을 경우 아동 문제가 발생하게 된다. 이밖에도 환경이나 교통 등의 사회 환경, 아동 학대나 아동 방치 등 가정환경, 아동 본인이 가지고 있는 정신적·신체적 문제 등이 모두 아동 문제의 원인이 된다.

그러므로 아동 문제의 해결에는 가족으로서는 충분히 공급할 수 없는 생활 부문에 대한 공공적 지출이나 법적인 규제가 필요하고, 그 결과 아동 복지 서비스의 요구가 생겨났다. 현대의 아동 복지는 특수한 장애를 가진 아동에 대한 단순한 보호뿐 아니라 모든 아동들을 가족 및 사회의 일원으로서 건전하게 성장시키기 위해 실시되는 조직적인 활동으로 폭넓게 정의된다. 아동 복지 서비스의 내용에는 지원 서비스, 보충 서비스, 대리 서비스가 있다.

지원 서비스는 아동의 요구를 해결하기 위하여 가정에서 부모의 능력을 지원·강화하는 것으로서, 부모와 자녀 관계의 긴장을 감소시키는 것을 목표로 한다. 구체적으로는 개인이나 집단생활의 문제를 해결하도록 도와주는 개별 지도 사업과 집단 지도 사업, 학대·방치된 아동을 위한 보호 사업, 미혼모에 대한 서비스 등이 있다. 이러한 역할은 주로 가정 복지 기관이나 아동 상담소 등에서 맡고 있다.

보충 서비스는 부모의 실업, 질병이나 장애, 빈곤, 이혼, 사망 등으로 인해 부모의 역할이 적절하게 수행될 수 없을 때, 부모 책임의 일부를 사회적으로 보충하고자 하는 것이다. 탁아 보호 서비스, 소득 보충 서비스, 가정 조성 서비스 등이 여기에 속한다.

대리 서비스는 가족의 상황이 아동이나 부모에게 치명적으로 악영향을 줄 때, 제3자를 통해 대리적 보호 형태를 취하는 것이다. 부모의 사망이나 입원, 구금 혹은 심한 장애로 아동을 보살필 수 없는 경우나 또는 부모의 아동 유기나 학대 등으로 부모의 역할이 거부될 때 실시된다. 이러한 서비스의 접근 방법으로는 가정 위탁 보호 서비스, 입양 서비스, 영육아 시설 보호 서비스, 심신 장애아 시설 보호 서비스, 소년원 보호 서비스 등이 있다.

현재 우리나라에서 실시되고 있는 주요 아동 복지 서비스로는 영·유아 보육 사업, 소년·소녀 가장 보호, 아동 시설 보호, 아동 상담 사업, 실종 어린이 찾아주기 종합 센터 운영, 불우 아동 결연 사업, 그룹홈 및 가정 위탁 보호, 아동 급식 지원, 입양 사업 등이 있다.

② 노인 복지 서비스

노인 복지는 노인이 인간다운 생활을 영위하면서 자기가 속한 가족과 사회에 적응하고 통합될 수 있도록 필요한 자원과 서비스를 제공하는 데 관련된 조직적 제반 활동을 의미한다. 노인 복지를 전개하기 위해서는 우선 노인의 기본적 욕구를 감안해야 한다. 노인의 3대 문제는 빈곤, 질병, 고독으로 요약할 수 있다. 이에 따라 노인 복지의 체계도 노인의 소득 보장, 의료 보장, 기타 노인 복지 서비스의 세 가지로 집약시킬 수 있다.

첫째, 노인의 소득 보장이다. 경제적 불안정은 노인의 모든 생활 영역에 영향을 끼치며, 노후의 생활이 불행해지는 가장 큰 원인도 노인들이 빈곤해지기 때문이다. 노인의 소득을 보장하도록 지원하는 사회 서비스 제도로는 노인 공동 작업장이나 노인 능력 은행 등을 설치하여 노인 취업 상담 및 희망 노인의 취업을 알선하는 일 등이 있다. 이밖에도 노인에게 대중교통 요금을 면제해주고, 고궁이나 박물관, 공원 등의 이용 요금을 무료 혹은 할인해주는 제도 역시 넓은 의미에서 간접적으로 소득을 보장해주는 것에 해당한다.

둘째, 노인의 의료 보장이다. 노인에게 무엇보다 두드러지게 나타나는 변화는 신체적 능력과 기능의 저하이다. 특히 노인의 질병은 만성적인 질환이 많고 장기 요양을 필요로 한다. 노인의 의료 보장을 위한 사회 서비스로는 노인의 노쇠화를 방지하고 기능 장애를 회복시키기 위한 노인 전문 병원, 노인 전문 요양 시설, 노인 전문 재활 시설 등이 노인 의료의 한 분야로서 매우 중요한 역할을 담당한다.

셋째, 노인의 주거 보장이다. 노후 생활을 안락하게 보낼 수 있는 주거 공간을 마련해주는 서비스라 할 수 있다. 사회 서비스로 제공되는 주거 시설로는 양로 시설, 노인 공동생활 가정, 노인 복지 주택 등이 대표적이다.

넷째, 기타 노인 복지 서비스이다. 소득과 의료 이외에 노인의 소외감이나 무력감을 덜어주고 안락한 사회생활을 보장하기 위한 다양한 차원의 서비스들이 있다. 이것은 다시 노인 여가 복지 서비스와 노인 재가 복지 서비스로 분류할 수 있다. 먼저 노인 여가 복지 서비스는 경로당, 노인 복지 회관, 노인 교실, 노인 휴양소 등을 통해 노인의 여가와 휴식, 친목 활동 등을 지원해주는 서비스이다. 그리고 노인 재가 복지 서비스는 돌봐줄 가족이 없는 노인이 가정에서 방문 서비스를 받거나 지역 사회 내의 가까운 시설에서 돌봄 서비스를 받을 수 있도록 해주는 것이다. 방문 요양 서비스, 주·야간 보호 서비스, 방문 목욕 서비스, 상담 서비스 등이 이에 해당한다.

③ 장애인 복지 서비스

장애인 복지는 여타의 사회 문제와 마찬가지로 인간 생명의 존중이란 인식에서 출발하여야 하고 이러한 가치로부터 복지 대책이 정당하게 인식된다. 장애인은 전통적으로 편견과 멸시의 대상이었고 단지 보호와 격리 수용의 대상일 뿐이었다. 그러나 장애인의 발생이 선천적 요인보다는 후천적·사회 환경적 요인에서 비롯된다는 인식이 커지면서 전통적인 보호 방식이 아닌 의료적인 재활과 치료, 예방, 교육, 사회적 재활, 직업적 재활의 필요성이 강조되고 있다.

장애인 복지는 장애 발생의 예방과 장애인의 의료, 훈련, 보호, 교육, 고용의 증진 등 장애인의 자립 및 보호와 생활 안정에 기여하기 위한 조직적 활

▲ 장애인 복지

동을 뜻한다. 특히 장애인은 여타의 일반 보호 대상자와 다른 성격을 가지기 때문에 장애인 복지를 실현하기 위해서는 단순한 구제, 보호, 양육 등에 그칠 것이 아니라 의료적인 재활 치료와 예방, 전문적인 특수 교육과 직업 훈련에 대한 더 많은 노력이 요구된다. 따라서 보다 전문적인 인력과 시설이 필요한 영역이다.

장애인 복지의 이념은 정상화와 통합화이다. 정상화란 장애인들이 일상 생활의 형태와 조건을 그 사회의 주류를 이루는 여러 가지 규범과 형태에 가깝도록 만드는 것이다. 다시 말하면, 장애를 가진 사람을 장애인이라고 특별시하지 않고 한 사람의 인간으로서 정상적인 생활을 누릴 수 있도록 생활환경을 조성하는 것을 의미한다. 그리고 통합화란 장애인을 정상적인 사람과 분리하거나 가정과 지역 사회로부터 격리시키는 것이 아니라 여러 사람과 더불어 생활할 수 있도록 하는 것을 말한다. 예를 들어, 장애인을 특수학교가 아닌 일반적인 정규 학급에서 교육시키는 것도 통합화의 일환이라고 할 수 있다.

우리나라에서 실시되고 있는 장애인 복지 서비스로는 다양한 의료 재활 서비스, 장애인 복지관이나 장애인 의무 고용제를 통한 직업 재활 서비스, 조세 감면이나 장애인 생계 보조 수당 지급 등의 소득 보장과 생활 안정 지원 등이 있다. 이밖에도 다양한 장애인 이용 시설을 비롯하여 장애인 등록제, 장애인 관련 단체 육성 등의 정책이 이루어지고 있다.

3. 선진 복지 국가의 위기와 새로운 복지 원리로의 전환: 복지도 병이다?

'요람에서 무덤까지'라는 말이 상징하듯 서유럽 선진 국가들은 국민 개개인의 전 생애에 걸쳐 완벽한 복지 시스템을 제공하고 있다. 가장 대표적인 복지 국가라 할 수 있는 스웨덴, 노르웨이, 덴마크 등 북유럽 국가들의 경우 사람들은 국영 병원에서 태어나 국영 탁아소에서 성장하고 대학까지 국가 장학금으로 공부하며, 노년의 여생도 국가가 마련해 주는 노인 주택에서 보낼 정도이니 우리나라의 복지 실정과 비교해 보면 마냥 부러운 일이다.

그런데 서유럽의 선진 복지국가들의 국민들 사이에서는 정부의 복지 정책이나 과다한 복지 예산의 집행에 대하여 불만이 팽배하다. 심지어 과도한 정부의 복지 정책이 진정 국민들에게 이로운 것인지에 대한 근본적인 의문까지 제기되고 있다. 이른바 '복지병' 논란이 뜨겁게 달아오르고 있는 것이다. 때맞춰 이들 정부도 해마다 복지 프로그램이나 복지 예산을 대폭적으로 줄여 나가고 있으며, 각종 복지 서비스들이 정부의 손을 떠나 민영화되고 있는 추세이다. 1980년대부터 서서히 감돌기 시작한 '복지 국가 위기론'이 마침내 선진 복지 국가들 공통의 문제로 급격히 대두되고 있는 중이다. 그렇다면 왜 이러한 현상이 일어나고 있는 것일까?

그 원인은 무엇보다도 막대한 복지 예산의 투입으로 인해 발생하고 있는 재정 위기에서 찾을 수 있다. 정부의 과다한 복지 예산은 궁극적으로 국민 개개인의 세금으로 충당된다. 따라서 일하는 사람들이 일하지 않는 사람들의 생활을 보장해주기 위해서 해마다 많은 세금을 감수해야 한다는 것이 일차적인 불만의 요인이다. 더욱이 사회 복지가 보편화됨에 따라 의료나 교육 서비스 등에 대한 질적 하락을 우려하는 목소리도 높다.

두 번째 요인으로는 완벽한 복지 시스템이 오히려 국민들의 근로 동기를 약화시킴으로써 사회의 성장과 발전에 장애가 되고 있다는 점이다. 힘들게 일하고 적은 월급을 받느니 차라리 실업자가 되어 놀면서 실업 수당을 받는 것이 더 낫다는 식의 '자발적 실업'이 증가하고 있다. 국가가 개인의 삶을 책임져 주기 때문에 굳이 미래에 대비한 저축이나 자기 개발을 위한 투자를 하려 들지도 않는다. 그 결과 사회 전체의 활력을 떨어뜨리고 심각한 정체를 초래하게 되었다.

끝으로 사회 복지를 매개로 한 정부의 개입이 확대되면서 시민 사회의 자율성이 위축되고 있다는 지적도 제기되고 있다. 사실 복지 국가는 이미 그 출발부터 이러한 위기가 예정되어 있었다. 근대 민주 국가를 지탱해 온 자유와 평등이라는 양대 이념은 자본주의라는 거대한 틀 속에서 상호 모순 관계를 가질 수밖에 없다. 즉 국가의 역할을 최소화하고 시민사회의 자율성을 극대화하려는 자유주의 원리와, 국가가 시장에 개입하여 불평등을 해소하고 정의를 실현하려는 평등주의 원리는 양립하기 어려운 성격이다. 복지 국가는 바로 이처럼 상이한 요인들의 접합을 통해 이루어진 정치 체제였다. 제2차 세계대전 이후 진행되었던 서구 자본주의 국가들의 대중적 풍요와 번영의 시기에는 이러한 모순 관계가 표면화되지 않았지만, 점차 경제 침체가 지속되면서 마침내 복지 국가의 위기가 수면 위로 떠오르기 시작한 것이다.

이처럼 산업화가 낳은 여러 가지 문제점을 극복하기 위한 사회적, 제도적 노력이라는 의미를 지니고 있었던 기존 사회 복지 원리는 점차 새로운 국면을 맞이하고 있다. 향후 국가 경쟁력은 물질적 생산을 극대화하는 영역을 넘어 대중의 일상생활에 대한 전반적인 질을 높이는 방식 속에서 이루어질 전망이다. 즉 '삶의 질'이 중요하게 부각될 것이다. 따라서 사회 복지 역시 사회·경제적으로 어려움에 처한 사람들을 동정의 차원에서 돕는다는 소극적인 사고에서 벗어나, 사회 구성원들의 전반적인 '삶의 질' 문제를 사회 발전과 국가 경쟁력의 주요 원동력으로 인식하는 적극적인 사고로 전환되고 있다. 그 구체적인 내용은 다음과 같은 세 가지 차원으로 설명될 수 있다.

첫째, 소비적 복지에서 생산적 복지로의 전환이다. 지금까지 사회 복지란 소외 계층들에게 다양한 사회적 자원을 제공하는 소비적 행위로 인식되어 왔다. 사회 복지의 확대는 경제 발전에 투여되어야 할 사회적 자원의 축소를 의미하기 때문에 복지와 생산은 상호 배타적 관계로 파악되었다. 그러나 사회 복지를 경제 발전과 대립되는 '제로 – 섬(Zero – sum) 관계'가 아니라 상호 보완적인 '포지티브 – 섬(Positive – sum) 관계'로 파악하는 새로운 복지 원리가 등장하고 있다.

예를 들면, 그동안의 복지가 근로 의욕에 자극을 주지 못하고 비효율적이라는 비판이 크게 일어나자, 이에 대한 대안으로 복지를 노동에 연계해 생산적 복지 체계로 전환하는 방안이 제시되고 있다. 즉 복지비를 소외 계층들이 노동에 참여할 경우 이에 대한 보조금의 형태로 지급함으로써 복지 수혜자들이 복지비에만 의존해 살아가지 않고 스스로 일을 찾고 자력갱생할 수 있도록 유도하자는 것이다. 또 복지비를 직접 지급하는 것이 아니라 직업 교육에 참여하는 사람들에게 교육비의 형태로 지원하는 방안도 생산적 복지 정책에 해당한다. 즉 복지는 노동으로 복귀할 수 있는 매개자 또는 생산적인 시민으로 통합할 수 있는 계기가 되는 것이다. 이처럼 최소한의 비용으로 최대의 효과를 얻을 수 있는 경제적이고 생산적인 복지 원리를 지향하는 것이 최근의 추세이다.

둘째, 양적 지원에서 질적 개발로의 전환이다. 사회 복지란 궁극적으로 인간 자원에 대한 보존, 관리, 재생산을 의미한다. 특히 지식 · 정보에 기반을 둔 새로운 사회는 정보와 지식, 문화, 지적 생산의 담당자로서의 인간 자원이 국가적 부의 원천으로 각광받고 있다. 그리고 사회 복지는 인적 자원의 향상을 통하여 경제에 기여할 수 있다.

즉 교육 서비스, 실업 보험, 의료 보험 등의 복지 서비스를 통하여 근로자의 근로 능력의 손상을 방지하고 근로 능력의 향상을 가져옴으로써 한 사회의 생산성 향상에 직접적으로 기여한다는 것이다. 따라서 사회 복지의 방향도 이전과 같은 양적 의미에서의 소득보장 정책 유형에서 탈피하여 개별 인간의 질적인 측면을 발달시킬 수 있는 인적 서비스로 전환되고 있다.

셋째, 보편적 복지에서 개별적 복지로의 전환이다. 지금까지 사회 복지는 중앙 정부에 의하여 모든 국민들이 획일적이고 평균적으로 다루어지는 보편적 복지 원리에 근거하여 이루어졌다. 그러나 다양성과 개성이 중시되는 사회에서 '고객 중심의 원칙'이 적용되는 새로운 복지 원리에 대한 요구가 높아지는 것은 자연스러운 현상이다. 즉 계층이나 집단 위주의 복지에서 국민 개개인의 다양한 상황과 욕구를 개별적으로 만족시켜 줄 수 있는 개별적 복지로 초점이 옮겨지고 있는 것이다.

최선의 복지는 개인의 능력과 필요성에 맞는 프로그램을 짜고 개개인의 삶을 질을 향상시켜 주는 것으로 새롭게 개념 정의되고 있다. 이러한 고객 중심의 원칙에 따라 복지 서비스의 제공이 국가의 손에서 민간 기업의 손으로 이전하는 움직임도 나타나고 있다. 이처럼 민간 기업이 사회 보장 사업을 운영하면 자유 시장의 원리에 따라 경쟁이 촉진되어 서비스의 질도 향상되는 등의 긍정적인 효과가 나타날 것으로 기대되고 있다.

생각해 봅시다

01 복지 사회는 '삶의 질'이 보장되는 사회라고 합니다. 그렇다면 구체적으로 이
   상적인 복지 사회에서 충족될 수 있는 '삶의 질'의 내용은 무엇일까요?

02 사회 보장 제도 중 공적 부조의 장점과 단점을 경제적 측면과 사회적 측면으
   로 나누어서 생각해 봅시다.

약 45억 년이라는 긴 역사를 갖고 있는 지구에서 인류가 문명 시대를 이룩한 것은 불과 수천 년 전의 일이었으며, 산업 혁명과 프랑스 혁명을 거쳐 근대 사회로 접어든 지 고작 200~300년밖에 지나지 않았다. 그러나 현대 사회는 그 어느 시대보다도 빠르게 변화하고 있으며, 다양하고 복잡한 성격을 띠고 있다. 근대화, 산업화, 공업화, 도시화 등의 낱말들이 우리에게 친숙해지기 시작한 것이 바로 몇십 년 전의 일인데, 어느덧 이러한 낱말들도 과거의 시간 속에 묻혀버리고 대중 사회, 탈공업사회, 정보 사회, 위험 사회 등 현대 사회를 지칭하는 새로운 개념들이 우리 곁에 성큼 다가와 있다.

물론 이러한 개념 각각이 서로 다른 사회들을 지칭하는 것은 아니다. 다양하고 복잡한 현대 사회를 총체적인 하나의 개념으로 묘사한다는 것은 어쩌면 불가능한 일인지도 모른다. 그러므로 아직까지 우리는 현대 사회의 특정 측면만을 부각시켜 설명하고 있는 이 같은 개념들에 만족할 수밖에 없다. 이제 현대 사회의 특징과 성격을 나타내고 있는 몇 가지 개념들을 알아보자.

1. 근대화와 근대 사회: 현대로 가는 길목

근대 사회란 일반적으로 고대나 중세와 같은 전통 사회와 대비되는 말이다. 과거 전통사회에서는 농업이나 목축과 같은 1차 산업을 기반으로 하여, 마을과 같은 지역 공동체가 개인 생활의 중심이었다. 그러나 산업 혁명과 시민 혁명, 시민국가 형성을 거친 이후 사회는 새로운 모습으로 완전히 탈바꿈하게 되었는데, 이것을 근대 사회라고 한다.

따라서 근대화란 바로 근대 사회로 변화해 나가는 과정이라고 할 수 있다. 즉 정치적으로는 국민에 지지 기반을 둔 정당 활동에 의해 국가가 통치되고 정치 과정이 민주화되는 것이며, 사회적으로는 기회가 평등하게 분배되고 국민 복지 향상이 이루어지는 것이다. 그리고 경제적으로는 국민 생활의 향상이 가능한 경제 발전이 이루어지는 것을 의미한다. 특히 유럽과 달리 신생 독립국에서의 근대화는 빈곤의 탈피, 민주주의의 실현 등을 목표로 국가 주도에 의한 계획적인 사회 변동으로 근대화 과정이 이루어져 왔다.

흔히 근대 사회의 기본 요소로는 공업화, 도시화, 조직의 체계화와 거대화, 그리고 인구 변천 등을 들고 있다.

첫째, 공업화이다. 공업화는 대규모의 근대적 공장 조직과 기계화되고 자동화된 생산 기술을 도입하여 생산성을 높이는 현상을 말한다. 공업화는 근대화의 기본 바탕인 경제 발전의 기본이기 때문에 어느 나라에서든 근대화를 추진할 때에는 반드시 공업화 현상이 나타나기 마련이다. 산업 혁명에 의해 추진된 공업화는 전반적인 사회 구조는 물론 인간관계 및 가치관에까지 변화를 가져온 광범위한 사회 변동으로서, 근대화를 이끈 가장 중요한 요소이다.

둘째, 도시화이다. 공업화의 촉진은 공장이 자리 잡게 되는 지역에 인구를 집중시키고 도시적인 생활양식을 전파함으로써 필연적으로 도시화를 형성하게 한다. 전통 사회의 도시들은 주로 행정, 국방, 상업의 기능을 중심으로 형성되었으며, 그 규모도 작고 폐쇄적인 성격을 띠고 있었다. 그러나 근대화가 진행되면서 도시는 공업 발달에 필요한 여러 가지 기능을 가지고 농촌의 노동력을 흡수하면서 급속도로 성장했다.

셋째, 조직의 체계화와 거대화이다. 기술의 발달과 공업화는 노동의 분업화와 사회 제도의 분화를 촉진시켰다. 또한 도시화는 많은 이질적 집단들을 통제하기 위해 표준화되고 거대한 조직을 필요로 했다. 따라서 분업화와 전문화에 따른 조직의 체계화가 필요하게 되었고 그 결과 좀 더 효율적이며 체계적인 관료제가 행정 기관과 일반 기업체에 적용되었다. 그뿐만 아니라 도시나 행정 기관, 기업이 성장함에 따라 조직도 자연히 거대화되고 있다.

넷째, 인구 변천이다. 각 국의 근대화 과정은 대체로 그 사회의 인구 변천 과정과 일치하기 때문에, 인구 변천은 근대화의 주요 요소로 작용한다. 근대화된 사회에서 인구는 전반적으로 고 출생·고 사망에서 고 출생·저 사망을 거쳐서 저 출생·저 사망으로 변화한다. 근대화된 사회에서 나타나는 인구 변천의 또 하나의 특징은 농촌 지역에서 도시 지역으로의 급격한 인구 이동이다. 농촌의 경제적 빈곤과 잉여 노동력의 증가로 인해 많은 사람들이 공장이 있는 도시로 몰려들기 때문에 도시화가 촉진된다.

2. 대중 사회: 사라지는 영웅, 떠오르는 대중

우리는 지금 영웅이 사라진 과학 문명 시대에 살고 있다. 증기 기관을 만든 제임스 와트, 전화를 발명한 벨, 전구를 발명한 에디슨, 비행기를 만든 라이트 형제 등 20세기 초반까지의 과학적 발명은 발명가의 이름이 금방 떠오른다. 하지만 컴퓨터, TV, 인공위성 등 현대 문명을 대표하는 과학 기술은 누가 처음 개발한 것인지 잘 모른다.

애플의 아이폰을 스티브 잡스가 만들었다고 하지만 엄밀히 말하면 틀린 말이다. 그는 아이폰 개발을 진두지휘하는 역할을 담당했을 뿐이다. 아이폰을 비롯하여 20세기 중반 이후의 모든 중요한 과학 기술은 여러 사람의 능력과 공적이 합쳐져서 이루어진 결과이다. 개별적으로 이루어진 각각의 성과들을 모아서 새로운 결과물을 만들어 낸 것이거나, 혹은 정부나 기업 연구소에서 팀을 이뤄 개발했기 때문에 특정인을 개발자로 내세우기가 힘든 경우가 많다. '개인'보다는 '다수'가 강조되는 새로운 경향의 연구, 개발 방법이 정착된 것이다.

이렇게 영웅이 사라진 현대는 이제 대중 사회로 접어들었다. 대중 사회는 전통 사회에서 근대 사회로 접어들면서 등장했다. 기술 혁신과 기계 공업의 발달로 산업은 대공업 생산 중심으로 옮겨지고 기업도 대규모화되었다. 그결과 분업과 자동화로 대량 생산이 가능해졌다. 대량 생산은 대량 소비를 필요로 하며, 이것은 교통·통신 수단의 발전과 대중 매체를 통한 광고·선전을통해 촉진되었다. 그리고 대량 생산과 대량 소비는 거대한 사회 조직의 등장, 그리고 표준화되고 획일적인 대중 교육과 결합되면서 대중 사회로의 문을 활짝 열었다.

대중 사회에 대한 이미지는 매우 다양하지만 크게 긍정적 이미지와 부정적 이미지의 두 가지로 대별할 수 있다. 전자가 대중에 의해 엘리트가 느끼는압력과 대중이 지배하는 사회를 묘사하고 있다면, 후자는 엘리트에 의해 통제되고 조종되는 대중을 강조한다.

(1) 대중 사회에 대한 긍정적 이미지

대중 사회는 전통적 권위가 사라지고 대중에 의한 지배가 이루어지는 평등한 사회이다. 쉴즈(Shils)는 대중 사회를 '중심'과 '주변'의 개념으로 설명하는데, 근대 사회로 들어오면서 대중은 교육이나 투표권의 행사 등을 통해 폭넓게 사회의 중심부로 접근해 왔다고 본다. 중심적인 가치와 제도가 대중들에게 확산되었다는 것은 과거 상류 엘리트층에게만 국한되었던 정치, 커뮤니케이션, 소비 유형 등의 영역을 이제 대중들도 차지할 수 있다는 것을 뜻한다.

예를 들면, 중세 시대 향신료라 불렸던 후추 등 몇몇 조미료는 소수 왕족이나 귀족들만 향유할 수 있는 귀중품이었지만, 대량 생산과 대량 소비가 일어나고 있는 오늘날에는 누구나 손쉽게 살 수 있는 아주 흔해 빠진 상품에 지나지 않는다. 보다 가깝게는 처음엔 부의 상징이자 사치재로 분류되었던 승용차가 이제는 아주 보편화된 생활필수품이 되어버렸다.

이러한 측면에서 볼 때 대중 사회는 다음과 같은 성격을 갖는다.

첫째, 대중 사회는 도시 사회이다. 과거 농촌 공동체를 기반으로 형성되었던 원초적 관계가 약화되고 익명성을 띤 도시적 특성들이 지배적인 사회이다.

둘째, 대중 사회는 복지 사회이다. 대중 사회는 모든 사회 구성원의 복지에 관심을 갖는 사회이다. 예를 들면, 저소득층이나 하층민들에게도 일정 수준까지는 평등한 교육의 기회가 주어지고 있으며, 가벼운 질병 정도는 저렴한 약값만 지불하면 손쉽게 치료할 수 있다.

셋째, 대중 사회는 산업 사회이다. 정교한 교통망과 통신망의 발달을 통해 과거에 서로 고립되어 있고 잘 알려져 있지 않던 여타의 부분들과 빈번한 접촉이 가능해졌다. 따라서 사회 내의 다양한 계층 및 지역 간 이질적인 생활 양식을 서로가 잘 인식할 수 있게 되었다. 또한 현대의 과학 기술은 단순하고 힘든 육체노동의 무거운 짐으로부터 인간을 해방시켜 주었고, 이에 인간은 새로운 의식과 쾌락을 경험하고 스스로의 내적 성찰도 할 수 있는 여유를 가지게 되었다. 결과적으로 이것은 대중이 사회 중심부로 접근할 수 있도록 해준다.

넷째, 대중 사회는 대규모 사회이다. 대중 사회는 수십 억에 이르는 인구를 지니며 넓은 지역을 관할한다. 따라서 사회적 분화가 이루어질 수밖에 없으며 구성원들의 이질성이 두드러진다. 소규모의 사회에서는 모든 사람이 기본적으로 동일한 일을 수행하면서 가치 체계를 공유할 수 있었지만, 규모가 커지게 되면 노동의 전문화를 포함한 사회적 분화가 필연적으로 발생한다.

다섯째, 대중 사회는 민주 사회이다. 대중 사회에는 평등이 보장되며 그 안에서 대중들은 자신의 선택에 따라 지도자를 선출한다. 따라서 정치 지도자는 대중의 압력에 부응할 수밖에 없으며 대중의 요구를 구현시키기 위해 노력하게 된다. 그러므로 엘리트가 아닌 대중이 바로 대중 사회가 갖는 합법성의 궁극적인 근원이 된다.

끝으로 대중 사회는 조직 사회이다. 고도로 분화된 사회에서의 개개인은 조직의 틀 내에서 좀 더 전문적이고 제한된 일에 종사하게 된다. 특히 관료제적 조직체 내에서 인간은 더욱 비개인적이고 공식적인 존재가 된다.

(2) 대중 사회에 대한 부정적 이미지

부정적인 측면에서 볼 때, 대중 사회란 조지 오웰의 소설 「1984」에서 묘사되는 것처럼, 고도로 발달한 과학 기술과 감시 기술을 장악한 빅 브라더(Big Brother)에 의해 대중들이 철저하게 통제받는 사회이다. 대중 사회에서 권력은 소수 엘리트에게 집중되고 권력 중의 많은 부분이 대중 매체를 통한 대중 조작의 형태로 행사된다. 시민 정신은 희박해지고 구성원 간의 원초적인 유대와 공동체 의식은 사라진다. 개인은 개성을 상실한 채 집단 속에서 원자화되어 무력감과 소외감만을 느낄 뿐이다. 그리고 불안정하고 절망적인 이기주의만이 존재한다.

또한 대량 생산과 대량 소비로 인한 상품의 규격화와 대량 교육 시스템이 빚은 획일화된 교육은 현대인을 동질화시킨다. 그리고 이것은 정치적 관심과 참여에 대한 동기 부여를 말살하면서 사람들의 정치적 무관심을 증가시키고 나아가 탈정치화시킨다. 이처럼 대중 사회에 대한 비관적인 평가를 내리고 있는 대표적인 학자로는 리즈만(Riesman)과 에릭 프롬(Erich Fromm)을 꼽을 수 있다.

① 리즈만(Riesman)의 '고독한 군중'

리즈만은 현대인을 가리켜 '고독한 군중'(lonely crowd)이라고 했다. 리즈만의 말을 직접 들어보자.

▲ 리즈만(Riesman)

교육 수준이 높아지고 인간의 사회 이동이 심해지고 대중 매체가 발달함으로써 자기 자신이 소속하는 혈연 집단이나 자기가 속하는 사회 계급이나 때로는 자기의 민족이나 조국까지도 넘어선, 훨씬 넓은 범위의 사회에 감정 몰입을 하는 일반적 경향이 나타나고 있다. 즉 개인은 심리적으로 자기의 동료의 존재를 의식할 뿐 아니라 자기의 동료로서 많은 사람을 받아들이려 하고 있다. 그것이 자기 주위의 사람이건 또는 대중 매체를 통하여 알고 있는 사람이건 그는 그러한 사람을 동료로 받아들이려 한다.

대중 사회로 접어들면서 대부분의 아이들은 어려서부터 부모의 손을 떠나 어린이집이나 유치원, 학교 등의 기관에 의해 교육을 받는다. 따라서 아이들은 전보다 일찍 다른 사람들과의 관계를 배우기 시작한다. 또한 발달된 대중 매체를 통해 좀 더 많은 사람들의 다양한 생활양식을 쉽게 접할 수 있게 되었다. 뿐만 아니라 공업의 발달은 노동 시간을 단축시키고 여가를 증대시켰으며, 대량 생산과 대량 소비로 사람들은 누가 무엇을 얼마만큼 가졌느냐에 관심을 집중시킨다.

따라서 현대인은 타인의 행동에 대해서 민감하게 반응하고, 그가 어떠한 사람이든 상관 없이 우호적이길 원하는 타인 지향적 성격을 띠게 된다. 그리고 이러한 성향은 대중 매체가 만들어낸 인기 스타들에 대한 애착과 우상화로까지 이어진다. 그러나 사람들은 곧 냉혹한 사실을 깨닫게 된다. 찬란하게 빛나는 인기 스타란 밤하늘의 별처럼 나에게는 가까이 하기엔 너무 먼 대상이다. 그들은 나와 동떨어진 세계의 사람들이며, 나는 내가 동질감을 느꼈던 세계로부터 소외되어 있는 것이다. 이렇게 대중 조작에 의한 신화와 환상이 깨졌을 때, 현대인은 '고독한 군중'으로서 심한 좌절감과 고독감을 느낄 수밖에 없다.

② 에릭 프롬(Erich Fromm)의 '자유로부터의 도피'

▲ 에릭 프롬(Erich Fromm)

거리에는 흡사 유니폼이라도 맞춰 입은 듯 수많은 젊은이들이 비슷한 옷에 비슷한 머리 모양을 하고 다닌다. 유행에 뒤떨어졌다는 타인의 눈총을 받지 않기 위해서라면 개성의 자유는 언제라도 묵살시켜 버릴 수 있다는 각오가 대단하다. 방송에서는 비슷한 풍의 대중가요들이 우후죽순 격으로 흘러나오고 있어서 다른 장르, 다른 취향의 음악을 접할 기회는 별로 없다. 이렇게 대중 사회에서 현대인은 획일화된 대중문화의 무차별 공격에 무방비 상태로 놓여 있다. 그리고 개인은 스스로 인간성과 개성의 '자유로부터 도피'해서 획일화된 대중 사회에 길들여지고 있다.

에릭 프롬은 리즈만의 '고독한 군중'으로서의 현대인의 성격을 자유와 결부시켜 인간상실과 권위의 문제로 풀이했다. 그는 현대인이 누리는 자유에는 양면성이 있다고 보았다. 현대인은 낡은 권위나 전통적인 속박에서 벗어나 새로운 자의식을 획득했지만, 이와 동시에 불안과 무기력과 고독감에서 자기를 새로운 강제적이고 비합리적인 활동에 순응하게 만들었다. 즉 외적 권위로부터 해방된 자유를 향유하는 반면, 여론과 상식 등의 '익명의 권위'에 복종당하고 있다는 것이다. 에릭 프롬의 표현을 그대로 빌리자면 '~로부터의 자유'는 실현시켰으나, 적극적이며 창조적 개념인 '~에로의 자유'를 상실하게 되면서 인간 소외가 보편화된 것이다

에릭 프롬은 대기업의 증가와 더불어 등장한 화이트칼라나 블루칼라는 거대한 경제적 기계의 부속품으로 전락하여 안정과 독립을 상실하고 있으며, 백화점의 출현과 대형 마트의 증대는 손님을 다만 추상적인 고객으로 맞이할 뿐 과거에 지역 상인과 단골손님 사이에 가졌던 따뜻한 인간관계를 찾아볼 수 없게 만들었다고 설명한다.

사회가 날로 능률적이고 합리화됨에 따라 인간은 점차 비인격화와 불안정을 경험하고 있다. 질서 유지와 능률 향상의 수단에 묶여 버린 인간은 기구의 조직화와 합리화 속에서 단순히 책임을 부담하는 노동을 기계적으로 수행함으로써 자기 상실감과 고립감만을 느낄 뿐이다.

3. 탈공업 사회(후기 산업 사회): 나도 스타가 될 테야!

전통 사회에서 춤과 노래, 기예 등에 재능을 갖고 이를 직업으로 삼아 살아가는 이들의 지위는 무척 열악했다. 귀족들의 연회나 파티에 불려나가 공연을 하고 보수를 받거나 광장이나 장터에서 행인들을 대상으로 공연을 하여 푼돈을 모으는 것이 주 수입원이었는데 경제적으로 넉넉하지 않았고 사회적으로도 천대받는 낮은 신분이었다.

하지만 지금 연예인이라는 직업은 많은 젊은이들로부터 선망과 동경의

▲ 스타에 열광하는 청중들

대상이다. 유명세를 얻기만 하면 막대한 고소득과 사회적 영향력이 보장된다. 그러다보니 가수나 배우 혹은 모델을 꿈꾸는 젊은이들로 대학의 관련 학과는 매년 엄청나게 높은 경쟁률을 보이고 있으며, 관련 학원들도 큰 호황을 누리고 있다. 더불어 연예 매니지먼트 시장 규모도 갈수록 커지고 있다.

프로 스포츠 시장도 상황은 비슷하다. 축구, 야구, 농구 등 인기 종목의 프로 선수가 되면 큰 부와 명예를 얻을 수 있다. 특히 뛰어난 실력을 인정받아 해외 유명 리그로 진출하면 천문학적 규모의 수입과 함께 세계적인 명성을 누릴 수 있다. 인기 구단과 유명 선수들을 중심으로 형성된 스포츠 마케팅 시장도 점점 더 활성화되고 있는 추세이다.

이와는 반대로 국내 2차 산업은 이른바 '3D 현상'으로 인해 어려운 상황을 맞고 있다. 3D 현상이란 제조업을 어렵고(difficult), 위험하고(dangerous), 더러운(dirty) 일이라고 기피하는 사회적 분위기를 가리키는 말이다. 젊은 노동 인력들이 제조업으로의 진출을 꺼리는 바람에 과거 1970~1980년대에 중동으로 노동력을 수출하던 우리나라는 이제 거꾸로 동남아시아 등지에서 노동력을 수입하고 있는 나라로 바뀌어 버렸다.

▲ 다니엘 벨(Daniel Bell)

우리 사회에서 나타나고 있는 이와 같은 현상들은 탈공업 사회의 특성을 그대로 보여준다. 탈공업 사회 혹은 후기 산업 사회란 미국과 유럽 등의 선진국에서 나타나고 있는 새로운 형태의 고도화된 산업 사회를 가리키는 말이다. 미래학자인 다니엘 벨(Daniel Bell)은 1950~1960년대에 널리 쓰이던 공업 사회나 산업 사회의 개념으로는 1970년대 이후의 미국사회와 앞으로 다가올 미래 사회의 주요 특성들을 제대로 묘사할 수 없다고 지적하면서 새로이 탈공업 사회라는 개념을 제시했다. 다니엘 벨이 설명하고 있는 탈공업 사회의 특징을 간추리면 다음과 같다.

첫째, 공업과 같은 제조업 중심의 2차 산업이 약화되고 산업 구조가 서비스업을 포함한 3차 산업 중심으로 바뀐다. 물론 산업 사회에서도 판매나 유통업과 같은 전통적인 서비스업은 존재했다. 그러나 탈공업 사회로 들어오게 되면 특히 정보, 의료, 교육 서비스 등의 4차 산업이나 취미, 오락, 패션 등의 5차 산업과 같이 삶의 질과 관련한 지식 서비스업이 발달하게 된다. 그뿐만 아니라 전반적인 산업 구조도 이러한 지식 서비스 위주로 조직되고 운영되는 특징을 갖는다.

둘째, 직업 분포에 있어서도 제조업의 반 숙련 노동자와 기술자의 비중이 줄어들고 전문직 및 기술 관료, 그리고 연구직의 비율이 증대된다. 탈공업 사회를 주장하는 학자들은 종래의 전통적인 블루칼라와 화이트칼라의 구분 대신, 생산 직업군을 상품 생산 노동자와 서비스 생산 노동자로 분류한다. 그리고 탈공업 사회에 접어들면서 제조업에 종사하는 공장 노동자, 즉 블루칼라가 감소하는 대신 고급 인력으로 이루어진 전문직, 기술직, 과학자, 연구원, 엔지니어 등의 화이트칼라가 중요한 직업 집단으로 부상한다고 주장한다.

셋째, 기계와 관련된 테크놀로지보다는 지적 테크놀로지와 이론적 지식의 중요성이 강조된다. 공업화 이전 사회에서 '자연과의 경쟁'이 그리고 산업 사회에서는 인간과 기계와의 관계가 중심이 되는 '제조물과의 경쟁'이 지배적이었다면, 탈공업 사회에서는 '인간 간의 경쟁'이 펼쳐지기 때문에 정보에 바탕을 둔 이론적 지식이 중요한 의미를 갖는다.

현대 사회는 경제 계획 또는 사회 개발 계획 등에 의해 사회의 혁신과 변동을 통제, 계획하고 있다. 그리고 이를 위해서는 이론적 지식이 필요하다. 이론적 지식은 새로운 기술의 발달, 가치의 창출, 사회 변동의 예측과 계획, 사회 조직의 관리, 사회 문제에 대한 해결책의 탐색 등에서 핵심적인 역할을 하기 때문에 사회 혁신의 근원을 이룬다. 특히 정보통신 기술의 발달로 사회 통제에 필요한 수많은 변수의 조정이 가능하게 되어 사회 변동의 관리에서 이론적 지식의 중요성이 더욱 커졌다.

산업 사회에서 재산의 소유 관계에 따라 권력이 결정되었다면 탈공업 사회에서는 지식의 소유 여부가 권력의 바탕이 되는 것이다. 그 결과 탈공업 사회에서는 공장보다도 대학이나 연구 기관과 같은 지적 제도가 중추적인 기능을 담당하게 된다. 이런 의미에서 탈공업 사회를 '지식 사회'라고 부르기도 한다.

넷째, 자본과 노동이 핵심이었던 산업 사회에 비하여 탈공업 사회에서는 정보가 가장 핵심적인 자원으로 등장한다. 에너지를 중심으로 한 산업 생산보다는 정보를 중심으로 한 지적 서비스 생산이 중요해지면서, 정보 관련 산업의 발달이 두드러지며, 정보 기술 혁명이 사회의 변화와 발달을 촉진시키는 원동력이 된다. 뿐만 아니라 정보 관련 산업은 자본과 노동, 에너지를 절약할 수 있는 혁신을 가능하게 한다.

그렇지만 탈공업 사회의 명제들은 다른 학자들로부터 많은 비판을 받기도 한다. 이제 그 비판의 요점들을 요약해보자.

첫째, 산업 사회와 탈공업 사회는 동일한 공업화 과정에 있는 것으로 그 구분은 사실상 모호하며 명확하게 나누어지기 힘들다는 것이다. 물론 탈공업 사회에서 몇 가지 새로운 특성들이 발견되고는 있지만, 이것들은 산업 사회와 단절되는 새로운 사회 유형이라기보다는 오히려 산업 사회의 연장선상에서 파악되어야 한다는 시각이다.

둘째, 탈공업 사회에서 전문직 종사자들이 지배 계급으로 새롭게 등장한다는 주장은 받아들일 수 없으며, 탈공업 사회에서도 부와 자원의 소유 여부는 계속해서 중요한 의미를 갖고 있다. 전문직 종사자들이 권위의 위계질서 속에서 직접적으로 통제 받지 않는 자율적인 전문 분야를 갖고 있다는 점은 인정할 수 있지만, 이들이 그 조직체를 통제한다고 보기는 어렵다. 사실 조직을 이끌어가는 사람은 여전히 부와 자원을 장악한 소수의 자본가라는 점이 지적되어야 한다.

셋째, 생산 부문의 고용 감소 경향은 탈공업 사회에서만 나타나는 현상이 아니라는 것이다. 경험적 자료들은 이미 1800년대 초 이래로 서비스 부문의 증가율이 제조업에 비해 지속적으로 높아지고 있었음을 보여준다. 직업 분포의 변화에서 의미 있는 것은 제조업 부문에서 서비스 직업으로의 변동이 아니라 농업으로부터 모든 다른 유형의 직업으로의 고용 증대라는 점이다.

넷째, 서비스 부문은 매우 다양하게 구성되어 있기 때문에 이것을 단순히 화이트칼라 직업과 동일하게 취급할 수 없다. 예를 들어, 주유소 직원은 서비스 업종에 속하지만 그들이 육체노동을 한다는 점에서는 블루칼라에 가깝다고 할 수 있다. 그뿐만 아니라 비서직이나 사무직과 같은 대부분의 화이트칼라들의 업무는 전문 지식을 거의 필요로 하지 않는 단순하고 기계적인 작업에 그치고 있다.

다섯째, 지식 서비스업 종사자들이 반드시 서비스를 생산한다고는 볼 수 없다. 많은 서비스 직업은 궁극적으로 물질적 재화를 생산하는 과정에 공헌하기 때문에, 현실적으로 제조업의 한 부분으로 간주되어야 한다. 공장에서 자동화된 기계 조작을 설계하고 운영하는 컴퓨터 프로그래머나 의류 회사에서 일하는 의상 디자이너 같은 지식 노동자들은 직접적으로 물질적 재화를 생산하는 과정에 관계한다고 볼 수 있다. 따라서 제조업이 감소하는 것이 아니라 오히려 서비스업이 제조업으로 흡수되는 경향이 나타난다.

4. 정보 사회: 모든 길은 디지털로 통한다

비좁은 지하철 안에서 종이 신문을 조심스럽게 접어가며 읽던 풍경은 사라졌다. 이제 사람들은 스마트폰 화면을 손으로 쓸어내리며 오늘의 뉴스를 읽는다. 입장권을 사기 위해 매표소 앞에 길게 줄을 서던 모습도 이제는 옛일이 되어 버렸다. 사람들은 온라인에 접속해서 간편하게 입장권을 예매한다. 물건 하나 사려고 이곳저곳 상점을 돌아다니며 힘들게 다리품을 팔다가 겨우 골라서 구매한 물건이 나중에 알고 보니 비싸게 산 것임을 확인하고 낭패감을 느꼈던 일도 이제는 없어졌다. 사람들은 가격 검색을 통해 가장 싼 가격에 물건을 내놓은 온라인 쇼핑 사이트를 찾아 곧바로 구매를 결정한다. 카페에 마주 앉아 있는 연인들은 대화도 없이 각자의 스마트폰만 들여다보고 있다. 그들은 지금 함께 있지만 사실은 혼자이다. 이 모두가 정보 사회의 등장으로 인해 달라진 생활상이다.

정보 사회란 첨단 정보 통신 기술과 이를 통해 생산·유통되는 디지털 정보를 중심으로 사회 구조 및 사회관계가 재편되며, 지식과 정보가 부와 권력 같은 사회적 희소가치의 가장 중요한 원천으로 인식되는 사회라고 정의할 수 있다. 컴퓨터와 인터넷, 스마트폰 등으로 대표되는 정보 통신 기술의 발달로 정보의 생산과 유통 속도는 엄청나게 증폭되었다. 그 결과 정보 기반 산업이 활성화되고 정보를 매개로 한 사회관계의 비중이 급속히 늘어나는 추세이다. 이렇듯 현대 사회는 정보를 중심으로 급격하게 재편되고 있다.

(1) 정보 사회의 성격

정보 사회는 여러 측면에서 지금까지 인류 문명이 경험했던 이전 사회들과는 차별화된 모습을 보여주고 있다. 정보 사회는 정보 통신 기술을 기반으로 하여 형성되는 사회이다. 따라서 정보 통신 기술이 가지고 있는 고유한 특성이 이 사회의 성격을 규정하는데 큰 영향을 미칠 수밖에 없다. 지금부터 정보 사회의 성격을 다음 세 가지 차원에서 살펴보자.

첫째, 정보 사회는 지식 사회이다. 정보 통신 기술은 지난 수 세기 동안 산업 사회를 주도해온 산업 기술과 근본적인 차이가 있다. 산업 기술이 '인간의 근육'을 확장한 것이라면 정보 기술은 '인간의 두뇌'를 확장시킨다. 즉 산업 사회의 주요한 생산 수단이 기계와 인간의 육체였다면, 정보 사회의 생산 수단은 컴퓨터와 인간의 지식으로 대체되는 것이다. 제조업 중심의 물질 상품이 부가 가치를 창출했던 산업 사회와 달리 정보 사회에서는 정보 상품, 상징 상품, 문화 상품 등 창의력을 요하는 무형의 비물질 상품들이 고부가 가치를 창출하게 된다. 따라서 소비자들의 관심도 물질 상품의 소비보다는 건강, 교육, 정보 등 비물질 상품에 대한 소비 쪽으로 옮아간다. 이렇게 현대 사회는 고도의 지식 정보 사회로 전환하고 있다.

둘째, 정보 사회는 디지털 사회이다. 이는 지식과 정보를 둘러싼 모든 사회관계가 과거의 아날로그 방식과 뚜렷하게 다른 양상을 띤다는 것을 의미한다. 아날로그 사회에서 모든 정보는 물질로 만들어진 매체에 담겨야만 자기의 생명력을 보존할 수 있었다. 문학 작품은 책이라는 종이 묶음에 실려졌고, 음악은 음반을 통해서만 재생될 수 있었으며, 사진과 영상 역시 필름에 담겨져야만 그 모습을 재현할 수 있었다. 하지만 디지털 환경에서 모든 정보는 물질 매체로부터 벗어나 스스로 독자적인 생명력을 유지하게 된다. 문학 작품은 텍스트 파일, 음악은 음원 파일, 사진은 이미지 파일, 영상은 동영상 파일이라는 무형의 디지털 데이터 상태로 자유롭게 흘러 다닌다.

디지털 정보가 흐르는 방식도 역시 아날로그 시절과 달라진다. 책은 페이지 순서대로, 음반은 트랙 순서대로 선형적이고 연속적인 흐름을 유지해야만 했던 아날로그 방식과 달리 모든 텍스트는 하이퍼텍스트를 통해서 비연속적으로 링크되며, 디지털 음원은 듣고 싶은 음악만을 자기 마음대로 골라서 듣게 해준다. 디지털 영상도 원하는 부분만 바로 찾아 감상하거나 사용자가 자기 마음대로 재편집을 할 수도 있다. 이처럼 디지털 환경에서의 정보의 흐름은 비연속적이고 단절적으로 이루어진다.

정보의 관계 및 주체에도 완전한 역전 현상이 일어난다. 신문이나 방송과 같은 아날로그 매체에서 모든 정보는 일 대 다, 수직적, 일방향적, 동시적으로 전달되었다. 따라서 신문사나 방송사 같은 정보 생산자를 중심으로 정보 관계가 형성되었다. 반면 디지털 매체는 다 대 다, 수평적, 쌍방향적, 동시적 및 비동시적 소통을 특징으로 한다. 즉 정보의 생산자와 소비자의 구분이 사라지고 누구나 생산자이자 소비자가 되는 생산소비자의 시대가 열린다. 따라서 정보의 생산자가 아니라 정보의 이용자가 중심이 되는 새로운 정보 관계가 만들어진다.

셋째, 정보 사회는 네트워크 사회이다. 이는 과거 유형의 고착된 사회가 종언을 고하고 무정형적으로 끊임없이 변화를 거듭하는 새로운 '리좀형 사회'가 도래했음을 시사한다. 리좀형 사회란 프랑스의 사회철학자 들뢰즈와 가타리(Deleuze & Guattari)가 새로운 형태의 사회관계를 설명하기 위해 창안한 개념이다.

리좀(rhizome)은 뿌리가 없이 무정형적으로 뻗어나가는 넝쿨 식물을 의미하는 것으로, 나무처럼 뿌리가 있는 식물, 즉 수목(arborescent)과 대비되는 개념이다. 어느 한 지점에 뿌리를 박고 있는 수목은 위계적 체계를 갖고 있다. 따라서 수목형 사회 속에서 개인은 권력에 포획됨으로써 사회의 지배적 질서를 내면화하고 그것에 포섭되는 '정착민(sedentaries)'적 존재로 남는다. 반면 리좀은 중심이 없이 유동적으로 뻗어나가면서 끊임없이 새로운 수평적 연결을 만들어낸다. 리좀형 네트워크 속 개인은 기존의 사회 질서 틀에 얽매이지 않고 끊임없이 변화하면서 새로운 가치를 창출해 가는 능동적 주체인 '유목민(nomad)'적 존재가 된다. 수목형 사회의 기본 단위가 수직적 위계 집단이었다면, 리좀형 사회는 수평적 관계에서 임시적으로 형성되는 네트워크형 조직과 그 안에서 개별적 존재로서의 개인의 위상이 향상되는 것이다.

이러한 특성을 두고 프랑스의 석학 자크 아탈리(J. Attali)는 "역사상 처음으로 인간은 주소를 갖지 않게 되었다."라는 말을 남기기도 했다. 또한 스페인의 정보사회학자 마누엘 카스텔(M. Castells)은 이제 어떤 사회적 존재이건 네트워크에 포함되어 있는가 아니면 배제되어 있는가에 따라 불평등과 차별 등 역학 관계가 결정된다고 보았다. 아울러 그는 정보, 자본, 상징, 상호작용 등이 네트워크를 통해 흘러 다니며 세계를 하나로 연결하는 '흐름의 공간'이 장소로서의 물리적 공간보다 훨씬 더 중요한 의미를 지니게 되었다고 주장했다.

(2) 정보 사회를 보는 관점

① 낙관론과 비관론

일찍이 미국의 미래학자 앨빈 토플러(A. Toffler)는
'제3의 물결'이 밀려올 것이라고 예견한 바 있다. 인류 문
명을 정착 시대로 이끈 농업 혁명이 제1의 물결이었고, 근
대 문명을 이끈 산업 혁명이 제2의 물결이었다면, 제3의
물결은 정보 혁명을 통해 인류를 좀 더 진화된 문명으로
나아가게 한다는 것이다. 그리고 토플러의 예언은 얼마 안
되서 현실로 다가왔다. 앨빈 토플러를 비롯해 정보 사회를

▲ 앨빈 토플러

낙관적으로 전망하는 학자들의 설명을 정리하면 다음과 같다.

먼저 경제적 측면에서 볼 때, 정보 사회에서는 정보 통신 기술과 생산이
유기적으로 결합되면서 생산 과정의 자동화가 구현된다. 컴퓨터와 로봇 등을
통한 자동화는 노동의 성격과 노동자의 지위에 커다란 변화를 일으킨다. 단순
사무 노동과 위험하고 고된 육체노동을 컴퓨터와 로봇이 맡아 처리해 줌으로
써 노동자는 그러한 일들로부터 해방되어 연구, 기획, 경영 등 보다 창조적인
업무에 종사할 수 있게 된다.

또한 정보 사회는 생산성 증가와 새로운 직무의 창출을 통해 고용의 증
대를 가져올 것이다. 그리고 새롭게 창출되는 직업 역시 창의성이 강조되는
고도의 지식 노동이 대부분을 차지하게 된다는 전망이다. 아울러 지식기반 산
업 중심으로 산업구조가 재편되면서 과거 공업화가 초래했던 환경 파괴라는
부작용을 극복한 환경 친화적 산업이 전면에 부각될 것이란 기대도 나온다.

정치적 측면에서도 정보 사회는 전자 민주주의의 시대가 열릴 것으로 전
망된다. 즉 기존 대의제 정치의 한계를 극복하여 시민들이 온라인을 통해 직

접 정치 과정에 참여함으로써 민주주의가 획기적으로 강화된다는 것이다. 시민들은 정치 엘리트들과 온라인으로 직접 양방향 소통을 나누거나 주요 현안에 대해 자신들끼리 토론방을 개설하여 동시적·비동시적으로 치열한 온라인 토론을 벌이기도 한다. 그리고 이 과정을 거쳐 합의된 의견을 하나의 여론으로 발전시키고 실질적인 정책 제안으로까지 이끌어 낼 수도 있다. 나아가 정치 참여의 문턱을 보다 효율적으로 낮추는 온라인 투표를 통해 정책과 관련한 시민들의 의사 결정이 활발해지면서 직접 민주주의의 구현도 가능해 진다.

한편 정보 통신 기술은 시민운동의 활성화에도 크게 기여할 수 있다. 시민단체는 온라인을 통해 자신들의 주장을 저비용으로 널리 시민들에게 알릴 수 있으며 시민들의 동원과 참여도 효과적으로 이끌어낼 수 있다. 뿐만 아니라 일반 시민들이 시민단체의 힘을 빌리지 않고도 스스로 시민운동을 조직할 수도 있다. 특정한 현안에 대하여 관심이 있거나 직접적인 이해관계가 있는 사람들을 온라인에서 모아 세력화하고, 다양한 온라인 캠페인을 통해 자신들의 주장을 널리 알리며 사회적 압력을 행사하는 움직임들이 활발해 진다. 특히 이러한 움직임은 현안을 중심으로 빠르게 사람들이 모였다가 현안이 해결되면 다시 흩어지는 임시적 유연 조직의 형태를 띤다는 점에서 기존 시민단체의 활동 방식과는 다른 특징을 보이고 있다.

마지막으로 사회·문화적 측면에서 정보 사회에서는 개인의 자유가 획기적으로 신장되며, 합리적 의사소통이 활성화되면서 사회적 협력이 증가할 것으로 전망된다. 사람들은 각자 다양한 개인 미디어를 운영하면서 자신의 생각과 의사를 마음껏 표출할 수 있다. 또한 정보로의 자유로운 접근과 보편적 이용이 보장됨으로써 사회 구성원들의 전반적인 지적 수준도 향상될 것으로 기대된다.

뿐만 아니라 정보 사회는 보다 다원화된 사회가 될 것으로 전망된다. 산업 사회가 소품종 대량 생산과 대량 소비의 사회였다면, 정보 사회는 다품종 소량의 주문 생산을 특징으로 한다. 이에 따라 생산, 소비, 생활 방식, 가치관 등 모든 면에서 탈 대중화와 탈 규격화 현상이 나타나며, 그 결과 개인의 개성과 자율성이 발휘되고 사회 전반의 삶의 질도 향상될 것이다.

그러나 모든 기술은 가치중립적이듯이 정보 통신 기술도 무조건 장밋빛 미래만을 약속하는 것은 아니다. 정보 사회에서 한편으로는 그 이전 사회에 존재하고 있던 다양한 사회 문제들이 한층 증폭되기도 하며, 다른 한편으로는 과거에는 존재하지 않았던 사회 문제가 새로 등장하기도 한다. 따라서 정보 사회를 마냥 낙관적으로만 전망하는 것은 매우 위험한 일이다.

▲ 제레미 리프킨(Jeremy Rifkin)

정보 사회의 비관적 전망을 정리해 보면, 먼저 경제적 측면에서 정보 통신 기술을 통한 생산의 자동화가 노동 시장의 불확실성과 불안정성을 늘리고 대량 실업 사태를 양산할 수도 있다. 실제로 육체 노동의 많은 부분들이 점점 더 로봇으로 대체되고 있으며, 이로 인해 일자리는 계속 줄어들고 있다. 특히 최근에는 인공지능 기술의 발전으로 과거 전 문직 지식 노동으로 분류되던 일자리마저 인공지능에게 빼앗길 것이라는 우려가 서서히 현실로 다가 오고 있다. 그 결과 제레미 리프킨(Jeremy Rifkin) 이 자신의 저서 「노동의 종말」에서 말했던 일자리의 감소와 직업의 소멸이라는 사회적 파국으로까지 치닫게 될 지도 모르는 일이다.

한편 정보 사회에서 가장 중심적인 부와 가치의 원천인 디지털 정보는 복제와 재가공 그리고 무한 배포가 손쉽게 이루어진다는 속성이 있다. 따라서 불법 복제 등 지적재산권 침해로 인해 정보 생산자가 정당한 가치를 인정받지 못하고 경제적 피해를 입게 되는 상황이 언제든 벌어질 수 있다. 이밖에도 악의적인 해킹과 개인정보 유출로 금융 시장이 교란되고 소비자들이 경제적으로 큰 피해를 당할 수 있는 위험도 점점 커지고 있다. 아울러 온라인 상거래의 비중이 늘어남에 따라 택배 이용이 많아지면서 '종이 없는 친환경 업무 공간'이 아니라 오히려 포장 등에 이용되는 종이 사용량이 급격히 늘어나 새로운 유형의 환경 파괴가 일어나고 있다는 지적도 나오고 있다.

정치적 측면에서도 여러 가지 문제점들이 제기되고 있다. 프랑스의 사회사상가 푸코(Foucault)는 과거 근대 유럽에서 제레미 벤담(Jeremy Bentham)이 고안했던 판옵티콘, 즉 망루 위에 있는 한 명의 간수가 모든 죄수들을 한꺼번에 감시할 수 있는 원형 감옥의 원리가 정보 통신 기술을 통해 전 사회적으로 적용될 수 있음을 경고했다. 실제로 정보 통신 기술이 발달하면서 첨단 원격 감시 시스템도 함께 발달하고 있다. 이는 곧 보이지 않는 통제에 의한 프라이버시 침해 등 빅 브라더의 공포를 증폭시키며, 기존에 권력을 장악하고 있는 상층 엘리트들이 정보 권력까지 손에 쥐고 한층 더 고도화된 감시와 지배 구조를 만들어 낼 것이라는 비관적 전망이 나오기도 한다.

한편 온라인 미디어를 활용한 시민들의 자유로운 의사 표현이 늘어나면서 가짜 뉴스와 같은 부정확한 정보의 유포와 악의적인 선전·선동도 함께 증가하고 있다. 아울러 다양한 의견들이 모여 합리적인 방법으로 사회적 합의를 이끌어내기 보다는 비슷한 의견을 가진 사람들끼리만 폐쇄적으로 모이고, 다른 의견을 가진 사람들에게는 악성 댓글 등을 통해 감정적으로 비난하고 매도하면서 공론장을 혼탁하게 만드는 부작용도 심각하다. 이는 하버마스(Habermas)가 우려했던 공론장의 파편화 현상으로, 성숙한 시민 사회의 정착에 치명적인 걸림돌로 작용하고 있다.

끝으로 사회·문화적 측면에서도 다양한 문제점들이 지적된다. 먼저 정보 통신 기술에 대한 생활의 의존도가 높아지면서 정보 격차가 새로운 사회

▲ 정보화와 인간소외

문제로 대두되고 있다. 정보 격차는 각종 정보 통신 기기의 구매나 유료 서비스에 대한 비용 지불 능력 여부에 따라 구별되는 '접근 격차', 정보 통신 기기나 소프트웨어의 사용 능력 수준에 따라 구별되는 '기술 격차' 그리고 일상생활에서의 정보 통신 기술의 활용 능력 및 정보 서비스의 활용 능력 정도에 따라 구별되는 '활용 격차' 등으로 세분화된다. 정보 사회에서는 정보가 사회적 희소가치의 핵심적인 원천으로 작용한다는 점을 감안할 때, 이러한 정보 격차는 기존의 계층 격차를 강화하거나 새로운 계층 격차로 이어질 수 있다는 점에서 매우 중요한 문제라 하겠다.

한편 인터넷 중독이나 게임 중독과 같은 디지털 과의존 문제, 정보의 홍수로 인한 각종 스트레스 등 사람들의 정신 건강과 신체 건강을 위협하는 새로운 병리 현상도 계속 늘고 있다. 뿐만 아니라 유용한 지식 상품보다는 자극적이고 감각적인 정보 상품들이 양산되어 끊임없이 소비자를 유혹하면서 건전한 문화 규범에 악영향을 끼치고 있는 것도 정보 사회의 심각한 문제로 지적된다. 또한 사람들 사이에 면 대 면 접촉보다 비대면 접촉의 비중이 커지면서 피상적 인간관계가 늘어나고 개인의 고립과 소외가 증가되는 것도 정보 사회가 빚은 부작용 중 하나이다. 이밖에도 신종 사이버 범죄와 사이버 일탈의 등장 역시 정보 통신 기술이 낳은 역기능이다.

② 단절론과 연속론

정보 사회는 지금까지의 산업 사회와는 뚜렷하게 다른 특성을 보이는 완전히 새로운 사회가 될 것이라는 전망이 있는데, 이를 '단절론'이라고 한다. 단절론에 따르면 정보 사회는 물질보다 지식과 정보가 중시되는 사회이다. 따라서 산업 사회가 낳은 온갖 폐해들, 즉 빈부 격차, 노동 착취, 환경 파괴, 물질 지상주의 가치관 등이 극복되는 새로운 대안적 사회이다. 또한 일방향적 소통과 수직적 위계 관계가 지배적이었던 산업 사회와 달리 정보 사회는 디지털 미디어를 통한 양방향 소통과 수평적 사회관계가 중심이라는 점이 강조된다.

반면 정보 사회란 결국 산업 사회의 원동력이었던 자본주의 체제의 연장선상에 서 있을 뿐이라고 주장하는 입장이 있는데, 이를 '연속론'이라고 한다. 연속론에 따르면 정보 사회란 육체노동과 제조업을 근간으로 유지되던 기존의 자본주의 체제가 지식 노동과 정보 산업으로 그 영역을 확장한 것이라는 설명이다. 즉 유형의 물질뿐 아니라 무형의 정보 지식까지 상품화되고, 육체뿐 아니라 두뇌까지 노동력으로 시장에서 교환되는 것이 바로 정보 사회의 냉엄한 본질이라는 것이 이들의 진단이다.

(3) 온라인 공간의 이해

정보 사회의 가장 독특한 특징 중 하나는 인터넷을 기반으로 온라인 공간이라는 새로운 사회 공간이 등장했다는 것이다. 지금까지 인류가 몸담고 있던 물리적인 현실 공간과 전혀 다른 속성을 지니는 온라인 공간 속에서 사람들은 새로운 삶의 방식을 경험하고 있다. 따라서 온라인 공간은 정보 사회의 도래로 인해 나타난 변화상을 이해하는 데 가장 중요한 요소라고 하겠다. 온라인 공간의 사회적 특성은 크게 다음 네 가지 측면으로 구분해서 살펴 볼 수 있다.

① 데이터베이스(DB)로서의 온라인 공간

온라인 공간을 흔히 '정보의 바다'라고 표현한다. 그래서 끝이 보이지 않는 광활한 공간 속으로 정보를 찾아 떠나는 여행을 '서핑(surfing, 파도타기)'이라 부르기도 한다. '정보의 바다'라는 은유적 표현은 온라인 공간에 존재하는 무수한 디지털 정보에 초점이 맞추어져 있다. 즉 온라인 공간은 방대한 정보가 저장되어 있는 '데이터베이스(Data Base)'인 것이다.

중요한 정보와 전문 지식을 정부와 기업, 전문가 등 소수가 독점하던 과거의 수직적, 폐쇄적, 비민주적인 정보의 흐름은 수평적이고 개방적인 정보의 흐름을 특성으로 하는 인터넷이라는 거대한 데이터베이스에게 점점 밀려나고 있다. 개개의 네티즌들은 스스로가 정보의 생산자임과 동시에 소비자이며 자기 정보의 관리자로서의 자격을 획득하였다.

이런 환경에서 정보에 대한 중앙의 통제는 사실상 무의미해진다. 일단 온라인 공간에 공개된 디지털 데이터는 순식간에 무한 복제와 무한 전송이 가능하기 때문이다. 이렇게 세포 분열된 수많은 디지털 데이터들은 순식간에 온라인 공간 곳곳으로 흩어져 버린다. 모든 정보가 공개되고, 공개된 정보에 대한 자유로운 접근이 이루어지는 데이터베이스로서의 온라인 공간은 정보 사회를 개방적 사회로 이끌고 있다.

② 미디어(Media)로서의 온라인 공간

온라인 공간은 그 자체가 '미디어(Media)'이다. 현실 세계에서는 대중 매체가 지배 계급의 손에 독점되어 있기 때문에, 일반 대중은 단순한 정보 소비자에 머물러 있었다. 하지만 온라인 공간은 스스로의 목소리를 낼 수 없던 힘없는 개인들이 기성 매체에 의존하지 않고도 얼마든지 자신의 생각과 메시지를 전 지구적 차원으로 전파하고 여론을 형성시킬 수 있는 효과적인 수단을 제공해 준다.

이는 무엇보다도 컴퓨터 매개 커뮤니케이션(CMC: Computer Mediated Communication) 고유의 양방향성과 다수 대 다수의 소통 방식으로부터 비롯된다. 또한 온라인 공간을 통해 제공되는 SNS, 블로그, 게시판, 인터넷 신문, 웹진, 홈페이지 등 다양한 서비스들은 그 각각이 기성 매체들에 대한 대안 매체로서 사회적 역할을 담당한다. 특히 온라인 매체는 상업적·정치적 영향력으로부터 상대적으로 자유롭기 때문에 표현의 자유 및 언론의 자유가 구현되기에 유리한 조건을 갖추고 있다. 그래서 네티즌들은 잘 알려지지 않은 사건이나 기성 언론이 보도하기 꺼려하는 금기 사안조차도 당당하게 폭로하고 새로운 여론을 만들어 낼 수 있다. 이처럼 미디어로서의 온라인 공간은 정보 사회를 자유로운 소통이 구현되는 사회로 이끌고 있다.

③ 네트워크(Network)로서의 온라인 공간

온라인 공간의 세 번째 특징은 '네트워크(Network)'이다. 공학적인 의미에서 봤을 때 온라인 공간이란 네트워크로 연결된 수많은 컴퓨터들 사이에서 형성되는 전자적 공간이다. 그리고 사회학적 의미에서의 온라인 공간은 현실 세계에서 개별적으로 떨어져 존재하는 수많은 사람들을 컴퓨터와 스마트폰을 매개로 밀접하게 연결시켜 주는 사회관계의 연결망이기도 하다. 네티즌들은 전자 우편을 통해 서로의 의사를 전달하고, 게시판을 통해 관심 있는 현안을 토론하고, 메신저 프로그램을 통해 실시간으로 대화를 나눈다.

네트워크로서의 온라인 공간은 권위적이고 불평등한 현실 세계의 장벽이 제거된 상태에서 자유로운 의사 개진과 활발한 토론으로 새로운 공론장의 형성을 가능하게 한다. 또한 시공간의 물리적 장벽과 성별, 연령, 인종, 계층, 직업, 교육 수준 등 사회적 장벽을 뛰어 넘어 오직 개개인의 취향과 관심사만을 중심으로 형성된 온라인 공동체라는 또 다른 형태의 사회 집단을 탄생시켰다. 이렇듯 네트워크로서의 온라인 공간은 정보 사회에 새로운 사회관계를 만들어내고 있다.

④ 생활 세계(Life World)로서의 온라인 공간

온라인 공간이 이제 또 하나의 삶의 터전이라는 말은 너무나 당연하여 진부하게 느껴질 정도이다. 이미 많은 사람들에게 온라인 공간은 생활의 중심으로 자리 잡았다. 사람들은 온라인 공간을 통해 다른 사람들을 만나고, 업무를 처리하고, 쇼핑을 하고, 지적 욕구를 충족시킨다. 또 영화나 음악 감상 혹은 게임을 즐기면서 휴식을 취하기도 한다. 이쯤 되면 이제 온라인 공간은 현실 세계와 구별되는 제2의 생활 세계가 아니라 현실 세계와 통합된 새로운 차원의 생활 세계라고 해도 과언이 아니다.

게다가 현실 세계에 존재하는 모든 사물을 온라인으로 연결시키는 사물 인터넷(IoT: Internet of Thing) 기술 그리고 현실 세계를 온라인 공간에 그대로 재현하여 가상과 현실 간 상호작용을 만들어내는 메타버스(Metaverse) 기술의 등장으로 온라인 공간과 현실 세계는 점점 하나로 통합되는 추세이다. 온라인 공간과 현실 세계를 별개의 영역으로 따로 구분하는 이분법적 사고는 이미 낡은 것이 되어가고 있다. 미래의 정보 사회는 온라인 공간과 오프라인 공간이 상호 침투하면서 새로운 생활 세계를 창출하는 방향으로 나아가고 있는 중이다.

5. 위험 사회: 현대인의 치명적 고민, "나는 불안하다!"

전 세계에 충격과 경악을 안겨 주었던 9.11 사태는 한 대의 여객기가 수만 명의 목숨을 한꺼번에 앗아가는 가공할 테러 수단으로 사용될 수 있음을 여과 없이 보여주었다. 지진과 해일의 여파로 발생한 후쿠시마 원전 사고는 지구 한 구석에서 벌어진 사건이 순식간에 전 지구를 방사능 오염이라는 위기 상황으로 몰고 갈 수도 있음을 절감하게 만들었다. 에볼라, 메르스, 신종 플루, 조류 독감, 코로나19 등 변형 바이러스의 잇단 출현과 빠른 감염 속도는 전염병이 더 이상 지역적 문제가 아닌 지구적 문제임을 확인시켜 주었다.

이런 대형 사건은 우리나라도 예외가 아니다. 멀쩡하던 한강 다리가 한순간에 무너졌던 성수 대교 사건, 멀쩡하던 건물이 미처 피할 틈도 없이 붕괴되어 내려앉았던 삼풍백화점 사건 그리고 미처 꽃도 피워보지 못한 수많은 아이들이 구조되지 못한 채 깊은 바다 속으로 속절없이 빠져 들어가는 모습을 그저 TV 화면으로 안타깝게 지켜봐야만 했던 세월호 사건은 아직도 우리의 기억 속에 깊은 상처로 남아 있다.

현대인들은 늘 크고 작은 사건과 사고들을 접하며 살아간다. TV 화면과 인터넷 동영상이 생생하게 전해주는 사건·사고의 모습들이 나와는 별 상관 없는 다른 사람들의 일이 아니라 언제든 자신에게도 닥칠 수 있는 일이라는 불안감을 마음 한구석에 간직하며 하루하루를 보낸다. 이렇듯 현대 사회는 예측과 통제가 불가능한 온갖 위험으로 가득 차 있다. 현대 사회의 이런 특성을 강조하면서 등장한 개념이 바로 '위험 사회'이다.

물론 과거에도 대형 참사를 초래했던 위험 요소들은 많았다. 전쟁과 살육, 지진과 해일 같은 자연 재해 그리고 흑사병 같은 전염병은 역사적으로 종종 발생하던 일이었다. 하지만 현대 사회의 위험들은 다음 세 가지 측면에서 과거의 그것과는 크게 다르다.

첫째, 고도로 발달한 과학 기술이 위험의 이면에 작용하고 있다는 점이다. 9.11 사태는 비행기라는 첨단 교통수단과 세계 무역 센터 빌딩이라는 초고층 건축물이 함께 빚어낸 참사였다. 후쿠시마 원전 사태도 원자력이라는 첨단 에너지 기술로 인해 벌어진 사건이었다. 변형 바이러스를 전 세계로 빠르게 확산시킨 주범 역시 전 세계를 자유롭게 넘나들며 사람들과 함께 바이러스까지 실어 날랐던 항공 기술이었다.

둘째, 위험의 세계화이다. 9.11 사태는 세계 그 어느 곳에 있는 초고층 빌딩도 결코 위험으로부터 예외가 될 수 없음을 확인시켜 주었다. 후쿠시마 원전 사고로 바닷물에 스며든 방사능은 조류를 타고 지구 반대편까지 영향을 미쳤다. 중세 유럽을 강타했던 흑사병은 당시 유럽 인구의 1/3을 사망에 이르게 할 만큼 무시무시한 위력을 떨쳤다지만 그 역시 피해 지역은 유럽 대륙에 한정되었을 뿐이었다. 이렇듯 과거에는 제한된 지역에서만 확산되다 사라졌을 변형 바이러스가 이제는 한 번 발생하면 비행기를 타고 전 세계 구석구석을 동시에 감염시키고 있다.

셋째, 위험의 대규모화이다. 고작해야 칼과 창 따위를 들고 싸웠던 과거

▲ 9.11테러

의 전쟁은 인명 살상이나 피해 규모 측면에서 오늘날의 현대 전쟁과 비교할
바가 못 된다. 게다가 9.11 사태에서는 전쟁이 아닌 테러였지만 사상자 규모
는 웬만한 전쟁 수준에 육박할 정도로 컸다. 또한 과거의 지진과 해일은 자
연 재해로서의 1차적 피해에 그쳤지만 후쿠시마 원전 사태는 방사능 유출이
라는 더 장기지속적인 2차적 피해로 이어졌으며 그 후유증도 훨씬 오래 가고
있다.

사실 인간이 과학 기술을 발전시켜 온 근본적인 목적은 더 많은 풍요 그
리고 더 많은 안전을 확보하려는 데에 있었다. 즉 자연으로부터의 위험에서
벗어나기 위해 자연을 통제하는 것이 과학 기술의 중요한 목적 중 하나였다.
과학 기술의 힘으로 자연 재해의 위험을 예측하거나 전염병의 위험을 예방·

치료하려는 안전 관리 체계가 확립된 것은 과학 기술의 발달이 본격화된 근대 이후에야 가능한 일이었다.

현대 사회에 들어 과학 기술이 한층 더 고도화되면서 인간은 자연의 위험이 미치지 않는 안전한 도시에 모여 살기 위해 초고층 빌딩을 지었고, 날로 감소하는 천연 에너지 자원에 대한 의존도를 줄이기 위해 원자력 발전소를 건설했으며, 험난한 자연 지형으로부터 자유롭게 이동하기 위하여 항공 기술을 발전시켜 왔다. 그런데 인간의 안전을 위해 개발된 과학 기술이 오히려 인간을 더 크고 더 많은 위험 속으로 이끄는 역설적 상황이 지금 현대 사회에서 나타나고 있는 것이다. 게다가 이제 인류는 스스로를 멸망시킬 수 있는 핵무기까지 가지고 있다.

위험을 현대 사회의 특징적인 요소로 처음 이야기한 사람은 영국의 사회학자 기든스(Giddens)이다. 그는 현대 사회에서는 자연이 인간에게 가하는 위험보다 인간 스스로가 만들어낸 위험이 더 크고 심각하다고 지적하면서 이를 '제조된 위험'이라고 표현했다. 기든스에 따르면 위험이라는 개념 자체가 지극히 현대적인 산물이다. 전통 시대에는 오늘날 위험이라 불리는 것들은 단지 신의 뜻이나 자연의 섭리로 받아들여졌으며 지극히 예외적인 경우에만 발생하는 일이었다. 그러나 현대 사회에서는 인간이 만든 위험이 도처에 일상화되면서 이제 인간의 통제 범위를 벗어나는 수준으로까지 성장해 버렸다. 불확실성을 극복하기 위해 과학 기술을 발전시켰음에도 불구하고 오히려 불확실성은 더 커졌다는 것이 기든스의 진단이다.

기든스가 위험에 대한 사회학적 관심을 촉발시킨 학자라면 이를 '위험사회론'이라는 체계적 이론으로 집대성한 학자는 독일의 사회학자 울리히 벡(Ulrich Beck)이다. 그는 물질적 부의 생산이 증가하고 있음에도 불구하고 이와 맞물려 환경오염이나 대형 재난 사고와 같은 위험의 생산도 함께 증가하

▲ 울리히 벡(Ulrich Beck)

는 것이 현대 사회의 특징이라고 진단한다. 위험은 성공적인 근대화가 필연적으로 초대한 반갑지 않은 손님이며, 경제가 성장하고 과학 기술이 발전할수록 위험 요소도 함께 증가한다는 것이다.

울리히 벡은 먼저 현대 사회를 산업화 이후의 초기 근대성이 지배하던 사회를 넘어 새로운 제2의 근대성이 지배하는 사회라고 규정한다. 그리고 초기 근대성과 제2의 근대성을 구분 짓는 핵심 지표가 바로 '위험'이라고 말한다. 초기 산업화 단계에서 핵심적인 가치는 '부(富)'였다. 사람들은 어떻게 해야 더 많이 생산하고 어떻게 해야 더 많이 분배받을 수 있는가를 두고 때로는 협력하고 때로는 경쟁했다. 그러나 오늘날의 위험 사회에서는 '안전'이 핵심 가치가 되고 있다. 이제 사람들은 과학 기술이 빚어낸 위험으로부터 더 많은 안전을 보장받기 위해 협력하고 경쟁한다. 즉 초기 근대화를 이끌어 왔던 원동력이 "나는 배고프다."였다면 위험 사회에서의 원동력은 "나는 불안하다."라고 할 수 있다. 그 결과 현대인들은 결핍의 제거보다 위험의 제거를 더 중시하며, 성공 지향적 삶보다 생존 지향적 삶을, 평등의 추구보다 안전의 추구를 강조하는 '불안의 공동체'로 연대를 형성한다.

그러나 울리히 벡에 따르면 현대 사회에서 부의 분배와 위험의 분배는 서로 무관하지 않다. 이 두 가지 요소들의 분배 양상은 정반대의 모습을 띠고 있다. 즉 부는 상층에, 위험은 하층에 집중된다. 빈곤은 더 많은 위험 요소들을 유발시키며, 부는 더 많은 안전을 구매할 수 있게 해주기 때문이다. 하지만 위험이 세계화되고 있는 현대 사회에서 부를 축적한 상층이라고 언제까지나 안전을 누릴 수 있는 것은 아니다. 울리히 벡은 이를 '부메랑 효과'라고 표현하면서, 위험은 그것을 생산해 내는 진원지에 역으로 타격을 가한다고 말한

▲ 세월호 사건

다. 위험 사회를 살아가는 그 누구라도 위험으로부터 궁극적으로 안전할 수는 없다는 것이다.

그렇다면 위험 사회 속에서 현대인들이 안전한 삶을 누리기 위해 필요한 것은 무엇일까? 울리히 벡은 이를 위해 '성찰적 근대성'이라는 개념을 제시한다. 즉 성장의 가치가 지배했던 산업화 초기의 근대성과는 달리 제2의 근대성에는 보다 더 성찰적이며 자기 반성적인 진일보한 가치가 요구된다는 것이다.

이를 위해 그는 구체적으로 과학 기술과 관련한 모든 의사 결정을 중앙 정부와 전문가들이 독점했던 기존의 정치 중심적, 엘리트 중심적 구조로부터 탈피하는 '정치의 해체'와 '시민의 적극적 개입'을 주문한다. 보다 구체적으로 '무엇이 위험 요인인가?'에 대한 해답을 찾기 위해 정부와 전문가뿐 아니라 시민 사회와 다양한 개인들이 함께 토론하고 논쟁하면서 합리적으로 사회적 합의를 이끌어내는 과정이 보장되어야 한다는 것이다.

그리고 그 과정에서 '사회적 합리성'을 간과한 '과학적 합리성' 대신 '사회적 합리성'을 가진 '과학적 합리성'을 찾는 것만이 위험 사회 속에서 안전을 확보할 수 있는 길임을 강조한다. 즉 울리히 벡에게 현대 사회를 규정하는 위

험 사회란 말은 단지 안전하지 못한 사회를 뜻하는 데에 그치는 것이 아니라
사회의 다양한 위험들이 합리적으로 예측되고 통제될 수 있다는 구성원들의
믿음과 의지가 지배하는 성찰적 사회를 의미하는 것이다.

생각해 봅시다

01 현대 사회에서 대중문화의 특징은 무엇이고, 그 장·단점은 무엇인지 생각해
   봅시다.

02 탈공업 사회와 정보화 사회는 어떤 측면에서 밀접한 관계를 맺는지 생각해
   봅시다.

03 부의 분배 구조와 위험의 분배 구조 간의 관계를 경험적으로 보여주는 사례
   로 어떤 것이 있을지 생각해 봅시다.

찾아보기

인명색인

사항색인

민 경 배

고려대 사회학과에서 정보사회학 전공으로 박사 학위를 받았다. 20세기 끝자락에 사단법인 사이버문화연구소를 설립해 새롭게 열리는 인터넷 문화와 디지털 사회에 관한 연구와 강연, 저술 활동을 펼쳤다. 이후 경희사이버대학교 NGO학과 교수로 재직하면서 IT와 사회운동의 결합을 위한 다양한 모색을 해왔다. 동시에 함께하는 시민행동, 언론인권센터, 시민방송 RTV, 투명사회를 위한 정보공개센터, 비영리IT지원센터 등 여러 시민단체에서 시민운동에 참여했다. 현재는 경희사이버대학교 미디어영상홍보학과를 창설하여 디지털 미디어가 만들어 내는 새로운 사회 변화를 탐색하고 있다. 저서로 「신세대를 위한 사회학 나들이」, 「SF 영화와 로봇 사회학」, 「무크 10대 이슈」, 「SNS 시대의 사회 이슈」, 「사이버스페이스의 사회운동」이 있으며 그밖에 「영상학습혁명」, 「Cyber is : 네트에서 문화읽기」, 「미래 혁명이 시작된다」, 「뉴미디어와 시민사회」, 「인터넷 한국의 열 가지 쟁점」, 「인터넷 윤리와 정보보안 대응전략」 등 다수의 공저가 있다.

제2판
처음 만나는 사회학

초판 발행   2016년 8월 8일
제2판 발행   2023년 7월 12일

지은이   민경배
펴낸이   안종만·안상준

편 집   배근하
기획/마케팅   정연환
표지디자인   BEN STORY
제 작   고철민·조영환

펴낸곳   (주) **박영사**
                서울특별시 금천구 가산디지털2로 53, 210호(가산동, 한라시그마밸리)
                등록 1959. 3. 11. 제300-1959-1호(倫)
전 화   02)733-6771
f a x   02)736-4818
e-mail   pys@pybook.co.kr
homepage   www.pybook.co.kr
ISBN   979-11-303-1794-6   93330

정 가   25,000원